近代日本の洋風建築

○栄華篇○

藤森照信

筑摩書房

近代日本の洋風建築

栄華篇

目次

装丁　南　伸坊
編集　松田哲夫
図版編集　本橋　仁

【凡例】

本書に収録されている写真に添えられた情報は初出媒体を参照している。なお、キャプションの、最初に書かれているのは「建物などの建設当初の名称（設計者　竣工年　所在地）」である。

I

丸の内をつくった建築家たち

むかし・いま

はじめに

江戸時代の大工棟梁に根を持つ建設会社をのぞけば、三菱地所の設監部門は日本で一番歴史の長い民間の建築設計組織である。日建設計は明治三十三年に住友の臨時建築部として設立され、横河工務所は明治三十六年に始まり、と由緒の深そうなあたりを探しても明治二十三年にスタートした三菱地所にかなうところはない。なのに、現在の日本の建築界では地所のことを設計組織としてとらえる人はあまり多くはない。たいていの人が、収益は日本一の不動産会社だと見なし、そのように扱っている。現在の地所の利益に占める設監部門の割合は六、七パーセントだというから、経済的には世間は正しい判断をしているといえるが、しかし、巨大な地所の事業全体を一時忘れて設監部門だけに目を注ぐと、昨年の総売上げ約一二〇億円、スタッフ五九四人と、とても隅にはおけない規模を誇っている。設計組織ランキングでは、年次調査一九九一年版をみると、一位日建設計、二位日本設計……と続いて第四位につけている（『日経アーキテクチュア』一九九一年八月十九日号）。

現代の評価はしばらくおき、こと戦前までについていうなら、当時の建築界の人々は誰もが地所を設計組織と考えていた。それも日本の建築界をリードするところと考えていた。地所に籍をおいて活躍したアーキテクトの名を、コンドル、曾禰達蔵、真水英夫、保岡勝也、桜井小太郎、本野精吾、内田祥三、福田重義、藤村朗、山下寿郎、川元良一と並べ、彼らの手がけた作品を、三菱一号館、二号館、二十一号館、三菱大阪支店、神戸支店そして丸ビルと数え上げてみれば、少なくとも日本のオフィスビルのデザインの歩みは地所の建築家とともにあったことが納得されよう。
こうした感じがうすれ、何となくディベロッパーの顔ばかりが目立つようになるのは、戦後になってからだった。

僕が建築に関心を持ち出した頃は、地所＝ディベロッパー、という図式がしっかり出来上がっていたから、僕がことする近代建築の歴史研究においても現代建築のデザインの関心においても地所は僕の個人的関心からはズレてしまっていた。だからこのたび、『別冊新建築』の編集者から、設計組織としての地所の仕事について百年の歴史を振り返ってほしい、といわれたとき、面食らわざるをえなかった。

これまで、丸の内のビル街の歩みの解明には相当に力を入れてきたし、コンドルや曾禰達蔵については資料を漁り、歴史の専門家もほとんど知らない第二代技師長の保岡勝也のことだってひと通りは追っかけてきた。もしタイムマシンで昔にもどり、三菱十一号館（＝仲十一号館・五〜六号）の製図室に入って行ったとしたら、誰が保岡勝也かわかるのは僕と研究仲間の堀勇良だけだろう。細面《ほそおもて》でやや伏目がちのジェントルマンがいたら、まずそれが保岡さんだ。もし部下をきつく叱っていたら絶対に間違いない。

このように人についても作品についてもあれこれ調べてきたのに、〝地所〟という二文字を軸にして事態をとらえたことはなかった。これは歴史家としてはひとつのうかつといっていい。僕だけじゃなく、ほかの研究者も設計組織としての地所の人と作品の流れを本格的に追った人はこれまでいない。住友財閥の営繕組織から始まる日建設計も横河民輔個人に根差す横河工務所もその歩みが、少なくとも戦前の分まではしっかり研究されているのに、地所だけはなぜか歴史研究の対象にはならずにきてしまった。

理由のひとつはすでに述べたように戦後に日本の近代建築の研究が始まったとき、地所は設計組織と思われていなかったこと。もうひとつは、コンドル、曾禰達蔵、内田祥三といった面々が偉大すぎて、地所との関係を超えて大きな個人として語られ続けてきたこと。このふたつの理由はわれわれ研究者の責任に入るが、もうひとつ地所側に起因する理由がある。それは、資料が未整理だったこと、百年もたつというのにこれまで社史が書かれていない。コンドルのものを除いてもちろん図面もリストアップされていない。資料が手元になければ思考を発動できないのが歴史家である。

というといかにも地所をセメているようだが、こうした事情は実は日本の設計組織はどこも五十歩百歩で、とりわけ歴史の長いところほどそうで、資料はもう捨てられてしまったかそうでなくても保管室に山積みされたままになっているのが一般的だ。地所がこれまで大火で焼かれたり組織的に捨てたりしなかったのは実は上出来で、整理の有無などそれに比べたら枝葉末節。

編集部から話があったとき、内心、「未整理と聞く生の資料を見せてもらえたらやる気もでるのだが……」と思った。そこでこの希望を地所側に述べると、「ご期待にそえるかもしれません」との返事。結果からいうと、大いにそえてもらえた。

地所は三菱一号館をはじめ丸ビル（丸ノ内ビルヂング）など手がけた建物のほとんどの原図面を保管し、図面以外もそう多くはないが、古写真や文書類を今日まで伝え、それらはこれまで未整理であったが、来年度の社史刊行に向けてほぼ整理が終わっている。その結果、これまで未見の生資料が続々と現れ、僕は歴史の専門家として初めて目にする光栄に浴した。

たとえば、コンドルの図面。地所所蔵のコンドルの図面については河東義之博士の名著『ジョサイア・コンドル建築図面集』ですでに紹介されているけれども、それに落ちた加藤高明邸と諸戸清六邸の原図一式は新発見だった。さらに、これまでほとんど実体が不明だったコンドルや曾禰達蔵設計の丸の内のオフィスビルの平面や立面がわかった。

それらの新発見資料に尻をドンと突かれてこぼれ出たのが以下の文である。

一　岩崎家時代

今日の三菱地所の設監部門の元をたどれば、明治二十三年九月、丸の内のオフィス街の開発のために三菱社の中に丸ノ内建築所が設けられ、曾禰達蔵が「建築士」として入社し、コンドルが顧問として入ったときまでさかのぼることができる。つまり、百二年前の明治二十三年、コンドルと曾禰達蔵のふたりを建築家として地所は誕生したといえるわけだが、しかしそれに先立って前史に当たる時期がある。それも、地所設監部門の起源をここまで引きあげてもいいくらいの充実ぶりを見せる時期がある。明治十一年三菱社の中に「地所係、営繕方」が設置された。当初は所有の土地家屋の管理やせいぜい大工を使って和風の家屋を建てるのが仕事にすぎなかったが、数年すると、にわかに充実ぶりを見せ始める。

レスカスの登場

最初の充実はフランス人建築技術者のジュール・レスカス（Jule Lescasse）によってもたらされた。

三菱とちぎりを結んだ最初の建築家にちがいないのだが、しかしその経歴は半分ほどしかわかっていない。当時、東アジア各地には〝渡り鳥建築家〟とでもいうべき欧米出身の一群の建築技術者たちがいて、香港、上海の居留地や日本といった新開地での仕事を引き受けていたが、どうもレスカスもそうしたひとりとして日本に上陸したもようである。上海か香港あたりからであろう。明治四年ごろに神戸にやってきて、明治政府の生野鉱山の工場建設を手がけた後、上京して横浜に事務所を開き、ニコライ邸（明治八年頃）、大山巌邸（明治十二年起工）を設計し、そのかたわら世界的な建築金物商ブリカール兄弟社の日本代理店を営んだりしている。

工場を手がけたり、金物商の代理店を営んだり、こうした経歴からうかがわれるのはアーキテクトというより何でも屋的な建設技術者の面《かお》で、日本の地にすぐれたデザインを実現しようと考えた人ではなくて、やはり一旗あげるのを夢見てフランスからやってきたのであろう。

その渡り鳥レスカスが三菱とちぎるのは明治十三年頃で、おそらく御雇外国人的もしくは顧問的な立場で関係を持ったものと思われる。

その頃のレスカスは、すでに明治政府雇のコンドルの来日があった後だから第一線からは退いていたが、それでも政府に籍を置かない民間の外国人建築家の中ではナンバーワンの実力を持っていた。三菱は、選択可能な枠内で一番優秀な建築技術者と関係を持ったわけである。

しかし、なぜこの時期、外国人にまかせるほどの仕事が社内に発生していないのに、わざわざレスカスを招いたかはどうもはっきりしない。その証拠に、明治十三年頃から数年の間、レスカスが手がけた仕事は赤煉瓦造の横浜支店と木造の函館支店の二件しか知られていない。彼の腕が三菱で発揮されるのはだいぶたってからで、明治十七年に大阪出張所が、明治十九年に〝三菱の七ツ蔵〟が完成している。

七ツ蔵は、日本橋川の四日市河岸に建つ七連の赤煉瓦倉庫で、海運会社としてスタートした三菱にとっては耐火性の高い洋風の赤煉瓦倉庫の建設は近代化に欠かせない事業であった。また、都市景観という点でも、日本橋川のほとりに軒を連ねる三菱マーク入りの洋風倉庫は東京市中の名物景観のひとつとなった。三菱が都市の中で建築的な〝自己主張〟をした最初の作品といっていいであろう。

そのレスカスがいつ三菱と切れたかはわからないが、明治十九年にはコンドルが入っているから、その前に切れたにちがいない。三菱を離れてからの事蹟ははっきりしないが、明治二十一年頃には日本を去り、フランスに帰ってからはアルジェリアの石油会社の技術者として働いている。

山口半六

レスカスにやや後れて次に三菱に入ったのが山口半六である。レスカスの三菱での立場はいまひとつはっきりしないが、山口の場合はわかっていて社員として明治十五年一月に正式に入った。三菱の記録には、「職名：本社建築師助役、給料：七拾五圓、傭入月日：明治十五年一月二十日」（『三菱社誌第十巻』）とある。

山口の経歴は克明に判明していて、安政五年松江に生まれ、明治九年、大学南校を成績優秀で終え、明治政府の留学生に選ばれてパリの工業中央専門学校（エコール・サントラル）に入り、明治十二年に修了し、その後二年ほど建築の実務や煉瓦製造法について体験した後、明治十四年に帰国し、翌十五年一月に三菱社に入った。入社したときはレスカスがすでにいたから、この時期の三菱はフランス系のふたりの建築家を擁していたことになる。当時の三菱がフランス系に肩入れしていたとも思われないから、偶然か、もしくはレスカスが同じフランス系の山口を好んで受け入れたのかもしれない。

山口は、日本人建築家としては辰野金吾や小島憲之や妻木頼黄《よりなか》と並び海外留学の第一期生に当たるから、三菱は当時のトップクラスの日本人アーキテクトを入社させたことになる。もっと正確にいうと、辰野のイギリスからの帰国が明治十六年、小島と妻木のアメリカからの帰国がそれぞれ十四年、十八年であるから、実は山口こそ小島と並び日本最初の留学帰りのアーキテクトであった。

三菱の創業者岩崎彌太郎の何でもトップを目指さなければ気の済まない性格が、たいして仕事があったわけでもないのに、まずレスカスを、次いで山口をとったのであろう。

そのせいか、レスカス同様山口も、三菱でさして仕事をするチャンスはなかった。入社の年に、大阪と函館の支店と付属倉庫や橋梁の設計を手がけただけで、大阪と函館の支店はレスカスの下で担当したことになる。

函館支店に見るかぎり、山口の腕が必要なレベルの仕事はこの時期の三菱にはまだなかったと考えていい。そのせいか、山口は三菱を去り、明治十八年四月、文部省に入り、文部省直轄の帝国大学（理科大学）はじめ各地の高等学校（一高ほか）を手がける。現在、山口半六は、明治期の高等教育施設の基礎を築いたアーキテクトとして近代建築史上に名高いが、その前に短期間ながら三菱時代が隠されているのである。

このように明治十一年に三菱に地所係営繕方が設けられ、レスカスが関係し、山口半六が働いたが、明治十八年までは三菱の名にふさわしいような成果もなく終わった。そして同じ年、創業者の岩崎彌太郎は没している。

兄の彌太郎の後を継いで社長となった弟の岩崎彌之助は、明けて明治十九年、一大建築事業をスタートさせる。兄が広大な敷地を手に入れ、庭だけをつくって逝った深川の屋敷に本格的な西洋館をつくろうというのである。

この任に選ばれたのがかのジョサイア・コンドル（Josiah Conder）にほかならない。彼こそ、レスカスなどの渡り鳥的外国人建築技術者の時代を終わらせた張本人で、本当のヨーロッパのアーキテクトであった。明治十年に明治政府に招かれて来日し、工部大学校造家学科（現東大建築学科）の初代教授として辰野金吾、曾禰達蔵ほかの学生を育てる一方、明治の新政府を飾るべく上野博物館（明治十四年）や鹿鳴館（明治十七年）を完成させ、明治十七年には工部大学校教授の席を弟子の辰野に渡して官を辞した。明治十九年に岩崎家深川別邸の仕事を引き受けた頃は、政府の新設部局の臨時建築局に再び雇い入れられてはいたものの、臨時建築局のリーダーシップはドイツ人建築家のエンデとベックマンに奪われ、いってしまえばヒマな時であった。

しかしコンドルは、レスカスや山口とはちがい、三菱に雇われたわけではなく、一建築家として仕事を引き受けただけである。この段階の彼を三菱のアーキテクトの中に数えるわけにはいかない。

藤本壽吉の入社と岩崎家深川別邸

深川別邸の建設のため、コンドルを支えるべく三菱に入ったのは建築家の藤本壽吉《とうきち》だった。明治十九年十月二十八日に入社した。安政二年、大分の中津に生まれ、明治十三年、コンドルの門下生として工部大学校を終え、工部省に入って文部省の本庁舎を手がけ（明治十四年）、十七年には宮内省に移って箱根離宮（明治十九年）を担当し、その完成後、三菱に入ったのである。

なぜ三菱が藤本を選んだのかについては師のコンドルの推薦と考えやすいが、こと藤本に関してはちがうと僕は考えている。なぜなら、コンドルとは別の筋で彼は三菱との縁がもっと深いのだから。

福沢諭吉の全集をめくっていて、何箇所かに藤本の名前が現れて驚いたことがあるが、彼は福沢と同藩の出で、親族であった。上京して入学したのは慶應義塾だし、工部大学校に進んでから学生時代に手がけた処女作は慶應の塾監局（本部）にほかならない。さらに慶應関係では、演説会場として明治開化史に顔を出す明治会堂も彼の設計である。藤本のバックには福沢がいた。

一方、当時の三菱も人材面では福沢に全面的に依存し、彌太郎、彌之助兄弟を支える〝三菱の大番頭〟の川田小一郎も荘田《しょうだ》平五郎も慶應の福沢の弟子であり、彌太郎の息子の久彌も慶應に学び福沢の許で教育を受けている。

藤本の三菱入りは、コンドル筋よりも福沢筋のほうが強かった、と僕は考えている。

当時の工部大学校の卒業生は、卒業後七年間は官庁で働くことを義務づけられているが、藤本はその義務期間を終えると同時に三菱入りしており、もしかしたら、そういう約束が福沢筋ですでにできていたのかもしれない。

というといかにも藤本はコネで入っただけみたいだが、実力も十分備わっていた。証拠もある。たとえば、日本人建築家としてはじめて中央官庁（文部省）を手がけたのは彼だし、立派な宮廷建築（箱根の堂ケ島離宮）も経験しているし、大規模な赤煉瓦造り（慶應塾監局）も仕上げている。

一年先輩の曾禰達蔵も次のように回想している。

氏は其学生時代から学力優秀を認められ、優等な成績を以て卒業したる人であった。氏は在学の実修期中コンドル先生が設計の私立訓盲院の製図を補助し……唯一人現場監督として現場に出張して指揮していた。……氏の建築中重要作品としては汐留蓬莱橋際に立ちたる煉瓦造二階建外面塗装の十五銀行であった。当時余輩を驚ろかしたのは十五銀行は銀行中の大銀行であり……之を学校出たての青年建築家に託する依頼者の度胸と何の躊躇する所もなく之を引き受けたる藤本氏の自信の強さとであった。……氏に就いて更に驚ろいたのは一躍宮内省の技師格となり、箱根堂ケ島の木造二階建離宮を設計し且つ自ら実地監督の任務をも兼ねたのである。……抑も氏が実地の経験未だ少なき青年の身を以て十五銀行と云ひ、堂ケ島離宮と云ふ、斯かる重要建築を設計するに至ふるは有力なる推挽者（福沢諭吉。藤森註）のありしに基くは言ふまでもなきが、之に応じて当時に於ける満足の成績を挙げたる氏の技倆は実に見上げたものであった。

（『建築雑誌』Vol. 50 No. 618）

いくら早逝した後輩のこととはいえややほめすぎのきらいもあるが、これまで日本の近代建築史の上で藤本壽吉はまったく語られていないから、僕も曾禰に負けずに以下ほめる。

明治十九年に三菱に入社したときの藤本の日本人建築家の中でのランキングはどのあたりだったかを計ってみよう。

それには他の有力者がどの位の作品完成実績を明治十九年までに持っていたかを調べればいいが、まず辰野金吾を見ると処女作の銀行集会所（明治十八年）と鉄道局（明治十九年）の二件。片山東熊は北京の日本公使館（明治十九年）の一作のみ。曾禰達蔵はまだ自分の責任で手がけた作品なし。山口半六はすでに述べた三菱の簡便な支店建築をレスカスの下で仕上げたほかに東京師範学校と高等商業学校のふたつでいずれも木造である。妻木頼黄はまだ作品なし。

こう書き比べてわれながら驚いたが、当時一番実績のあった辰野金吾と山口半六ですら二作そこそこというときに、藤本は、慶應塾監局はじめ文部省、十五銀行、明治会堂そして堂ヶ島離宮といずれも目立つ大規模な作品を五作ものにし、辰野をはるかに凌いでいた。曾禰の驚嘆は本当だった。

藤本壽吉の三菱入りは、福沢筋の深い縁故に加え、こうしたナンバーワンの実績もあずかって大きかったにちがいない。当然、入社してからの三菱内での扱いもその実績と実力にふさわしいもので、そのことは給与に端的に反映している。明治十九年末の三菱社員のランキングと給与を見てみよう。

川田小一郎	管事	百圓
莊田平五郎	同	同
吉永　治道	副支配人	五拾圓
萩　友五郎	同	同
二橋　元長	同	同
藤本　壽吉	建築係	百五拾圓

（『三菱社誌第十三巻』）

川田小一郎、莊田平五郎といった大番頭に続いてナンバー6に付けているだけでなく、給与面だけみると実に川田、莊田を抜き第一位である。技術系としては破格の扱いにちがいない。重い扱いを受けていたことは、岩崎彌之助の書簡にも見えていて、そう多くもない彌之助の書簡中に二度登場する。

たとえば、

……藤本氏も先達てより大病に罹り……漸く出院致候得ども頗る相よはり、昨日海浜へ出懸候。（明治二十二年七月、彌之助よりロンドンの莊田宛。『岩崎彌之助傳』下）

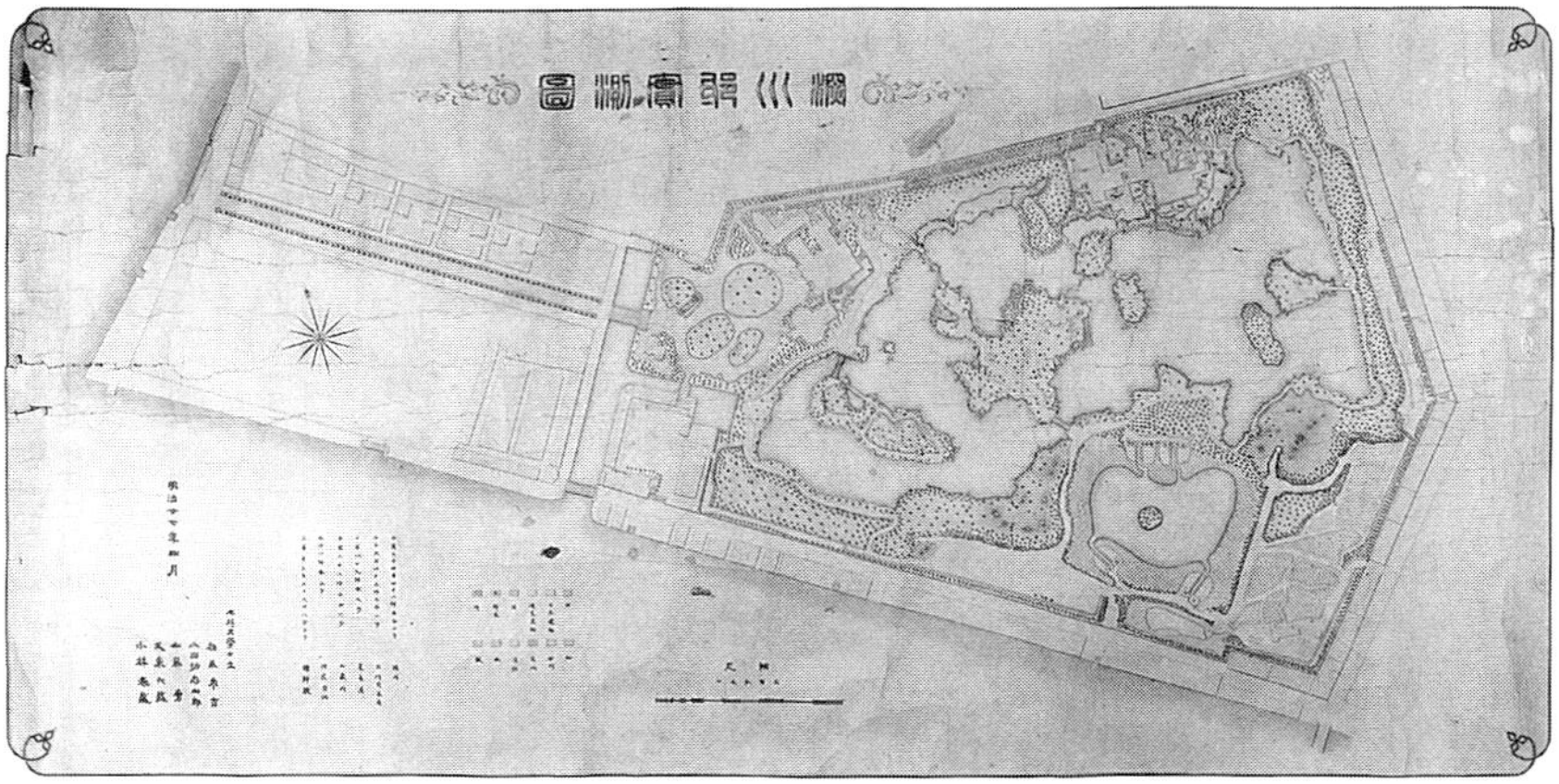

I ①

図I① 工科大学学生たちによる深川邸実測図 明治二七年四月

さてこうした重い扱いを受ける藤本の仕事ぶりは実際どんなだったんだろうか。すでに述べたように、社外のコンドルの設計になる深川別邸の建設を社内でサポートするのが任だが、具体的には設計の補助と現場監理のふたつを行っていたことが曾禰達蔵の回想で知られる。

……氏は堂ケ島離宮の建築を終るや直ちにコンドル先生の設計に係る深川清澄町の岩崎男爵の有名なるチュードル式別荘建築の現場主任となり傍ら不足の図面作成を補助した。主任と言へば斯かる重要建築の常として多数の助手を要するものなるが余の聞く所と推知する限りに於て誰も助手らしき人は居らず唯一人堂ケ島離宮建築の時殆んど唯一の頼るべき助手として傭ひたる大工上りの老功者一人と実地には経験少なきも忠実なる現場掛一人を此建築場にも連れ来り股肱として居たやうであった。(『建築雑誌』Vol. 50 No. 618)

「大工上りの老功者」と「忠実なる現場掛」が誰かはわからないし、果たして地所に雇い入れられたのかそれともこの現場限りのことだったのかはわからないが、このふたりがその後の地所の建築技術陣の形成のもとになった可能性もある。

ふたりの徒士を従えた一騎当千の勇者藤本壽吉の活躍により明治二十二年ついに深川別邸は完成する。

天皇家や宮家や官邸を除くなら、つまり民間人の洋館としては日本で初めて本格的なヨーロッパ様式に基づいてデザインされており、明治前半におけるひとつの〝華〟とも呼べる建物であった。スタイルはそれまでの民間の洋館に一般的だったコロニアル風を離れ、本格派のイギリス系の赤煉瓦建築となっていて、より詳しくいうならエリザベサン様式、ジャコビアン様式、クイーン・アン様式を混ぜたヴィクトリアン建築である。

明治二十二年の記念碑的な住宅建築の完成の後、もしくは完成と相前後して藤本壽吉は倒れた。先に引いた彌之助の手紙に「藤本氏……大病」とあるように肺を冒されていたのである。一騎当千の無理が病を急進させたことはまちがいあるまい。

この仕事の完成を見届けると藤本はその年の内の十月に三菱を退社し兵庫県の須磨で療養生活に入るが、翌明治二十三年八月没した。もし藤本が元気であれば、地所の設監部門はこの人によって体制が固められ、明治・大正と永くリードされたにちがいないが、それはかなわなかった。

僕は早逝した彼のことを惜しみ、少しでも知りたく思い、できれば遺族の手がかりでもと願い、十数年前、埋葬されたという神戸の寺に墓探しに出かけたことがあるが、すでにお寺が消えていた。

以上、レスカス、山口半六、藤本壽吉と続くのが地所の本格的スタートに先立つ前史の時代である。

二　丸の内にオフィス街が生まれた事情

明治二十二年、深川別邸の工事がいよいよ完成に近づいた頃、三菱は大きな岐路に立たされていた。自分で進んで入った岐路というより企業活動を続けているうちに向こうのほうからやってきた岐路で、丸の内を買うか買うまいかという問題である。

明治政府は明治二十一年八月、新しい首都東京の都市計画の根幹をなす東京市区改正条例を公布し、次いで二十二年五月、具体的な計画図を公示したが、その中には丸の内を新しい経済中心にすることが明らかにされていた。東京の中心に位置する丸の内の広大な土地を民間に払い下げ、そこに来るべき日本のオフィスビル街をつくり上げようというのである。

これを買うべきかどうか。

結局、彌之助の決断によって買うことになるのだが、三菱が買ったことの意味をより深く理解するために、それまでのつまり明治前半のビジネス街事情についておさらいしておく。詳しくは拙著『明治の東京計画』を読んでいただきたいのだが、ふつう日本のオフィス街というと丸の内から始まったと思われがちだが、そんなことはない。すでに三菱や三井などの近代的な企業や経済機構は誕生しており、そうした経済関連法人が集まって機能する街は当然のように形成されていた。兜町を中心に南茅場町と坂本町を含めた一帯である。そう、今の株式取引所や株屋さんの店がひしめくあたりが明治前半のビジネスの街だった。これを〝兜町ビジネス街〟という。この街づくりの中心に立っていたのは〝日本資本主義の産みの親〟渋沢栄一で、彼は明治のごく早い時期からここに目を付け、三井と組んで動き、ここに生まれたばかりの民間企業と経済組織を集中させることに成功した。

明治前半にここで創業されたり、ここに転入して本社を構えた会社をあげると、第一銀行、三井物産、明治生命、東京海上、王子製紙、島田組、三菱社、第三十五銀行、がある。経済組織としては、株式取引所、商工会議所、銀行協会。さらに経済ジャーナリズムの日経と東京経済雑誌がこの一画でスタートする。

民間企業の名と経済組織のラインナップを見れば、ここここそが日本の資本主義経済の誕生の地であることが納得されよう。渋沢はこうした実績を踏まえて明治政府の東京都市計画である市区改正計画に働きかけ、それ

I
②

図I② 「三菱ヶ原」と呼ばれていた丸の内の原風景　明治三五年の撮影だから、既にコンドルの一、二、三号館と妻木頼黄の東京商業会議所は竣工していた。

も三井の益田孝とともに民間企業代表委員としてこと細かに計画図に自分たちの意向を反映させ、明治十八年に成案なった〝市区改正審査会案〟では、兜町の東の隅田川河口に国際港を設けて横浜の港湾機能を移し、西の丸の内位置には中央ステーションを置き、両者を二本の幹線でつなぎ、その中央にちょうど兜町がはさまるように決めさせたのだった。しかし、国際港を東京に移すことへの横浜勢力の猛反対によりこの大計画が潰れると、次に渋沢と益田は中央ステーションの前に広がる陸軍の用地を一括して民間に払い下げ、そこに兜町のビジネス街を移すことを求めた。第一国立銀行頭取の渋沢栄一そして三井物産社長の益田孝としては手塩にかけた兜町ビジネス街だったけれど、国際港に近いという地の理が消えると狭いことだけが欠点として浮かび上がらざるをえない。それに比べれば丸の内は広いし、白紙の上にビジネスにふさわしい新しい街づくりもできる。

こうした渋沢、益田の主張に従い、明治二十二年公示の市区改正計画では丸の内の一括払い下げとオフィス街化が世に示された。

そこで民間の誰がこの払い下げを引き受けるかの大問題が生じたのである。ともかく広大で、払い下げ金額は類のないほどの嵩《かさ》だから引き受けられるのは大実業家しかいない。政府は当時の大実業家の面々を呼んで引受けを求めたが、これに対し二本の手が挙がった。一本は渋沢栄一、三井八郎右衛門、大倉喜八郎、渡辺治衛門ほか二名の連合体で、リーダーシップは三井と渋沢にあるとみていい。そしてもう一本が岩崎彌之助。

これまで、といっても十数年前までだが、丸の内の払い下げは政府が三菱の岩崎に頼み込み、岩崎はシブシブこれを引き受けた、というような印象の話が、おそらく三菱がつくった話と思われるが、長らく伝えられてきた。しかしこれが正確ではないことが三菱グループが昭和四十六年に刊行した『岩崎彌之助傳』の中で明らかにされ、今では丸の内の土地をめぐって三井・渋沢連合と岩崎の間で綱引きが行われていたことが知られている。

なぜ三井・渋沢などの連合体対ひとり三菱というかたちで争われたんだろうか。少し明治の経済史に詳しい人ならただちにうなずかれるように、この対立の根は深く、明治十六年から十八年にかけて三菱と反三菱連合の間で苛酷に闘われた海運の覇権争いにさかのぼる。そのときもひとり三菱と三井や渋沢などをバックとする反三菱連合という構図になり、結局、両者痛み分けというかたちで幕が下りたが、三菱は祖業にして本業の海運業を手離し、日本郵船会社をつくることに同意せざるをえなかった。おまけに、この争いの心労がもとで創業者の彌太郎は病没したとさえいわれている。

こうした経済グループ間の競争の構図は、兜町ビジネス街の場合もあながちなかったとはいえない。兜町をビジネス街にしようとしたのは三井と渋沢にほかならず、当然一番いい場所は両者が占有し、三菱は南茅場町のはずれのほうに位置せざるをえなかった。経済ジャーナリズムの立地をみると端的で、渋沢に極めて近い東京経済雑誌社は渋沢の根城の第一国立銀行の建物にあり、三井系の日経も一画にあるというのに、三菱系の東洋経済はこの街に入っていない。兜町ビジネス街のふたつの声ともいうべき日経と東京経済雑誌はことあるたび、ともに反三菱のキャンペーンを張っており、三菱にとってははなはだ耳障りなところとなっていたにちがいない。

以上やや長くなったが海運の争いのことと兜町での三菱の借りてきた猫のような立場を知った上で、さて、問題は丸の内の払い下げである。

この払い下げが何を意味するかは三井にも渋沢にも岩崎にもよくわかっていた。オフィス街という日本の経済の器を誰が握るか、である。もし三井・渋沢連合がリーダーシップをとれば、岩崎の三菱は兜町同様また借りてきた猫にならざるをえないだろう。一方、岩崎の手に落ちれば三井・渋沢は明治のごく早い時期から兜町で営々と築いてきたビジネス街づくりの実績を一気に失う羽目になる。

丸の内の土地に手を挙げた両者は、おそらく水面下で相当の掛引きをしたものと思われる。なぜなら、金額があまりに高くてとても片方だけで引き受けられそうもなく、何らかの共同歩調が必要となるからである。『岩崎彌之助傳』で初めて公開された両者の〝念書〟を見ると、ギリギリの交渉があったことがうかがわれる。念書によると一時は両グループで手をつなぎ岩崎彌之助の名で一括払い下げを受けた後で分けるという合意がなされたが、しかし、なぜか彌之助は突然の翻意をみせ、三菱一社で一括して引き受けることに決めてしまった。全地一括ひとりへというのが政府がつけた払い下げ条件であるから、寄合い所帯の三井・渋沢連合の側に全地を引き受ける決断はとても無理であった。

彌之助が、なぜ渋沢栄一との膝詰め談判で一時は約束した共同払い下げの方針を変えたかについての理由は記録されていない。

彌之助が丸の内の将来性に目ざめたのは、よく知られたエピソードだが、グラスゴーからの一通の電報だったという。海外事情の調査のためイギリスのグラスゴーにたまたま滞在していた荘田平五郎と末延道成が、ある日、ホテルに届いた日本の新聞に目を通すと政府が市区改正計画に際し丸の内払い下げの方針を決めたという一件が報道されており、市区改正計画の意味と動向を克明に知っていた荘田がいい出したにちがいないが、これは見逃せないとばかりに電報を打ち、何とか手に入れるよう彌之助に求めたというのである。そのとき、ふたりが念頭においたのはロンドンのオフィスビル街の繁栄であり、とりわけロンバード街だったという。このエピソードは彌之助に丸の内の重要性を気づかせたという点ではその通りにちがいないが、しかし、共同払い下げをやめる決断の話とは関係しない。時間の順を追えば、政府の払い下げ方針が出され、この話が政府より大実業家各位へと持ちかけられ、一方、新聞報道によってグラスゴーに伝わり、それを目にした荘田らが彌之助に電報を打ち、彌之助がことの重大性に目ざめ、渋沢らと共同で受けることにした、というところ以後が問題なのであって、なぜ彌之助は一手引受けという大バクチを打ったかである。共同払い下げでも丸の内の半分は岩崎にくる予定であったから、それでも当時としては十分過ぎるほどではなかったか。実際十分過ぎて、明治の間には全体の半分も埋まらず、全部にビルが建ったのはなんと戦後になってからであることを思うと、明治二十二年の段階の彌之助の決断はほとんど無謀としかいえない。

その無謀を冒すだけの理由となるとよほど三菱の根幹に関わることでなければならないが、とするとやはり先に述べた海運の覇権争いの一件につながる問題ではないだろうか。あの事件の処理は、当時の三菱の祖業にして本業の海運業を日本郵船会社にして切り離し、三菱はその株の半分ほどを持つというかたちで収まったが、しかし、それは岩崎家の〝すべての事業は岩崎家の直接傘下に〟という固い経済理念にそぐわない。おそらく彌之助は祖業とはいえすでに傘の下から半ば外にはみ出してしまった海運業から手を引く決断をしており、その代りの新規事業を求め、丸の内の土地開発にかけたのではないか。この推測は、『岩崎彌之助傳』の中で〝海から陸へ〟というわかりやすい言葉で指摘されていることだが、僕もその通りだと思う。

事実、払い下げ代金は日本郵船の株を処分して当てられている。ただし、それだけではとても足りないが、それがどこから捻り出されたのかは不明という。

祖業に代るもの、というくらいの意気込みがなければ、これだけの大バクチは打てなかったにちがいない。

以上が三菱が丸の内を手に入れた粗筋だが、余談風に小さな疑問をひとつここに記しておきたい。例のグラスゴーからの電報の一件である。荘田らはロンドンのロンバード街のようなストリートを日本にもつくりたいと念じて、丸の内の購入を勧めた、と伝えられているのだが、果たして本当だろうか。

この話の文献上の初出は昭和十六年に刊行された『丸ノ内今と昔』だから、おそらく荘田がしばしばそのように周囲に語っていたにちがいない。もちろん僕もその話を信じ、〝ロンバード街にならった丸の内の一丁ロンドン〟といった記述を何度かしたことがある。そしてロンドンに行ったとき、ぜひとも丸の内の手本を見たいと思い、地図で調べるとロンドンの金融の中心地〝シチー〟の一画にあるからフムフムいかにも丸の内の母にふさわしいと期待して出かけた。そしてアゼン。

シチーに行くと確かにロンバード街の表示のある通りはあるのだが、道幅は車一台がようやく通れる程度で、長さも百メートルそこそこ。加えて道はカーブしつつ小さく傾斜している。建っているビルは石造のしっかりしたものだが、通りの形状としては、シチーの中心の通りでもなんでもないただの路地に過ぎない。どう見たって丸の内の一丁ロンドンのほうが立派としかいえない。

なぜ荘田はこんな通りのことに言及したんだろうか。

現在、三菱信託銀行のロンドン支店がこの通りの一番立派なビルを占めているのを見て考えたのだが、かつて三菱のロンドンの拠点がこの通りに置かれていた可能性はないだろうか。今の僕にはその程度の憶測しかできない。

三　一丁ロンドンの誕生　コンドルの時代

海から陸への転身を決意して、丸の内の一括払い下げを受けた三菱は、明治二十三年、いよいよ街づくりに取りかかる。

体制としては、明治二十三年九月丸ノ内建築所を設置し、経営陣からは荘田平五郎が出て指揮を執り、コンドルを三菱社顧問に招き、丸ノ内建築所のトップ技術者としては曾禰達蔵を雇い入れる。さらに明治二十五年九月、帝大建築学科新卒の真水英夫を雇い、コンドル→曾禰→真水のラインが固まる。なお真水は三号館完成の後、明治二十九年五月、三菱を退社し文部省に入って帝国図書館を手がけている。

こうした体制に立って本邦初のオフィス専用の街づくりが具体的にどのように始められたかについては、曾禰達蔵の克明な回想があり、やや長いがこれまで紹介されていないので紹介したい。

丸ノ内の方は大体まあ小規模のタウン・プランニング即ち都市計画を小地域に施行し、其予定の区域に各適当の建物を模範的に作らんと云ふのです。尤も丸ノ内も其時は既に東京府で道路だけは縦横に主要なるものを図紙の上には定めてありましたのですが、是れは真に所謂紙上の設計でいつ其体形を実現するか判らなかつたのです。三菱にては丸ノ内の正確なる地図がありませんから、私が着任してから何は扨置き先づ測量専門業者をして丸ノ内を実測させること丶なりて、可なり大なる平面地図を作らせました。次ぎは之に因て更に必要な私道を作ること、建物の種類分布を予定すること、建物としては何を先づ何処に建設すべき乎、道路面の高低決定及び施工時期を東京府に委だぬべき乎、大小下水は如何すべき乎と問題はそれからそれと多々あるのです。……今日でこそ建築家ならずともタウン・プランニングを口にする程だが、以前は日本の大学ですらタウン・プランニングに就ての講義もなければ、之に関する知識は殆んどなかつたのである。それであるから全計画には見当が付かない。

三菱には以前から日本建築を担当して建築材料にも精通せる岡本春道と云ふ人が居りました。保岡勝也さんのお舅さんです。私より年齢は少し上で土佐の人で大いに心易くして居りました。老練家でありましたから、建築材料の買入、大小建築請負者の選別、官庁との交渉、特に東京府庁、警視庁との交渉等は大抵此人と相談もなし、又直接其手足を煩はして大層都合が好かつたのでした。

荘田さんが言はるるのに、丸ノ内の地質は是れまで一向に判つて居らぬから、今より能く其地質を調査して置きたい。それにはボーリングをやらなければなるまいとのことであつた。其時分に建築の方では東京でボーリングを試みたことはまだ一般になかつたと思ひます。……鉄道寮とか鉄道局（此頃は逓信省に属して居つたと思ふ）から其機械器具を借入れて、丸ノ内三菱新所有地内に十二、三個所深さ六十尺――七十余尺試掘して其地層と其硬軟を調査しました。前にも一寸述べましたが、当時三菱は駿河台に居つて、私は其一室を製図場として居ました。偖ボーリングを始めては毎日つづけてやらねばならぬからして、誰か其現場係に適当な人を得たいと思つて居る所に、荘田さんが自分の家の書生に横山鹿吉と云ふ物理学校の第一回卒業生が居る、中々綿密な男だから使つて見て呉れぬかと言はれて、至極適当と早速始めて一人助手として傭入れ、毎日ボーリングの現場に出て督役と調査に当らせた。

一方にては出来上つた平面測量図上に、東京府の大小縦横の予定道路を基準とし、更に三菱の要する道路を南北に長く二条、東西に数条作り、大体何れの道路に面しては大建物を作り、何れの道路に面しては階数少き住宅も建て連ね得るものとなしたのである。次は此新敷地に建築すべき建物は先づ三菱本社と百十九銀行となし、夫れだけにては建物の面積僅にて足り、大建物の体を為さざるゆゑ、建物を大にして必要部分以外の室は洋風の賃貸室とし、追つて賃貸者の入るを待つとし、さて其敷地を何れにするかに就ては、今後総ての建物の基準となるものゆゑ、特に会社にては熟慮を重ねて決定した。……其位置に作る建物の階数と軒高、地下室の有無に就ても標準建物のこととて、評議を尽して漸く定つたことは言ふまでもありませぬ。其評決に従つてコンドル先生が設計せられて今申した建物が出来ました。之を一号館と称し、明治二十七年六月竣功し、三菱会社と銀行が駿河台より移転して、其翌月一日よりここで営業しました。

（『日本建築士』Vol. 17, No. 1）

丸の内のタウン・プランニング開始から一号館誕生までの事情は、この回想以上にほとんどわかっていないから、これで僕の記述に代える。

こうして明治二十七年六月に一号館が完成し、引き続き二十八年七月に二号館、二十九年二月に三号館が完成し、事業は一段落を迎える。そしてこの通りは〝一丁ロンドン〟と呼ばれるようになった。

いったいどのようなインフラと建物が誕生したんだろうか。まずインフラからみると、道幅は三十六メートルと十分に広く（現在と同）、もちろん歩道と車道の分離、街路樹、電灯による街灯は実現した。しかし都市ガスと水道については思うにまかせなかった。

ガスを引くことができなかったから、ビルの中の熱源としては石炭などに頼るしかなく、暖房は石炭のダンロによりなされ、また湯沸しなどはおそらく石炭か練炭かマキによりなされたにちがいない。丸の内にガスが引かれるのは明治四十三年を待たなければならない。

水道は、まず上水から述べると、江戸以来の流下式の水道しかなく、これに掘り抜き井戸を加えて水を供給した。丸の内に近代水道がやってくるのは明治三十二年のことである。下水は、雨水や雑排水については煉瓦造の三菱専用の下水を通して処理したが、便所についてはしようもなく、ビルごとに建物に接して汚水槽を設け多い場合は一日二回、少なければ二日で一回汲み取った。一号館の一階には水洗便所が設けられていたが、その処理は昔のままだったのである。

照明は、ガスがなく電気が引かれたことから、街灯も室内用も電灯が最初から使われている。

以上のようなインフラの上に立った建物についてやや詳しく述べる。

まず注目されるのは、建物がストリート性を持っていたことであろう。

それまで兜町ビジネス街でつくられていた建物は、第一号の第一国立銀行に典型的に現れているように、街中にスックとひときわ目立つ記念碑としてつくられ、決して周囲の街並みとの一体性はなかった。銀行や会社にもかかわらず門を構え、前庭を取る例も多かった。いってしまえば、各社、各組織が、一国一城の主として城をつくっていたのである。渋沢栄一に至っては、第一国立銀行の裏手に自邸までつくり、住み込んでいたから、まさに天主閣＋御殿からなる城郭そのものだった。

こうした城として社屋の集まるところが兜町ビジネス街であったが、一方、丸の内のオフィス街はこのあり方を自覚的に否定し、まず各建物がひとつの統一あるストリートの中に収まるようにし、さらにそこに入る会社や組織は、一国一城方式ではなく、ひとつ建物の一部を借りる、つまり床を借りることとした。

一丁ロンドンが日本最初のオフィス街と称されるのは、第一にオフィス専用のストリートとしてつくられたこと、第二に貸床形式であったこと、のふたつによる。

つまり今のオフィス街の原型にちがいないのだが、しかし、こと貸床形式については今といささか差もあって、厳密にいうと棟割り長屋方式で床を貸していた。

一号館の平面図を見ると気づかれるように、正面に三つ、側面に五つと、入口がところどころに付いている。そして長屋のように入口単位で建物が分割されている。今のオフィスビルには考えられない方式だが、これが当時のイギリスの普通のビルのあり方だった。

次いで、ビルの表現についてみよう。

まず注目されるのは、兜町とちがい、ストリートとしての統一性が生まれたことである。一号館と二号館に若干の差はあるものの、ほぼ軒線の通りが整えられた。一号館がこうした統一のための基準としてつくられたことは、曾禰の先の回想に「標準建物のことゝて、評議を尽して斯く定まつた」とあることからも明らかだろう。

このようにストリートとしての統一感を重視した結果、ちょっと珍しい建物の使われ方が一号館で起こっている。

このたび初めて整理された三菱地所所蔵の資料をめくっているとき、アレッと思う一枚の古写真が出てきた。

銀行の営業室らしく、列柱がいかにも昔の銀行らしい高い天井を支え、壁にはギャラリーも回っている。どこの銀行かと思い他の資料に当たると三菱銀行で、なんと一号館の中に入っていた。改めて一号館の平面図を見ると確かに角は銀行で、ちゃんと吹抜けになっているし、写真に写っている列柱の独得なキャピタルは一号館の取壊しのときの記録写真と一致するから、まちがいない（図Ⅰ④〜⑦）。

一号館の外観を眺めているかぎり中には均等なオフィス空間しか予想されないが、実は二階分吹抜きの大空間が収まっていたのである。

さて、一丁ロンドンは大筋としてはストリートとしての統一性が打ち出されているのだが、しかし第一陣としてつくられたコンドルの一、二、三号館を見ると、建築のスタイルとしてはかならずしも統一しているとはいいがたい。一号館と三号館のスタイルは似ているのだが、二号館は明らかに別だ（図Ⅰ⑧）。このことは、一、三号館は鮮やかな赤煉瓦を使い、一方、二号館は石とスタッコで石造風に仕上げていることに端的に現れている。

まず一号館のスタイルについて述べてみよう。大きく分ければイギリスのヴィクトリア朝のスタイルである。ヴィクトリア朝をリードしたのはヴィクトリアン・ゴシックと呼ばれるゴシック様式で、ゴシック式の造形と赤煉瓦の色鮮やかな仕上げを特徴としているのだが、しかし一号館はヴィクトリアン・ゴシックとはいえない。尖った屋根と赤煉瓦の仕上げ、そして何となく垂直性が強いところにゴシックの名残りは漂っているのだが、開口部回りを見ると、円柱もペディメント（三角破風）もキーストーンもゴシックの敵役のクラシックのつくりを基本としている。しかし、純粋にクラシックのオーダーに立脚しているかというと、そんなことはなくて、窓回りに顕著なように崩したり、ゴシックの名残りを残したりしている。ヴィクトリア朝も盛期を過ぎ、晩期の一八七〇年代に入るとゴシック系からクラシック系へのズルズルした移行が始まり、折衷スタイルが生まれるが、そのひとつといったらいい。当時の折衷を代表するのはクイーン・アン様式だが、それとは違い、どちらかというともうひとつの折衷スタイルであるエリザベサン様式のリヴァイヴァル版に近い。当時のコンドルはエリザベサンを好み、代表作として岩崎家茅町邸（明治二十九年）をつくっているが、その第一案と同じディテールが一号館に観察されるのである。

ては二号館はどうであろうか。ゴシックの造形は一切なく、クラシック系に属するが、数あるクラシック系のうちどのような来歴のものだろうか。左手角のドングリ状のドームや右手のムクリ屋根はフランス建築に典型的だし、二階の張出しに付く三連一組の開口部はイギリス好みの典型として知られるセルリアーナ（パラディアン窓）にちがいない。ヴィクトリア朝のクラシック系様式を代表するネオ・ルネッサンス様式は二十世紀初頭にはフランス建築の要素を取り込んで、エドワーディアン・バロックと呼ばれるクラシック様式へと収束する。二号館はそうした傾向を先駆的に見せるひとつといったらいいであろう。

以上の三作がコンドルのオフィスビルだが、彼はこのほか実現しなかったが、彌之助の要望により丸の内に美術館と劇場を計画し、劇場はイスラム様式で飾っている。丸の内にイスラム様式などというと唐突に感じられるはずだが、コンドルはいかにもイギリス風の建物のほかにもうひとつ東方趣味のスタイルが大好きであった。

以上がコンドルの丸の内関連作品である。コンドルによる丸の内の話としてはここまででいいのだが、しかし、三菱地所の話としてはコンドルとの付合いはもっと広がる。丸の内の事業と併行し、さらに三号館の終わった後もコンドルは三菱関係者の邸宅をつくり続けている。

こうした邸宅の仕事は、建築史の上では普通、三菱地所とは切り離しコンドルだけの問題として扱われるが、三菱の側に力点を置いてみると、地所の事業ともいえるのである。コンドルと三菱とのちぎりの第一作である岩崎家深川別邸は、すでに見たように基本設計までがコンドルで、実施設計はむろん施工も三菱の地所係の直営工事として実現しているから、三菱の仕事のひとつに数えてきた。明治二十三年以後、コンドルは三菱の顧

図Ⅰ③　丸の内に最初に建ったコンドルによる第一号館（明治二七年）外観は折衷スタイルで尖った屋根はゴシックを、窓回りはクラシックを感じさせるエリザベサン様式。この一号館が竣工した後、二、四、五号館が引き続きつくられて、いわゆる〝一丁ロンドン〟と呼ばれた街並みが馬場先通りに形成された。

Ⅰ③

図Ⅰ④　第一号館三階平面図

図Ⅰ⑤　第一号館二階平面図

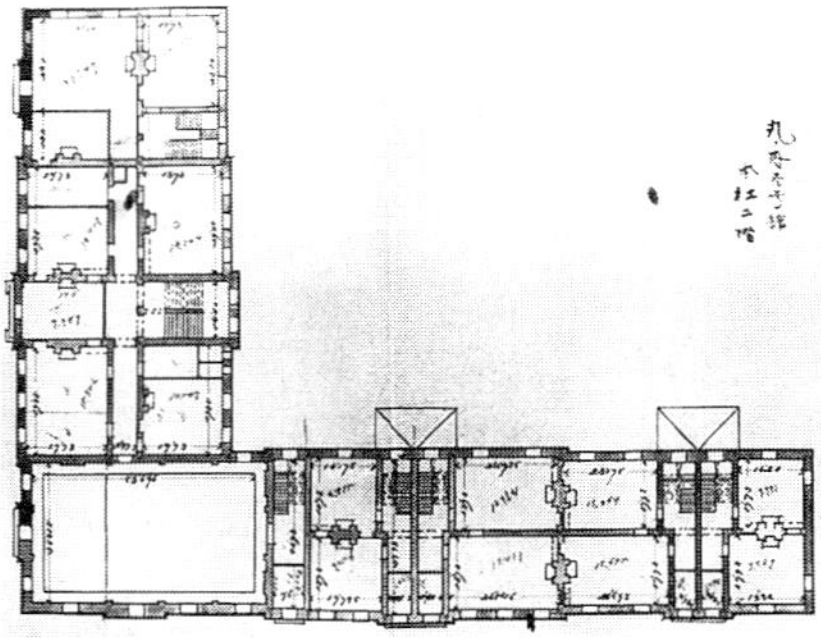

Ⅰ⑤

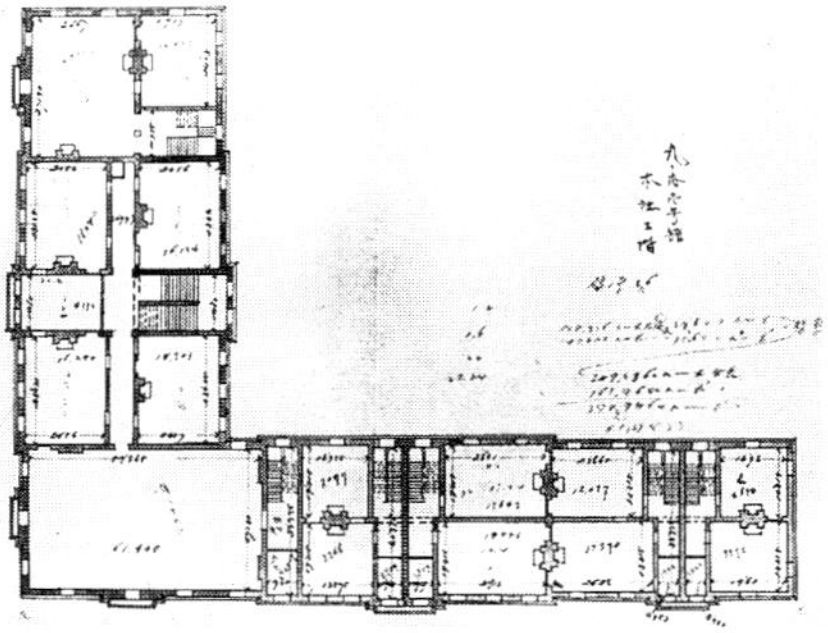

Ⅰ④

図Ⅰ⑥　第一号館一階に入っていた三菱銀行の営業室

図Ⅰ⑦　第一号館一階平面図　L字型プランのコーナーに三菱銀行が入っていたことがわかる。

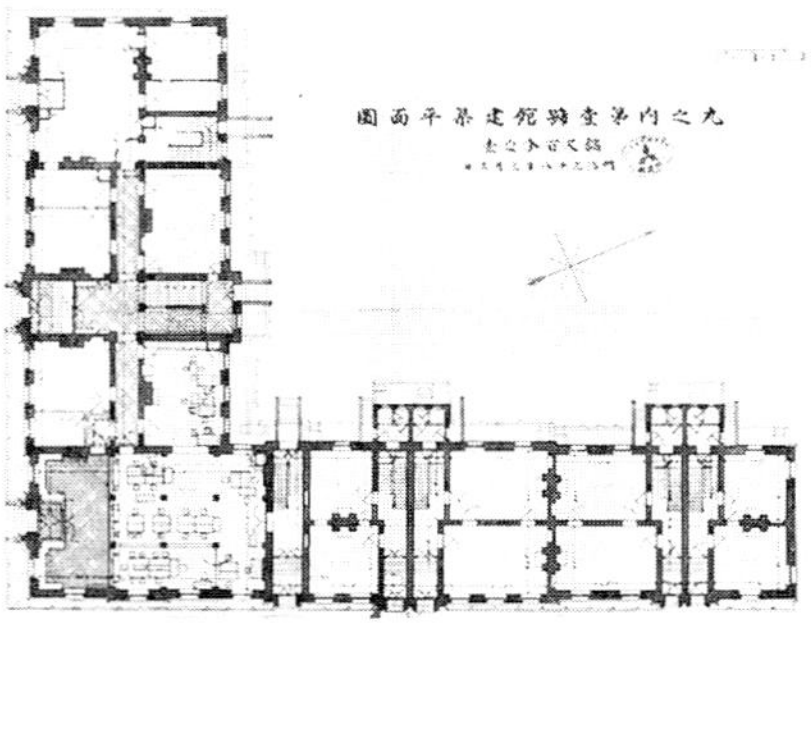

Ⅰ⑦

Ⅰ⑥

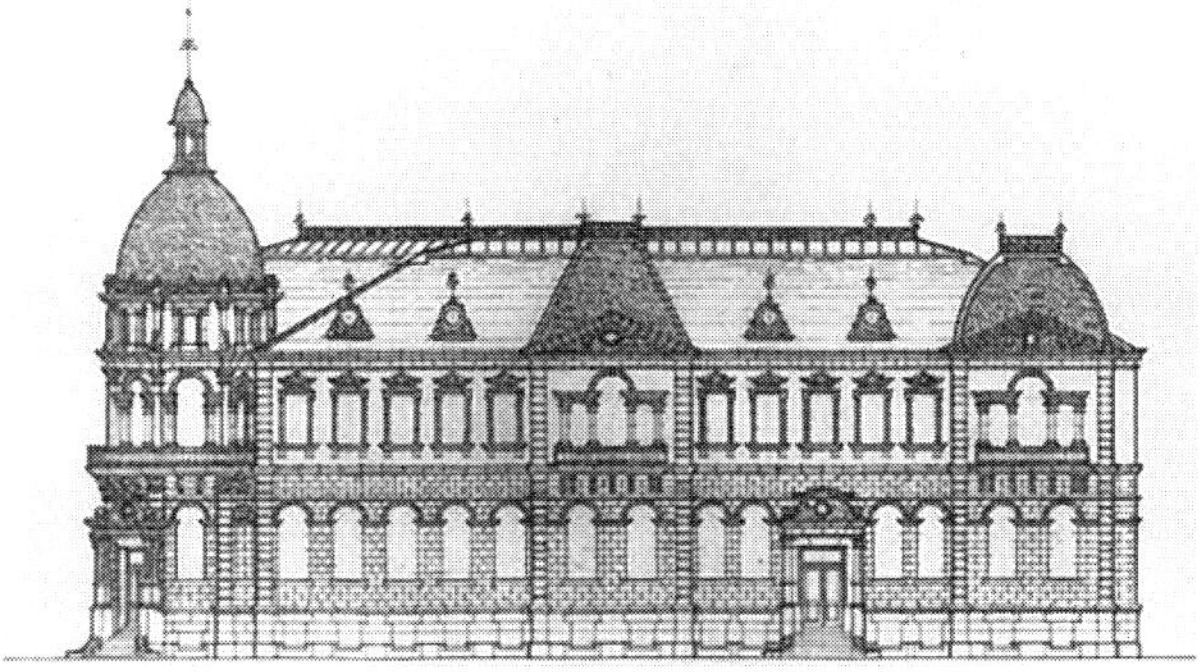

I⑨

I⑧

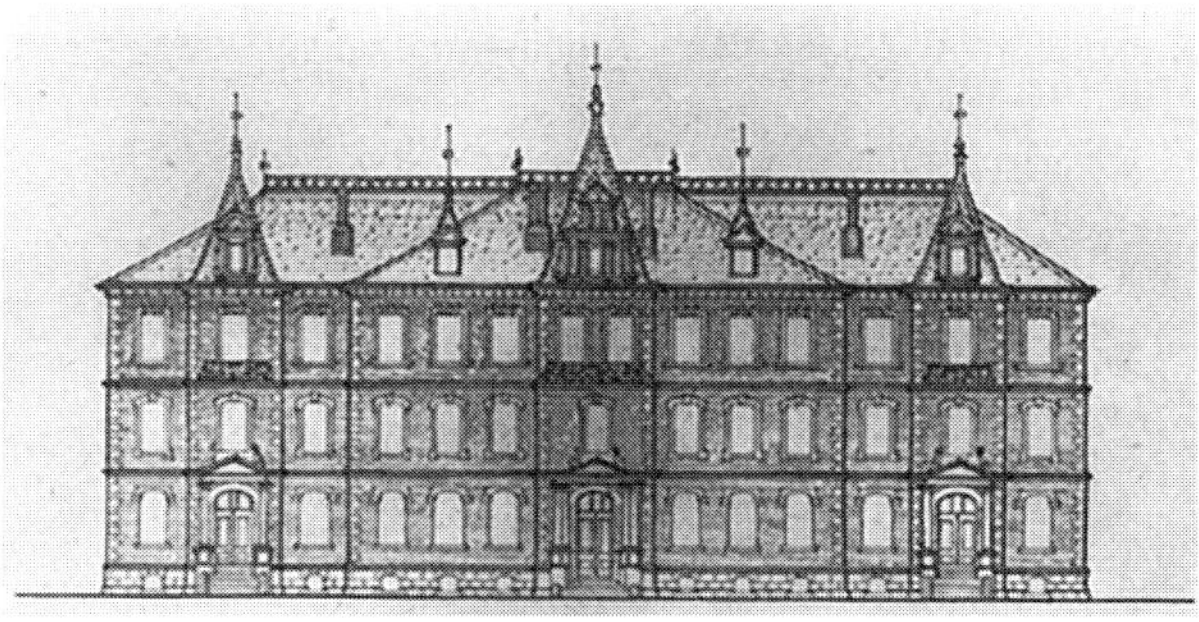

I⑩

図I⑧　コンドルによる第二号館

図I⑨　第二号館南立面図（コンドル）

図I⑩　第一号館南立面図（コンドル）

図I⑪　馬場先通りの西端に対峙していた第二号館（左：コンドル　一八九五）と東京商業会議所（右：妻木頼黄　一八九九）

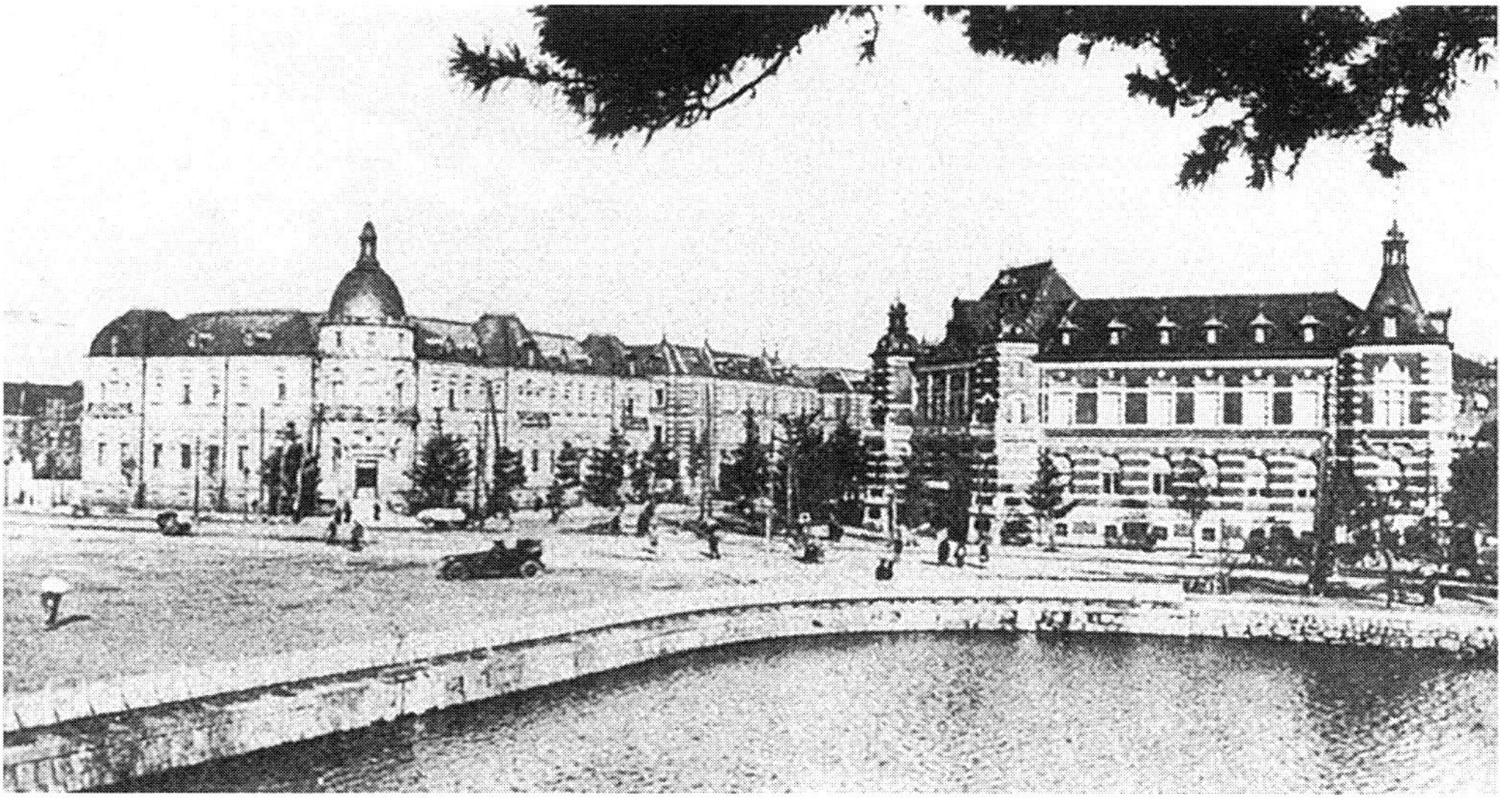

I⑪

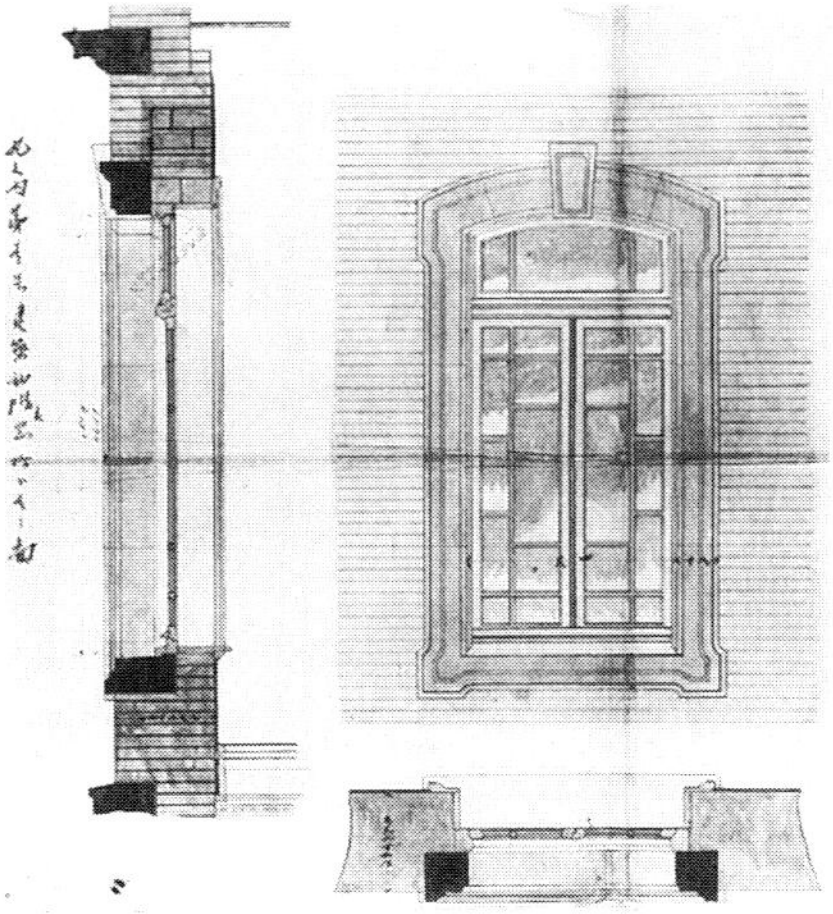

I
⑬

I
⑭

I
⑮

I
⑫

図I⑫　第一号館立面及び断面詳細図

図I⑬　第一号館二階窓回り詳細図

図I⑭　第一号館二階窓回り詳細図

図I⑮　第一号館出入口ドア詳細図

図I⑯　第二号館南側昇降口詳細図

図I⑰　第三号館大階段詳細図

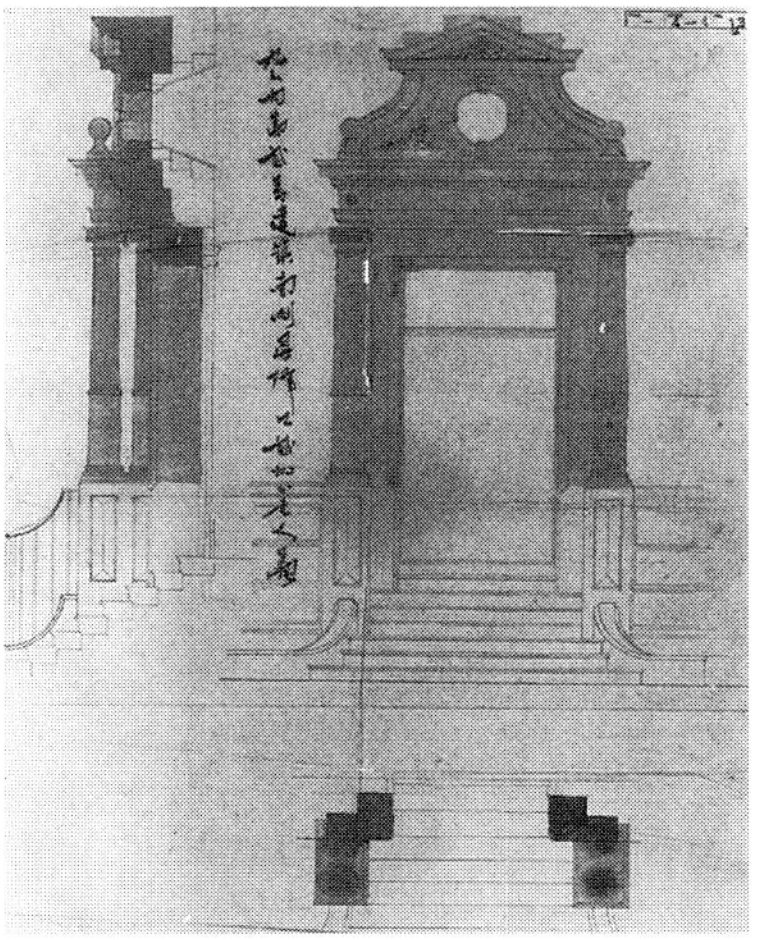

I⑯

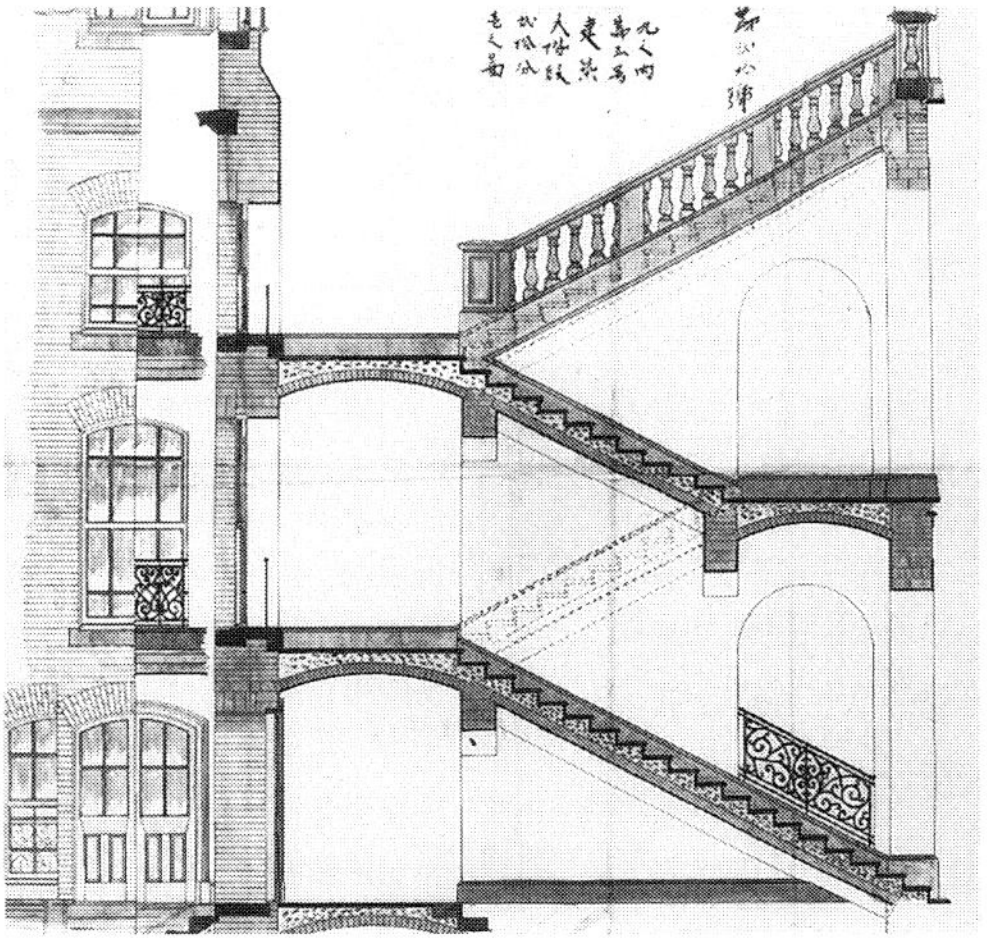

I⑰

図I⑱　第一、二、三号館断面図（階高と窓の位置を比較した図）

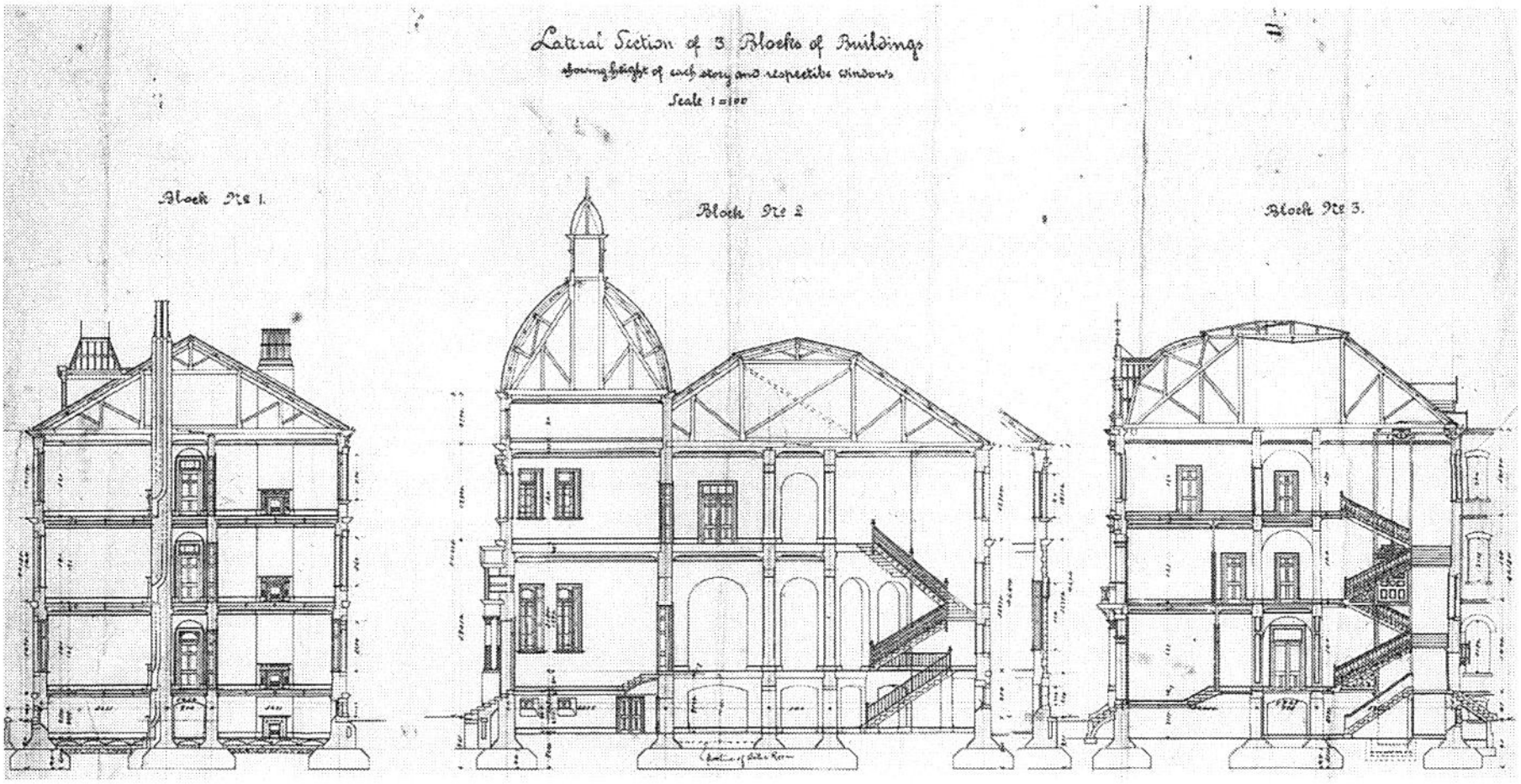

I⑱

図I⑲⑳　『丸之内第壱号第弐号第参号建物間取帳』　左側は第三号館と倉庫の間取りを表しているが、右側の図は第一号館の間取り上部に貸家料が明記されている。

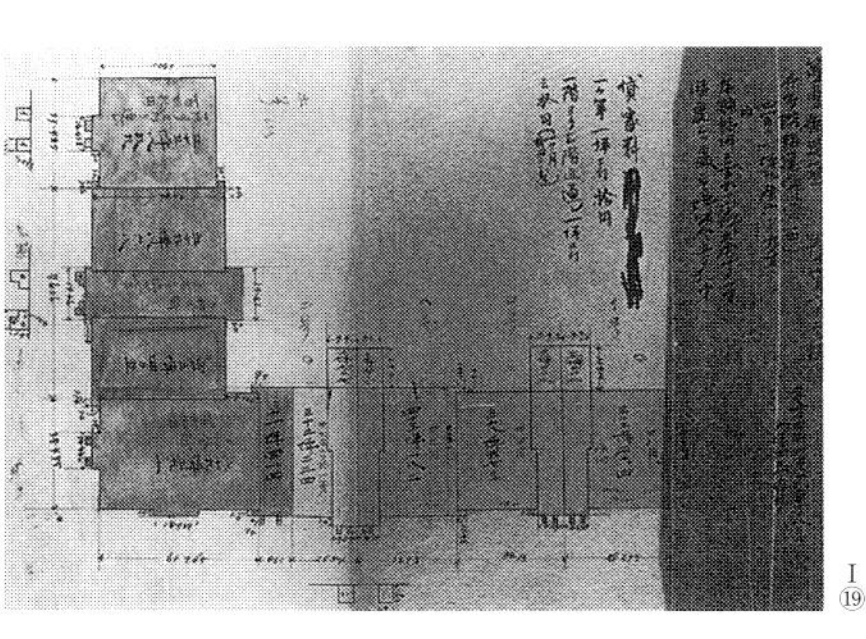

I⑲

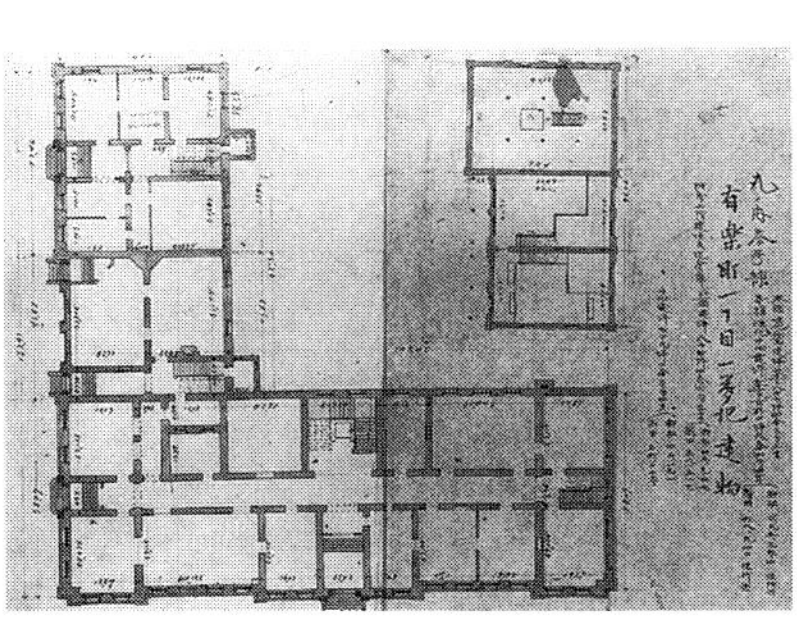

I⑳

問のポストについており、その上で三菱関係者の邸宅のデザインを引き受け、その工事は地所が直営として遂行しているのだから、これらも地所の仕事のひとつに数えても許されるだろう。

次のような邸宅が知られている。

・荘田平五郎邸　明治二十六年
・岩崎家駿河台邸　明治二十七年
・岩崎久彌邸（茅町）　明治二十九年
・松方正義邸（仙台坂下）　明治　年
・同（三田小山町）　明治　年
・赤星鉄馬邸（大磯）　明治四十年
・末延道成邸　明治四十年
・岩崎彌之助邸（高輪）　明治四十一年
・岩崎家箱根湯本別邸　明治四十二年
・近藤邸　明治四十二年
・岩崎家玉川廟　明治四十三年
・加藤高明邸　明治四十四年
・赤星邸（赤坂）　明治四十五年
・岩崎家元箱根別邸　大正二年
・諸戸清六邸（桑名）　大正二年

明治二十三年に三十八歳で顧問に就任してより大正九年に六十八歳で没するまでほぼ全期間を通して、三菱の社主や重役などの邸宅をつくり続けたのである。

岩崎家そして三菱は、建築家コンドルの終生のパトロンであった。

以上のうち現在残っているのは、岩崎久彌邸（現法務省司法研修所）、岩崎彌之助邸（現開東閣）、岩崎家玉川廟、諸戸清六邸（現六華苑）の四棟である。


と書いた後、マ・テ・ヨ？

もしかしたら加藤高明邸がまだあるかもしれない！

話は二十年近く前にさかのぼるが、大学院の学生時代に〝東京建築探偵団〟というのを僕はやっていて（今も、名前だけは残しているが）、東京中の西洋館の所在をチェックしていたのだが、成城を調べているとき、下見板を張った由緒不明の西洋館と堂々とした和館があり、オーナーの斎藤裕氏に連絡すると、「加藤高明の家を移した」との返事があった。とすればコンドル設計の可能性が出てくるが、当時は個々への踏込みはあまりやっていなかったので、そのままにしてそれ以上の追求はしなかった。このデータを公表して以後、成城の斎藤邸は明治期の旧加藤高明邸、ということで、世田谷区の西洋館関係の出版物には顔を出し続けて二十年になるのだが、しかし、旧加藤高明邸とコンドルの関係に気付く人もないのか、気付いても僕同様腰が重いのかで、改めて確認した人はいない。で、この原稿はひとまず休んで、このチャンスに調べることにした。

三菱地所に出向いてコンドル設計の加藤高明邸の原図のコピーをもらい、それを持って成城に出かけた。

結果は、ア・ウ・ト。和館は麹町の加藤邸を移したと見られるが、洋館の方は規模もスタイルも細部も図面とは違う。図面を省略して実現した可能性もあるから、『加藤高明伝』の口絵写真で確かめると、図面どおり実現している。斎藤邸の洋館がコンドルの旧加藤邸を移した可能性は限り無くゼロに近い、と言わざるを得ない。

以上が、丸の内の草創期のことと、それをリードした建築家コンドルの三菱関連の作品についてである。

ここで、そうしたコンドルの人と事蹟についても、レスカス、山口半六、藤本壽吉と同様に綴ったほうがいいかもしれないが、有名な人ゆえ書かれた出版物も多いからここでは触れないことにする。

四　オフィス街の統一　曾禰達蔵の時代

明治二十九年の三号館の完成をもって丸の内建設の第一期は終わり、しばらく休んだ後、明治三十四年、四号館の工事が始まり、三十七年八月には完成し、引き続き五号館（明治三十八年七月）。六号館（明治三十七年七月）、七号館（明治三十七年七月）、と完成した。丸の内建設の第二期ともいうべきこの時期の地所を、一期のコンドルに代ってリードしたのが曾禰達蔵にほかならない。

曾禰達蔵

すでにこの文の中でも何度も名だけは登場しているが、ここで改めて彼について述べておきたい。丸の内とは浅からぬ縁の生涯を送った建築家である。

彼の丸の内の記憶は、三菱入社よりはるかにさかのぼり幕末に始まる。

達蔵は、嘉永五年十一月、唐津藩士曾禰政又の子に生まれた。国許《くにもと》は唐津だけれども父が藩の江戸留守居役《るすいやく》だったことから、江戸の屋敷で育った。父は江戸の文人としても名が伝わっているから、江戸文化の香りを存分に受けて育ったにちがいない。十歳になったころ、端整な容姿と利発さを認められたらしく、藩主小笠原長国の嗣子の長行《ながみち》の小姓に選ばれるが、この小姓づとめが達蔵を丸の内へと運んでいく。

小笠原長行は外国奉行の要職に就き、フランスのロッシュやイギリスのパークスらと難しい外交交渉を丸の内の外国奉行所で交すが、小姓の達蔵も付き従った。達蔵の回想によるとロッシュとの交渉が難しかったらしい。

丸の内は、彼にとって、小姓時代の思い出の場にほかならない。

大正五年建築学会の創立三十年記念のとき、曾禰は丸の内の変遷について講演したが、そのときの講演だけでは「事足らぬ心地がする」ということで、建築の雑誌に続きを書き綴っているが、それを読むと、達蔵の心の中では幕末の丸の内がいつまでも生き続けていたことがよくわかる。

丸之内は前に言つた通り、四方濠に囲まれて居る所である故に外界《ぐわいかい》との交通は濠上《ほりうへ》の橋に依《よ》らねばならぬが、橋の内には関門即ち見附《みつけ》があつて、屋外には突棒《つくぼう》、刺股等《さすまたとう》、乱人捕獲用《らんにんほくわくよう》の武器《ぶき》が立て列《つら》ねられ、又屋内には関吏厳然《くわんりげんぜん》と居並び、人は勿論《もちろん》、動物《どうぶつ》といはず、器具といはず、苟《いやし》くも此所を通過する凡てのものを監視《かんし》するといふ状態で、加之《しかのみならず》夜《よ》はまた早くより大門を閉鎖《へいさ》し、通行人は必ず小門に由らねばならぬ制規《せいき》で、恰も戒厳令《かいげんれい》が常に布《し》かれて居たやうなものである。されば丸之内の諸屋敷《しよやしき》に住《ぢう》する婦女子は、夜《や》中屋敷外《ちうやしきぐわい》に出るは殆《ほとんど》皆無《かいむ》であつた。

屋敷の「プラン」は城郭《じやうくわく》に類《るゐ》し、周囲の長家は則ち外郭《ぐわいくわく》で其表通《そのおもてどほ》りに面するを表長家《おもてながや》といひ、若し隣屋《となりや》敷《しき》があらば、其境に近く建《た》てられたるを裏長家といひ、広大《くわうだい》なる屋敷《やしき》にては更に其内郭《そのないくわく》に当る長家を設《まう》くることあり、之を中長家と呼《よ》ぶ……。

長家の等級は表長家《おもてながや》が優等で、用人家老の如き重臣は之に居住《きよぢう》したのである。武者窓《むしやまど》の間に出窓《でまど》即ち出《で》格子《がうし》窓《まど》を交へたる所は是等上級人士の居所《きよしよ》と見て誤《あやまり》ないやうである。

出窓《でまど》に就ては更に少しく述《のべ》て見たい。蓋《けだ》し出窓は長家造の表面の単調《たんてう》を破る殆ど唯一の好斗出物《かうとしゆつぶつ》で、殊に表門脇《おもてもんわき》の出番所の出窓《でまど》は其最たるものであるが、尚《な》ほ此外に出窓《でまど》には特色がある。それは長さ数間、稀《まれ》には十数間連続《すうけんれんぞく》した出窓、而も一階《かい》二階共《かいとも》に之を有する長家の往々《わうわう》あつたことである。此を物見所《ものみしよ》と称《しよう》し、屋敷の主公直属の場所であつた。平素《へいそ》は全く閉鎖《へいさ》され、祭礼の神輿《みこし》、花車《だし》、其他常になき珍《めづら》しき行列《ぎやうれつ》の窓外を通行《つうかう》するとき、其室《そのしつ》を開《ひら》き、夫人を始めとして、奥向《おくむき》の人々が来集《らいしふ》し、窓に簀簾《みす》を垂《た》れて、内より窃に外を望見《ばうけん》したのである。所謂深窓《いはゆるしんさう》の夫人の慰楽《ゐらく》の一で又間接に活社会を窺《うかゞ》ふを得るの一法であつた。想《おも》へば実に優雅《いうが》な事である。(『建築世界』Vol. 10, No. 7)

丸の内の大名小路を体験した者ならではの細かい描写にちがいない。

この「想へば実に優雅な」江戸の街を達蔵は明治維新のとき、捨て去ることになる。明治元年五月、上野の山からの彰義隊の敗走のとき、達蔵もともに会津に向けて敗走した。小笠原長行を中心とする唐津藩の佐幕派の一員として、官軍に抗し、江戸を捨て、会津に籠った。そして、いよいよ会津攻城戦が始まろうとしたとき、長行は達蔵を呼び、包囲網を脱出して生きることを命じた。おそらく、唐津藩佐幕派の最後を国許に伝えるためと、どちらかというと文弱タイプの達蔵を勝目のない戦闘で死なすにしのびなかったのであろう。

こうして達蔵は生き残ったが、この体験は彼の心に深い影を落とすことになる。

十数年前、曾禰達蔵の長男の曾禰武氏に聞き取りをしたとき、「父は、終生、自分は歴史家になりたかった、と何かあるたびグチをこぼしていた」ことを教えられたが、おそらく達蔵は死に遅れた者として過去に生きたかったのであろう。

しかし、没落した士族の子弟として食うために実学を選び、工部大学校に第一回生として入り、コンドルに建築学を学び、明治十二年、卒業する。

卒業後、しばらく大学に残った後、警視庁を経て海軍に技師として入り、呉の鎮守府で軍施設の建設に当たった。

しかし、大きな不満があった。当時、一流の建築家になるには、西洋館の母国である欧米への視察か留学は不可欠で、第一回生の仲間四人のうち辰野金吾と片山東熊はすでに体験しているというのに、自分にはなかなかチャンスがない。後輩も次々に勤め先から海外へと送り出されているというのに、このままだとどんどん遅れをとる。あせった曾禰は、明治二十二年の末か二十三年の初頭に海軍の上層部へ海外出張派遣の願い出をするが、蹴られてしまった。

温和で知られた曾禰だが、ついに辞職を決意し、そのことにつきコンドル先生に相談をした。当時、工部大学校の卒業生は官庁に勤めるのが原則であり、曾禰も卒業以後そうしていたのだが、この時点で官界を離れることを決意したようである。すでに政府との縁の切れたコンドル先生に相談したのは、これ以後民間で生きようと決めたからにちがいない。以後、彼は民間の建築家として明治、大正、昭和の三代を生き続け、戦前においては最高最大の民間設計組織として知られる曾禰中條建築事務所を育て上げるが、こうした〝脱官入民〟の姿勢の奥には、維新のときの体験からくる明治新政府へのなじめなさが隠されていたにちがいない。

さて、明治二十三年のこと、曾禰が辞官の相談をすると、コンドルは丸の内の開発計画について話し、三菱への紹介の労を取ってくれた。三菱の側も、本来なら建築畑の筆頭社員としてコンドルを助けて働くべき藤本壽吉の病没の後で、代るべき人物を必要としていたから、荘田が曾禰と面談した。こんな細かいことは書くまでもないが、ちょうど百年前の地所の人事の雰囲気がわかるから曾禰の回想を紹介しておく。

(三菱社は) 駿河台紅梅町にて木造西洋館に居ました。会社にて面会したのは故荘田平五郎氏でありました。多分メンタルテストの趣旨が主要であつたかと思う。兎に角会社の計画の大略の話があり、私が会社に向つての希望など尋ねられた。そこで話が決つて呉 (海軍鎮守府) に帰つて来たのです。

会社に向かっての希望をたずねられたとき、曾禰は海外視察の一件を切り出したのはまちがいない。

それから三菱の人となり、最初は建築士と云ふ職名の辞令でありました。……其頃は建築技師なる称へが朝野ともに普通でありましたから、私は三菱の辞令書の建築士の称号を奇異に感じました。偖愈《さていよい》よ三菱に入つて知りましたのは当時の社長は彼の有名であつた土佐より出た商傑岩崎彌太郎の実弟彌之助と云ふ人で、現小彌太男《だん》（爵）の実父であつた。又同社第一の重役は其前に一度面会した莊田平五郎さんであり、此人が丸の内の諸計画を担当して居ると云ふことでした。（『日本建築士』Vol. 17, No. 1）

この回想によると、曾禰は、自分の入る会社の社長がどういう人なのかも、自分と面接したのが誰なのかも、入社するまで知らなかったらしい。

明治二十三年九月十二日付で曾禰は三菱に入社し、二十三年ぶりに丸の内に帰った。といってもまだ丸の内は昔の大名屋敷の名残りや陸軍の施設が空屋となって放置されているような状態で、曾禰は莊田とともに土手に登って地勢を眺めることから始めて、先に回想を引用したように、コンドルの指導の下でオフィス街づくりの実務を担い、一号、二号、三号館とビルを完成させていく。

この三作の後、丸の内の開発は小休止に入り、コンドルは丸の内の仕事から手を引く。ふたたびビルの建設が始まるのは四年後の明治三十四年で、四号館が着工して明治三十七年に完成し、引き続いて五号館（明治三十八年七月）、六号館（明治三十七年七月）、七号館（明治三十七年七月）と完成する。この四号館から七号館までの四作を設計したのが、曾禰達蔵である。一号館から三号館までをコンドル時代というなら、四号館から七号館までは曾禰時代といえよう。

しかし、この五、六、七号館計画に先立ち別の計画を曾禰が立てていたことがこのたび判明した。

地所に残る図面の中に「丸之内南方中部建物配置案 June 4. 1899」などと表記された一連の図面がある（図Ⅰ㉔㉗）。明治三十二年六月四日、つまり五号館立案（明治三十三年九月）の前年、一丁ロンドンではなくその南側奥の一帯に〝丸ノ内町屋計画〟ともいうべきオフィスビルならざる低層の洋風建築による一般的な町の開発が企てられていたのである。図面により知られるように一等から三等までの〝町屋〟を中心に、貸倉庫、勧工場（今のスーパーマーケット）、湯屋、馬車、人力車場を設ける。商家は二階建てのベランダ付の連屋形式で、

図I㉑　「明治三七年代三菱ヶ原」右端が第一号館
図I㉒　曾禰達蔵
図I㉓　曾禰達蔵による第五号館（手前）と第四号館
図I㉔　「丸之内南方中部建物配置案」の立面図
図I㉕　第二号館（コンドル　一八九五）
図I㉖　第五号館（曾禰達蔵　一九〇五）

I㉑

I㉓

I㉒

I㉕

I㉖

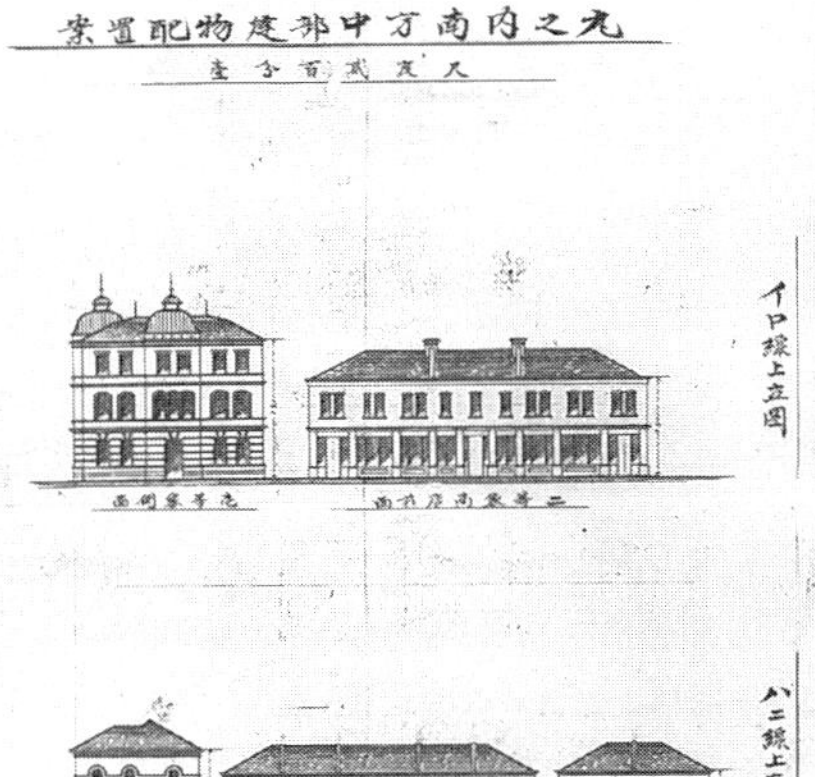

I㉔

裏手に付属家が設けられていることから知られるように明らかに明治十年完成の銀座煉瓦街計画を意識している。丸の内をビジネス街化するという政府と三菱の大方針とは向きの違うこの計画が一時とはいえ考えられたのは、おそらく、一、二、三号館完成の後、さらなる入居希望者が思うように現れなかったからであろう。この〝丸ノ内町屋計画〟の後、一丁ロンドンへの需要が再び現れ、曾禰は四、五、六、七号館と手がけることになった。

曾禰はどのようなビルを建てたのであろうか。

まず手がけたのは、一丁ロンドンの東端の一号館と西端の二号館の間に建つ四号館と五号館の二棟だが、テーマは自ずと明らかで、両側に建つ一号館、二号館との関係をどうするかである。

もし、コンドルが一号館、二号館を同じ系統のスタイルでまとめていれば問題はなかったが、しかし、ひとつは赤煉瓦の折衷系で、もうひとつは石造のバロックに傾きかけたルネッサンス系のスタイルであった。

このように先行者がバラバラのスタイルを提示したのだから、曾禰も、軒高だけを整えてあとは自由にスタイルを選んでもよかったはずだが、彼はそうせず、街並みとしての統一と調和を重んじる。

そのことは、図（図Ⅰ㊈）のように一号館と二号館の間に四号館と五号館を置いてみればわかるであろう。基準建築としてつくられた一号館をベースとしながら、屋根のつくり（フランス風の腰折れ屋根、丸形のドーマーウインドウ、傾斜の弱い尖り屋根）と壁の構成（柱型の付加、アーチ窓）でクラシック色を強め、二号館と何とか一致点を見いだそうとつとめている。

こうした努力の跡に気付くと同時にひとつの疑問も湧かざるをえない。街並みの連続的変化のためなら、むしろ、四号館と五号館は入れ替わったほうがよかったのではないか。このことは一階の窓のアーチに注目してみるとわかりやすい。

四号館は一号館の隣りに建つにしては一号館との差が強すぎる。

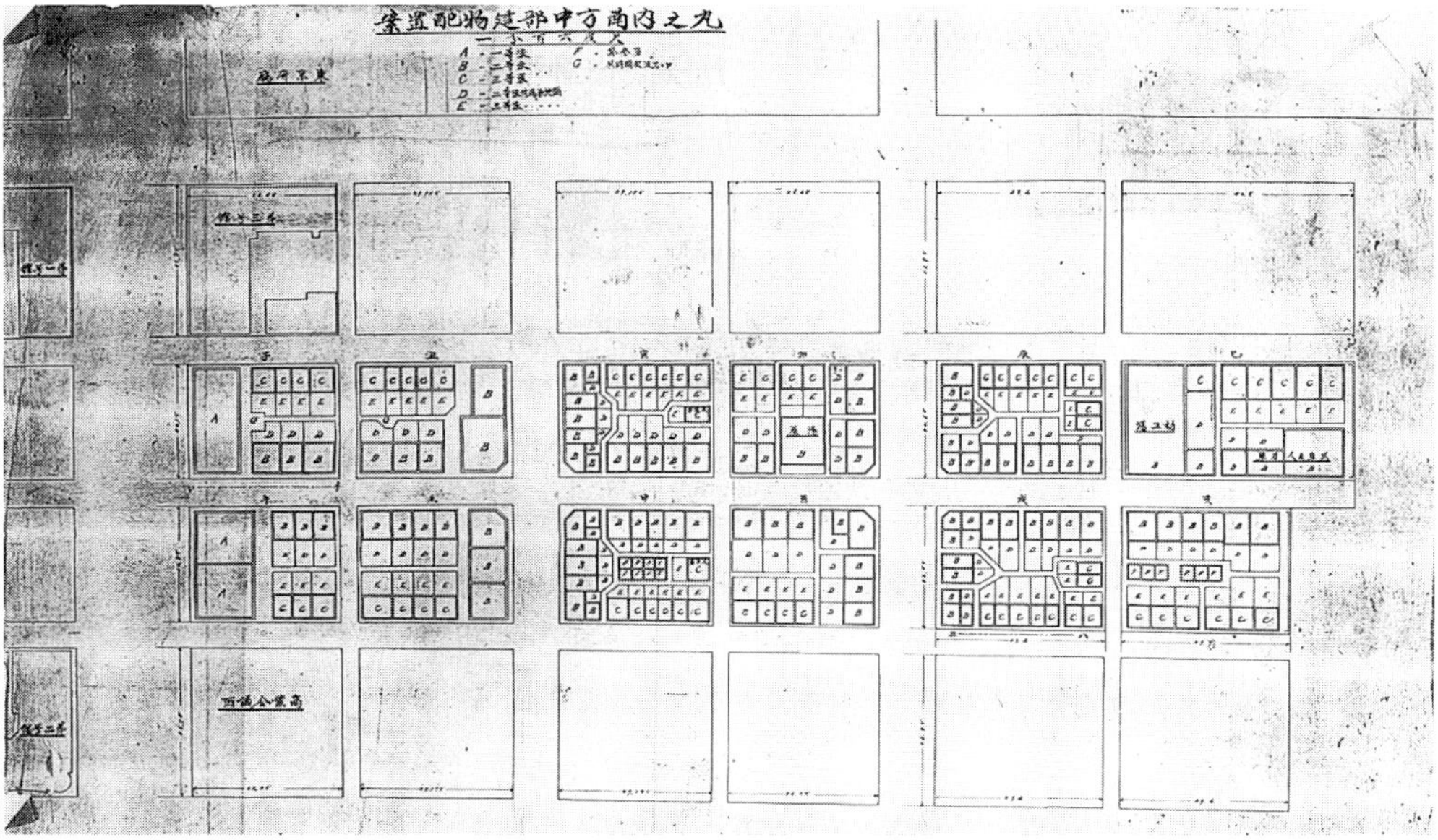

Ⅰ㉗

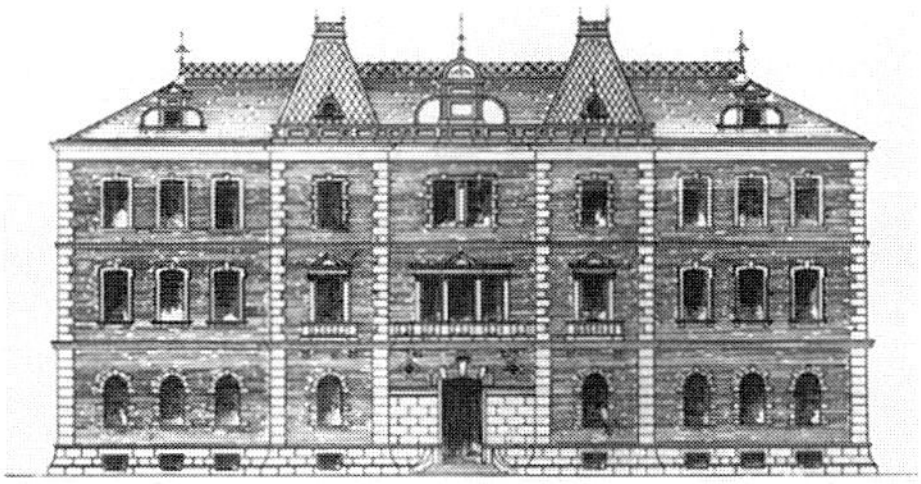

Ⅰ㉘

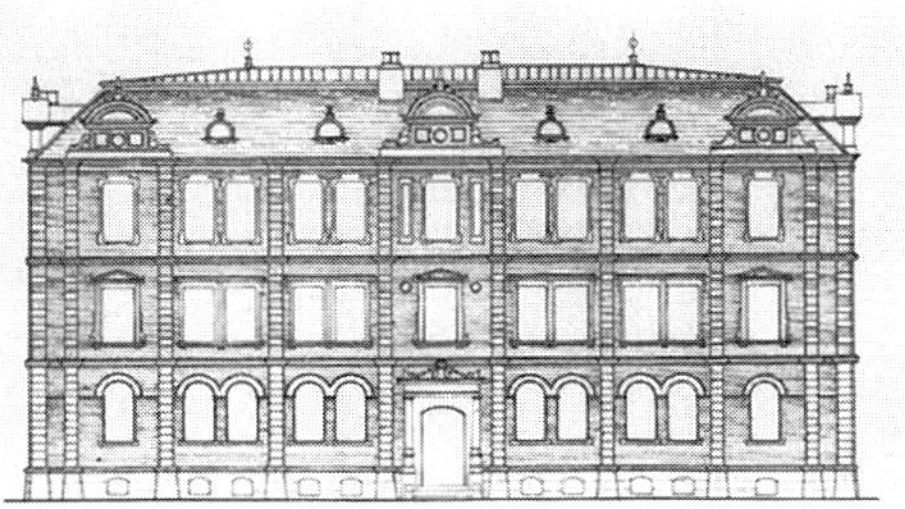

Ⅰ㉙

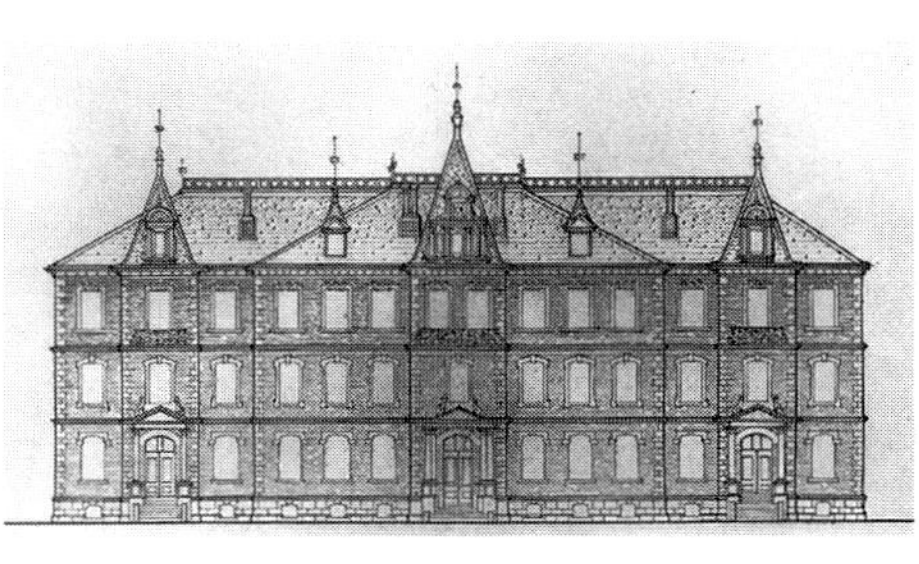

Ⅰ㉚

図Ⅰ㉗「丸之内南方中部建物配置案」
図Ⅰ㉘ 第四号館の原案（コンドルのデザインを踏襲していた）
図Ⅰ㉙ 第四号館（曾禰達蔵 一九〇四）
図Ⅰ㉚ 第一号館（コンドル 一八九四）

この件については面白い図面が残されている。明治三十三年九月に描かれた四号館の原案（図I㉘）で、これを見ると実施案よりずっと一号館に近いことが知られるが、何かの事情で没になったのだろう。並び方を入れ替えたほうがよかったかもしれない感はあるものの、曾禰が何とか一号館と二号館の間の様式的な距離に橋を架けようと努力している点は高く評価されよう。少なくともコンドルにはなかった姿勢だから。

ついで六号館と七号館を見てみよう。

この二棟は一丁ロンドンの通りではなく、四号館と五号館の間を一丁ロンドンと直交して走る〝仲通り〟に建てられ、位置は四、五号の側面に接していた。いわば、丸の内の脇道に建った最初の建物ということになるが、意外にもオフィスビルではなく、アパートメントハウスなのである。

丸の内の開発に当たり彌之助は、オフィスだけでなくそこに働くサラリーマンのための本格的なアパートと劇場と美術館を構想していたが、その構想に従って実現した。

これまでも丸の内に一時期アパートがあったことは知られていたが、その実体は地所の図面が整理されたことによってこのたび初めて明らかとなった。

図面を見るとわかるように、赤煉瓦造、地下一階、地上二階の本格派で、棟割り形式を取り、六号館、七号館それぞれ六戸、計十二戸が入るようになっている。

各戸の構成は、「第六号一番戸末川氏住宅」などの図面によって明らかとなり、地階は女中部屋と台所に当てられ、一階は八畳、六畳の二室と風呂および便所、二階は八畳、六畳、三畳の三室。

こうした図面によって知られるように、赤煉瓦の西洋館の中で純日本式の暮らしが行われていたのである。六号、七号と仲通りをはさんで向かい合って建っているが、その平面と立面は完全に同一であった。もちろん、まったく同一用途の建物だからあれこれ変えるような面倒はさけて同じにしても構わないのだが、そうした消極的理由だけでなく、仲通りの街並みを統一しようという積極的意志があったのではないかと思われる。

図Ⅰ㉛　明治四〇年代初頭の馬場先通り　第三号館（左端）となりの第一二号館（明治四三年竣工）は工事中。

Ⅰ㉛

Ⅰ㉜

Ⅰ㉝

図Ⅰ㉜　第四号館正面出入口及び両側面の一部詳細図（明治三四年九月）

図Ⅰ㉝　手前から第四号館　となりの第五号館は昭和三四年から始まった〝丸ノ内総合改造計画〟にもとづいて既に取り壊された。左端は第二号館の跡地に建った明治生命館（岡田信一郎　一九三四）。

図Ⅰ㉞　第四号館

Ⅰ㉞

このことは、引き続く仲通りの建設の中で明らかになろう。

明治三十七〜三十八年に四、五、六、七号館の四棟を完成させた後、翌三十九年十月、曾禰は定年により三菱を退社し、丸の内における曾禰時代は終わった。

曾禰時代の功績を数えるなら、ひとつはコンドルの後を継いで一丁ロンドンを完成させたこと、もうひとつはコンドルには薄かった街並みの統一をはっきり打ち出したこと、のふたつである。

こうした丸の内のビル設計のかたわら、曾禰は、三菱関係の次のような建物を手がけた。

・三菱合資会社大阪支店（明治二十四年十二月完成）
・大阪製煉所（明治三十年設計）
・三菱合資会社神戸支店（明治三十三年完成）
・占勝閣（明治三十七年八月完成）
・東京倉庫会社兵庫出張所（明治三十八年七月完成）
・三菱合資会社門司支店（明治三十九年六月完成）
・三菱合資会社大阪支店（明治四十三年十二月完成）

このうち明治二十四年の三菱大阪支店は入社早々の丸の内計画に取りかかった時期に手がけ、明治四十三年の同大阪支店は退社後、顧問として設計している。また、大阪製煉所は、これまで曾禰の仕事に数えられていないが、地所所蔵の図面の中にあり、曾禰時代に設計されているから、曾禰の仕事に加えるべきである。

いったいどこまでを地所の仕事とすべきかについては、地所に原図面が所蔵されるのはすべて地所の仕事と見なしていいと思う。コンドル設計の岩崎家関係の住宅に見られるように、基本設計が地所の外に事務所を開く顧問のコンドルによっていても、実施設計と直営工事は地所により担われている。地所の業務は、三菱関係の建築事業の設計と直営工事のふたつであり、このふたつのどちらかにひっかかるものは地所の仕事とみてい

図I㉟　第六及び七号館平面図

図I㊱　丸之内建物断面図　第一号館から第一八号館まで一四棟の比較がわかる。

図I㊲　第六、七号館北及び南端七間公道切断図　三菱専用の下水道が敷設されていたことがわかる。

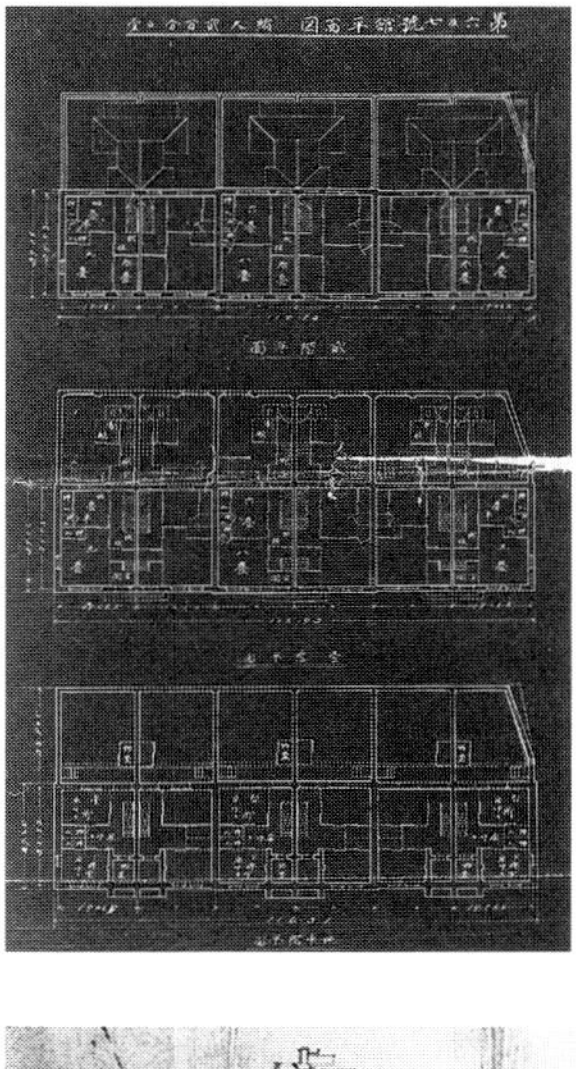

I
㉟

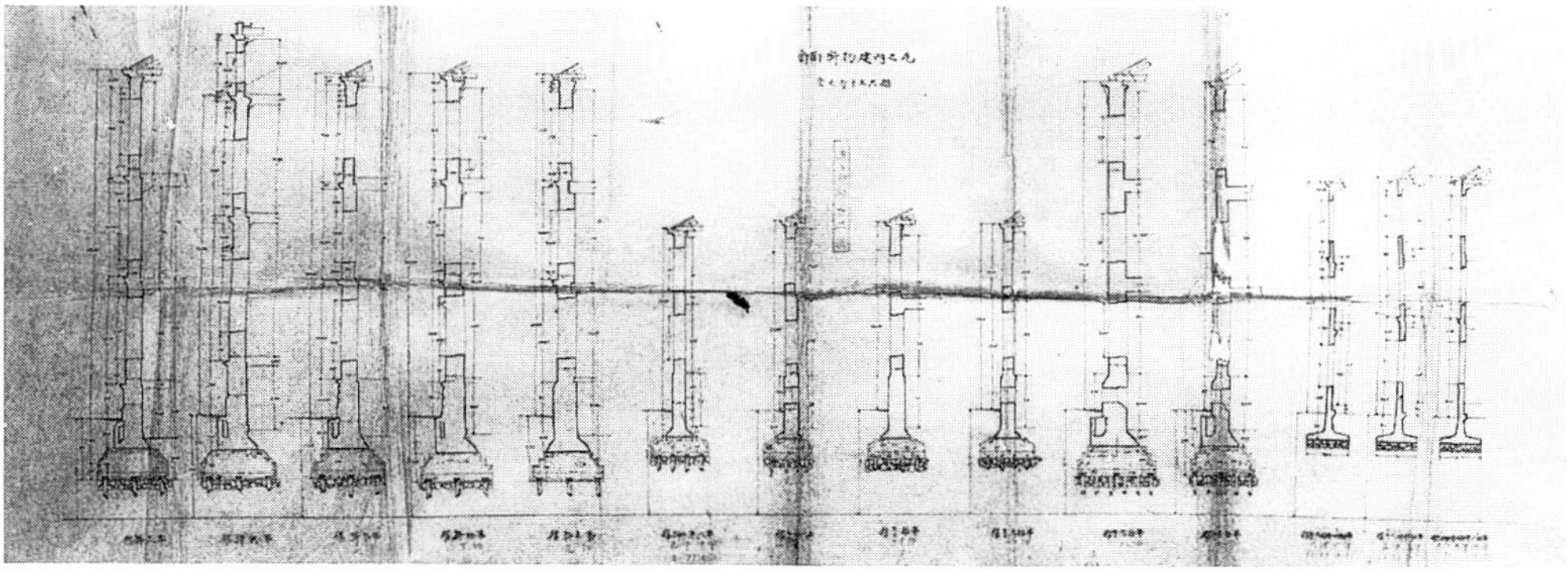

I
㊱

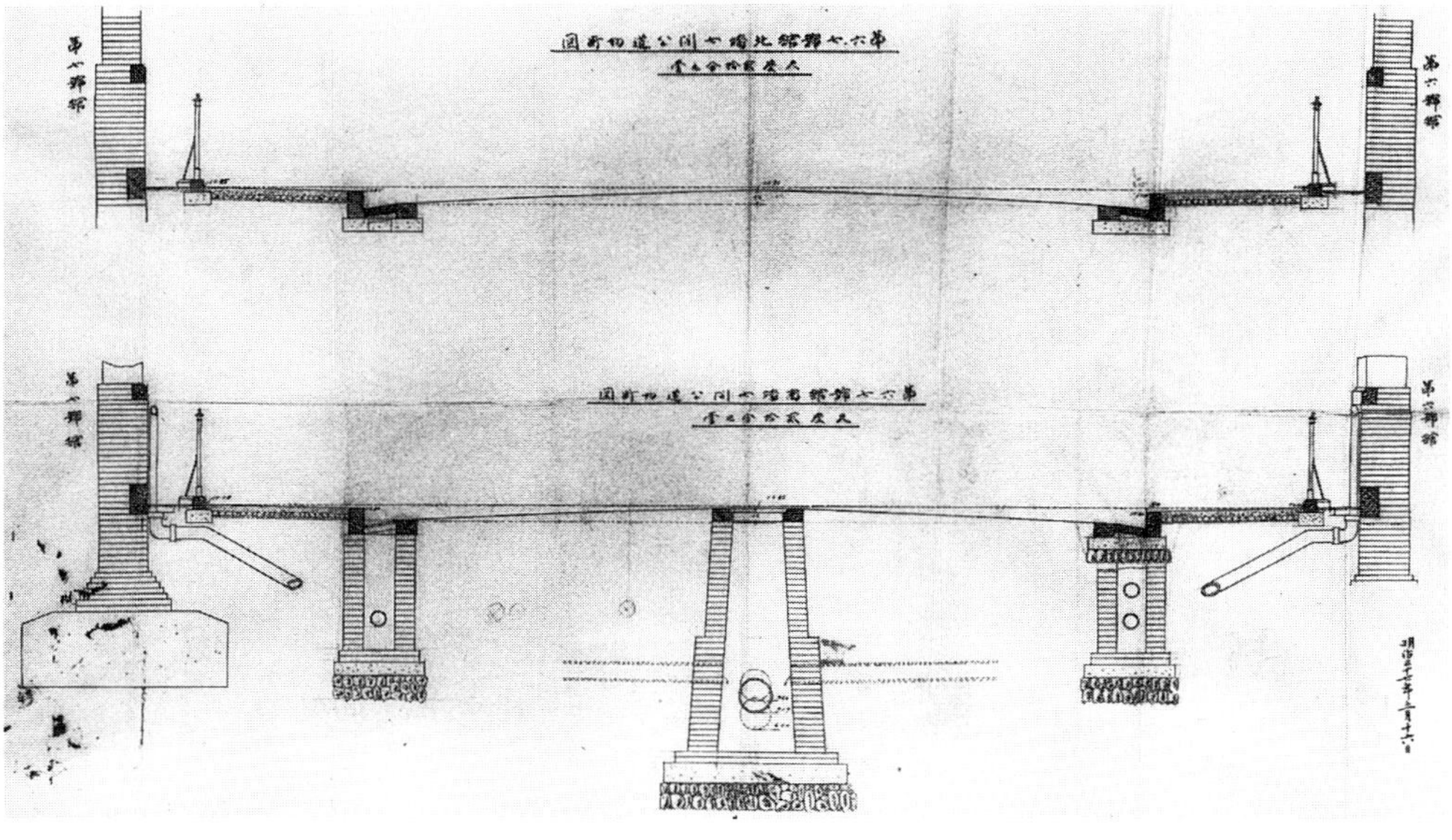

I
㊲

い。また、後の例だが地所部技師長の保岡勝也が業余に設計した岩崎家関係の建物も、地所に図面が残る分については、直営工事を地所が受け持ったと考えられ、これも地所の仕事のうちに入ると見なされよう。

さて曾禰の丸の内以外の三菱関係の設計については、別に写真をまとめたページで解説する（一一三頁参照）。

五　仲通りの完成

保岡勝也の時代

明治三十九年、曾禰達蔵が退いた後を受け、保岡勝也が三菱合資会社のトップ建築家となり、明治四十五年に退社するまで、八号館（明治四十年）から二十号館（明治四十五年）まで十三棟のビルを完成させ、二十一号館の基本設計を済ませている。この時期を保岡時代と呼んでもいいだろう。

レスカス、山口半六、藤本壽吉、コンドル、曾禰達蔵と続いた三菱の建築家の六代目になるわけだが、先行する五人に比べこれまでまったく語られることがなかった。丸の内のビル建設では明治期に完成した二十件のうち十三棟も手がけているのにどうしてか忘れられた建築家となってしまった。

そこで、これまで得たわずかな資料を元に保岡の事蹟を復原しようと思う。

生まれたのは明治十年一月二十二日、東京の人である。明治三十三年に工科大学建築学科を卒業し、ただちに三菱に入社したものと思われる。当時、建築学科の学生の就職は、主任教授の辰野金吾が振り分ける習慣だったから、曾禰が辰野に学生を求め、辰野が紹介したにちがいない。明治三十三年という時期は、しばらく中断していたビル建築が再開する前年に当たり、つまりコンドルの後を受けた曾禰がいよいよ四号館の設計に着手した年に当たり、曾禰は自分の右腕となるべき人物を求めたわけである。

入社後、曾禰の下で働き、曾禰の退社後は弱冠二十九歳で三菱のトップ建築家のポストに就き腕を振るい、明治四十一年には欧米視察にも送られているが、明治四十五年（大正元年）、四十代半ばの働き盛りに突如退社した。そして翌大正二年二月十一日、保岡建築事務所を開設し、地方銀行などを手がけているが、大正十年頃からは中小の住宅を大量に手がけ、同時に市民向けの住宅図集を大量に刊行した。保岡以前、市民の普通の住宅を大学出のアーキテクトが手がけることはなかったから、彼こそ大正期に初めて誕生した本邦初の〝住宅作家〟といえよう。昭和になってからも住宅作家として過ごしているが、昭和十年代以後の動向は不明のままである。

以上、わずかに明らかとなった保岡の経歴のうち、やはり一番の謎はなぜ三菱を突如退社したか、である。保岡と入れ替わるようにして明治四十五年に地所入りした建築家の故山下寿郎に十年ほど前、丸ビルについて聞き取りをしたとき、保岡について次のような思い出を話してくれた。

「卒業後地所に入ることに決まってから、先輩で地所に勤めていた内田祥三さんにあいさつに行ったときのことですが、そのとき、内田さんは『技師長の保岡さんは難しい人で、社内でもいろいろあるから、付き合わないようにしたほうがいいよ』といわれた。実際、入ってみるとたしかに難しい人でした」

おそらく、性格が企業組織に合わず、退社に至ったものと思われる。

保岡時代の実績

この時期の丸の内の発展の様子を見てみよう。

仲通りのアパートメントの隣りに八号館を建てたのを皮切りに、十一号館までが仲通りの街並みを北に伸ばし、続いて、十二号館以後が一丁ロンドンより南へと仲通りを伸ばし、仲通りが完成する。仲通りの完成により、丸の内は一丁ロンドンを東西軸、仲通りを南北軸とする十字の街となった。

普通丸の内の煉瓦街というと、一丁ロンドンばかりが取り上げられるが、仲通りも同じくらいに重要な意味を持っている。たとえば、赤煉瓦のオフィス街が大正末期に完成したときの街の配置図(図Ⅰ㊵)を見ていただきたい。色の薄いところが保岡時代の実績だが、まず、コンドル時代、曾禰時代に比べいかに大量に建設されたかがわかるだろう。次いで、仲通りに注目すると、保岡時代の仕事が仲通りに沿って展開されたこともわかる。さらに通りの長さを見ると、一丁ロンドンよりは仲通りのほうが三割がた長く伸びている。赤煉瓦の通りとしては仲通りのほうが長さだけについては勝っていたことになる。この図とともにもうひとつ、明治三十八年に仲通りを北の端から南に向かって撮った写真を見ていただこう。もし、知らない人が見たら、これが日本かと疑うにちがいないくらいどこまでも赤煉瓦の洋風の街が伸びている(図Ⅰ㊴)。

一丁ロンドンと仲通りの写真を比べれば納得されるように、個々の建物は一丁ロンドンのほうがずっといいのだが、通りの印象としては仲通りのほうがはるかに強烈だ。

理由としては、一丁ロンドンの道路が広過ぎて、通りとしての一体感に欠けること、また、一丁ロンドンには二号館とその向かいの東京商業会議所(妻木頼黄設計、明治三十二年)と、スタイルが別の二大建築が建っていて、統一性をいささかそこねていること、がある。それに対し、仲通りは、通りも狭く、かつ同一系のスタイルでまとめられているから、ストリート性が強く心に残るのである。

ストリート性の強調は、個々の建物についてもいうことができる。

実はさっきの写真を注意深く観察された人なら気付かれたように、保岡時代の仲通りのビルは、向かい合うビル同士がファサードを同一に設計されていた(図Ⅰ㊴㊹)。通りの左右に同じ街並みが並んでいたのである。このやり方は、曾禰時代につくられた仲通り第一作の六、七号館のアパートで試みられ、保岡により全面的に展開された。図面を逆に使えば済むのだから〝手抜きでは〟と疑われる人もあるかもしれないが、北端の十号

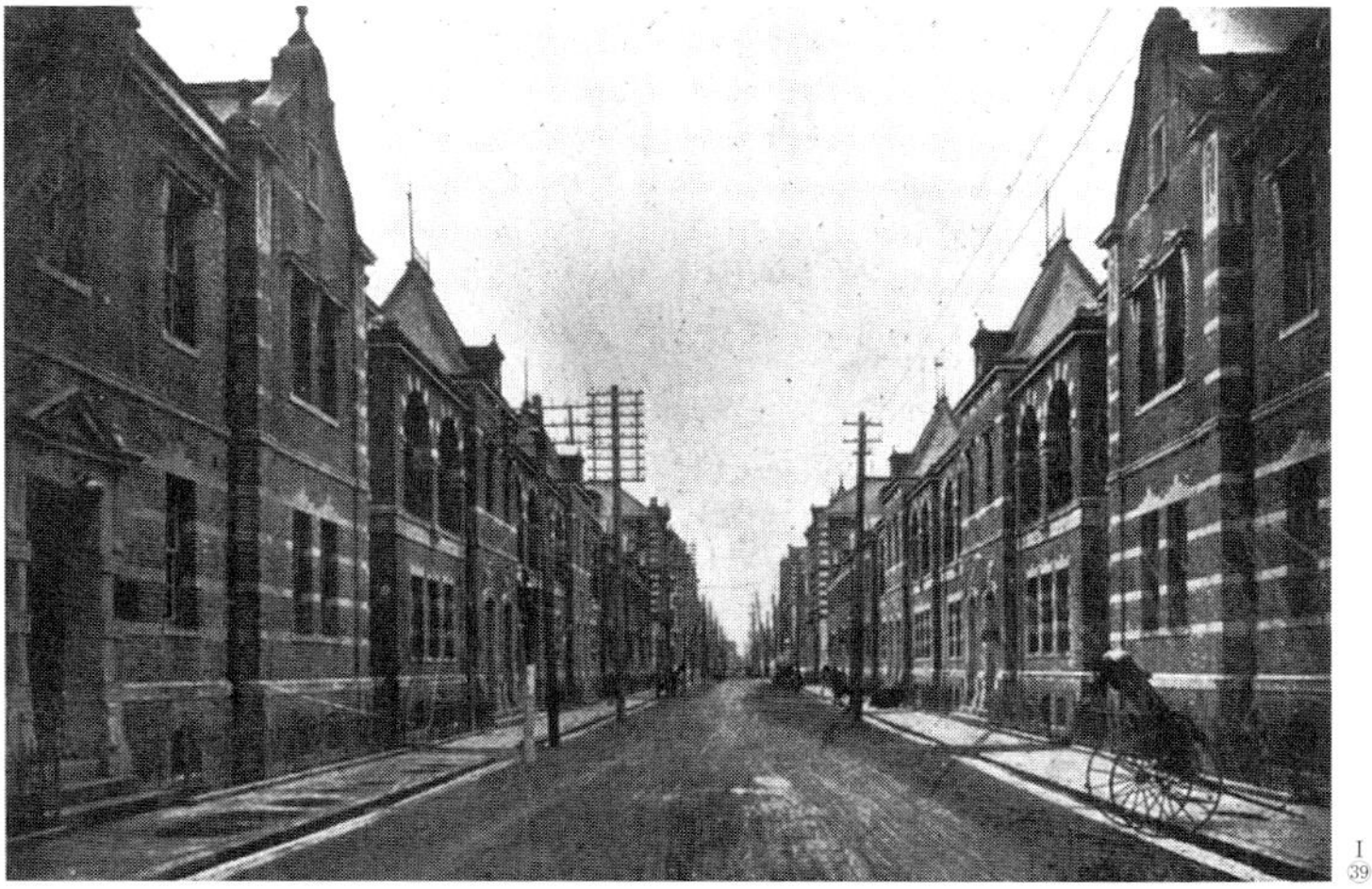

I㊴

I㊳

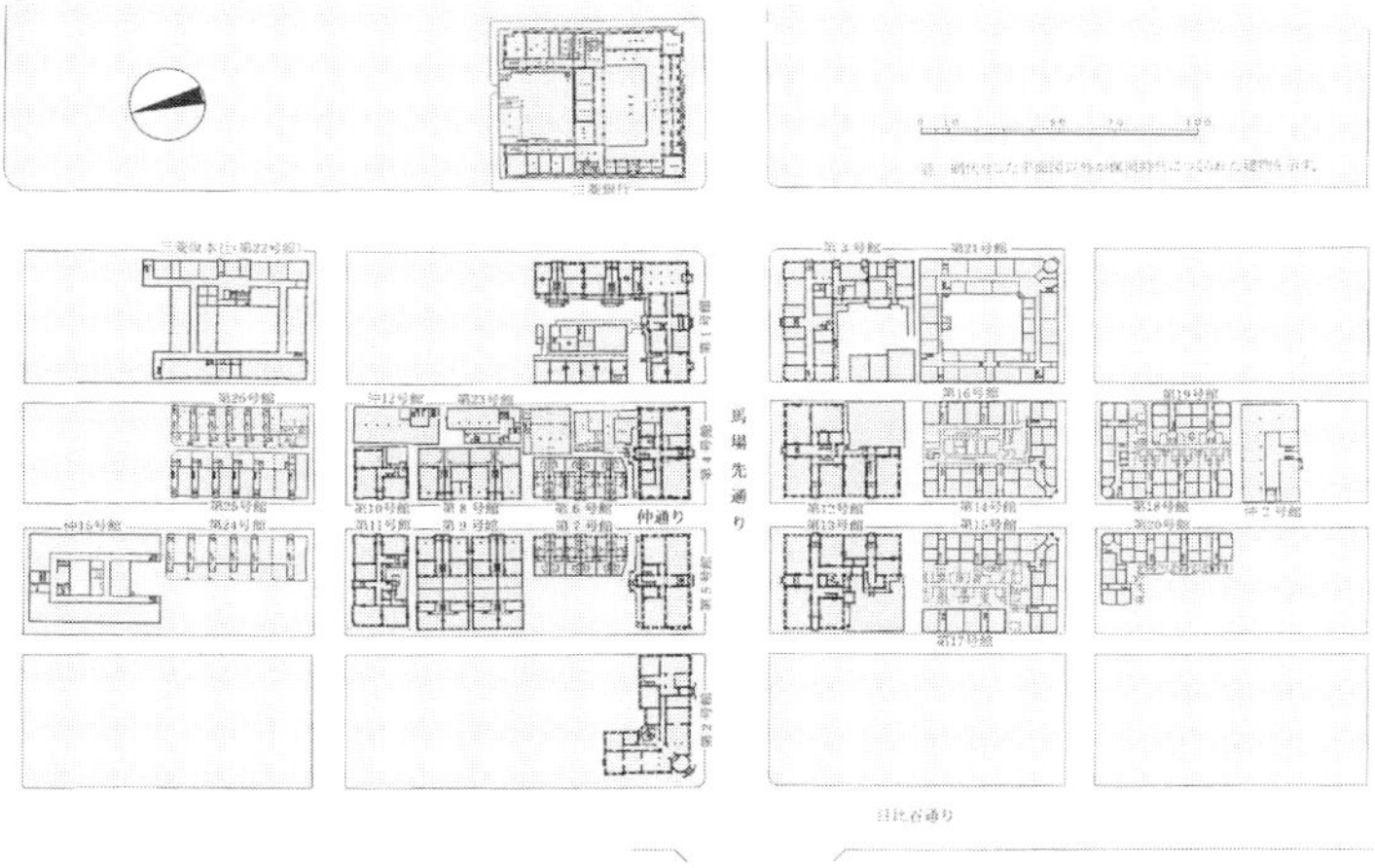

I㊵

I㊶

図I㊳　保岡勝也

図I㊴　建物の立面を左右対称として統一された仲通りの街並み　右手前より第一一、九、七号館、左側は手前より第一〇、八、六号館と続く

図I㊵　大正一二年「丸之内街区」の建物配置図（一階平面図）（作成・朝倉英博、藤森照信）

図I㊶　手前より第一一、九、七号館が並ぶ仲通り

館、十一号館を見てもらうと、平面も違うし、仲通り側でない北面のファサードのデザインも違うのに、仲通りに面するところだけ同じにしているし、八号と九号館もちがう平面の上に、苦労して同じ印象のファサードを載せている。むしろ、手間をかけてファサードの同一化に努力していることが納得されよう。

個々の建物のスタイルも、一丁ロンドンのような構えはない。一丁ロンドンは、赤煉瓦のエリザベサンがかった折衷系の様式（一、三、四、五号館）と石のネオクラシック系（二号館）の様式ふたつの混合だったが、仲通りはクイーン・アン系一色にまとめられている。

本場ロンドンに一八八〇年代初頭につくられたカドガン・スクウェアやボストンのバックベイ街ほどではないが、日本の丸の内にもクイーン・アン様式のにぎやかな赤煉瓦のストリートが実現していたのである。

以上が保岡時代の仲通りのストリートと建築の表現についてだが、では技術の面では何かこれといった見どころはあったんだろうか。

全建築の詳細な図面が保存されているからそれをチェックしてみると、若干だがそれまでなかった試みがなされていることがわかる。

まず構造技術からチェックすると、明治四十四年完成の十三号館には、赤煉瓦の壁体の中に補強の鉄棒が組み込まれている。耐震性を高めるための工夫にちがいないが、この方法は日本ではレスカスが明治六年にニコライ邸で初めて試みて以来、細々と諸方面で続けられたもので、それが丸の内のビルにも及んだわけである。建築技術史的にいうと、いささか遅れた波及というしかないが。

仕上げの技術をチェックすると、明治四十三年完成の十二号館の軒回りや玄関上部の手すりにテラコッタが使われていることが明らかとなる。図面でいえば、一見石のように見えながら中が空洞で、アンカーによって煉瓦の軀体に止められているのがそう。

日本におけるテラコッタの歴史はかならずしも明らかではないが、明治四十二年完成の武田五一設計による京都府立図書館が第一号といわれている。とすると、十二号館は惜しくも一年遅れで第一号の栄は逸したものの、最初期の作品といえる。

テラコッタはイギリスで石材の代役として発明され、記念性よりは経済性を求められる都市住宅、とりわけクイーン・アン様式の都市建築で大いに発達したものだから、丸の内での使用は本来の主旨に沿っているといえよう。十二号館を皮切りに、以後丸の内では長く親しまれる仕上げ材である。

以上が保岡時代の成果だがまとめるなら、①赤煉瓦時代の丸の内を完成させたこと、②クイーン・アンの仲通りをつくったこと、のふたつが目立った功績といえよう。

以上の分を書き終え編集部に渡し、校正のゲラに手を入れている段階で、もうひとつ新しい功績が明らかになった。地所所蔵の図面に従い、一号館から二十号館までの平面図を地図に落とし、赤煉瓦時代の丸の内の街を完全復元する試みに着手したのだが（未完であるが）、一号館から十三号館の群と十四号館から二十号館の群を比べると、縮尺を間違えたのではないかと疑われるほどの差がある（図Ⅰ㊴）。十四号館から二十号館は、部屋も小割りで壁厚も小さい。十三号館と十四号館を見比べれば、両者の間には溝があることが誰でもわかる。部屋の小割りは需要に合わせたとも考えられるが、壁の薄さはいったいどうしたというのだろうか。

モ・シ・ヤ？　と思い、図面をチェックすると、ヤ・ハ・リ！　鉄筋コンクリート（鋼筋混凝土）造なのである（図Ⅰ㊽）。十四号館・十六号館は明治四十五年五月十六日設計、十五号館・十七号館は同年三月設計で、完成はともに大正二年。明治四十五年設計、大正二年完成――この事実は歴史家としては放っておけない。日本の全鉄筋コンクリート造（実験的なものは除く）の第一号は周知のように遠藤於菟が明治四十五年に完成した三井物産横浜支店だが、丸の内の十四から十七号館はそれに続く第二号ということになるのである。これまでほぼ完成されたと目されてきた日本の鉄筋コンクリート技術史研究に書き換えの必要が生じた。三菱地所の仕事は技術史上もう一度、洗い直す必要がある。

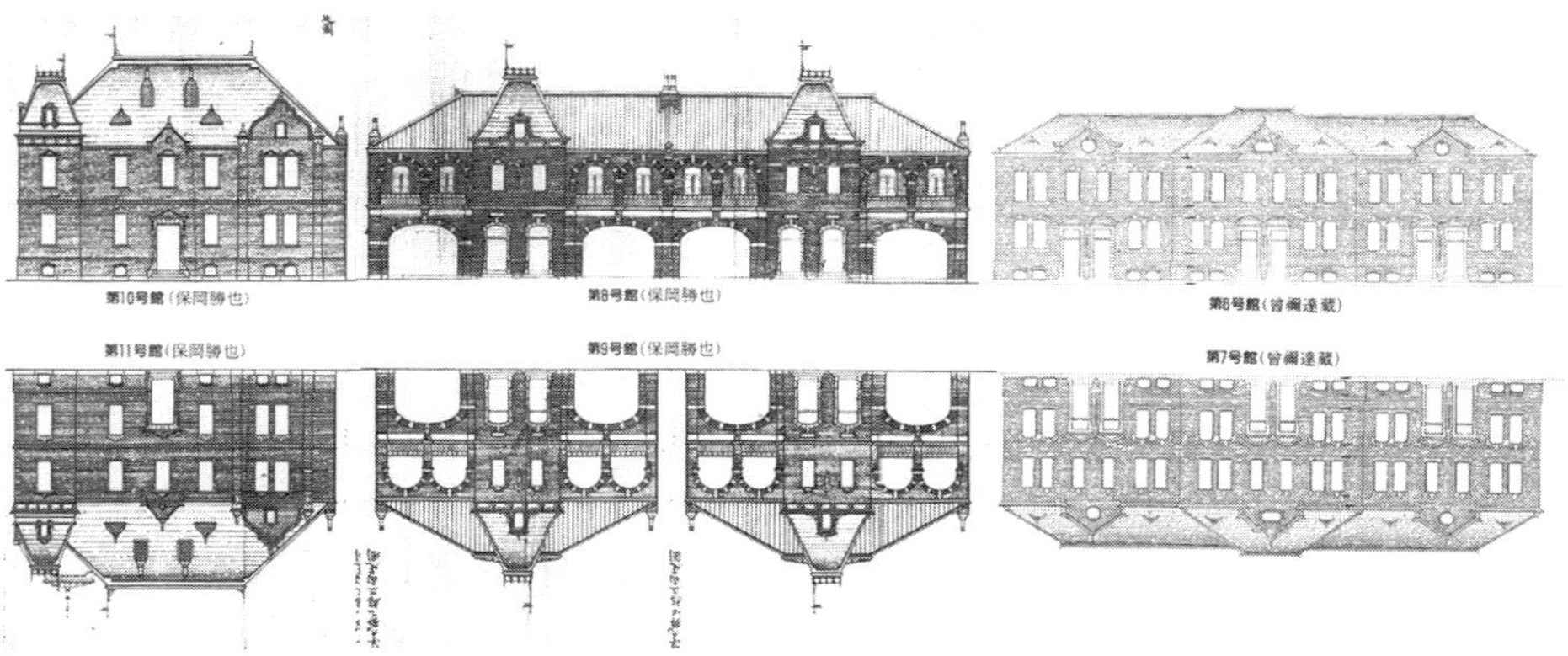

I ㊷

図I㊷ 仲通りを挟んで左右対称とした立面図（作成・朝倉英博、藤森照信）

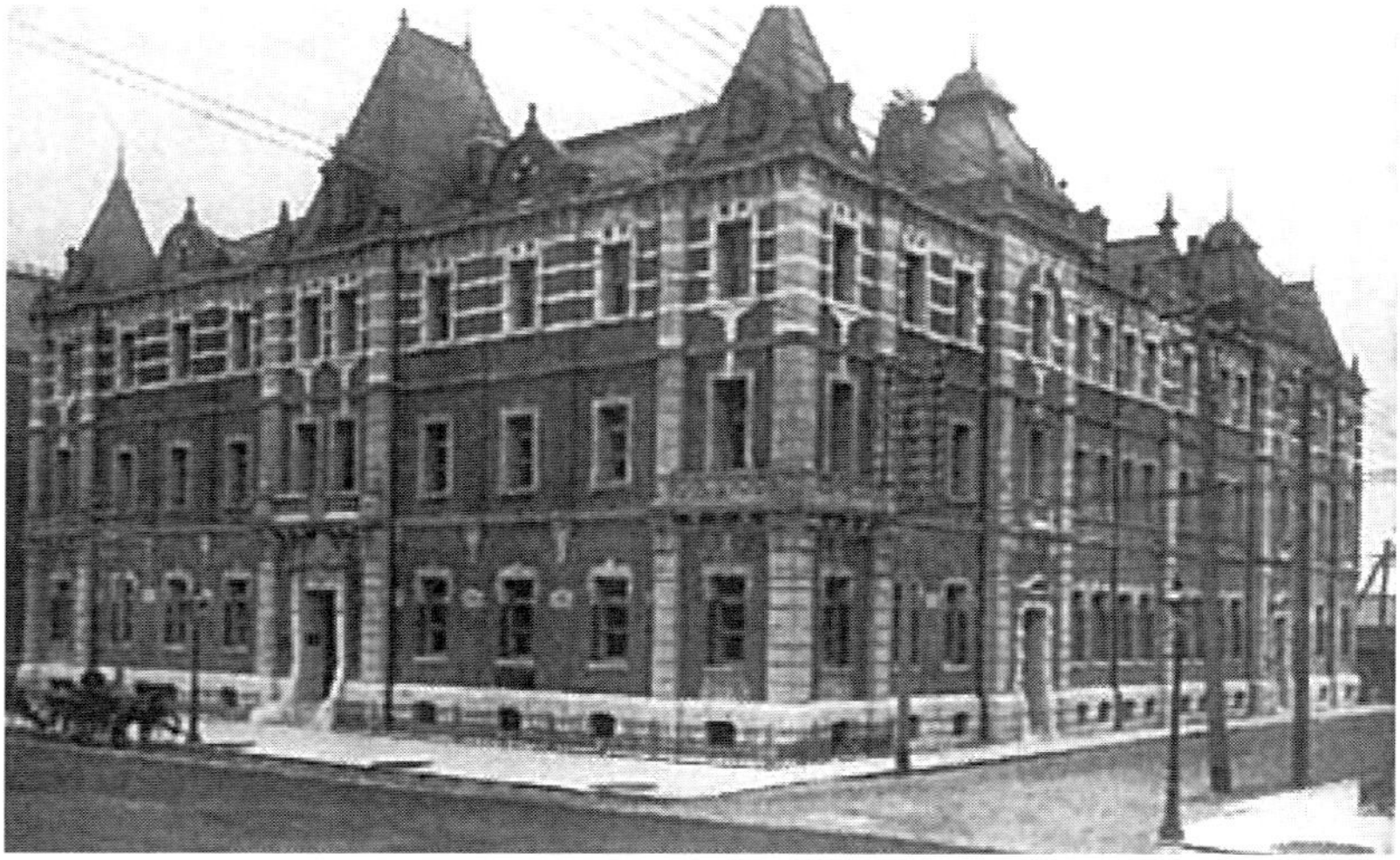

I ㊸

図I㊸ 第一二号館（保岡勝也 一九一〇）

I ㊹

図I㊹ 第一五号館（保岡勝也 一九一三）

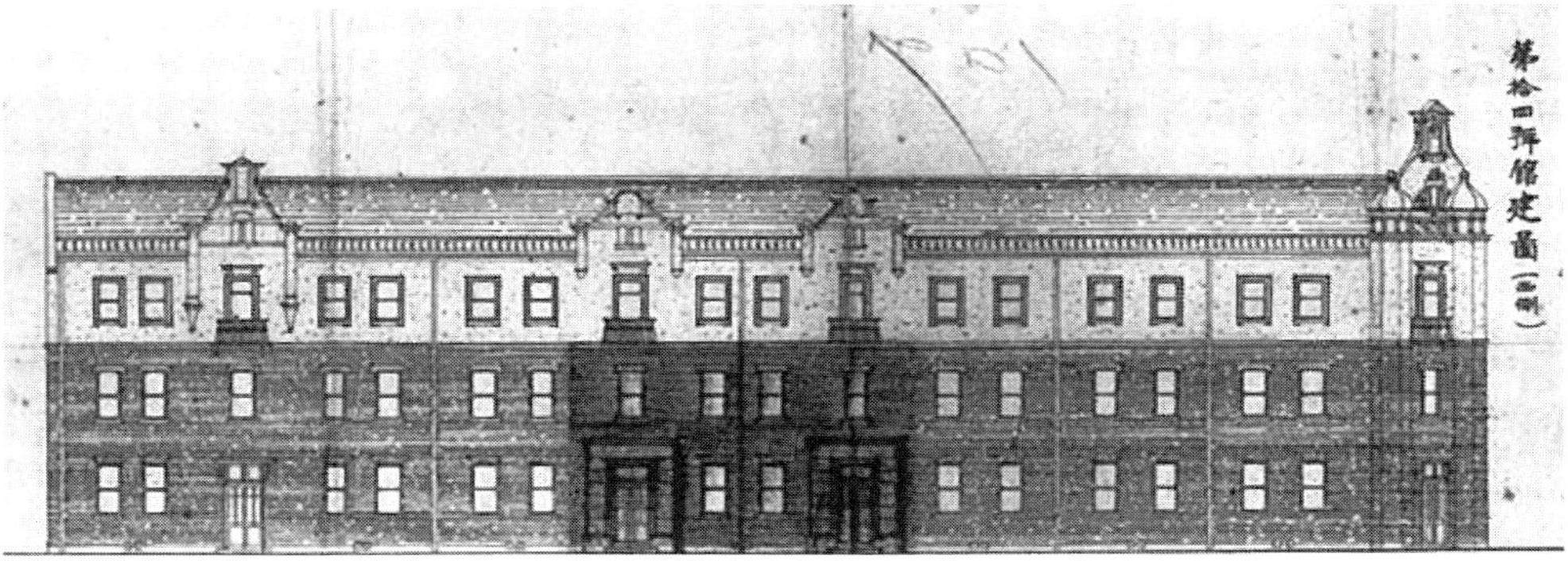

I
㊺

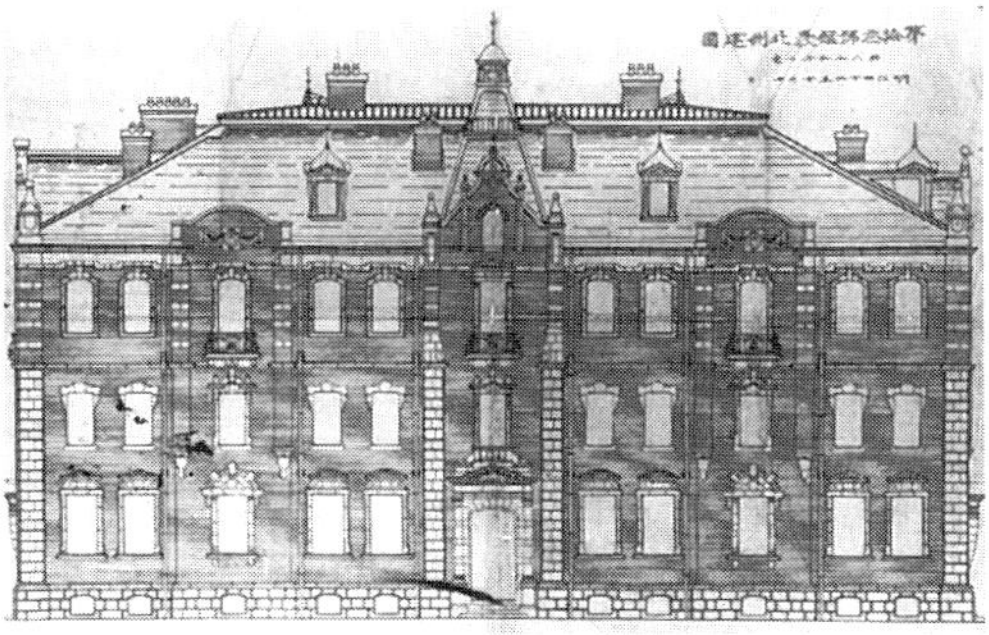

I
㊼

I
㊻

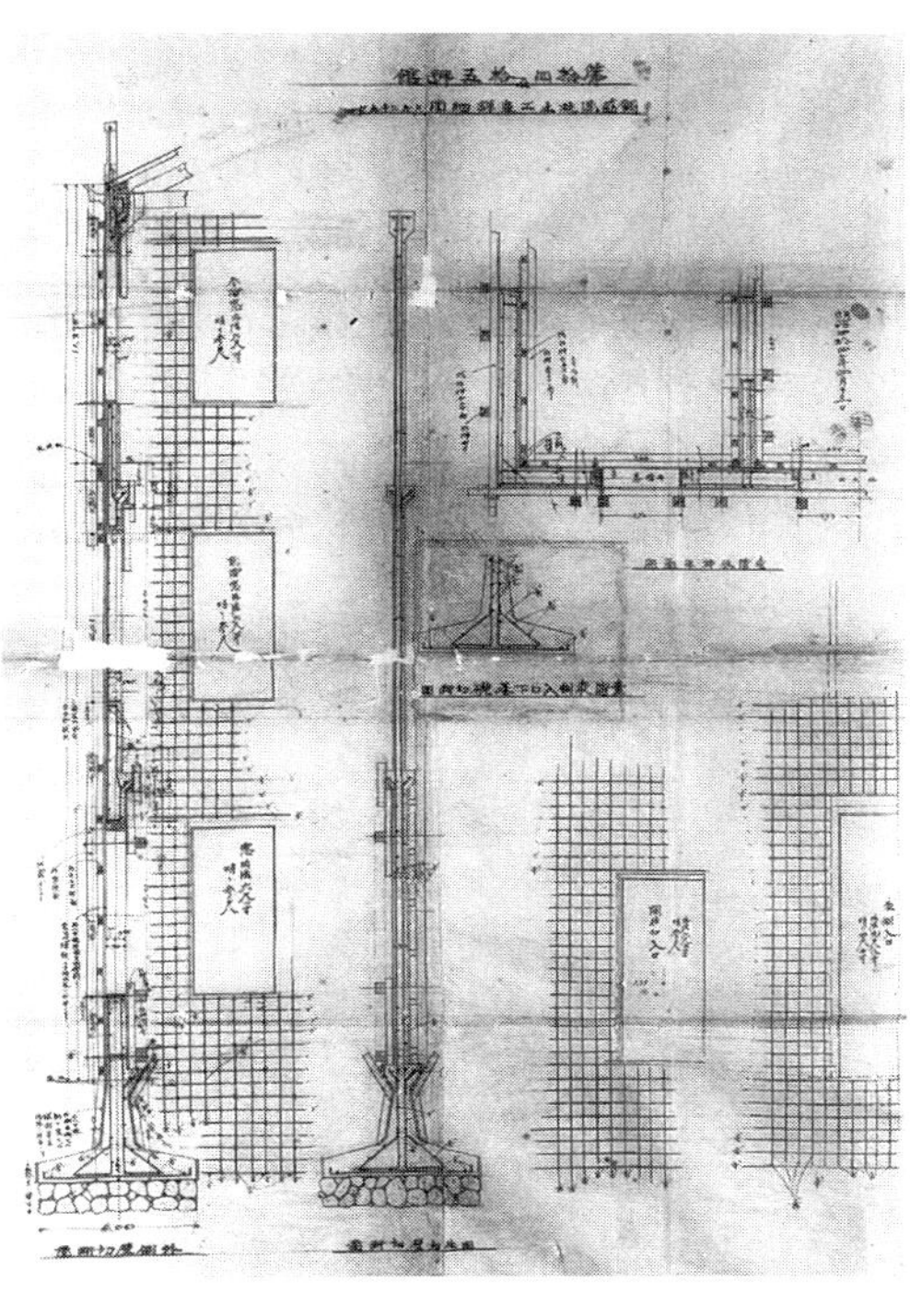

I
㊽

図I㊺　第一四号館立面図

図I㊻　第一三号館正面（北）立面図　明治四〇年一二月九日

図I㊼　第一三号館正面（北）立面図　明治四二年一〇月一〇日（上図は原案で保岡の印が捺印されている。竣工は明治四四年）

図I㊽　第一四及び一五号館　鋼筋混凝土（鉄筋コンクリート）工事詳細図（よく見ると仮枠まで描かれている）

この鉄筋コンクリートの先駆的試みを誰が推めたか、であるが、保岡勝也の陣頭指揮と見てまちがいない。当時の地所の技術スタッフに新技術を理解できそうな人は保岡以外に見当たらないし、また保岡はこの設計に先立って明治四十五年四月五日に刊行したアルバイト設計の自作集（後出）の中で「芝区高輪所在某邸内三階建鉄筋コンクリート書庫之図」を公表し、鉄筋コンクリート建築のつくり方について詳細に報告している。某邸とはコンドルの岩崎彌之助邸（開東閣）で、同邸は明治四十一年二月に完成しているから、保岡の書庫（静嘉堂文庫の前身）も同時期から明治四十四年の静嘉堂文庫開館のあいだに完成した。とすると、遠藤於菟の三井物産横浜支店を抜くだけでなく、実験作として知られる海軍技師真島健三郎設計になる佐世保海軍基地の明治三十八年の炊飯所、ボイラー室に続く実験作第二号となり、建築家としては第一号の栄光を持つことになる。遠藤ではなく保岡こそ〝日本の鉄筋コンクリート建築の父〟かもしれない可能性をここでは示唆して、話を先に進める。保岡は、岩崎彌之助邸で鉄筋コンクリートを試みた後、丸の内のオフィスビルで新技術を大々的に展開したのだった。

保岡の功績は、先記①、②に加え、③鉄筋コンクリート造を先駆的に展開したこと、をここに銘記しておく。

二十一号館について

保岡の在任中に完成した仕事は以上だが、このほか基本設計を固めた段階で退社し、最後まで面倒をみなかった作品として二十一号館がある。

普通のビルなら放っておけばいいが、丸の内のオフィスビル発達史の上では決定的な一歩を踏み出した作品だから、ここで稿を改めしっかり取り上げたい。

この、明治のビルの時代を終わらせ、大正のビルの時代を開くことになる建物の発端から探ってみよう。明治四十四年に東大の建築学科を出て地所入りした後の技師長の藤村朗が次のような細かい話を残している。やや長いが委細を尽くしているので引用しよう。

私が明治四十四年に三菱に入りまして一、二箇月過ぎますと当時保岡さんが建築の大将でありました。保岡さんから今度はビルディングを拵へると云ふ話だから君新進の知識で設計しろと云ふので面喰つたのであります。兎に角目暗滅法に亜米利加の雑誌なんかを引繰り返しては、成程プランは斯うなつて居るのか、廊下がぐるつと廻つて両側に部屋がある。さうしてエレヴエーターをくつつける。亜米利加ばかりぢやありませぬ、保岡さんは仏蘭西が好きで仏蘭西の雑誌が沢山あつた、そんなものを色々引繰り返して、稍概念を得ましたので、其等を御手本にして何うやらプランとエレヴエーシヨンを作り始めました。さうしてそれが大体出来上つた所で十二月に兵隊に行つてしまつたのです。さうして一年余経つて兵隊から出て来ますと云ふと自分の作つた設計を基として実施設計が出来て居て、どんどん工事が進められて居る。喫驚した訳です。あれやつて居るのかと云ふ工合……。実は私の兵隊に行つて居る間に保岡さんも辞められた。それですから主立つた人と云ふのはない訳なんです。それでまあ合議制か何かで以て工事はどんどん進む、私が兵隊から出て来たら、もう鉄骨が立つて居る。

さう云ふやうな状態で出来た建物ですから構造は兎も角プランでもエレベーシヨンでも付帯設備でも皆今から思はなくても其当時でも実に変挺子りんな建物なんです。唯最後に桜井さんが来られまして余り可笑しい所は直して下すつた。私が今でも覚えて居るのは角の所に丸い塔がある、其の塔の屋根が丸い屋根なんですが、私が初め書いて置いたのは非常に恰好が悪い、それを桜井さん直して下さつて、出来上つてまあまあ見られると云ふ工合になりました。(『建築雑誌』創立五十周年記念号)

この回想によると、明治四十四年の秋頃に、保岡技師長の下、藤村朗の担当で設計がスタートし、十二月までには大筋が固まり、翌四十五年に起工し、そのかたわら実施設計の詰めも行われていたことが知られる。大正二年の三月に顧問に就任した（正式入社は大正三年二月）桜井小太郎が工事中の建物の角のドームの姿を訂正したこともわかる。

基本設計は保岡時代に決められ、実施設計は、保岡なき後に残った面々によって詰められ、工事が進められ、大正三年六月に完成されたことになるが、このビルの生命は仕上りの善し悪しより基本設計にあることを考えると、保岡時代の最後を飾る仕事といっていいであろう。担当者は藤村だが、どんな設計にも担当者はいるものであり、保岡勝也の設計、といっていい。

大正三年に出来上がったときの写真を見ていただくと、ただ大きいだけのビルのようにも見えるが、このいささか精彩に欠けた建物のどこに時代を画すような力が隠されているのだろうか。

すべて秘密はプランにあった。

見ていただこう。一号館から二十号館まではまったく違った平面計画となっているのが理解されよう。棟割り形式になっていないのである（図I㊿）。大きなビルの四隅に設けられた入口を入るとホールそして廊下があり、その廊下に面して各部屋が並んでいる。今から見るとあまりに当り前の計画だが、貸ビルでありながら共通の出入口とホール、廊下、エレベーター、便所、湯沸所を持つなどということは、明治期にはとても考えられないことだった。それまでは会社にせよ個人にせよ借り手は一国一城意識が強く、自分が入るのはあくまで自分だけの場であることを望み、そのため入口も廊下も諸設備すべてそれぞれに据え付けられる棟割り形式ばかりだったのに、ここで初めて区分された床だけを貸す形式のオフィスビルが実現した。二十一号館こそ今日の貸ビル形式の丸の内における第一号ということになる。

この形式がなぜ合理的かというと、棟割り形式だとそれぞれに玄関、ホール、廊下、便所などを付けるから、実際に業務に使える面積は少なくなってしまうのに対し、共通で使うから三つ必要なものはひとつで済み、その分、貸し床面積の割合を増すことができる。このことは建物の高さが高くなり、エレベーターを使うようになると決定的で、棟割り形式だと各戸にエレベーターをつけなければいけない羽目になる。エレベーターが不可欠な四階以上のビルでは必然の道なのである。

こうした近代的な形式のビルが日本に最初に登場するのは、二十一号館の前年の明治四十五年十一月で、日本橋室町の三井の土地の一画に横河工務所の設計でエレベーター付き六階建ての三井貸事務所が出現している。三菱は三井に一歩遅れたことになるが、おそらく、お互いに知らずに、時代の趨勢を読んでそれぞれ取り組んだ結果だろう。

こうした床だけを貸す合理的なビル形式を大いに発達させたのはアメリカで、二十一号館もアメリカに学んだものと思われる。担当者の藤村が先の回想で、「亜米利加の雑誌なんかを引繰り返しては、成程プランは斯うなつて居るのか、廊下がぐるつと廻つて両側に部屋がある」と語っている通りにちがいない。二十一号館の登場によって一号館以来のイギリスの伝統は丸の内から消え、アメリカが取って替わるようになる。

二十一号館は大筋ではアメリカ式オフィスビルの基本を踏まえているが、ひとつエレベーターの配置はハズしてしまった。藤村の失敗談を聞こう。

エレヴエーターはオーチスのエレヴエーターを付けてあるのですが二台ある。プランが大きいものですから之を一台づつ分けて別な所に付いて居る。今から考へるとそんな馬鹿なプランはないのですが、建物が広いのだから両端に無いと工合が悪いと云ふ訳で一台づゝ付けた。現在も其儘になつて居ります。表に近い方は非常に込むのですが奥の方のはちつとも込まない。可笑しな話ですがさう云ふ智慧しか当時出なかつたのです。桜井さんが見えてから三菱の本社の建築をやりましたのが其直ぐ後ですが、其時に桜井さんが相当大きな面積であるに拘らず二台のエレヴエーターをちやんと並べた。成程なあと思つて感心したのです。それから以後と云ふものはエレヴエーターは二台あれば二台並べるし、三台あれば三台並べると云ふことになりましたが初めの時にはそれが分らなかつた。（『建築雑誌』前出）

引用ばかりで申し訳ないが、二十一号館についてはエレベーターがらみの面白い話がもうひとつ伝えられている。桜井小太郎の回想。

　私は二十一号館の落成する三、四月前に三菱に入つたのですが一、二点記憶に残つた所を申上げますと、此建物では家賃の単価が昔の通り一階が一番高く、上に昇る程廉くなつて居た、すると最初借入を申込んだのが米国貿易会社で是非最上層全部をとの事であつた、それから三菱地所部でどうして一番便利な一階を望まずに最上階を望むかと云ふ点を考へると、昇降機が有る為め各階の利用価値が略同じく、上層は静かで採光も好いに拘はらず、此方の家賃を廉くしたのであるから上層から塞がつて行くのは理の当然であることを発見した、つまり多年貸家を営業とする家主が借り手から貸家賃の極め方を教へて貰つた姿となつた。（『建築雑誌』前出）

初めてのことはやってみないとわからない。

以上が二十一号館のちょっと奇妙なところはあったものの画期的な平面計画についてである。

次いで、このビルの構造技術について述べると、相当にキッカイなシロモノであった。二十一号館関係の図面に「鉄柱及び鉄筋コンクリート柱配置図、大正二年二月八日」と表題された奇妙な図（図Ⅰ㊾）があるが、これを見るとオフィスビルなのに平面計画上、柱の位置がちゃんと縦と横、通っていないのである。縦が通れば横は間隔が乱れ、抜けたりもする。どうみても部屋の都合や相互の取合いで場当りに決めたとしか思えない箇所も多い。

さらになんと、鉄の柱と鉄筋コンクリートの柱が交互に？　そう交互に並んでいるではないか！　せめてどっちが主要でどっちが補助的とか使い分けていれば同情の余地もあるが、ほぼ同等にバラ撒いている（図Ⅰ㊿〜㊾）。

こんな構造は建築史上ほかに例がないから、結局やめた計画かとも思ったが、大正二年二月といえばすでに

I㊾

図I㊾　第二一号館（基本設計・保岡勝也　一九一四）

I㊿

図I㊿　第二一号館南立面図　大正二年四月二四日

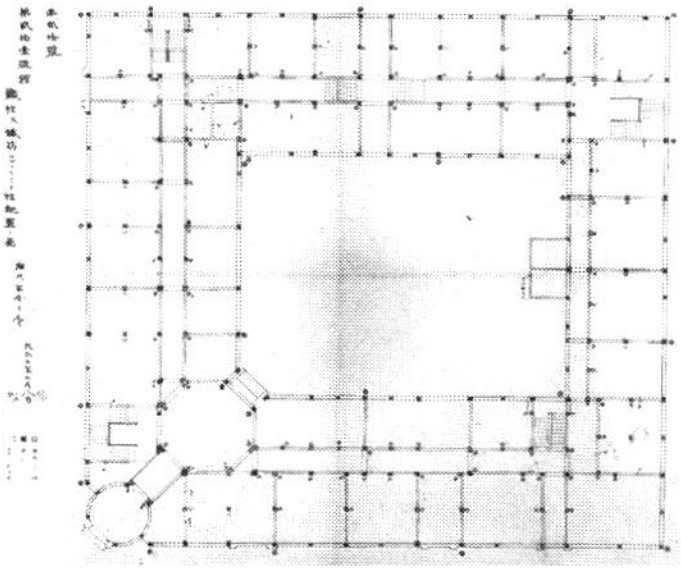

I㊾52

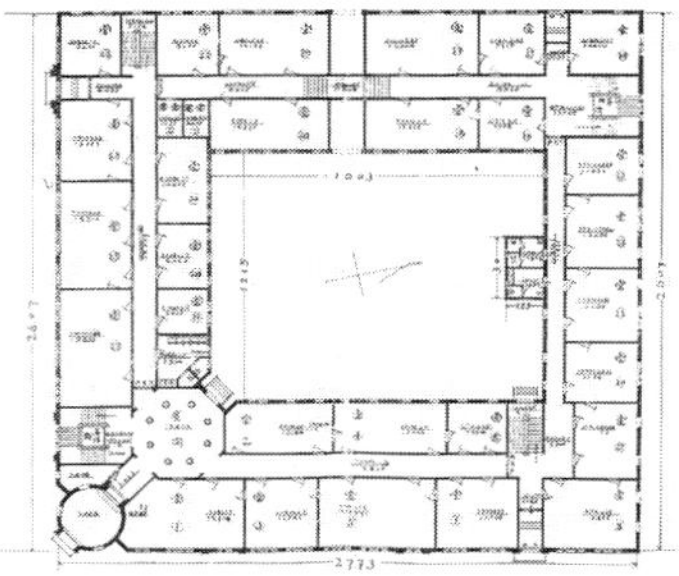

I㊾51

図I51　第二一号館一階平面図　大正二年六月一二日

図I52　第二一号館　鉄柱及び鉄筋コンクリート柱配置図　大正二年二月八日

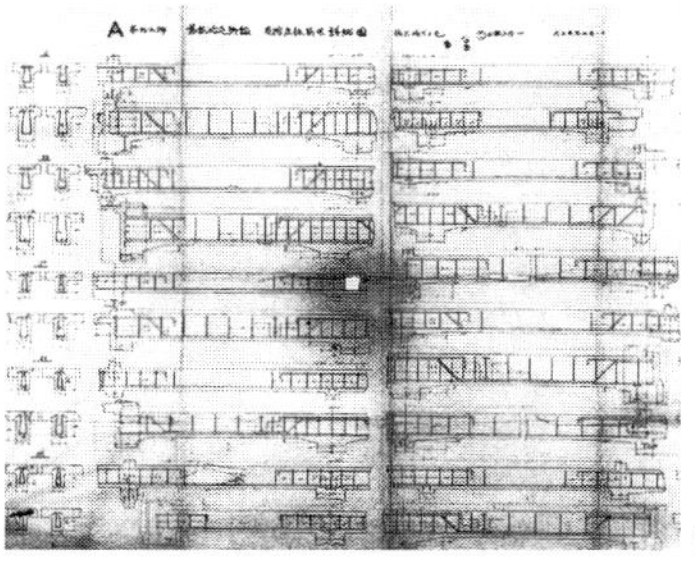

I53

図I53　第二一号館　一階床鉄筋梁詳細図　大正二年二月一日

起工済みで、完成の前年に当たるから本当にちがいない。このビルの構造を担当した横山鹿吉の印も岩崎小彌太の承認印もちゃんと押してある。

それまでの丸の内のビルは赤煉瓦造だったのだから、画期的進歩にはちがいないかもしれないが、それなら鉄でもコンクリートでも一方にして欲しかった。

藤村自身も「随分可笑《おか》しな建物でありまして」(『建築雑誌』前出)と述懐しているが、その通りであった。

このように初めて故の奇妙さも目立つが、そして、基本的な新しさを持ったビルなのに外観は赤煉瓦で仕上げたことに釈然としない点も残るが、にもかかわらず、この二十一号館の完成によって、明治いっぱい続いた丸の内の棟割り形式によるイギリス系赤煉瓦建築の時代は基本的に終わり、大正期にふさわしくアメリカ系の合理的なビルの時代が始まるのである。以上が保岡時代についてである。

これらの丸の内関係のほか保岡は三菱関係の仕事をいくつも手がけているので、それらについても軽く触れておこう。

地所に保管されてきた図面のうち、保岡が技師長のときのものは基本的には保岡の仕事と見ていいのだが、次のようなものがある。

- 駒込御邸温室及び牛舎(明治三十九～四十年設計)
- 小岩井農場倶楽部(明治四十年設計)
- 三菱合資会社新潟事務所(明治四十一年設計)
- 三菱合資会社唐津出張所(明治四十一年完成)

保岡は退社直前の明治四十五年四月に自作集ともいうべき『新築竣工家屋類纂』第一輯(第二輯が出たかは不明)を刊行している。当時、建築家の作品集は、若くして病没した山口半六の仕事が知友の手で刊行されていただけであったから、本邦第二号ということになり、生存者としては最初の刊行になる。保岡の生き方がう

I ㊵

I ㊴

I ㊶

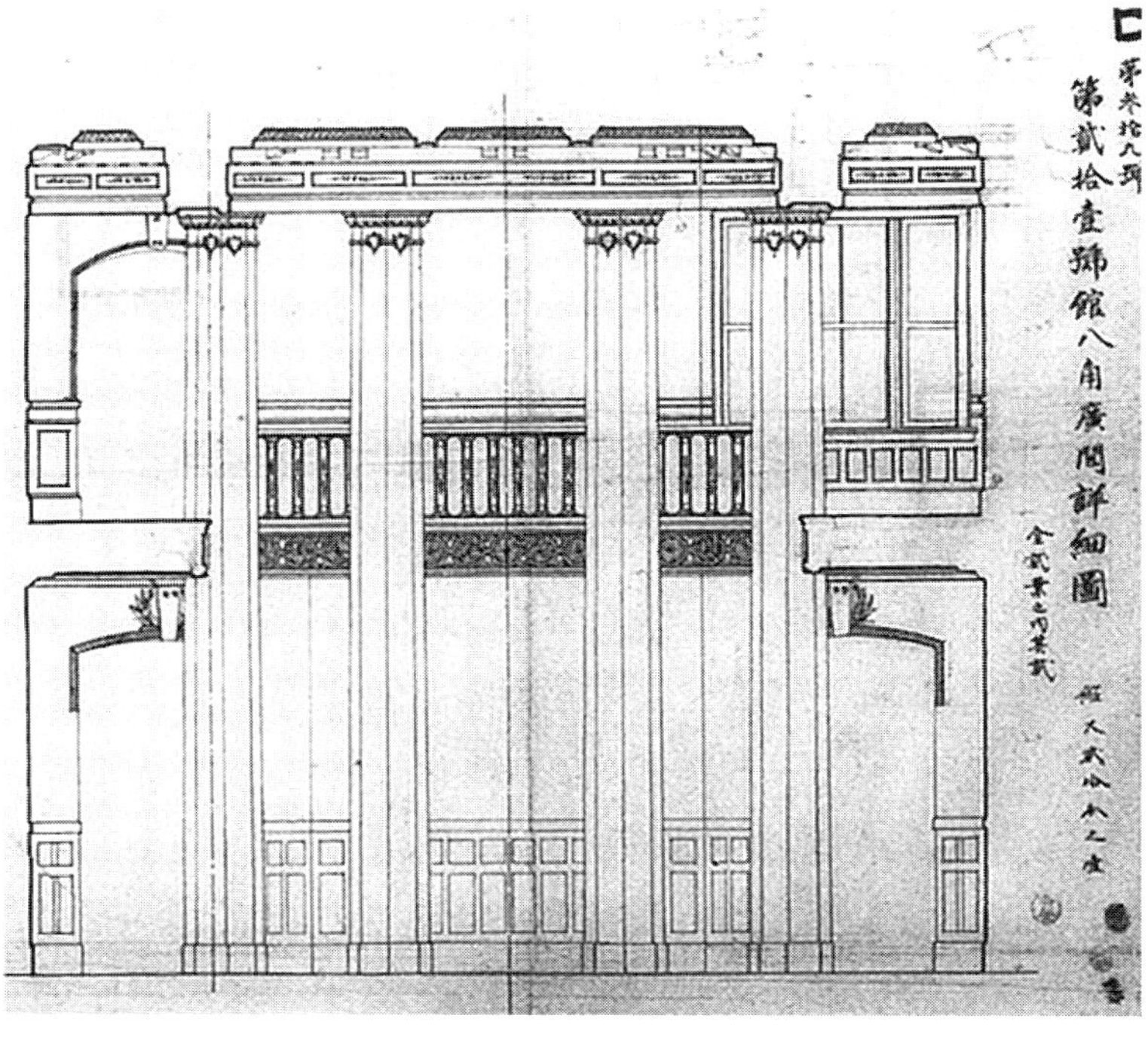

I ㊷

図Ｉ㊴㊵　工事中の第二一号館
図Ｉ㊶　第二一号館の工事現場、保岡勝也（前列左）の姿が見える。
図Ｉ㊷　第二一号館　八角広間詳細図　大正元年九月一九日

かがわれる出来事である。

この作品集は、大学卒業後ただちに三菱入りした保岡が、退社までの間、業務以外にアルバイトとして手がけた設計を並べているが、その中に名は伏せているものの岩崎家深川別邸の池の御茶屋、六義園の温室、前出の静嘉堂文庫の前身、小岩井農場の客館などの岩崎家関係が載っている。これらは、保岡も作品集の冒頭に断っているように会社での設計ではないが、しかし、地所に同一の設計図面が保管されている六義園の温室については、工事を地所が手がけたにちがいなく、地所の仕事にも数えられる。

保岡時代の丸の内以外の建物については、曾禰同様、ページを改めて解説し、ここでは触れない（一一三頁参照）。

六　大正の丸の内　桜井小太郎の時代

明治四十五年に起工し、大正三年に完成した二十一号館を境に、丸の内はアメリカ系のオフィスビルの時代に入り、やがてそのピークとして丸ビルに至り着くことになる。時代としてはちょうど大正期に重なるが、この時期の地所をリードしたのが桜井小太郎である。

明治四十五年、二十一号館の設計途上に技師長の保岡勝也が辞めてしまった後、残された藤村朗と山下寿郎がトップなき地所の技術陣を率いざるをえなくなるが、しかし、藤村は大学出たての二年目、山下は新卒社員に過ぎず、まだとてもコンドル、曾禰、保岡と続いた丸の内のアーキテクトとしての重責は担えるわけもなかった。

そこで三菱はしかるべき建築家の推薦方を顧問の曾禰達蔵に相談し、曾禰は桜井に白羽の矢を立てた。曾禰から見てこれ以上の適任者は当時の日本の建築界にはいない。そのことは桜井のそれまでの経歴を見ればわかる。

桜井は明治三年、東京に生まれ、第一高等中学に入学したが、明治二十年、本場ロンドンで建築家になることを夢見、渡英の決意を固めたが、しかしどうしていいのか具体的なことはさっぱりわからないので辰野金吾に面会し相談を持ち掛けた。辰野としては、ある日突然、十八歳の青年からロンドンに行きたいアーキテクトになりたい、と相談され面食らったにちがいないが、しかし、〝一高をちゃんと卒業してからでも遅くはないだろう〟とか〝一高を出て、まず工科大学に入り、卒業後留学したほうがいい〟とか当り前のアドバイスはせず、桜井の希望が実現するよう本気で骨折ってくれた。おそらく、十八歳の建築家志望の青年の中に何か輝くものを認めたのであろう。

縁もゆかりもない白面の青年に、工科大学建築学科ただひとりの教授がそこまでしなくてもと思うが、辰野は、自分の講義を聴講することを勧め、またコンドルの自邸で個人指導が受けられるよう紹介してくれた。そればかりか辰野は、翌二十一年、日本銀行本店の設計の準備のため渡欧するに当たり、桜井を伴ったのである。

ロンドンに着いた桜井は、明治二十二年、ロンドン大学に入学し、そのかたわらロンドン大学教授ロジャー・スミスの設計事務所に見習いとして入り実務を学んでいる。そして明治二十三年、首席という好成績で卒業し、さらに研鑽を重ね、明治二十五年には二十三歳で栄誉ある英国王立建築士の称号を受けるに至った。日本人の第一号にほかならない。コンドルがこの称号を得たのが明治十七年で三十五の歳だから、桜井の力のほどがしのばれよう。

それから一年半を欧州大陸の建築行脚に費やし、明治二十六年に帰国した。

帰国後はコンドルの事務所に所員として入りドイツ公使館を担当した後、明治二十九年、海軍に入り、呉の鎮守府に勤め、長官邸や鎮守府庁舎といった名作を手がけている。そして海軍時代の最後の頃、業余にコンドルの諸戸邸（大正二年完成）設計を助けている。

そして三菱へと転ずるわけだが、以上の経歴を眺めれば、いかに適任者だったかが納得されるだろう。ロンドン大学に学び、ロジャー・スミスの事務所で働くという経歴は、実はそのままコンドルがやり、さらにコンドルの勧めで辰野が歩いた道にほかならない。また、コンドルを師とし海軍を経て三菱へというルートは曾禰の道であった。

三菱の側にとってはほとんど自分のところで働くためのような経歴を持ち、その人物もコンドル、曾禰に負けず劣らず名利に恬淡とし清廉潔白なイギリス仕込みのジェントルマン、とくれば受け入れないはずもない。

大正二年三月二十六日、桜井小太郎は地所部に建築顧問として入社し、翌三年二月七日付で三菱合資会社技師となった。ここに地所の桜井時代がスタートする。

保岡の辞職後しばらく空位であった技師のポストが埋まり、地所の建築技術陣の陣容は充実するが、保岡時代の最後と比べてみれば、いかに充実したかが次のように明らかとなる。

〈明治四十三年十二月末現在の地所部営繕係の陣容〉
技師　保岡勝也
技士　横山鹿吉
〃　　三浦錬二
事務　津田鑿
技士　上領哲三
技士補　曾根田又雄
〃　　宇佐美喜惣治

〈大正三年十二月末現在の地所部工事係の陣容〉

技師　桜井小太郎
技士　横山鹿吉
〃　三浦錬二
〃　上領哲三
〃　津田鑿
〃　藤村朗
事務　長沢昌子
技士　山下寿郎
〃　曾根田又雄
〃　寺田勇一
事務　若松竹次郎
技士　石原信之
〃　川元良一
技士補　竹内重太郎
〃　岩佐信也
〃　多和田明倫

以上のメンバー比べでわかるように、保岡時代の末期には大学で建築教育を受けたのは保岡ひとりだったのに、桜井時代のスタートは、桜井はじめ藤村朗、山下寿郎、石原信之、川元良一、と五名に増え、戦前の地所では陣容が最も充実した時代となる。

ではいったい、この時期なぜスタッフの充実が図られたのであろうか。大正の初期に貸ビル需要がそれほどあったわけでないことは、保岡時代の最後を飾った二十一号館以後にナンバーをひとつおいて建てられた二十三号館（大正四年）、二十四号館（大正六年）、二十五号館（同）、二十六号館（同）がそろって小規模か、平面は大きくとも階数が三階止まりであることからみても疑いえない。にもかかわらずスタッフの急増をみたのは、三菱合資会社の本社の計画が始まったからと考えていいだろう。二十一号館のすぐ後に続く二十二号館こそ三菱本社なのである。

大正期の丸の内の大筋の流れとは、すでに触れた丸ビルへの道と、もうひとつ、新しい本社社屋の建設があった。

丸ビルと本社（仮本社）を含め、大正期の桜井時代に完成した丸の内の建築を年代順にリストアップしてみよう。

二十三号館（大正四年）、二十四号館（大正六年）、二十五号館（同）、二十六号館（同）、仲十号館の八号（同）、仮本社（大正七年）、仲十五号館（大正八年）、仲二号館（同）、仲十号館の九号（同）、仲十二号館（大正九年）、三菱銀行（大正十一年）、そして丸ビル（大正十二年）。

以上の十二件のうち、ラストの丸ビルを除く十一件について先に触れたい。

桜井時代になってから最初に手を着けたのはビルナンバーでいうなら二十二号館の三菱合資会社の本社屋である。

三菱の本社は、明治期を通して一号館の中に置かれていたが、日本最大の企業に成長するに至って手狭になり、明治四十四年頃には新社屋の計画が始まった。なぜそのことがわかるかというと、『建築雑誌』明治四十四年十月号にて「三菱合資会社本社設計競技」の開催が発表されたからである。

本社を自社の技術陣ではなくて外部の建築家にまかせコンペで良い案を募ろうというわけだが、民間企業の本社コンペは当時ほとんど例がなかった。それなのになぜコンペに乗り出したかについての記録はないが、同

図Ⅰ㊽　山下寿郎

図Ⅰ㊾　桜井小太郎

図Ⅰ⑥⓪　三菱合資会社仮本社（第二一号館）立面図

Ⅰ㊾

Ⅰ㊽

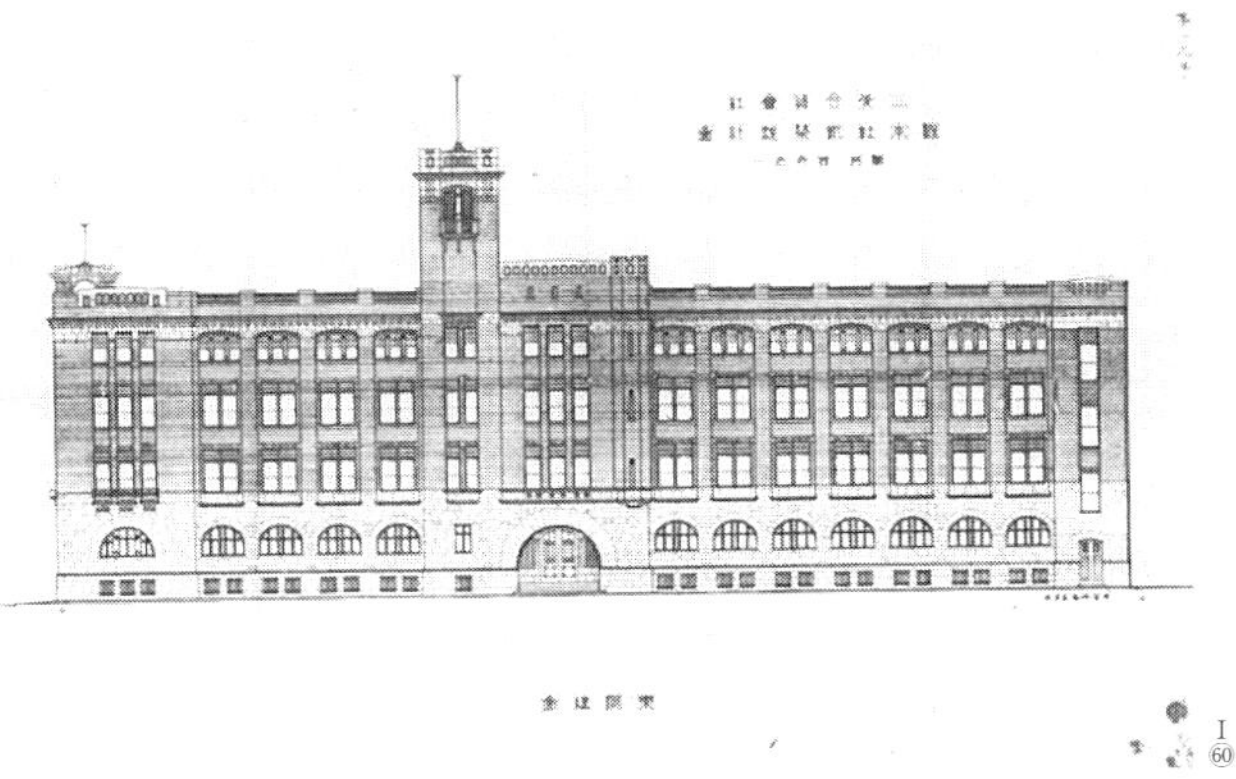

Ⅰ⑥⓪

図Ⅰ⑥①　三菱合資会社仮本社（第二一号館）（桜井小太郎　一九一八）

図Ⅰ⑥②　三菱合資会社東京本社コンペ案　図面の左上にNo. 55 到着日（明治四五年）三月三一日と記されていたのでコンペ締切日と合致する

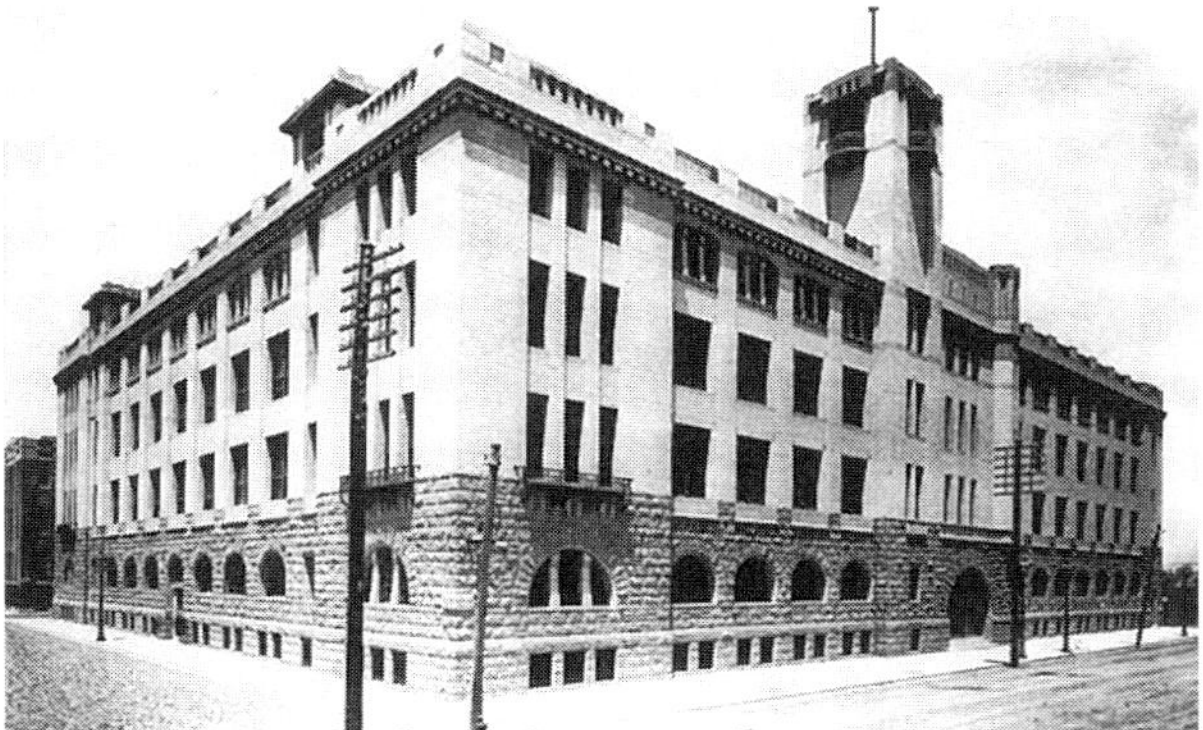

Ⅰ⑥①

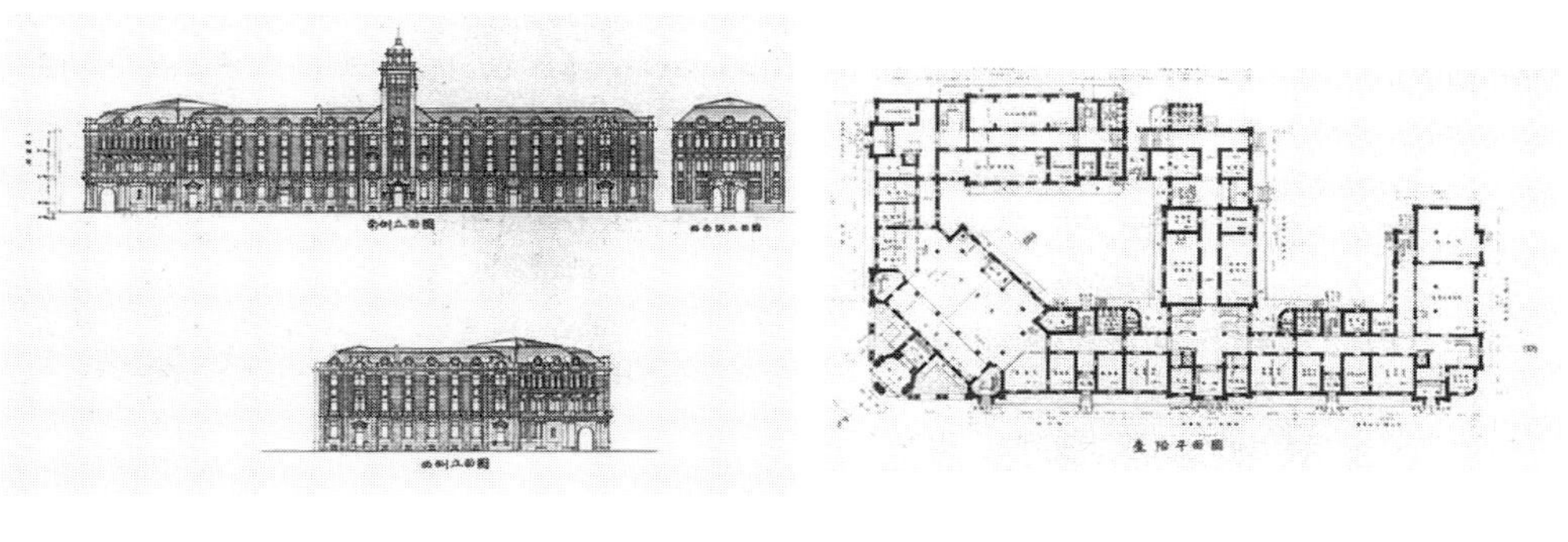

時期に建築界を沸騰させ、社会的な大問題となった議院建築の一件が影響を及ぼしていたにちがいない。国会の設計を誰が手がけるかについての一件で、辰野金吾や曾禰達蔵はコンペを強く主張し、一方、主務官庁の大蔵省は自省の技術陣で済まそうとし、大問題となったのである。

おそらく国会コンペを主張する曾禰は、顧問をつとめる三菱本社の新築にあたりコンペ方式を採用することで国会コンペ推進運動の後押しを狙ったのであろう。『建築雑誌』への発表によると、コンペの方式は二段階コンペで、予選の締切は明治四十五年三月三十一日。審査員は岩崎小彌太、コンドル、曾禰達蔵、片山東熊など。このコンペのその後の経過ははっきりしないが、予選の後、一年して本選が行われ、結果は『建築雑誌』の大正二年四月号に発表された。一等当選、木子幸三郎。二等入選、池田稔。三等入選、内田祥三（図Ⅰ㊷）。

しかし、なぜかこの当選案は実施に移らなかった。理由については伝えられていない。

結局、本社をやめて仮本社と本社入居予定だった三菱銀行のふたつを建てることへと方向を転換するのだが、なぜ仮本社などという妙なものを考え出したかというと、おそらくコンペで決まった本社案の実行を避ける方便だったにちがいない。仮本社の計画は地所内部で進められ、大正五年四月には図面が描かれ、ただちに起工し、大正七年四月竣工をみた。

仮本社のデザインはもちろん桜井小太郎である。もしコンペが実現すれば桜井以下の三菱技術陣は外部の建築家の指揮の許で実務と直営工事に働くはずであったから、コンペが流れたことは内部の技術陣にとってはもっけの幸いだったにちがいない。

この建物は写真と図面により知られるように、構造においては鉄筋コンクリートを使い、スタイルにおいては石張りのセセッション様式を用いた堂々たる建築である。名は仮本社だが、内容は本社そのもので岩崎家の城にふさわしく、正面左手の二階フロアーには三代社長岩崎久彌（茅町主人）と四代つまり現社長の岩崎小彌太の執務室が置かれている。その立派さは図面に描かれたそれぞれの専用トイレからうかがわれよう。

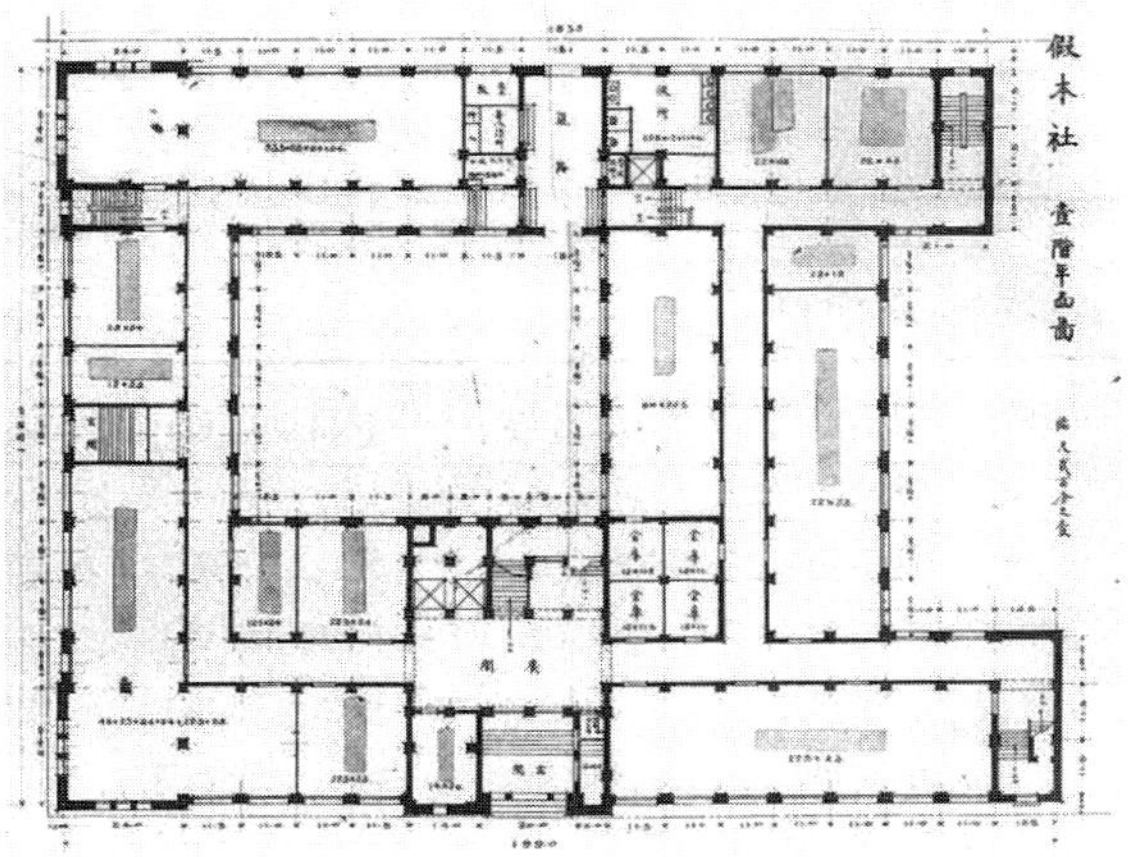

I
⑥③

図Ｉ⑥③　三菱合資会社仮本社（第二二号館）一階平面図

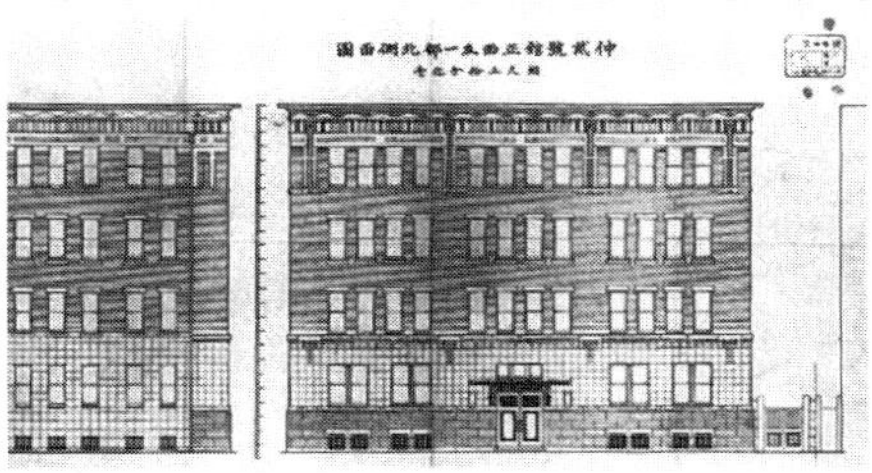

I
⑥④

図Ｉ⑥④　仲二号館正面及び一部北側面図（桜井小太郎　一九一九）

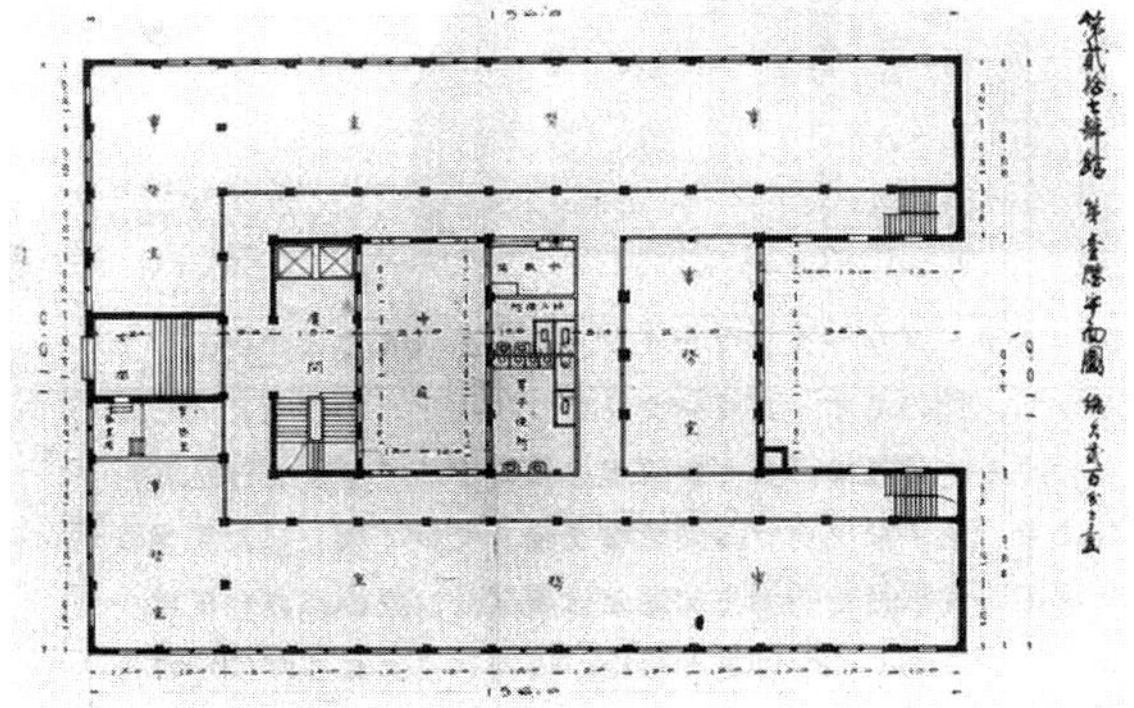

I
⑥⑤

図Ｉ⑥⑤　仲一五号館一階平面図（右に第二七号館とあるのは当時の呼称）（桜井小太郎　一九一二）

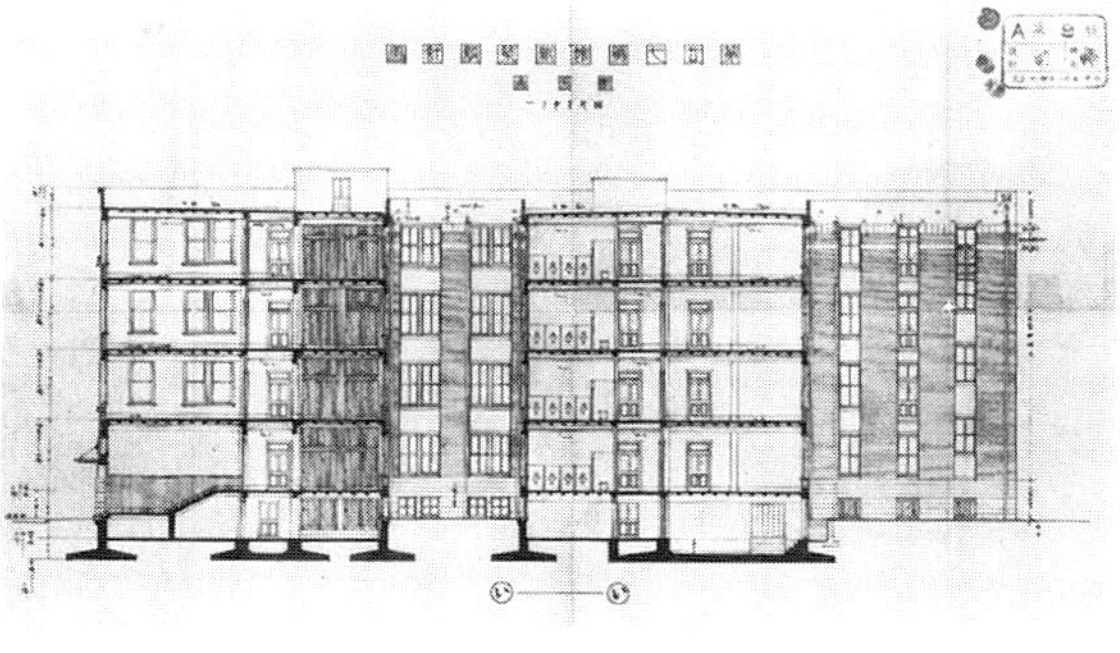

I
⑥⑥

図Ｉ⑥⑥　仲一五号館断面図　大正六年一一月三〇日

三菱本社（上記仮本社を以後本社と呼ぶ）つまり二十二号館に次いで計画が始まったのは二十三、二十四、二十五、二十六、仲十号館の五件の貸ビルで、本社より後からスタートしたが完成は早く、大正四年に二十三号館、大正六年に二十四、二十五、二十六号館と相次いで完成した。この五件が桜井時代になってからの第一陣の実現例ということになるが、規模が小さかったり、階数が三階程度だったり、ほとんど見どころはない。

桜井の腕が振るわれるのはこの後で、二十六号館に引き続いて始まった仲十五号館（大正八年完成）そして仲二号館（同完成）、仲十二号館（大正九年完成）において明治の赤煉瓦ビルに本当に取って替わる新しい大正期のビルが姿を現す（図I㊹〜㊻）。

とりわけ桜井らしさを示すのは大正七年と八年に相次いで完成した本社と仲十五号館で、この二件は本社ビルと貸ビル、と用途はちがっていても、技術やデザインといった建築的内容は同じであった。

まず技術から見ると、保岡時代の最後を飾った二十一号館が、鉄骨造と鉄筋コンクリート造をメチャクチャに混ぜた奇怪なつくりであったのに対し、桜井時代の二十二号館（仮本社）以後は、ちゃんとした鉄筋コンクリート造になる。こうした鉄筋コンクリート造技術の確立には、構造担当の山下寿郎の働きが大きい。明治四十五年の山下の入社以前、地所には大学教育を受けた構造技術者がおらず、ゴチャマゼの二十一号館などはたたきあげの横山鹿吉が、ソロバン片手に勘と経験で場当り的に構造設計をしていたという。

次いで、平面計画を見よう。保岡時代最後の二十一号館によって棟割り形式が克服され、以後、アメリカ流の経済合理的な平面計画に変わっていく、とすでに述べたが、桜井時代に入って一時ちょっとした反動がくる。二十三号館から二十六号館までの、先に「ほとんど見どころはない」と説明した四件の貸ビルは実は棟割り形式でつくられている。理由は、借り手の中に、入口やホールや廊下や諸設備を共有する新形式を嫌がり、昔ながらの棟割り形式を好む者がまだまだ多かったからだという。たしかに、部屋を一歩出るともうそこは共通の場で見知らぬ人が行き来し、隣りの部屋に行くにもいったん外部にさらされるような感覚は、独立家屋になじんだ日本人にはなかなかなじめなかったのかもしれない。

このように一時の後退は余儀なくされたものの、桜井時代の最初の主要作である本社、仲十五号館、仲二号館の三件においては、たとえば仲十五号館の例を見るとわかるように、アメリカ流の合理的な平面計画が実現している。

周囲に貸室を回し、中央部にライトウェル、ホール、エレベーター、階段、便所、湯沸所をコンパクトに集めた合理的な平面になっている。

ライトウェル（採光井戸）が取られているけれども、後に昭和二年の大阪建物東京ビル第一号館（渡辺節設計）で実現するコアシステムの原理はすでに打ち出されている。コアシステム傾向を示した第一号として知られる三井貸ビル（明治四十五年）を、一歩進めた平面といえよう。

技術と平面計画が進歩したのと同様、デザインも桜井時代に入って一変する。

保岡時代は、最後の二十一号館が鉄骨と鉄筋コンクリート技術を使いながらも外観においては赤煉瓦を張り、ドームを乗せていたことからも知られるように、赤煉瓦によるクイーン・アン系の伝統を守っていた。

一方、本社と仲十五号館は、赤煉瓦を一切使わず、代りに石と白色系のタイルを貼り、屋根の上にはドームを乗せたりせずにキューと軒線を引いて箱形に納める。スタイルはイギリスのクイーン・アンを離れ、大陸のセセッション様式を基本とする。

セセッション様式というのは、十九世紀末に最後の華を咲かせたイギリス建築に取って替わってウィーンで誕生した新スタイルで、クイーン・アンのような歴史的様式から分離していることからセセッション（分離の意）と呼ばれ、十九世紀末に芽を吹いた後、二十世紀初頭にはドイツをはじめ大陸に広がり、日本へも明治末年には入り、それまでの日本の建築界の保守本流であったイギリス系に取って替わり、ドイツ系隆盛の一翼を担ったスタイルである。

桜井はいささか複雑な心境だったにちがいない。教育も実務もずっと長らくイギリス派として過ごしてきたのに、三菱に入ったとたんドイツ系のデザインを手がけることになった。もちろん技師長として自ら選んだスタイルだが、おそらく、もはやイギリス系が通用しないことを淋しさとともに自覚し、最新のセセッションへと方向を転じたのである。

以上が、桜井時代の第一陣ともいうべきセセッションのビルについてである。

これらの仕事が大正九年に一段落した後、桜井は三菱銀行の本店の設計に着手し、大正十一年三月完成させている（図I⑱⑲）。

ここでスタイルはまた変わり、石の列柱を堂々と並べるギリシャ神殿風を採用している。二十世紀に入ってからのこうしたギリシャやローマの神殿に範を取ったスタイルを何と呼ぶかはまだ定まっていないが、ここでは仮に〝ネオ・グリークリヴァイヴァル様式〟として話を進めると、このスタイルはその堂々たる押し出しから銀行や保険会社の社屋に好んで採用されている。お金を預ける側から見て頼りがいがあるということであろう。

ネオ・グリークリヴァイヴァルの銀行が日本に登場するのは大正に入ってからで、大正二年の村井銀行（吉武長一設計）や大正五年に完成した三井銀行神戸支店（現第一勧行銀神戸支店。長野宇平治設計）あたりを皮切りとし、大正から昭和にかけて金融界に一気に広がって、銀行や保険会社の定番スタイルとなり、三井銀行（昭和四年、トロゥブリッチ・エンド・リビングストン社設計）、明治生命館（昭和九年、岡田信一郎設計）などの傑作を今に残している。

三菱銀行はそうした流れの中のやや早目の例として実現したのである。

桜井は、本来の自分の好みのイギリス風とは別に、時代の傾向に敏感に反応してセセッション様式のビルをつくってきたことをすでに述べたが、三菱銀行の場合も同じで、銀行＋信頼＝ネオ・グリークリヴァイヴァル、という定式に従った。しかし、他のネオ・グリークリヴァイヴァルの銀行と同じかというと、そこはさすがに

I ㊼

図I㊼ 右より 第二六、二五、二四号館（桜井小太郎 一九一七［いずれも同年竣工］）

I ㊽

図I㊽ 三菱銀行本店正面外観（桜井小太郎 一九二二）

I ㊾

図I㊾ 三菱銀行本店の営業室（桜井小太郎 一九二二）

質実を旨とするイギリス仕込みだけあり、派手なフランスの影響を強く受けて成立したアメリカ系の三井銀行や明治生命館とは異なり、外観においては小ぶりに引き締まった印象を与え、インテリアは重厚の中にも軽やかさが漂っていた。

こうした印象の問題は、実物を前にしないと納得しづらいが、三菱銀行が解体される前に僕は見比べてそう感じたのである。見たことのない人は、せめて増田彰久氏が撮った写真で、桜井のイギリス風隠し味を味わっていただきたい。

以上が、大正二年に始まった丸の内の桜井時代のうち、丸ビル以前についてである。

大正二年から十二年に至る桜井時代は、本社、三菱銀行、丸ビルといった大型ビルの工事が相次ぎ、多忙な地所は丸の内の自社ビル以外の仕事はあまり手がけていないが、それでも丸の内や三菱関係の設計をいくつか引き受けていることが図面から知られる。それらのうち、貸家や農場などの簡便な作を除いて、見るに値する建物としては次のものがある。

・岩崎家赤坂丹後町別邸（大正六年設計）
・幣原《しではら》邸（大正十年設計）
・荘氏鎌倉別邸（大正五年竣工）
・鉄道協会（大正三年設計、五年竣工）
・台湾銀行東京支店（大正三年設計、五年竣工）
・横浜正金銀行東京支店（大正十年設計）
・東洋文庫（大正十三年竣工）
・静嘉堂文庫（同竣工）
・三菱銀行京都支店（大正十四年竣工）

幣原邸は岩崎彌太郎の女婿の幣原喜重郎の家であり、鉄道協会と台銀東京支店と横浜正金東京支店は各社が丸の内の三菱の土地を借りて建てたもの。東洋文庫と静嘉堂は、岩崎関係の図書館建築で、桜井は技師長時代にこれらの設計に着手したが、退社後、仕事を桜井小太郎建築事務所で引き継いで完成させている。三菱銀行京都支店も同じ事情による。

以上のうち、銀行や図書館などはこれまですでに知られた作品であるが、岩崎家赤坂丹後町別邸と幣原邸はこのたび地所の図面で初めてわかったものである。ともにイギリス木造のチューダー様式を取り、いかにも桜井の手固い作品となっているが、とりわけ岩崎家赤坂丹後町別邸は、日本の民家風との折衷を試みたチューダーとなっており面白い。

これらの諸作についてはページを別にして紹介する（一一四頁参照）。

七　丸ビルの建設

桜井時代の最後をやや波乱含みながら飾ったのが、かの丸ビルである。

丸ビルは有名な割にわからないことの多い建物で、計画がどのようにスタートしたかについてこれまでまったく知られていなかったが、三菱から成蹊大学図書館に移された資料の中に原案と呼べるものが存在することが社史編纂室の手で明らかにされ、ようやく端緒をつかむことができた。

どうも、丸ビルは当初、今の向かいの位置、つまり新丸ビルのところに計画されたらしい。らしいなどと曖昧ないい方をしたが、大正七年二月一日の日付の「東京停車場前貸事務所設計案」（図Ｉ⑦③⑦④）を見ると、丸

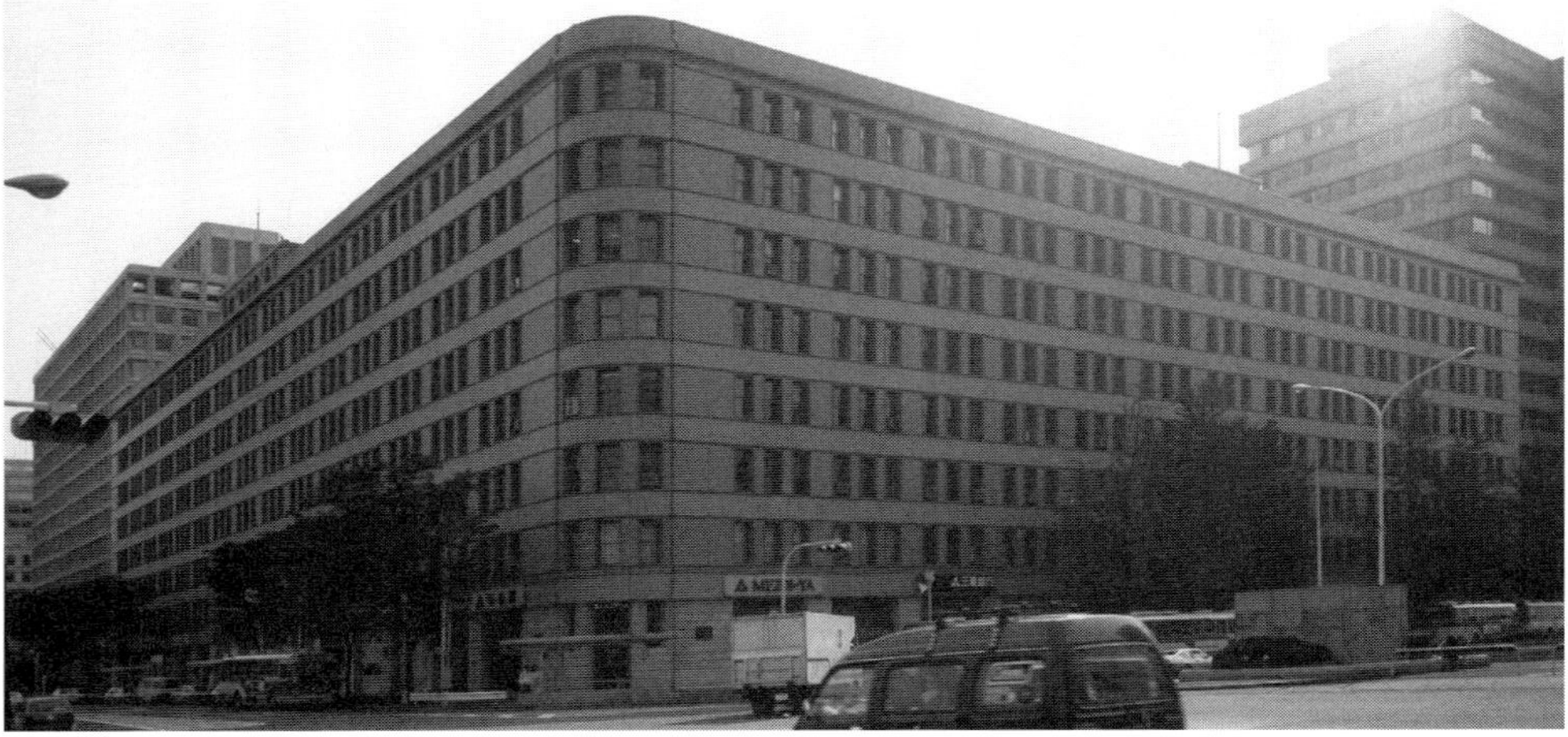

I70

I71

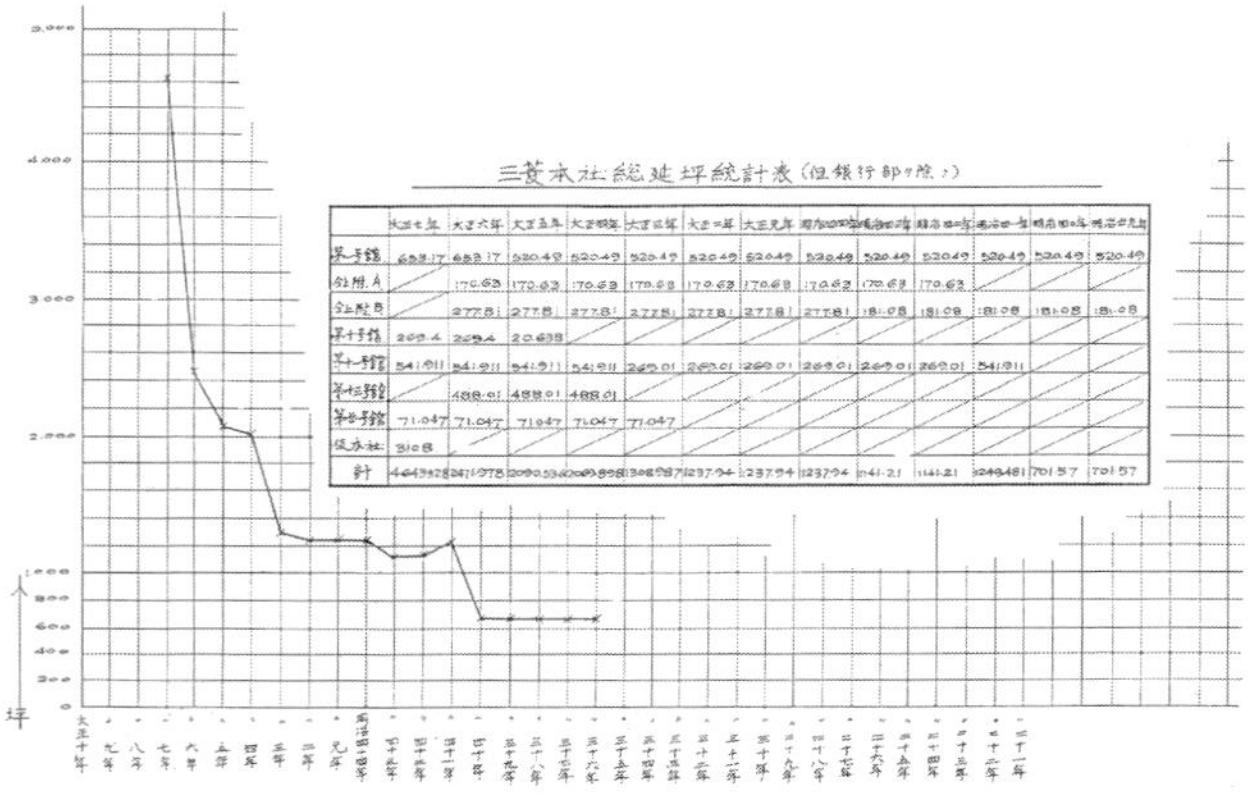

I72

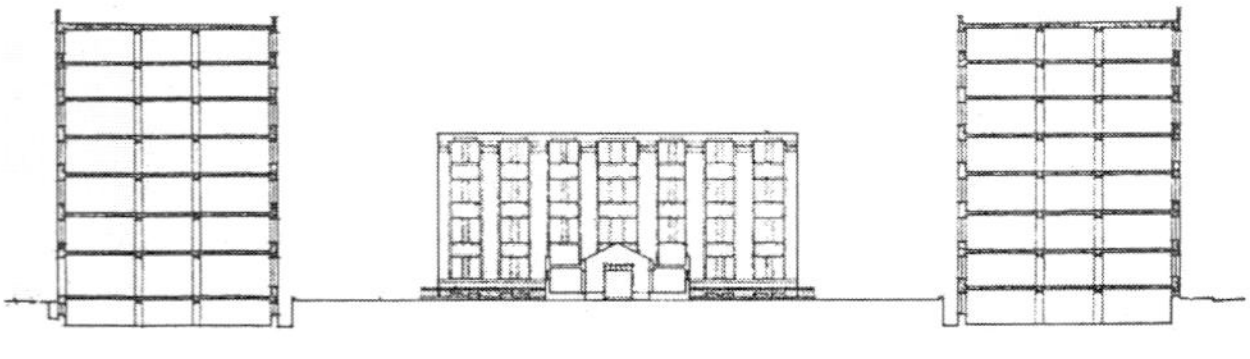

I73

図I70 丸ノ内ビルヂング（通称丸ビル）（桜井小太郎　一九二三）（撮影・藤森照信）

図I71 震災復興後の日本郵船ビル一階階段ホール（曾禰中條建築事務所）（昭和五〇年取壊し）

図I72 三菱本社が使用中の丸の内八棟のビル総延床坪表　大正六年一二月二五日（東京停車場前三菱本社計画案）

図I73 東京停車場前貸事務所南北断面図（丸ビルの原案）大正七年二月一日

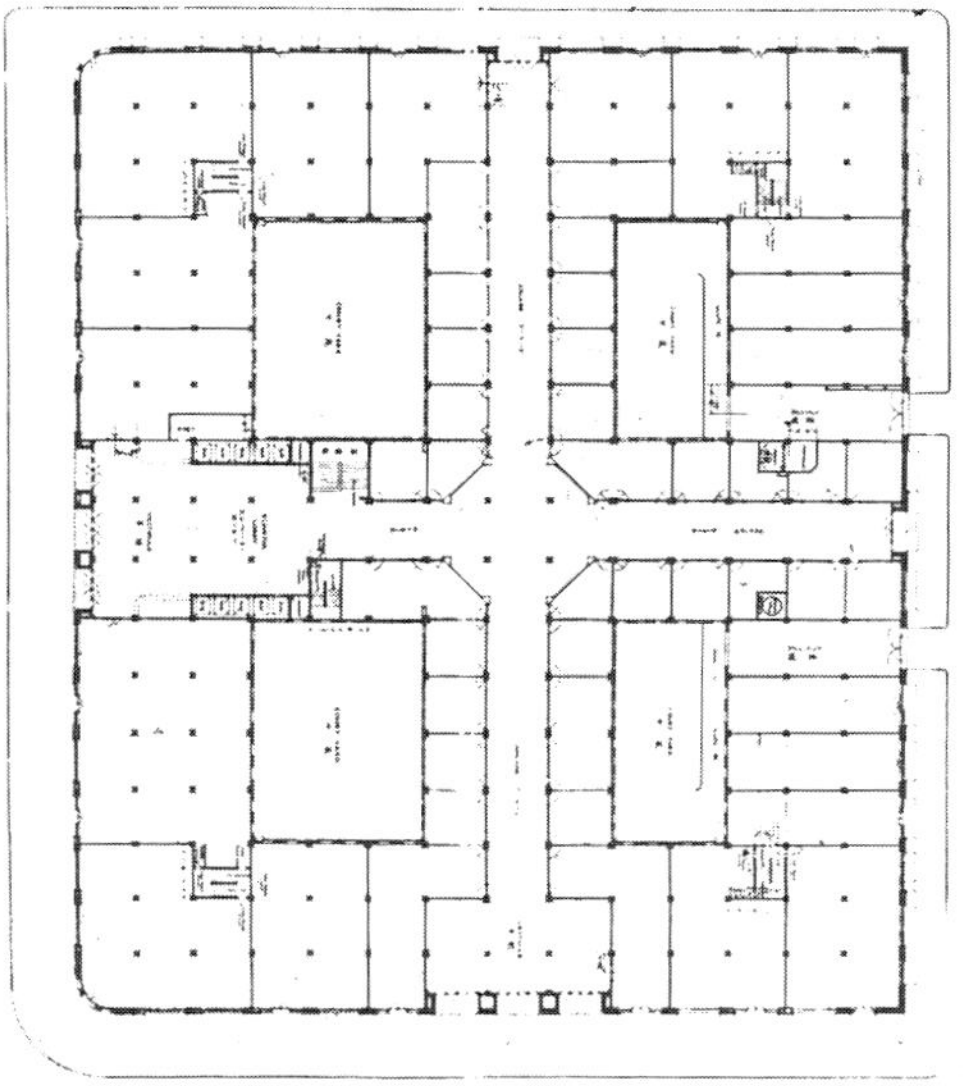

I (75)

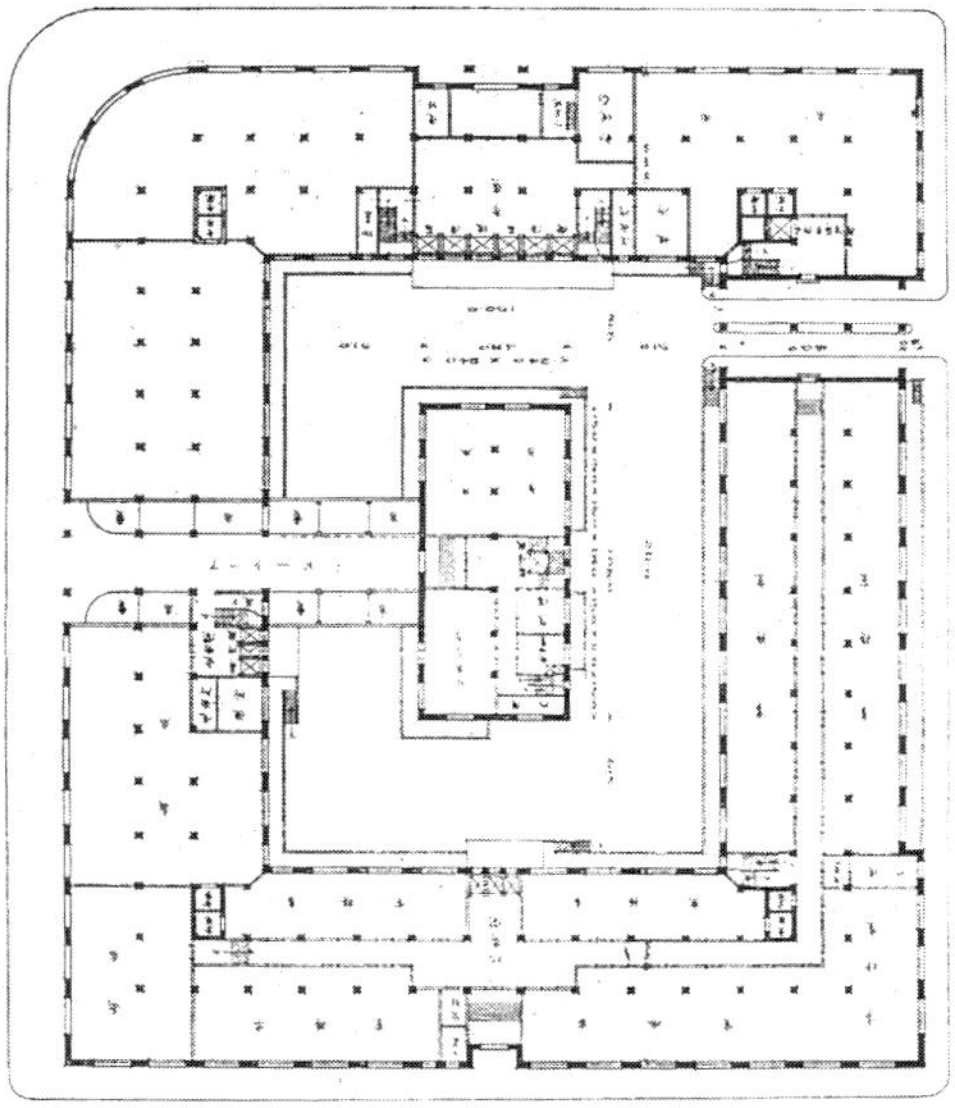

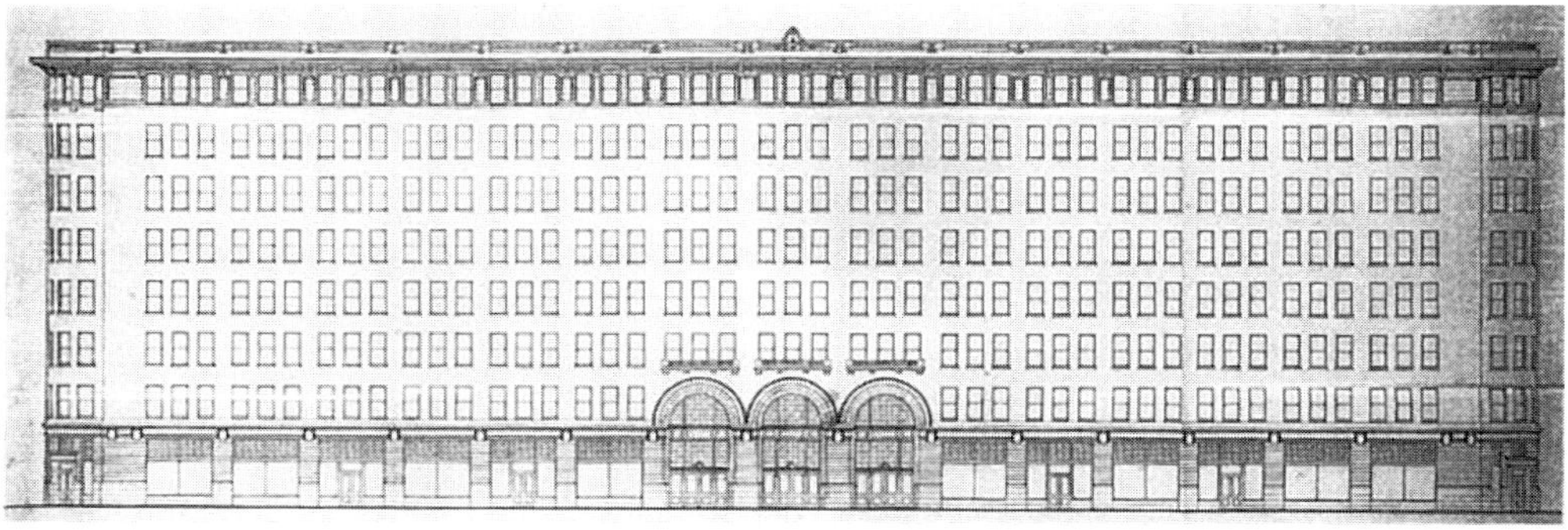

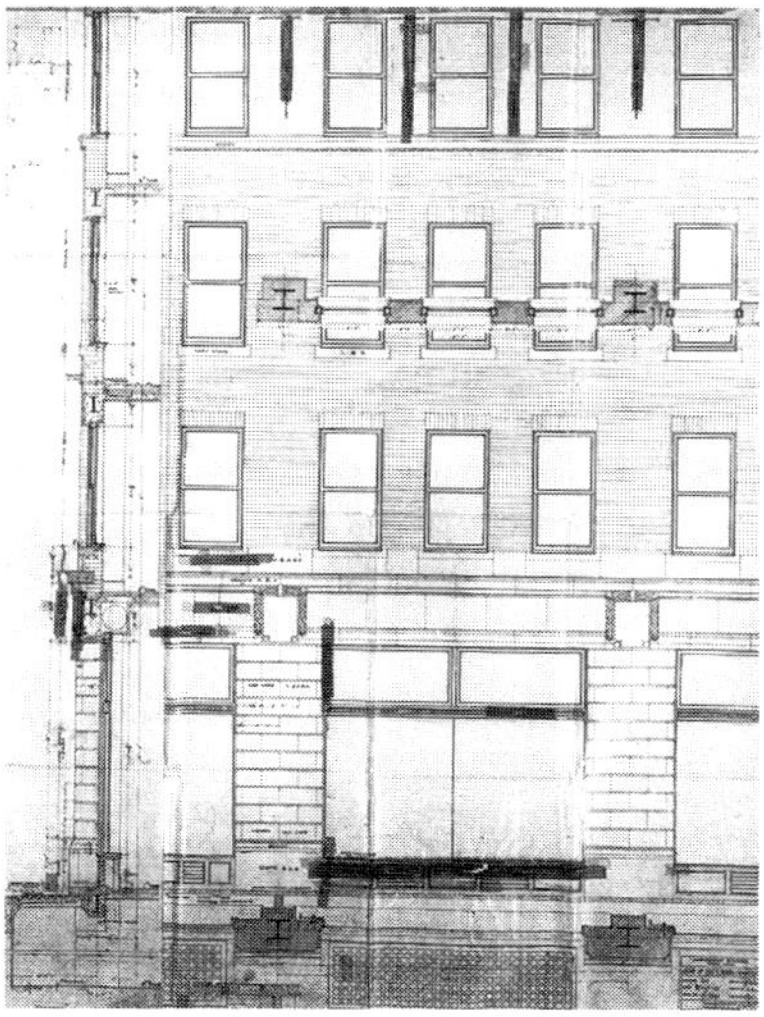

I (77)

図I(74) 東京停車場前貸事務所一階平面図（丸ビルの原案）大正七年二月一日

図I(75) 丸ノ内ビル一階平面図 一九二〇年一一月五日（大正九年） 日付を見ると改訂一九二〇年一二月二日、追訂正一九二一年一二月九日、再改訂一九二二年三月一六日とある。

図I(76) 丸ノ内ビル東（正面）立面図（丸ビルの図面は英文表記で単位はフィート）

図I(77) 丸ノ内ビル東立面及び断面詳細図 一九二一年三月一四日（大正一〇年）

ビルと同規模の貸ビルがその位置に置かれている。では今の丸ビルのところはどうかというと、ここには、「東京停車場前三菱本社計画案」（図Ⅰ㉗）があった。こっちの案のほうが日付が二カ月ほど早く、大正六年十二月二十五日に作製されているが、貸ビル計画と本社計画は同時になされた一対のプロジェクトと考えていいだろう。

大正六年末から七年初頭にかけ、三菱は東京駅前への二大ビルの計画を固めていた。

この時期は仮本社の完成を間近に控えた時期だが、なぜ仮本社が仕上がらぬうちに本社の計画に着手したかというと、ビル需要の急増が背景にある。豪華で大規模過ぎるコンペの本社計画案をやめて仮本社をつくり始めてみると、出来上がる前に社内での床不足が明らかとなり、またビル需要も急に伸び、そこで東京駅前の正面位置に大型の本社と貸ビルを計画した。

「床不足が明らか」とか「ビル需要も急に伸び」と説明したが、こうした説明を裏付けることは一般的にいってきわめて難しい。一号館このかたの丸の内のビル建設の流れを理解するには各時代ごとのビル需要の把握が不可欠にもかかわらずこれまで一切この方面に触れてこなかったのは、数値的な裏付けが不可能だったからにほかならないのだが、幸い、こと三菱本社については「東京停車場前三菱本社計画案」の中に床面積の統計が一年単位でグラフ化されており、このグラフにより、大正三年を境に床面積が急激に増加している実態がわかる。この急増は三菱一社のことだが、同じ傾向がビル需要全体に見られたと考えていいだろう。

こうした冷静な需給関係の分析だけでなく、街づくりの勢いという要素も当事者たちには大きく働いていたにちがいない。大正三年に東京駅が完成し、その前に行幸道路が引かれ、帝都東京の表玄関口としての骨格が決まり、その行幸道路の皇居側の角、つまり固めの位置の北角に東京海上ビルが完成間近の姿を見せていたのが大正六年の末なのである。丸の内における街づくりの勢いは、それまで原野同然だった東京駅前に向かって走っていた。丸の内の主を自任する三菱がこうした勢いを見逃すはずもなく、自らの二大ビルでその勢いにかたちを与え完成させようとしたのである。

この一大計画はしかしそのままでは実行に至らず、三菱本社は中止となり、仮本社への増築で床需要を満たすことになる。一方、貸ビルのほうは、本社予定地のほうに位置を移して計画がさらに詰められていく。

実施案が固まったのは大正九年三月の桜井の渡米前のはずだから、大正九年早々と考えられるが、一年間の検討の成果は大きい。

第一案と実施案を比べてみよう。

一階の平面図を観察すれば、ビルのアウトラインは似ているにもかかわらず、根本的な差があることがわかる。第一案は、大きな中庭をとり、その中央に四階建ての独立棟を建て弁当屋と食堂と喫煙室と談話室と図書室を収めている。そしてこの独立棟と外の間にショッピングアーケードを架橋して両者をつなぐ。いわば、オフィスビルの中に外のストリートを引き込み、その先に憩いと知性の空間を突起させる、というなかなか面白い提案がなされているのだが、いかんせん中庭と外をつなぐ車道とアーケードによって一階レベルがズタズタに分断され、ビルにとって一番大切な一階の一体性が失われてしまった。大学の先生が製図の時間に学生によくいうように、〝プランが整理されていない〟のである。

これに対し実施案は、一階では中庭をやめ、すべて室内としてその中央に十文字にショッピングアーケードを通し、平面計画に一体性を持たせた。また、第一案では各所にちらばっていたホール、階段、エレベーター、便所を集中した。

このように第一案に対し平面の整理という改善が加えられるのだが、第一案の中で打ち出された美点はより純化されるかたちで実施案に引き継がれている。

そのひとつが、アーケードで、第一案では小規模な特例的扱いに過ぎなかったが、実施案では一階の全面に及び、オフィスビルの中にストリート性を取り込むことに成功する。

もうひとつは玄関ホールの構成である。それまで長い間、玄関ホールの主役は階段であり、階段を記念碑的に演出することが、宮殿や劇場だけでなくオフィスビルでも広く行われていた。ところが、ビルの階数が四階以上になり上下の移動がエレベーターを主軸として行われるようになると、階段は補助的な働きしかしなくなる。つまり、機能上、ホールの主役は階段からエレベーターへと変わるのだが、しかし、習慣は根強く、三菱仮本社や東京海上ビルあるいは郵船ビルといったエレベーター本位の合理的ビルでも、用もないのにホールの正面に立派な階段を据えることをやめていない。エレベーターを発達させ、エレベーターを軸とするビルづくりを完成させたのはアメリカだが、大正期の日本のビルづくりにアメリカの合理性の影響が強く現れてからも、ことホールの構成については昔式をなかなか捨てきれなかったのである。

こうした中で、エレベーター本位のホールづくりを最初に打ち出したのが丸ビル第一案にほかならない。この方向は実施案でも堅持され、より強化され、通り抜けのホールの左右に都合十台のエレベーターが集中的に並ぶ構成が実現している。こうしたエレベーター中心のホールの構成はインテリアデザインにも決定的に影響を与え、それまで階段という吹抜け施設のおかげでホールの大空間が可能となり、派手な演出も意味があったのだが、エレベーターにはそういう大空間が逆に邪魔になり（吹抜けがあると二階で降りられなくなる）、ホールはごくあっさりした空間としてデザインされるようになる。

以上が丸ビルの第一案と実施案の平面計画についての比較である。

次いで立面、つまり外観のデザインについて検討したいのだが、第一案には平面図と断面図しかなく、立面がわからない。ただ、断面図には中庭の独立棟のファサードが描かれており、それによると地所がそれまで好んで試みてきた仲十二号館風のセセッション様式であっさりと飾る予定であったらしい。

実施案では、セセッションはやめになり、代りに列柱なしのネオ・ルネッサンス系をベースにして、表面をしごくあっさりと仕上げたスタイルになっている。

こうした設計は大正九年の三月までには大略固まり、十一月に根伐りに着手し、翌十年三月には細部まで含めた最終図面が描き上げられ、さらに工事が進んで八割方出来上がったところで大正十一年四月、地震により被害を受け、一部設計変更して耐震性を強化してさらに工事を続け、大正十二年二月、完成した。

と経過だけを書いてしまえばこれまでの丸の内のビル同様に順調に完成したように受けとられるが、そうはいかない事情があった。

一号館以来、地所は、ビル建設のすべての過程を自分のところで完璧にコントロールすることを旨として仕事を進めてきた。自分の土地に自分のビルを計画し、設計は顧問か自社の建築家が手がけ、工事も請負いに出さずに直営方式によって材料の納入から組立てまで直接管理してきた。

ところが、丸ビルはそうした長い伝統とはちがう方式が取られ、それが大きな成果をあげる一方、難しい問題も引き起こすことになる。丸ビルの建設に当たり、三菱はニューヨークのフラー社と組んだ。なぜそれまで何の問題もなかった方式を捨てたかというと、もちろんそうせざるを得ない理由があった。

設計についてなら桜井以下の地所のデザイナーはアメリカの合理的な平面計画はもちろん、欧米の最新のデザインにも詳しかったし、一時は弱かった構造技術についても山下寿郎の入社によって当時のトップレベルに追いついていた。問題はひとえに施工にあった。工事がともかく時間を食うのである。それまで三菱が手がけた最大作といえば二十一号館だが、それでも丸ビルの二十五分の三に過ぎない。

先行する実例としては東京駅前に最初に進出した東京海上ビルがあって工期が延びに延びて四年半もかかってしまい、大型ビルのネックとして関係者の間では認識されていた。もし同じスピードで丸ビルの面積を消化するにはなんと十八年もかかる勘定になる。これでは、投資期間が長過ぎて貸ビル経営は成り立たない。

方法はただひとつ、構造は工期の速い鉄骨構造とし、施工は機械化方式を取る。鉄骨ビルも機械化もアメリカが世界の中で群を抜いて進んでいるから、アメリカの工事に学ぶしか手はない。

そして三菱はニューヨークのフラー社と組むことになるのだが、組むまでの経緯はけっこう偶然が働いた。丸ビルの計画が始まる二年前の大正六年のこと、地所部長の赤星陸治と技師の山下寿郎のふたりは、アメリカへの視察旅行に出掛けた。丸ビルを意識したものではもちろんなく、それまでもたびたび行われてきたような海外事情の視察で、第一次大戦下のヨーロッパに行くのは危険だからアメリカだけにしたに過ぎない。ふたりはヨーロッパ分も含めて四カ月アメリカ視察に費やすことになるが、この長い滞在が幸いし、山下は当時ニューヨークで働いていた松井保雄と親しくなり、その引回しでウイリアム・スターレットと知り合う。彼こそフラー社の副社長で、その兄のポール・スターレットは社長であった。

スターレット兄弟と当時のフラー社のことは近く刊行予定の社史の中でフラー社の資料に基づき社史編纂者の筆で詳しく述べられるはずだから省略し、松井保雄のことを少し述べておきたい。

松井はその頃ニューヨークで活躍中の日本人建築家で、一九二九年には当時世界一の高さのマンハッタン銀行ビルをH・C・セブランス事務所と組んで完成させ、名を上げている。このビルを追い抜いたのがかのエンパイアーステイツビルだが、それも実は松井の設計で、当時の日米関係を考え米人の名で世に出した、と松井は戦後にニューヨークを訪れた日本の建設業視察団に語っている。山下が訪れたときはマンハッタン銀行ビルの前ではあるが、松井はニューヨークに根を下ろしていたから、フラー社を知っていて当然であった。

こうした松井を通して山下はフラー社の副社長のW・スターレットと知り合う。そして、

「いろいろ話しているうちに、フラーが日本でいい仕事があったら乗り込みたいという気があることを聞いたのです。そのことを、日本に戻ってから会社で報告したのが、そもそものはじまりなんです」(『日刊建設通信』昭和五十年三月二十六日刊)

山下の帰国報告によって地所へフラー社の存在が知られた後、翌大正七年五月、W・スターレットは、地所などに事前連絡をして、松井保雄とともに来日し、建設事情の視察をする。もちろん、日本進出の可能性を探

るためであった。

三菱の側は、先年、赤星と山下が渡米した折は丸ビルと新本社の計画はなかったが、スターレットが来日した今度は、両計画がすでに動いていたのだから三菱とフラー社の間で具体的な話が交されてもいいはずだが、今のところその形跡はない。地所はフラー社副社長の来日に具体的な関心を示さなかったもようである。おそらく、完成間近な仮本社を案内したり、新本社と丸ビルの計画があるくらいのことを教えたにとどまったのだろう。

具体的に関心を払ったのは三菱ではなく、三菱の元母体ともいうべき日本郵船の社長、近藤廉平である。日本郵船は東京海上の向かいに郵船ビルの計画を進め、スターレットの来日したとき、曾禰中條建築設計事務所の手で基本設計図をまとめていた。設計図の引かれたのが五月で、スターレットの来日も五月だが、あるいは偶然の一致ではないのかもしれない。なぜ近藤がフラー社に具体的関心を払ったかというと、計画中の郵船ビルの工期の問題であったことはまちがいない。郵船ビル予定地の向かいに工事中の東京海上ビルは、大正三年三月に曾禰中條建築事務所の設計で起工したものの、すべてを人力に頼る日本の施工方式ではとても大型ビルをこなせるものではなく、工期が延びに延びてしまい、結局、四年と六カ月もかかる羽目になるが、東京海上より一回りも二回りも大型の郵船ビルはさらに長くかかるのは必定であった。工期の長さは工費を上げるし、投資効果から見ても不都合きわまりない。

ところがアメリカの機械化された施工によれば何分の一にも短縮されるというのだから、近藤廉平としてはフラー社副社長の来日に具体的関心を払うのは必然である。おそらく地所を通じてW・スターレットと接触し、郵船ビルの図面を前に話し合いが持たれたのはまちがいない。

翌年早々、近藤廉平はニューヨークに出向いてフラー社社長のP・スターレットと具体的な話に入るのであるから、前年五月のW・スターレット来日の折に郵船側は新ビル建設をフラー社に托す可能性を伝えていたと

I78

図I78　工事中の丸ビル　一九二一年六月一日

I79

図I79　工事中の丸ビル　一九二一年七月一日

I80

図I80　工事中の丸ビル　一九二一年一〇月一日

Ⅰ ㉛

図Ⅰ㉛ 工事中の丸ビル 一九二一年一一月一五日

Ⅰ ㉜

図Ⅰ㉜ 工事中の丸ビル 一九二二年一月一五日

Ⅰ ㉝

図Ⅰ㉝ 工事中の丸ビル 一九二二年一一月一日

考えていい。

このように三菱ではなく郵船がフラー社との具体的交渉に入ったのだが、弟のW・スターレット副社長と逆に兄のP・スターレット社長は未知の国への進出にきわめて慎重で、ふたつの条件を付けた。ひとつは、郵船ビルのほかにも工事を任せること、もうひとつは米日の合弁会社をつくり、そこが工事を行うこと。

近藤はこの条件を日本に持ち帰り、三菱と話を詰め、結局、郵船のほかに丸ビルと日石ビルをフラー社に任せることと、東京に東洋フラー社を設立することのふたつが決められる。東洋フラー社への出資はフラー社と日本側の岩崎小彌太、近藤廉平、渋沢正雄によりなされ、大正九年三月に設立された。設立に伴い、代表にフラー社側のH・A・ハリスが就き、さらにアメリカから後に横浜で活躍するモルガンはじめ三十名近い技術者や事務職が来日する。

このようにして丸ビルの工事はフラー社により行われることになり、フラー社は工期三十カ月での完成を約束した。もし東京海上ビルと同じペースで工事が進めば、丸ビルの床面積をこなすには十八年かかる勘定になるから、三十カ月（二年半）というのは驚異の短縮ぶりにちがいない。

かくして大正九年十一月、いよいよ工事が始まる。いかに機械化されていたかは、すでに『丸ビルの世界』（かのう書房刊、昭和六〇年）に一度詳しく書いたことがあるから省くが、丸ビルの工事の中で初めて資材転送に大型トラックやトレーラーが使われ、杭打ち用のスチームハンマーが投入され、クレーン（ガイデリック）が働き、鉄骨の接合にはリベットガンが駆使され、また仮設工事においても吊り足場が利用された。その機械化ぶりは同時期に工事の進められた帝国ホテルと現場の光景を写真で比べてみればよくわかる。帝国ホテルでは杭打ち他にすべて人力が使われている。

こうしたハードの技術だけでなく、工事管理技術においても徹底した合理性が図られ、精度の高い工程表がつくられ、日本の建設業社の八時間労働制が採用され、個々の労働者の働きぶりも厳密にチェックされた。

徹底したシステム化と機械化が図られたのである。自動車工場における大量生産システムが建設現場に持ち込まれたわけだが、こうした工法がアメリカで発達したのは、シカゴに始まりニューヨークでピークに至る超高層ビルの建設のためにほかならない。そして、こうしたアメリカの超高層オフィスビル建設の指導的地位にあったのがフラー社であった。いわば、ニューヨークのつくり方がそのまま丸の内に降臨したのである。

桜井以下、地所の技術者の面々にとって目のさめるような鮮やかな毎日が過ぎ、鉄骨が立ち上がり、その中空煉瓦を下地として、足元は御影石、腰壁は人造石（キャスト・ストーン）、二階以上はオレンジがかった黄色のタイル、そして最上階はスタッコで仕上げられた。

こうした外壁の仕上げ工事が終了し、窓サッシュの工事に入ったとき、つまり最後の仕上げ工程に入ったちょうどそのとき、大正十一年四月二十六日、東京を中規模の地震が襲った。関東大震災の予告篇ともいうべき東京地震である。

揺れが納まってみると、丸ビルの外壁のうち二、三、四階部分に亀裂が走り、ところどころタイルがはげ落ちて下地の中空煉瓦がむき出しになり、また内部の壁にもいたるところ亀裂が生じていた。鉄骨の柱と、鉄筋コンクリートで巻いた鉄骨の梁と、鉄筋コンクリートの床に破損はないから構造体に問題はなかったものの、構造体を包むカーテンウォールに被害が出た。

もしほかのビルも同じだったら三菱地所の技術陣も不安にかられなかっただろうが、同時に進行中の郵船ビルにも日石ビルにもほとんど被害らしいものはなく、もちろん一号館をはじめとする明治の赤煉瓦建築にもヒビひとつ入らず、最新鋭の丸ビルだけが部分とはいえ壊れた。

明らかに構造上に欠陥をはらんでいることに気付いた地所は、それまで工事に絶対的権限を持っていたフラー社の技術陣からリーダーシップを奪い、山下寿郎の指揮で急拠、補強工事を施す。耐震性を強化するため、鉄骨のブレース（筋かい）を各所に入れ、内側の中空壁煉瓦はすべて撤去してモルタル塗りのメタルラスに替えた。もちろん、外壁のタイルの剝落箇所は貼り替えた。

こうしたアクシデントが地所の技術陣に深い不安を残したものの、補強工事は短期間で済み、翌大正十二年二月二十日、予定通り丸ビルは完成した。

丸ビルの完成を世間は大いに祝福してくれた。

まず東洋一の大きさが市民の自慢のタネとなった。大量のものを形容するのに丸ビルで何杯というい方が昭和四十三年に霞が関ビルが誕生するまで長らく使われるが、その位に強い印象を市民に与えたのだった。

巨大なだけではない。いくらなんでもただ図体が大きいだけのものに人は親しみを持ちはしない。一階に設けられた通り抜けのショッピングアーケードの影響が大きい。それまで丸の内のビルは、いやもっと広く日本のビルは、業務専用で、一般の人が寄り付く場所ではなかったが、丸ビルの一階に〝街〟が形成され、誰でも入れるようになった。

現在のオフィスビル計画のテーマのひとつである開かれたオフィスビルは、丸ビルから始まるのである。

こうした社会的な祝福のほか、建築学的にも丸ビルの成果は大きかった。列挙してみよう。
① システム化、機械化した施工。すでに述べたように、もしかしたら十八年かかるかもしれないものを二年半で仕上げた。
② 経済合理的な平面。レンタブル比を調べると、明治末の赤煉瓦オフィス（十二号館）が四七・五パーセント、大正初の二十一号館が七三・〇パーセントに対し丸ビルは七九・四パーセントと極限まで高まっている。
③ 装飾性を減じたデザイン。スタイルはネオ・ルネッサンス様式を基本としているが、外観においては彫りを浅くして平坦化し、内部においては玄関ホールを階段を軸として飾り立てることをやめ、エレベーターホール中心のただの廊下の一部とした。
以上の三点は、いずれもアメリカのオフィスビルに直接、間接学んだものであり、大正期に入ってから始ま

った日本のオフィスビルのアメリカ化はここに頂点に至った。

桜井小太郎以下、地所の技術陣もフラー社の面々も、もちろん岩崎小彌太以下の三菱の指導層も、丸ビルが社会からも専門家からも祝福されて船出したことに大きな満足を覚えた。しかし、その余韻も消えぬ半年後の九月一日、関東大震災が東京を襲った。前年の東京地震とは比べものにならない揺れであった。

このときの東京の被害についてはよく知られているが、しかし意外に知られていない事実がある。一流の建築はビクともしなかったという事実である。石と煉瓦の日銀本店は火が入って内部は焼けたものの地震そのものに対してはごく一部の石がはがれた程度。赤煉瓦の法務省や最高裁は被害なし。丸の内にしぼっても、赤煉瓦の東京駅や鉄筋コンクリートの東京海上にはヒビひとつ入らず、三菱の仮本社も銀行も無事。一号館以下の明治の赤煉瓦はむろん、例の鉄骨造と鉄筋コンクリート造の混ぜこぜの二十一号館もオッケー。

こうした〝古い〟つくりの一流ビルがほとんど大丈夫だったのに、最新鋭をうたわれた出来立ての丸ビルと郵船ビルに大きな被害が発生したのである。丸ビルは、柱と梁と床は大丈夫だったものの、二、三、四階の外壁全面に×印の亀裂が走り、もちろんタイルは剝落し、下地の中空煉瓦も一部で崩れ落ちた。五階以上の外壁にも亀裂が見られた。内部は東京地震の折に補強した鉄骨のブレースは千切れるか押し曲がるかし、モルタル塗りのラス張り壁はベコベコになった。郵船ビルも被害のパターンは同じで、骨組はよかったもののカーテンウォールのテラコッタがガタガタになり一部は落下した。東京地震の被害のパターンがそのまま拡大して現れたのである。骨組が大丈夫でカーテンウォールがガタガタというパターンから原因は明らかで、骨組が地震の揺れに対する抵

Ⅰ91
図Ⅰ84　大正一二年九月一日の関東大震災による損壊　郵船ビル(手前)と丸ビル

抗力を欠いていた。正確にいうなら、自分が崩壊しないだけの抵抗力は持っていたものの、揺れによる骨組の変化が大き過ぎてその変化についていけないカーテンウォールを壊してしまった。専門的にいうと、剛性《ごうせい》不足。もっと柱と梁を太くするか、耐震壁を設けるかしないといけなかった。当時、耐震壁は東京海上ビルで初めて実験的に設けられたばかりだったからそれは望むべくもないとして、柱と梁を太くして剛性を高めておく必要はあった。修理後の今でも丸ビルに入ると、柱と梁が細いのにアレッと思うぐらいだから、竣工時はもっとだった。

実は、被害はもっと軽くて済んだ可能性もあったのである。そもそも丸ビルの構造設計を地所がせずにフラー社に任したところから問題は始まっている。それまで地所は自社が手がけるビルの構造設計は自社でやっていたのだが、なぜか丸ビルについてはやらなかった。フラー社の施工で同時に進行した郵船ビルと日石ビルは設計者の曾禰中條建築事務所が構造設計もやっているのだから、丸ビルが例外だったことになる。理由ははっきりしないが、僕の推測では、当時の地所は鉄骨構造に長《た》けていなかったからではないか。それまでの地所の仕事の中に純粋な鉄骨構造の実績はなく、無理してやるよりは鉄骨構造の先進地のニューヨークで鍛えたフラー社に任せたほうがいい、という判断が下っても不思議はない。

そして結局、フラー社は日本の地震を考えず、ニューヨークの風の水平力を考えて構造計算を済ませてしまったのだが、しかし、それを訂正するチャンスも地所の側に一度だけあった。

そのチャンスの件を山下寿郎が次のように回想している。

　丸ビルがわが国事務所建築として、従来、その比を見ないほどの巨大な各階床平面を持つものであるところから、地震動による建物各部位の振動が一様ではあり得ないことを憂慮して、当時の京都大学日比忠彦の地震動による建物各部位の応力計算法を適用して演算をこころみた。採用した震度は0・15で、これによって生じた応力が鉄骨構造の破壊強度に達するも止むを得ないという仮定のもとに、計算して得た数値に基づく構造図を、詳細図に作成、さらに試算の要領書を添えてフラーのニューヨーク本社に交渉におもむく桜井技師長に、アメリカ側に提示されるよう手配したが、この説明書と詳細図とは、ついにアメリカ側に示されることなく、フラー社側のStructural engineering consultantsは、地震力による応力に換えて、特別に風力による応力を基礎として計算して得た数値に基づいた鉄骨架構材料と、その製作とをアメリカ内にて発注した。したがって後に横浜で水揚げされて現場に持ち込まれた鉄骨工作物は、地所部の現場監理者の非常に危惧の念をもって迎えられた。（『近代日本建築学発達史』）

この件につき別のところで山下は、

アメリカから届いたフラーの構造図面を見て、私は非常な不安を感じたものです。何しろ日本は地震の国でしょう、そこへ建てるビルの構造が、ニューヨークの岩盤の上に建てる経験を持つアメリカ式であっていいのかという疑問がまずあります。これは構造担任の私としては当然持つ疑問です。

フラーの構造はあぶないぞと気になりだしたんです。簡単にいうと、当時ニューヨークの建築法規では十階以下の建物の風に依る計算は不必要なのですが、丸ビルは十階以下だけれども、特に地震のことを考えて風圧の計算だけで間に合うと思ったのでしょう。地震力は建物の目方からくる問題で、建物の動き方が全然ちがうんです。

当時、私の下に佐藤好君というのがいて、彼は蔵前を出て、京都大学の日比忠彦先生の耐震構造の講義を勉強した人ですが、丸ビルの計画が始まると、私はこの佐藤君と一緒に、丸ビルの耐震構造の計算をやって見ることにした。何分三万二千平米を超える建物なのだから、耐震的な研究をする必要があると考えた。私が東大に居た時代にはいまだ佐野先生の耐震構造の講義はなかった。

さて、佐藤君と相談したのには、震度０・15の地震が来たら建物が参っても仕方があるまい。しかし、ふつうのリベットじゃ、地震が来ると、すぐに頭がふっ飛んじまうからだめだ。ボールトでやろう。それもナットを一つじゃだめだから二つにして、外側のナットにはタガネで傷を付けようという案を立てて、その図面を私が縮尺十分の一で引いた……建物は三一メートルあるんですから、三メートル余の図面を自分で描いたのです。

技師長の桜井小太郎さんがアメリカへ行って、フラーと打合わせをすることになっていたので、私としては、なんとかしてこの耐震構造の必要性を先方に伝えなければならんと思い、私が英文で耐震構造の件を書き、それを自分でタイプに打ってさき程の図面と一緒に、桜井さんに随行した石原信之君に持っていって貰ったんです。ところが、桜井さんはイギリスで勉強されただけに、英語は達者な方です。それだけに下手な英文を先方には見せられなかったということを石原君が帰って来てから知らされて驚いた。これは困ったことだなあと思った。（『日刊建設通信』昭和五十年三月二十六日号）

山下の構造上の新提案についての資料は残されていないが、この回想によると、骨組全体の強化（具体的に何をどうしたのかわからないが）と接合部の強化（リベットをボルトに替える）のふたつからなるものだったらしい。

しかしその新提案は書いてある英語が下手だったからフラー社側に提示されなかった、というのである。にわかに信じがたくもあるが、進んだニューヨークのフラー社の技術陣にケチをつけるようなことはしたくない、という心理的な自己規制が、外国通である分だけ強く桜井に働いたのかもしれない。しかし、もし桜井が得意の英語で書き直して出したとしても、結果は同じだったにちがいない。郵船ビルの設計をやっていた曾禰中條建築事務所は、自分たちが耐震計算に基づいて描いた構造設計図をフラー社側に渡したところ、彼らは強度が過剰であることをいい張り、意見は鋭く対立し、結局、設計の権限は曾禰中條側にあるのだからということでフラー社側は折れたのだが、しかし、横浜に陸上げされた鉄骨は指示通りではなかった。設計権が日本側にある郵船の場合もこうなのだから、丸ビルの場合はなおさらである。

かくして破損を負った丸ビルは、鉄骨の回りを鉄筋コンクリートで包み、東京地震のときの鉄骨による筋かいを鉄筋コンクリートの耐震壁に作り替え、さらに、外壁の中空煉瓦と内側のメタルラス壁を撤去して鉄筋コンクリートにつくり替える、といった補強が加えられる。鉄骨構造を鉄骨鉄筋コンクリート構造につくり替えたのである。

構造が変わるのであるから仕上げは当然変わって、一階腰壁の人造石（キャスト・ストーン）は御影石に、二階以上のタイルとスタッコはモルタル壁に（後にタイルが貼られる）替わった。このときの改造は全面的で、現在、大正十二年の完成時の仕上げ材が残っているのは、外壁の土台回りの御影石と一階通路のクリーム色のタイルくらいかもしれない。

以上が桜井時代の最後を飾った丸ビルについてである。

八　昭和の地所

戦前

丸ビル竣工の後、地所の技術陣にこれまでなかったような出来事があった。技師長の桜井小太郎をはじめ技師の山下寿郎と川元良一、石原信之ほか十数名が一気に退社したのである。山下、川元、石原は帝大の出身者で、本来なら地所の将来を担うべき立場にあった。これまでスタッフの数が増えこそすれ、減ることはなかったのにどうしたというのだろうか。

この件につき、丸ビルが関東大震災で被災した責任をとって、という話も建築界には伝わっているが、しかし事実とは思われない。たしかに辞めたのは大正十二年だが、月は五月であり、大震災の前である。やはり、丸ビルの完成を待っての退社と考えたほうがいい。

ではなぜ丸ビルの完成を待って、中核の四人がごっそり脱けたかというと、仕事がなくなったからである。丸ビルまでが戦前の丸の内の上り坂の時代であって、丸ビル完成の後、新しいビルへの需要は少なくなってしまう。そのことは丸ビルへの入居者にもはっきり現れている。それまでの丸の内のビルにくらべ弁護士、医師、建築家などの小規模自営業者が多く入り、大手企業がほとんど入っていないが、これは、大口の需要がなくなったことを意味する。

大正期の丸ビルに向けての上げ潮の中で百名余りにふくらんだ石原ほか地所の技術陣を減らすため、桜井は率先して辞めて桜井小太郎建築事務所を開設し、石原ほか何人かがここへ移り、帝大出の山下は大学に講師として戻り、川元は同潤会に入り建築部長の席に就いた。山下と川元の人事は、地所のＯＢ（保岡時代に在職した）の東大教授内田祥三の尽力によるものにちがいない。

大正十二年の丸ビル竣工と桜井以下中核技術陣の辞職によってひとつの時代が幕を閉じたのである。

大正十三年から次の時代が始まり戦前いっぱい続くのだが、しかしこれまでコンドル時代、曾禰時代、保岡時代、桜井時代と名付けたように個人の名をつけた時代区分はできなくなる。技術陣のトップには藤村朗が就くのだが、そもそも仕事が少ない上、目立つ作品をつくるチャンスもなくなり、ひとりの個性的なアーキテクトがリーダーシップをとって大きな記念碑的な仕事をなしとげていくような時代ではなくなり、地所は攻めから守りの時代へと入る。

いかに仕事が少なくなったかは、丸の内の自社ビルの完成件数を、桜井時代の大正二年から十二年までと、それ以後昭和戦前までを比べてみれば一目瞭然で、前者は十年間で十四作に対し、後者は二十三年間かかって十作に過ぎない。その十作も別館とか新館と名付けられたものが多いのである。

大正十三年から昭和二十年までに地所が手がけた丸の内のビルには次のようなものがある。

仲八号館別館（大正十五年竣工）、仲二十八号館（同上）、八重洲ビル（昭和三年）、丸ノ内ガラーヂ（昭和四年）、仲十三号館別館（昭和十年）、仲十号館別館（昭和十二年）、仲七号館別館（同上）、三菱商事ビル（同上）、三菱銀行新館（同上）。

これらのうち取り上げるに値するのは、八重洲ビルと丸ノ内ガラーヂくらいであろう。

前者は、この時期の技師長藤村朗の代表作で、丸の内には珍しくロマネスク様式を基調としている。後者は、本邦初の本格的駐車場建築として知られる。

このように良い仕事のチャンスも少なくなり、本業の丸の内の自社ビル建設が冷え込んだ中で、地所の技術陣は何をして食っていたのかというと、住宅を手がけていたのである。

地所の保管する図面を年代順にチェックしていくと、昭和十年前後に異様なまでの量の中小住宅の図面が突如現れるが、これらはビル建設が急速に減る中で、地所が三菱の社内に呼びかけ、住宅の仕事を掘り起こして引き受けたものにほかならない。

岩崎家関係からおそらく一社員、さらにはその紹介といったものまで含め、昭和戦前に地所が引き受けた住宅は、新築だけで八十件以上にのぼる。

数は多いのだが、見るべきものは少ない。

そうした中に混じる「昭和十七年十月設計宮崎邸防空壕」などという図面を目にすると、いささか淋しいものがある。

以上が明治、大正、昭和と続く戦前までの地所の歩みである。

以後、戦後について簡単に述べてみよう。

丸ノ内総合改造計画

戦時中は軍事関係の工場などの設計程度しかなく、戦後の混乱期はバラック同然の建物しか手がけられなかった地所の技術陣が、ようやく建築らしい建築を手がけ、本業の丸の内のビルの仕事に復帰したのは昭和三十年代に入ってからであり、とりわけ、高度成長期になってからであった。

再起した地所が最初に取り組んだ大型プロジェクトは、昭和三十四年から始まる〝丸ノ内総合改造計画〟である。

保岡時代に整備された赤煉瓦の仲通りをはじめ、その隣接する一帯に建てられた大正、昭和戦前のオフィスビルを改築しようという計画であった。

この計画によって、明治期に払い下げを受けて以来の丸の内の姿は大きな変化を見せる。

まず注目されるのは、道路が変えられたことで、南北に走る、つまり山の手線に平行して走る、濠端の公道と東京駅前の公道の中間を貫いていた二本の三菱の私道が仲通り一本に整理され、同時に仲通りは十三メートルから二十一メートルへと拡大された。

道路の本数の整理がなされたのは、それまでは一ブロックの中に小さなものが何棟か建っていたものをまとめて一棟とし、かつその一棟をより大きくして土地を有効利用しようという目的による。

かつて以上に中心軸として重要な意味を持つに至った仲通りは、二十一メートルに拡幅されただけでなく、将来は掘り下げて二層の道とし、サンクンガーデンとかデッキとか立体的利用が可能なように、地下埋設物や建物の地中部分を設定した。しかし、この二層化は実行されずに今日に至っている。

こうしたインフラの改築とともに、ビルも建て替えられ新しくなるが、そのとき、街並みを整えるための努力がなされている。そのまま道沿いにビルを建てると、東西方向の道に面したビルが道路の斜線制限にひっかかって上のほうを斜めに切り落とさなくてはならず、軒線が凹凸してしまう。そこで、再開発の区域を一団地として扱い、他のところでオープンスペースを増やす代わりに斜線制限の緩和を許された。

仲通り計画における街並みのデザインのポイントは軒線の統一にあった。この軒線の統一こそ、明治以来、丸の内を丸の内たらしめている景観のポイントにほかならないから、ここでその歩みを振り返ってみよう。

一丁ロンドンがつくられたとき、一号館を規準とする方向は決められていたが、コンドルはかならずしもそれを守らず、二号館の軒線をやや高くしている。コンドルの後を継いだ曾禰は忠実に一号館に軒線を合わせ、この方針は保岡も守り、軒線がどこまでも一直線に通る明治の仲通りが完成する。明治の仲通りの軒線の統一は三菱が独自に決めた約束ごとだったが、大正九年の市街地建築物法（現建築基準法）によって法により軒高が最高百尺（三十一メートル）に決められ、この百尺制限が、それ以後の丸の内の軒線統一の規準になり、それに従って行幸道路沿いの丸ビル、郵船ビルなどがつくられ、濠端道路では郵船ビル、明治生命館、第一生命館などがつくられた。明治の統一ぶりを仲通りが見せてくれたとするなら、大正、昭和戦前の統一ぶりは行幸道路と濠端通りが見せてくれたのである。

こうした丸の内における軒線の統一の伝統がバックにあって、戦後の丸ノ内総合改造計画の軒線統一が生まれたにちがいない。

丸ノ内総合改造計画の推進者はもちろん、当時の社長渡辺武次郎、そして取締役建築第二部長の岩間旭であったが、建物のデザインは杉山雅則によりなされた。杉山は、戦前のレーモンド事務所で働き、東京女子大の計画などを担当した建築家で、日本のモダニズム建築の直系を継ぐひとりにほかならない。昭和十七年九月に地所に入り、三十五年六月の退社まで地所のデザイン面をリードしている。なお、退社後昭和五十八年頃まで嘱託で在籍し、「荒川豊蔵資料館」を設計した。

杉山氏は八十七歳で、地所ＯＢの建築家としては最長老であり、戦中戦後の様子を知っている数少ない証人なので、インタヴューを試みた。

――地所に入られたきっかけは？

杉山：レーモンド事務所にいたんですが、レーモンドがアメリカに帰り、事務所を引き継いだが仕事がない。そうこうしている時に地所が人を求めているという話があって、赤星鉄馬さんに地所のトップの赤星陸治さんに紹介状を書いてもらった。しかし病気で面会謝絶でした。

――どんな仕事が主でしたか。

杉山：三菱重工や三菱電機の工場がほとんどで、そのほか病院、工場の寄宿舎といった軍需関係ばっかりでした。すべて木造です。

――当時の地所の設計部門は藤村朗さんが技師長で率いてたんですが、どんな感じでしたか。

杉山：厳粛な感じで、藤村さんが部屋に入ってくると設計室は森閑として音もなく、といったムードになりました。

――空襲は丸の内にはあったんですか。

杉山：馬場先通りの南側はだいぶ焼けました。二十一号館は無事だったんですが、その回りの三階建ての建全滅でした。丸ビルのほうは焼夷弾が周囲に落ちたりしたが、大事にはいたらなかった。丸ビルの屋上に監視台をつくったり、夜は宿直制にしたりしてました。

――終戦の後、レーモンドが帰ってくるわけですが、自分のところに戻れといいませんでしたか。

杉山：日本に来る前から矢の催促で、早く事務所を再建しろといってきました。他のレーモンド事務所Ｏ

図I 85　建設ラッシュがつづいた丸の内界隈（昭和三六年頃の撮影）

図I 86　杉山雅則氏

図I 87　丸の内仲通りはランチ・プロムナード（正午から一時まで）となって歩行者天国手前左が丸ビル（撮影一九九二年二月二一日）

図I 88　手前より三菱商事ビル、丸の内八重洲ビル、三菱ビル、丸ビル（撮影一九九二年二月二一日）

図I 89　丸の内仲通り（撮影一九九二年二月二一日）

Bが再建したので、自分もと思って社長の中川軌太郎さんに辞表を出したんですが、事情はわかるが忙しいから残ってくれといわれ、結局、半日は地所、半日はレーモンドという奇妙な勤務が認められて、一年ほどそんな状態でした。

――戦後の仕事はバラックですか？

杉山：そうです、北海道の炭住（炭鉱の住宅）が大量にあって、それで地所は食いつないでいました。ふつうの都市のバラック住宅もやりました。

――本格的な丸の内の再建としては仲通りを軸とした丸ノ内総合改造計画があって、その設計を杉山さんが担当されたわけですが、何かデザイン上参考にされたビルはありましたか。

杉山：そういう手本になるものはなかったです。レーモンド時代のデザインともまた別のものとしてやりました。

――ビルによって表現が少しずつ違っているのですが、何か方針があって……。

杉山：全体の統一感を出そうということはもちろんあったのですが、ビルごとの事情もあった。たとえば、新東京ビルは隣りの商工会議所に合せて垂直線を強調しようとしましたが、渡辺社長の意向で水平線を強調したり、有楽ビルは商業ビル的なイメージを出したり、新有楽町ビルは事務サイドから今までと違ったイメージでという注文があったりしました。

――地所のデザインの基本路線のようなものは当時あったんですか。

杉山：ひとつ営業サイドからの要求として一日も早く完成してほしいというのがあって、柱位置を決めると土工事に入るくらい急ぎましたから、〝設計期間はない〟ような状態でした。デザインについては、誰がいうともなく〝質実剛健〟〝メンテナンス重視〟ということがありました。仲通りはそういう中で生まれたわけです。

仲通りについては、結局やりませんでしたが、オープンカットで通りを地下と地上の二階建てにするという構想があって、それでどのビルの地階もそうできるように平面をつくってありますが、実現しませんでした。

現在、丸の内に出向くと、やはり仲通りが一番印象深く、他の街にはない大人っぽい落ち着きを感じさせてくれるが、そうした印象は軒線の統一とファサードのデザインのおおよその統一によるところが大きい。丸ノ内総合改造計画は、明治の仲通り、大正・昭和戦前の行幸道路と濠端通りに続いて、昭和戦後の街並みの統一ぶりを代表するものとなったが、ここに歴史家としてひとつ心残りなのは、その計画の中で三菱一号館が取り壊されたことである。もし今も残っていたなら、小さな一輪の花として、巨大化する丸の内にかけがえなき潤いを与えてくれたであろうに。

丸の内の外へ

昭和四十六年に丸ノ内総合改造計画が三菱商事ビルの竣工したことで完了し、丸の内の戦後の再開発は大筋終わった。もちろん、三菱銀行の改築なども引き続き行われるのだが、丸の内のボディともいうべき仲通りの改築がなされたことで、一段落を迎えたのである。

この時期から、テーマは丸の内の外へと向かっていく。〝脱丸の内〟がいわれだしたのもこの頃である。しかし丸ノ内総合改造計画の進行に一歩遅れながらも併行して、昭和三十九年から〝脱丸の内〟の計画はスタートしていた。それが〝特定街区〟にほかならない。

特定街区の計画は、行政が都市計画の一環として行うもので、何人かの地権者が行政の指導のもと公共性のある再開発計画を立てれば、建築面積のボーナスがもらえる。

昭和三十九年の特定街区の第一回都市計画決定は霞が関三丁目、築地一丁目、常盤橋の三地区になされたが、そのうち常盤橋は地所および東京都ほかが地権者で、その設計は地所、日建設計などが担当した。

草創期の特定街区の具体的計画上の特徴のひとつは、ビルの足元回りに人工地盤を設け、将来そこをつないで東京に車道とは別の人間のための歩道をつくろうというもので、この人工地盤の考えは、戦後の東京の都市計画をリードした山田正男から出ていた。

この特定街区の認定を受けた計画の中でまっ先に完成したのは、第二陣で認定された中のひとつ日本橋三丁目のＤＩＣビルであるが、このＤＩＣビルの姿を見ると、人工地盤計画の問題点がすでに露呈しているといわざるをえない。この建物を眺めて、道に面した二階建ての屋上を将来の遊歩道の一部とか公共に開放された空間と思う人がいるだろうか。

人工地盤の工夫は、一カ所でも穴があけばそこに非連続点が生じて歩道としての一体性がそこなわれるから、有効ならしめるには広い範囲で一斉に例外なく実行するしかないのである。その意味では、人工地盤づくりを具体的テーマのひとつとした初期の特定街区は限界を持っていたといわざるをえない。

地所が関わった常盤橋地区の計画は、各ビルを高さ十二メートルの人工地盤でつなぎ、それを東京駅までもっていく計画になっているが、計画決定から二十八年たった今でも東京駅へつながる気配はない。

このように人工地盤は山田正男のアイディア倒れの感がいなめないのだが、しかし、ボーナスを与えることで公共性の強い再開発を進めようという特定街区の考え方は、人工地盤では無理があったとしても、歩道拡幅、小広場といった面では大いに効果をあげた。

この特定街区の方式は、常盤橋をはじめ三田国際ビル、サンシャインシティ、日比谷国際ビルなどで着々と進み、現在に至っている。

以上のように、丸の内では丸ノ内総合改造計画、丸の内以外では特定街区の計画を軸に戦後のオフィスビル建設を進めてきた地所だが、ここ数年、新しい展開を見せ始めている。

ひとつは、丸の内のマンハッタン計画であり、もうひとつは横浜のＭＭ21の計画である。

このふたつの計画を語るためには、近年の東京におけるオフィスビル建設の大きな動向をおさえておく必要がある。

近年の東京のオフィスビル建設は四つの方向で進んでいる。ひとつは、よく知られているようにウォーターフロント方面で、隅田川の流域から千葉にかけてと埋立地にかけての一帯で、かつての工場用地や倉庫用地や新たな埋立地の上にビジネスの中心を展開しようという動きである。この動きの中心には、民間会社では三井不動産がある。

もうひとつは、港区の山の手台地方面で、それまでは住宅地や大使館地帯として性格付けられオフィスの進出は考えられなかったが、千代田、中央区の平地がいっぱいになった結果、ビルが山の手台地にはい上がり始めたのである。この動きの中心はいうまでもなく、森ビルである。

もうひとつは、山の手台地のさらに奥の西新宿方面で、これは東京都が中心で開発を進め、民間では各保険会社、三井不動産などがこぞって進出している。しかし、三菱は進出しなかった。

以上の三つは、いわばビル街としては新開地にほかならないが、これに老舗の丸の内を加えると現在の東京を熱くしている四つの方面がそろう。

この四つという数は、東京の地形の成り立ちを考えるとき、最終的な数ではないかと思われる。江戸このかた東京という都市は山の手台地と下町低地からなる地形の上に展開してきたが、この海辺から山の手、さらにその奥へと続く地形は、四つの場からなっているといえる。まず下町低地では海に近い場と台地に近い場のふたつで、前者がウォーターフロント、後者が丸の内に当たる。次いで山の手台地では下町低地に近い場と内陸の場のふたつで、前者が港区、後者が西新宿。

つまり、東京の地形を見る限り、現在展開中の四つの場で開発のパターンは尽きているのである。そして、この四つの場には、ウォーターフロント＝三井不動産、丸の内＝三菱地所、港区＝森ビル、西新宿＝三菱以外の各社、という構造が、どれだけ意図されたものかははなはだ心もとないが、結果的に出来上がっている。僕が、三井不動産関係者と森ビルの森泰吉郎氏に聞いたところでは、三井のウォーターフロント展開も、森ビルの港区展開も、戦後、長期の計画に立って進めたというよりは、やってるうちにそうなったという面のほうが強いらしい。

三井がウォーターフロントに強い理由は、三井家以来、日本橋川から隅田川にかけての土地を集積していたことと、千葉方向に工業用地の埋立てをしていたことのふたつだが、ともにオフィス以外の目的で用意されたものにほかならない。

森ビルがビルを建てて丘に登ったのも、平地が先行不動産会社により押さえられており、やむなくの進出であった。

明治に払い下げられたときの丸の内も実はそうだったのだが、土地開発には偶然がつきまとい、一企業の努力ではどうしようもない時代の動向が結果を左右する。

こうした偶然や運不運はあるのだが、こと東京の開発の方向性については性格の異なる四つの場においてすでに実現しているパターンに尽きているといわざるをえない。

そして、地所は、四つの場のうち丸の内ひとつだけに集中しているのである。もちろん、特定街区の方式により丸の内以外での展開も示しているが、ウォーターフロント、港区、西新宿といった方面のまとまった開発を凌ぎうるのは丸の内しかない。

とするなら、現時点で地所が取りうる方向は明らかで、ひとつは、丸の内の再々開発という道。都内できるのはこれひとつにちがいない。そしてもうひとつは、東京を離れて首都圏のほかの場所での、第二の丸の内づくり。論理的に詰めていくとそういうことになるのである。

丸の内については〝マンハッタン計画〟が打ち出され、第二の丸の内づくりとしては横浜のMM21地区の開発がすでにスタートしている。

これらの計画が果たしてどういう結果を生むのか。かつて丸の内の払い下げのとき、ビルの建つ気配もなく夏草の生い茂る大方の土地を前に、岩崎彌之助は「虎でも飼うさ」と語ったというが、土地の開発は投資としては成果の出るまでの時間が最も長い事業にほかならず、この点は短所といえなくもないのだが、しかしひとたび軌道に乗れば、長期にわたって繰り返し収穫を得ることができるという長所も持っている。

マンハッタン計画とMM21計画は、その名の通りに、二十一世紀になって本場マンハッタンの動向と深く関連して結果が出ることになろう。

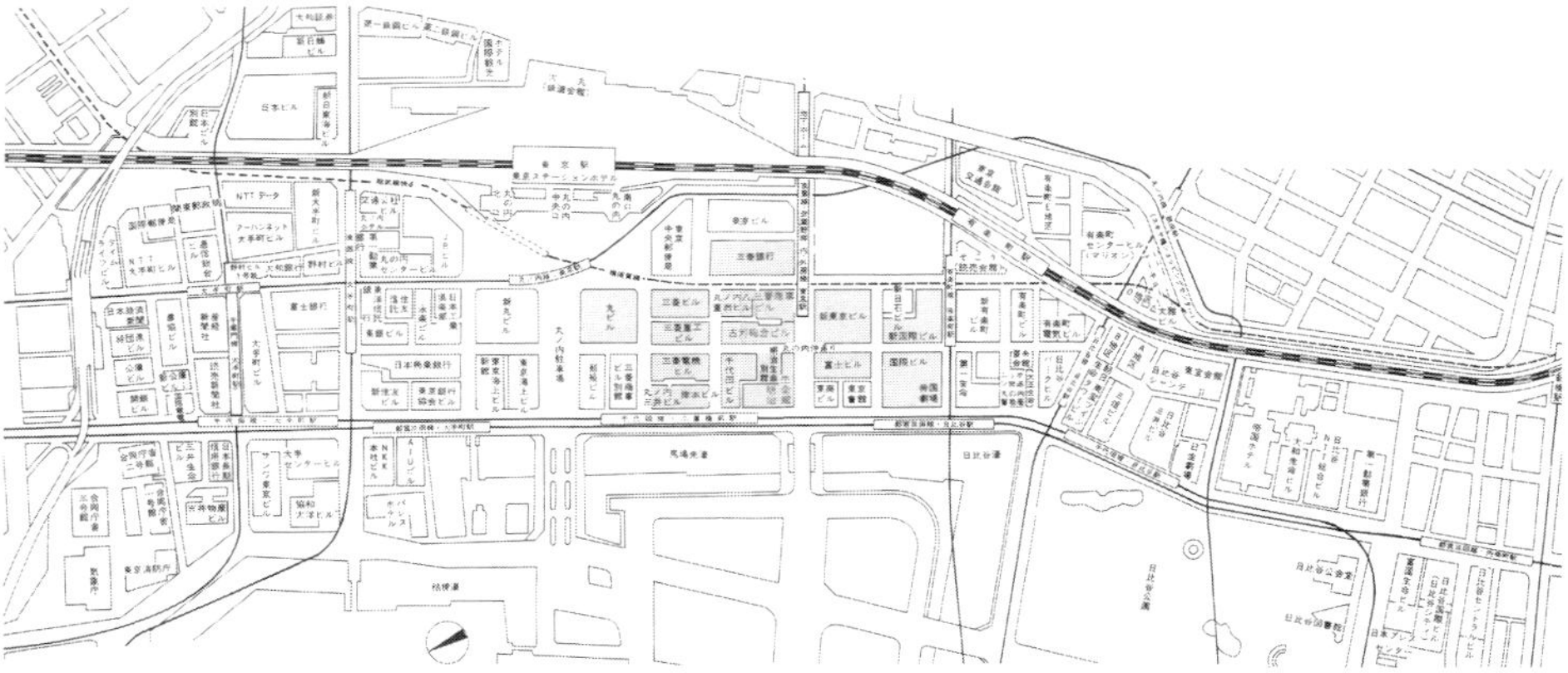

図I 90　現在「丸の内街区」の建物配置

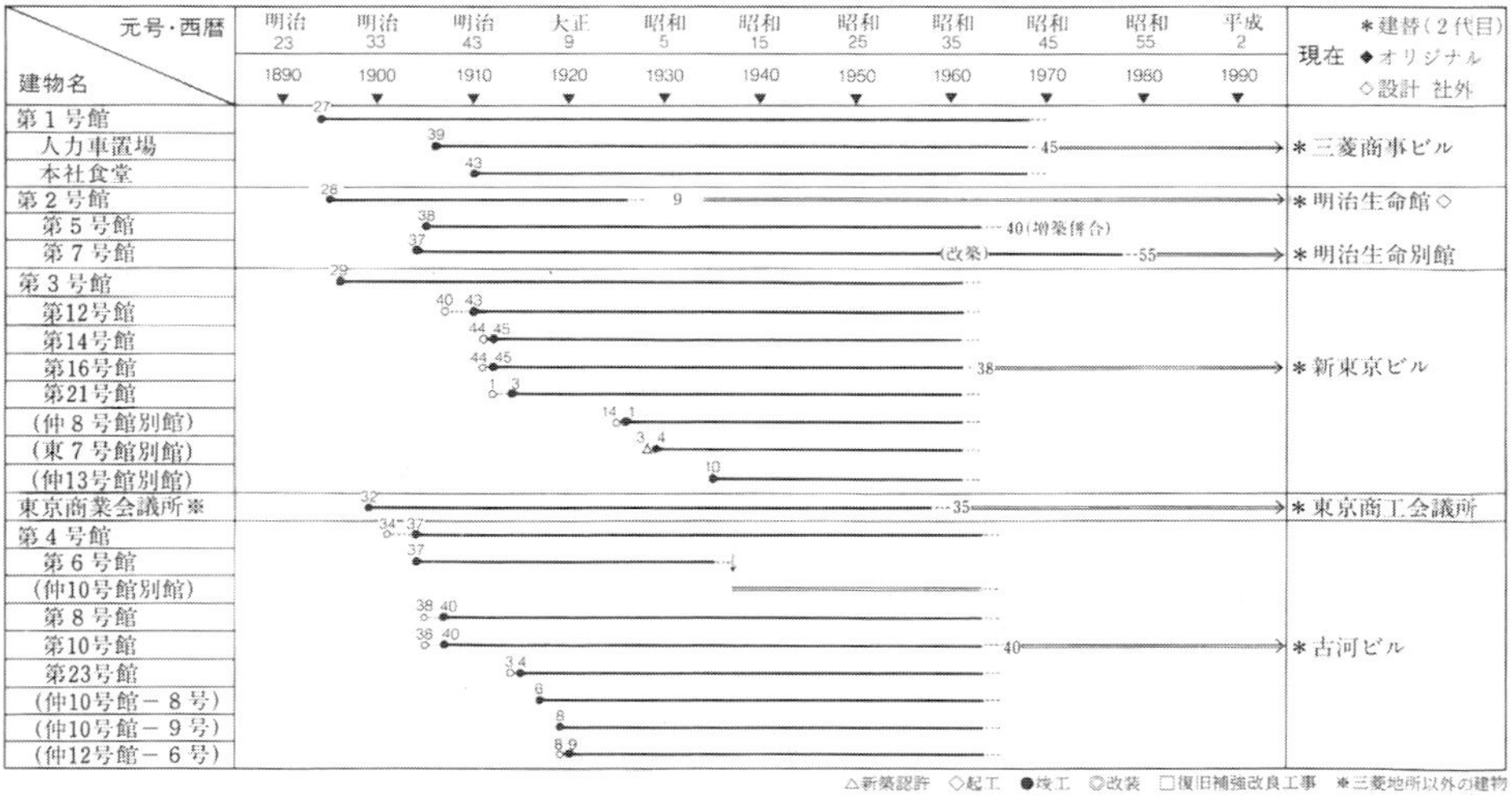

図I 91　丸の内街区主要建物の変遷（一）

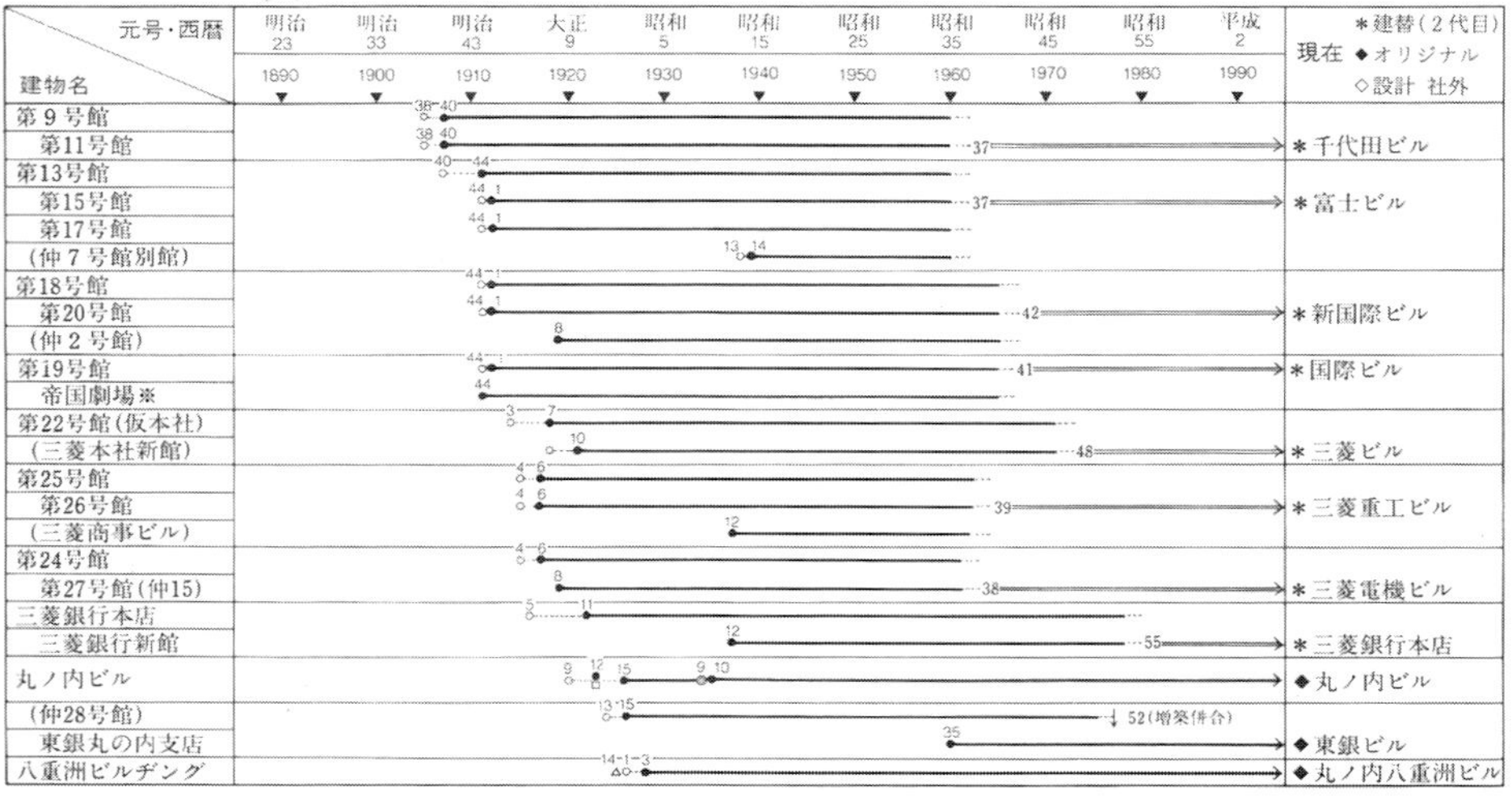

図I 92　丸の内街区主要建物の変遷（二）

図I(93)(94)(95)(96)　大正一二年「丸之内街区」の建物配置（立面図）＊(90)〜(96)作成・朝倉英博、藤森照信

一丁ロンドンと呼ばれた馬場先通りの街並み

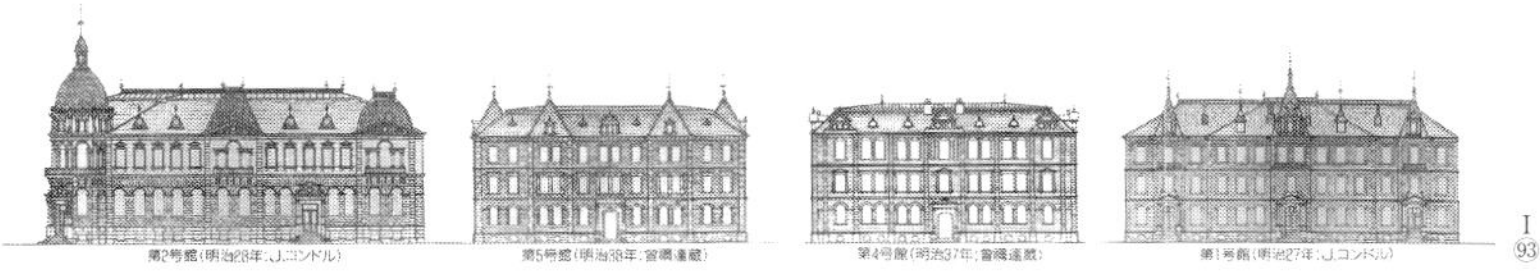

通りの両側を左右対称にそろえた仲通りの街並み

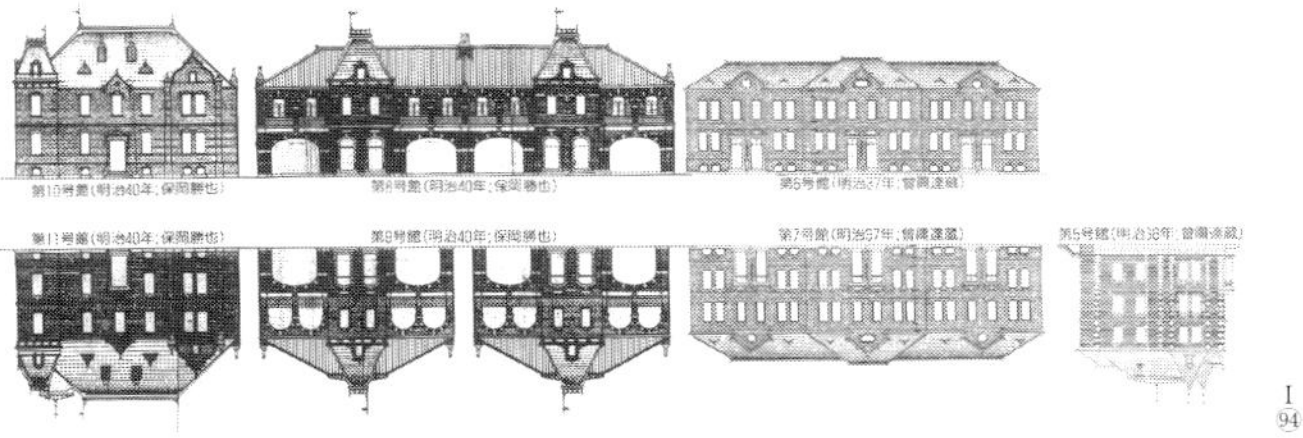

馬場先通りの南側に展開する仲通りの街並み

米国オフィスの手法を取り入れた話題の建物

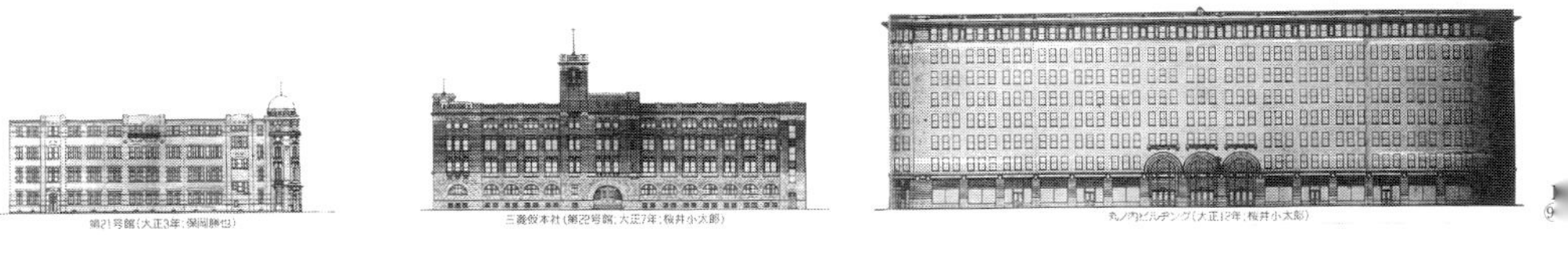

四　建築家の丸の内街区以外の作品

コンドルの新発見図面

コンドルは三菱の建築顧問として三菱と岩崎家関係の多くの建物を設計しているが、それらの図面のいくつかはコンドルの没後、事務所から京都大学建築学科に移され、またいくつかは三菱地所に残された。地所に残された図面のうち一号館や岩崎彌之助駿河台本邸などの図面はこれまで所在が報告されているが、それ以外に加藤高明邸と諸戸清六邸の原図一式が保管されていることが、この度、明らかになった。

加藤高明邸（図Ⅰ⑨⑦）

なぜ総理大臣の加藤高明の家をコンドルが手がけ、図面が地所に残されたかというと、加藤は岩崎彌太郎の娘婿だからにほかならない。図面自体にサインや年月日の記載はないが、コンドルの作品に明治四十四年完成の加藤高明邸があり、コンドルの図面と見てまちがいない。この図面通りに完成したことは「麴町区二番町」に建っていた加藤邸の写真と照合して明らかである。スタイルはルネッサンス系の手堅いものだが、コンドル得意のベランダが付加され、ルネッサンス系にはない軽快さが生まれている。構造は木造にスタッコ仕上げ、二階には和室が組み込まれる。この隣に和館があり、その部分のみ成城に移築されている。

諸戸清六邸（図Ⅰ⑨⑧）

なぜこの図面が地所に保管されてきたのか謎である。地所は、三菱および岩崎家と縁つづきの住宅を手がけているが、これまでのところ桑名の諸戸家と三菱・岩崎家との関係ははっきりしていない。コンドルが地所のスタッフを使って設計したとか現場監理を地所が担当したとかいうわけで、図面が残ったのではないのかもしれない。コンドルのもとで諸戸邸の図面を引いたのが桜井小太郎であることはわかっているが、その時のことを桜井が書いた文章をどこで読んだのか私は忘れてしまい、困っている。設計時には桜井はまだ地所に入っておらず、海軍に籍があり、おそらく旧師のコンドルの事務所でアルバイトとして手がけたものと思われるが、それでも地所が原図を持っている必要はない。図面には家具の配置が描かれ、当時の室内の使い方がわかる貴重な図である。スタイルは、ルネッサンス系をベースにしているが、アール・ヌーヴォーや和風が入ってきており、晩年のコンドルの作風の変化を知る上で興味深い。現在も大正二年の完成時のままに残り、重要文化財として保存され、公開されている。

曾禰達蔵の丸の内以外の図面

地所の初代技師長である曾禰が手がけた丸の内以外の建物の図面はたくさん残っておらず、代表作の三菱銀行神戸支店（明治三十三年）はない。同じく代表作の三菱重工長崎造船所の占勝閣も断片的な図が伝わるに過ぎない（ただし、現地にはある）。また、処女作として知られる三菱社大阪支店（明治二十四年）も写真が伝わるのみで図面はない。しかし幸い、これまで手がけたことも知らなかった大阪製煉所（図Ⅰ⑩⓪）の図面があり、また三菱合資会社門司支店（図Ⅰ⑨⑨）の計画案数種が見つかった。門司支店の図面は、当時の建築家がどのようにエスキースを重ねたかがわかる貴重なものである。なお、実施案はこのどれとも少しずつ違っている。

保岡勝也の丸の内以外の図面

二代技師長の保岡勝也が手がけた丸の内以外の建物の図面は、三菱合資会社新潟事務所（図Ⅰ⑩①）、同唐津出張所（図Ⅰ⑩④）、某館（図Ⅰ⑩⑤）、駒込御邸温室（図Ⅰ⑩⑦）が残されている。某館は用途不明、また実施されたかどうかも不明のもので、印を見ると保岡のほかに内田祥三の名が見られる。デザインにはアール・ヌーヴォーが入っている。駒込御邸温室というのは岩崎家駒込別邸（六義園）の温室である。地所所蔵原図のほか、保岡の著『新築竣工家屋類纂』第一輯（明治四十五年四月五日刊）には、某農場客館（小岩井農場のゲストハウス？）（図Ⅰ⑩②）、深川区所在某邸内池辺茶亭（岩崎家深川別邸の茶亭）（図Ⅰ⑩③）、芝区所在某亭鉄筋コンクリート書庫（岩崎彌之助高輪別邸の静嘉堂文庫）（図Ⅰ⑩⑥）、本郷区所在某邸内温室（岩崎家駒込別邸温室）といった保岡がアルバイトで設計した岩崎家関係の図面が掲載されている。

桜井小太郎の丸の内以外の図面

三代目技師長の桜井小太郎は丸の内の三菱所有のビルのほかにも丸の内一帯で、台湾銀行東京支店（図I⑲）、鉄道協会（図I⑪）、横浜正金東京支店を、また丸の内以外では、岩崎家関係として岩崎家赤坂丹後町別邸（図I⑱）、幣原喜重郎邸（図I⑪）、荘氏鎌倉別邸を手がけ、それらの図面が地所に残されている。ただし荘氏別邸は平面図のみ、丹後町別邸はイギリスのチューダー様式に日本の民家風の屋根をのせた面白い洋館で、桜井の好みがよく現れている。幣原喜重郎は岩崎の娘婿である。荘氏別邸は実施され、現存するけれども、岩崎家丹後町別邸と幣原喜重郎邸は実施されたかどうか未詳である。

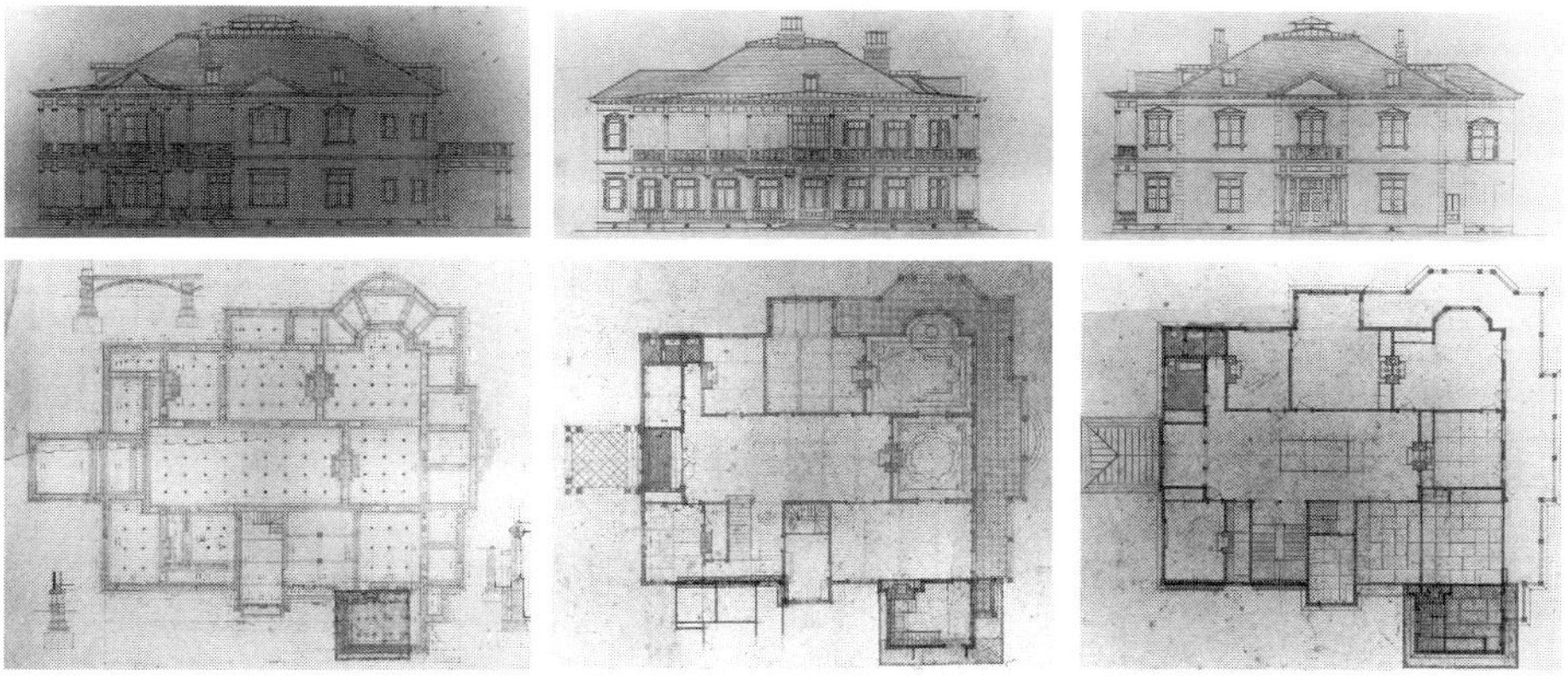

図I⑨⑦　加藤高明邸（コンドル　一九一二）

図I⑨⑧　諸戸清六邸（コンドル　一九一三　三重）

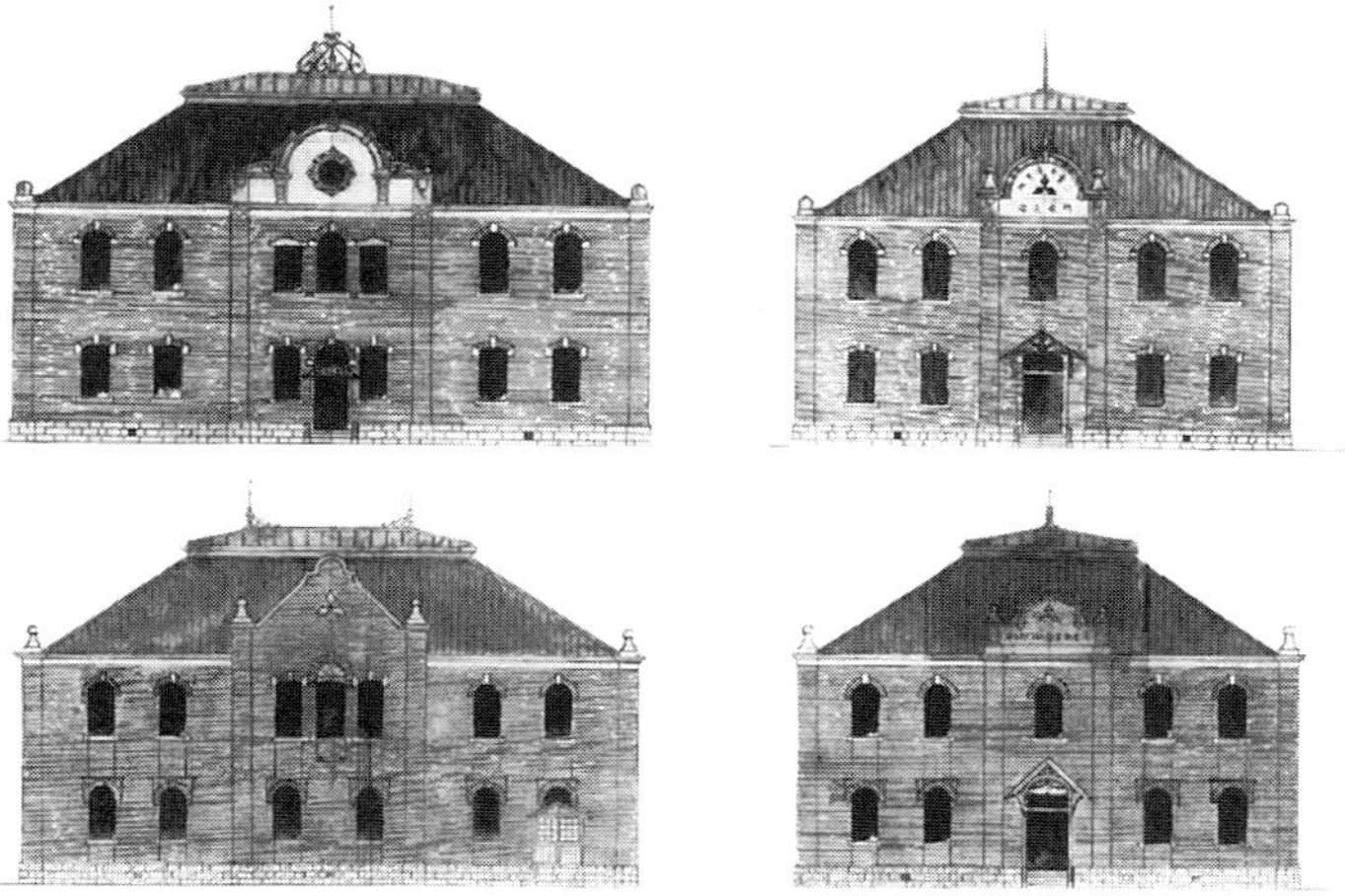

図I⑨⑨　三菱合資会社門司支店（曾禰達蔵　一九〇六）

I(100)

図I(100)　大阪製煉所（曾禰達蔵　一八九七）

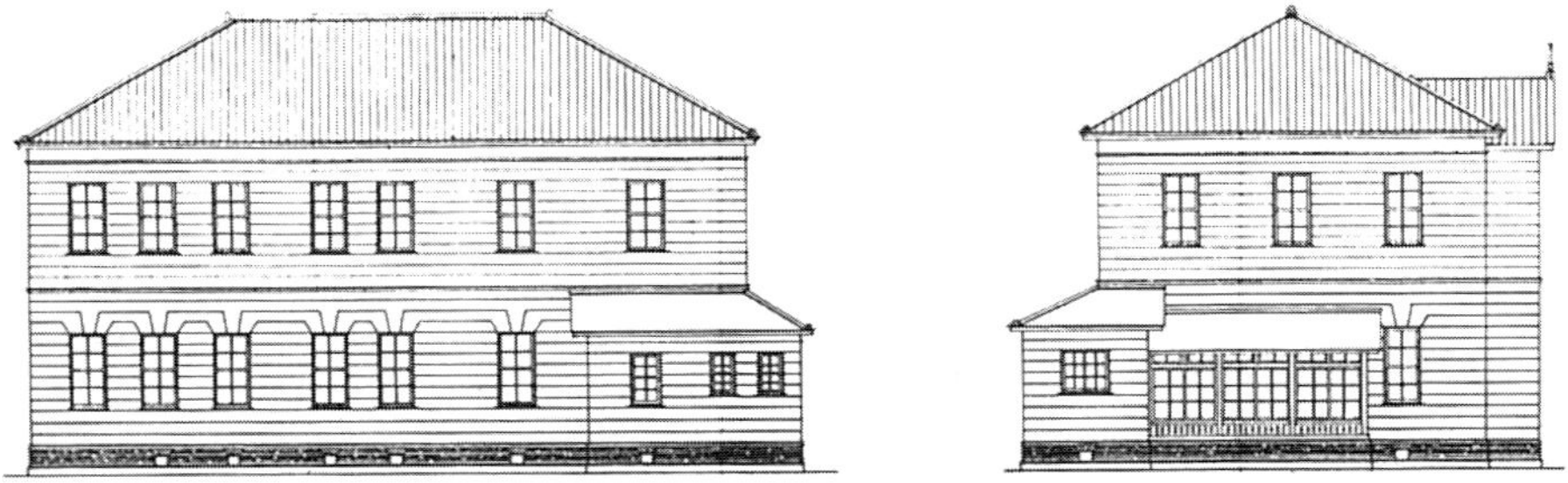

I(101)

図I(101)　三菱合資会社新潟事務所（保岡勝也　一九〇八）

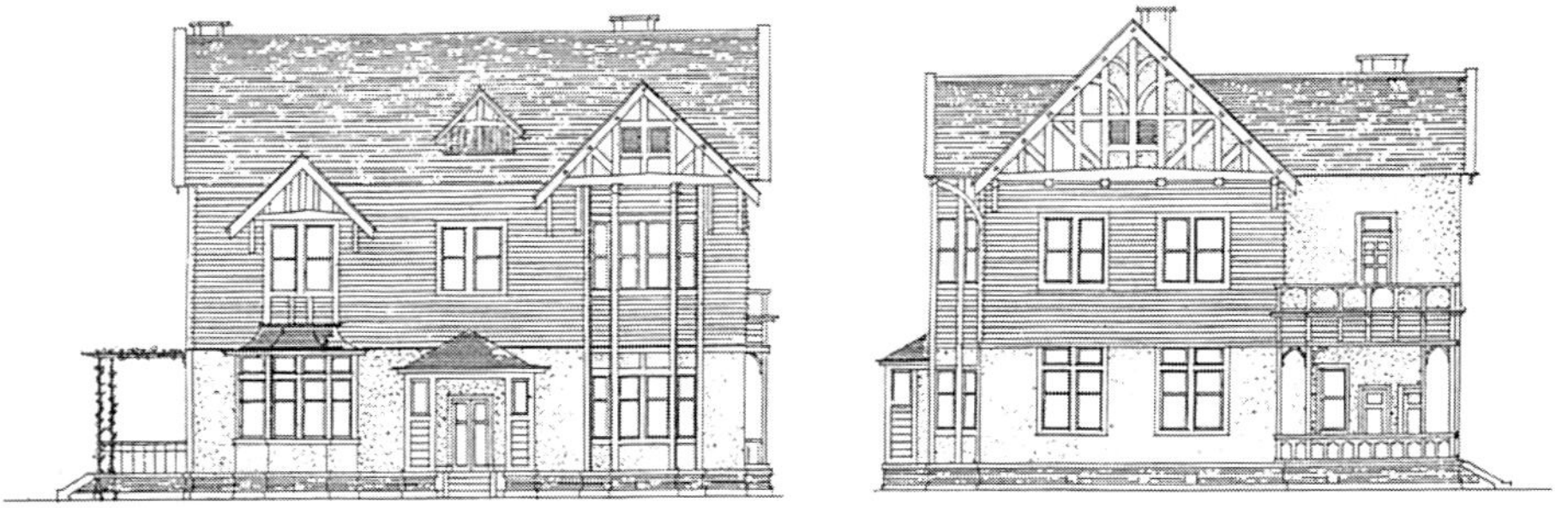

I(102)

図I(102)　某農場（小岩井？）客館（保岡勝也）

I(103)

図I(103)　岩崎家深川別邸茶亭（保岡勝也）

図I104　三菱合資会社唐津出張所（保岡勝也　一九〇八）

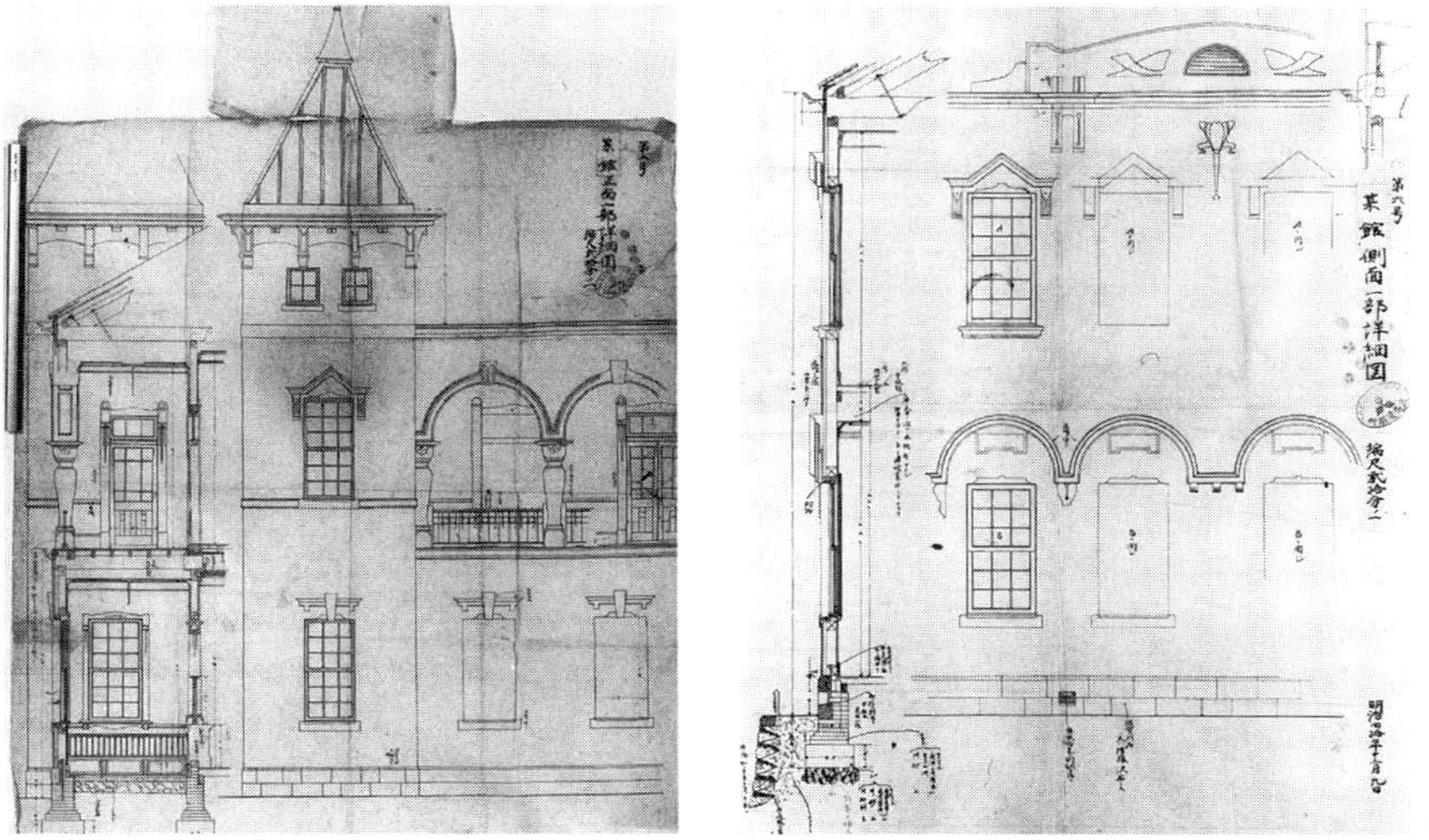

図I105　某館（保岡勝也　一九〇七）

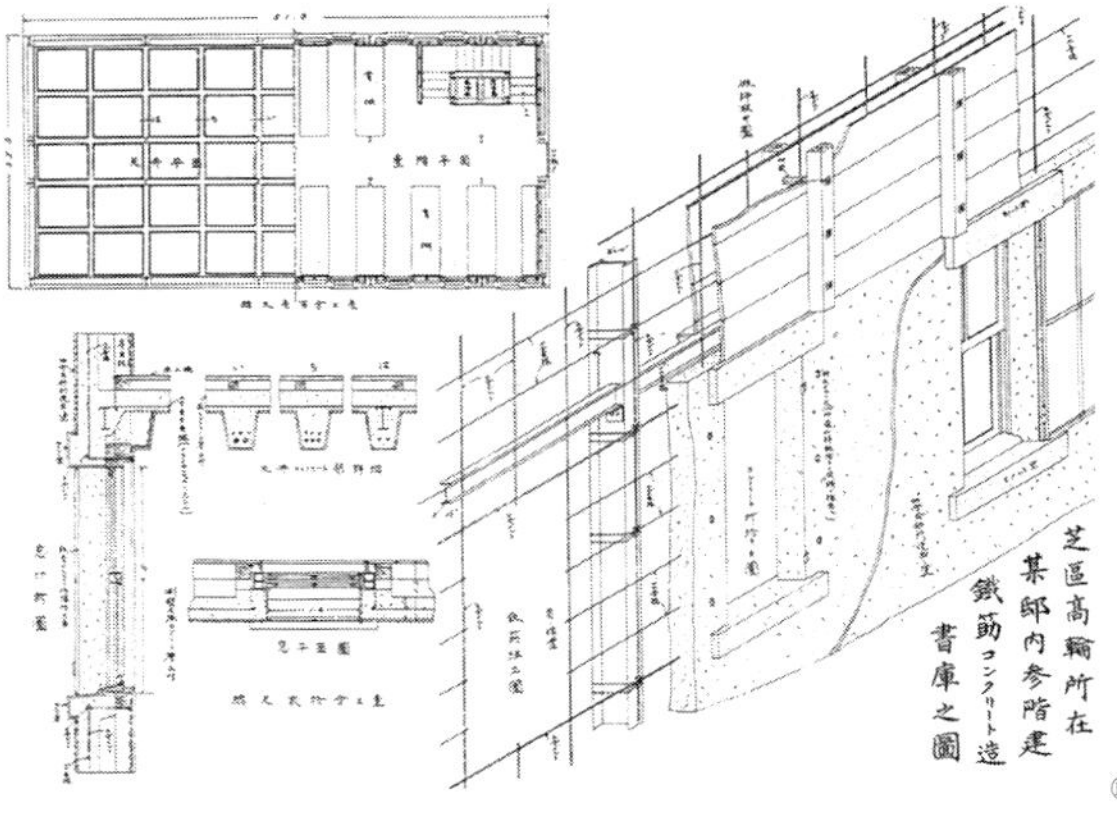

図I106　岩崎彌之助高輪別邸内静嘉堂文庫（保岡勝也　一九一一開設）

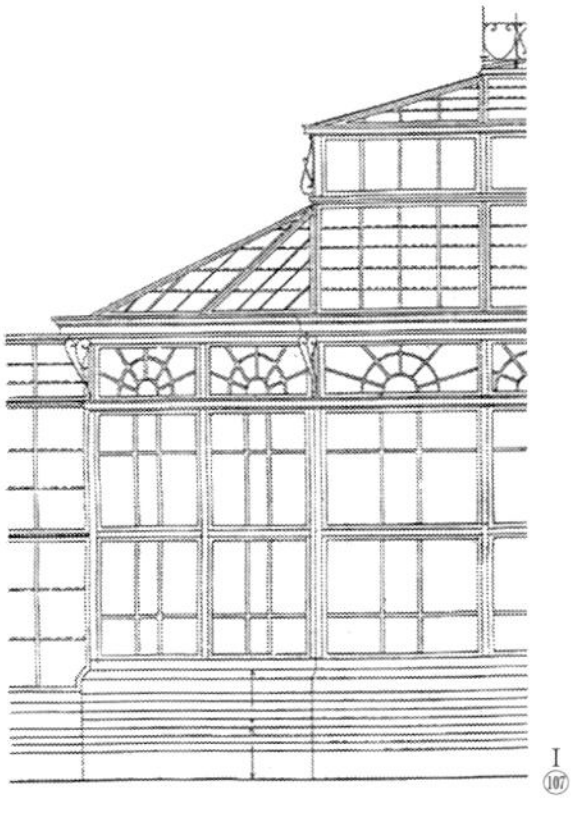

図I107　駒込別邸温室（保岡勝也　一九〇六）

図I(108)　岩崎家赤坂丹後町別邸（桜井小太郎　一九一七）
図I(109)　台湾銀行東京支店（桜井小太郎　一九一四）
図I(110)　鉄道協会（桜井小太郎　一九一六）
図I(111)　幣原喜重郎邸（桜井小太郎　一九二一）

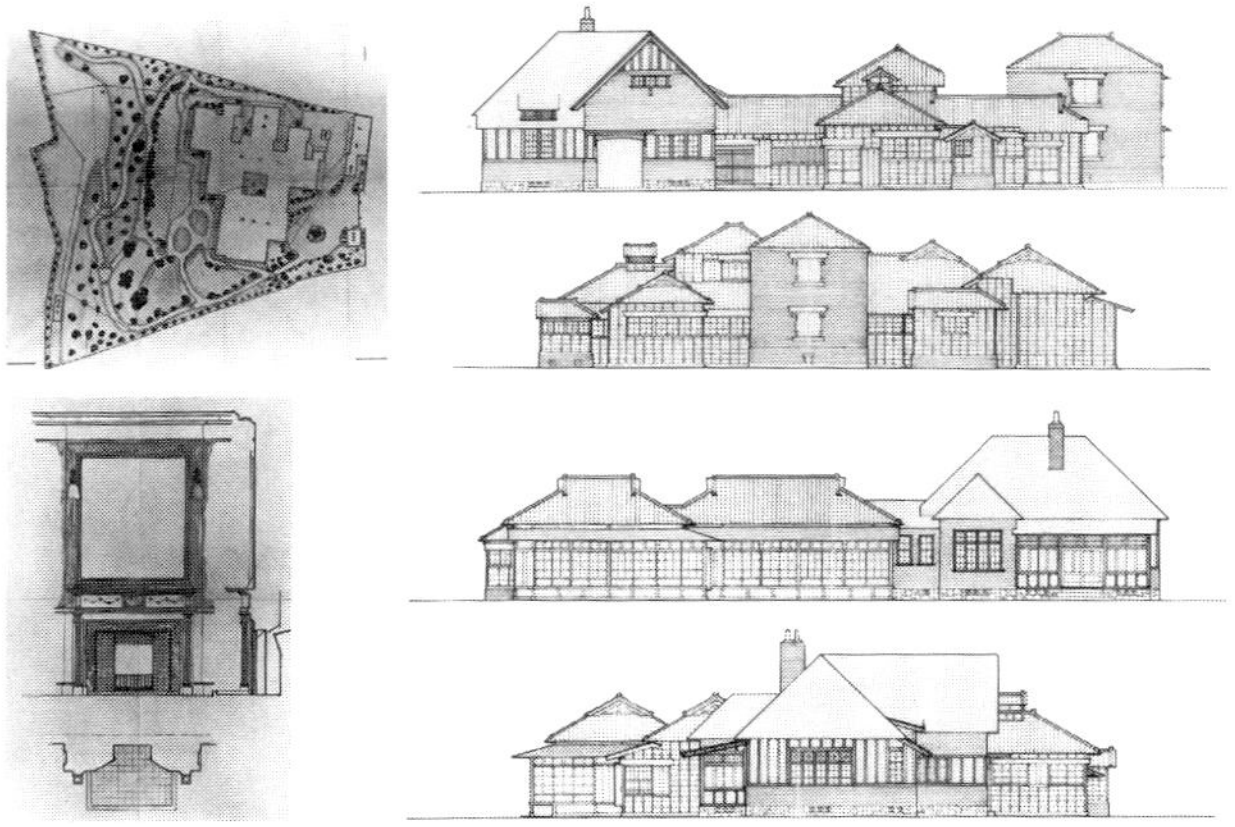
I(108)

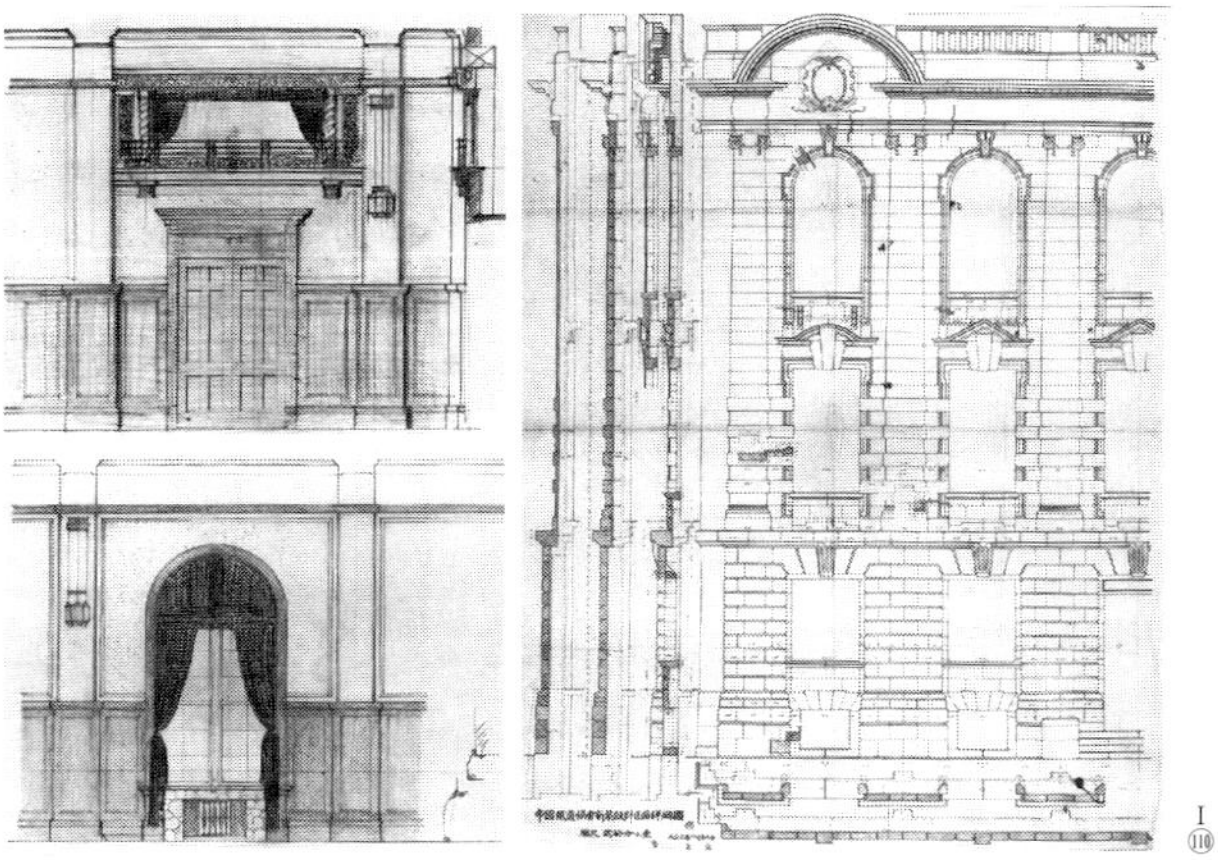
I(110)

I(109)

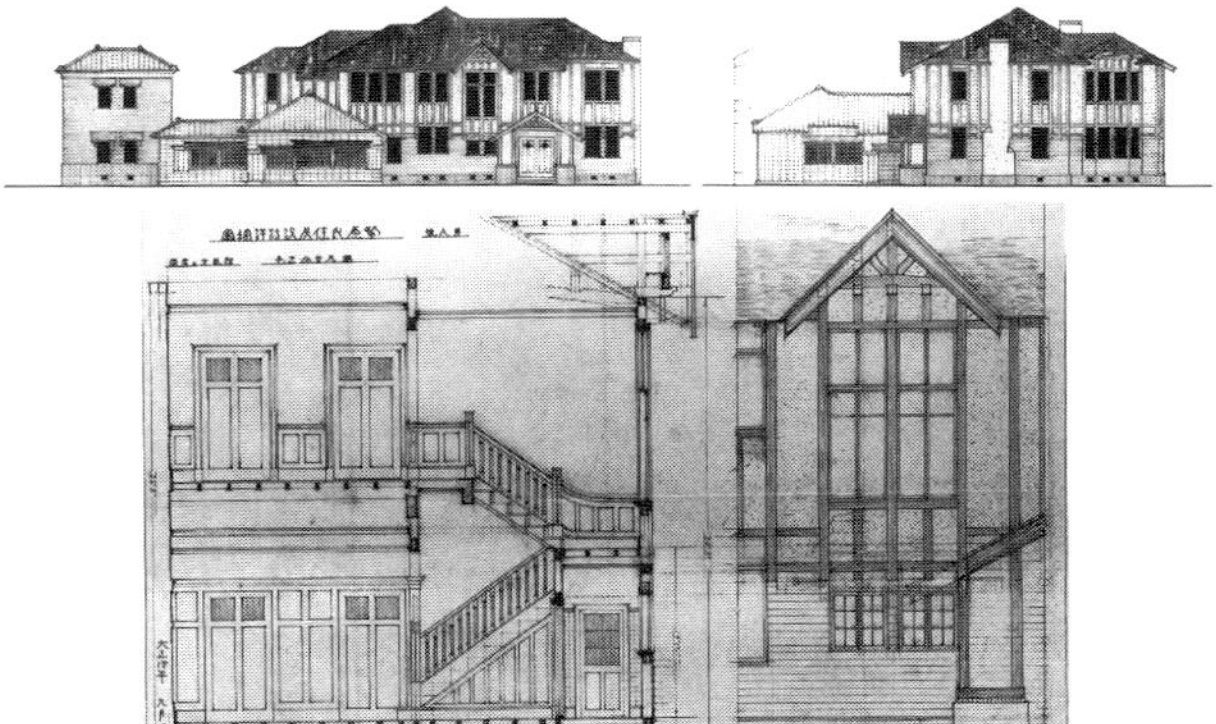
I(111)

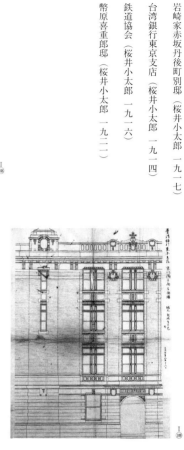

岩崎家の遺したもの

すこし建物や庭園に趣味のある人なら、いろんなところで〝岩崎〟の名に出会ったことがあると思う。隅田川の夏を飾る花火に出かけたおりに通りがかった都立の清澄庭園の説明板にはここがかつて岩崎家の別邸であったと記してあるし、文京区の都立六義園の庭にも同じことが書いてある。旧岩崎邸庭園として一般公開されている文京区湯島の西洋館は岩崎久彌の家だし、麻布の鳥居坂の国際文化会館でのパーティーに出かけ、会場の外に目をやるとそこは岩崎小彌太邸の庭が広がっている。

東京だけではない。宮沢賢治の雨ニモ負ケズ風ニモ負ケズの跡をたずねたついでにたいていの旅行者が立ち寄る盛岡近郊の小岩井農場のパンフレットには岩崎家によって始められたと説明してあるし、伊豆で最も格の高い日本旅館として名の通る三養荘に思い切って泊まってみると、昔は岩崎家の別邸だったことを女中さんから教えられる。

おそらく、岩崎家ほど東京という都市と日本の各地に今も痕跡を残している家はあまりあるまい。

いったいどんな家だったんだろうか？

もちろん、たいていの人は今日の三菱グループの基礎を築いた家であることは知っている。三菱の関係者なら何かのおりにかならず〝イワサキ〟の名を耳にしたことがあるはずだ。しかし、それ以上のことになると、とりわけ、東京や各地に伝わる岩崎家関係の施設の正確な話になると知っている人は限られよう。

僕は専門が日本近代建築史で、明治以後の都市や西洋館や住宅や農場開発や庭園のことをずっと調べてきたけれども、そしていろんなところで岩崎の名と出会い、資料を調べ昔話を聞き建物と庭を探訪してきたけれども、それらの知見をまとめて書いたりしたことはない。理由は簡単で、そういう気運が世間になかったからだ。

昭和二十一年に三菱をはじめ三井、住友、安田、大倉といった財閥が占領軍総司令部の命により解体させられた後、企業グループとしては再結集を計ったけれども、各グループと創業者の家との関係は薄れ、家の方のことはグループ内でも世間でも知る人は少なくなっていった。戦前に入社した社員が社を離れるにしたがい、戦後に入社したフレッシュマンの比率が高まるにしたがい、創業者の家についての記憶は薄れていった。

そのようにして戦後の五十年間が過ぎたのである。

五十年という歳月はなかなか興味深い長さで、この一線を境にして、すべては歴史の中に繰り込まれてゆく。生きた現実の持つ生々しさは消え、代わりにほのかな懐かしさが立ち上がり、その懐かしさが忘れられた時代への好奇心を呼びさます。

戦後の五十年を経て、ようやく戦前の岩崎家が残した建物や庭のことが改めて思い出されるようになった。建物と庭のことに入る前に、まず岩崎家についての基礎知識を復習しておきたい。

岩崎家は現在の高知県、当時の土佐国安芸郡井ノ口村の郷士であった。郷士というのは戦時には刀をとり平時には鍬をとる半農半士で武士より階級は低かったけれども、幕末・維新の動乱期の土佐藩ではこの郷士の中から多くの逸材が輩出している。岩崎家に生まれた彌太郎・彌之助の兄弟もそうした逸材にほかならない。

中心となるのは兄の彌太郎の方で、高知の城下に出て、当時の土佐藩の革新的な思想をリードしていた吉田東洋の門下に入った。これが彌太郎が世に出るきっかけとなり、東洋に認められた彼は、土佐藩の営む貿易事業をまかされ長崎で海外交易に従事し、成功を収める。彌太郎の度胸と商才がもたらした資金と武器弾薬は土佐藩が幕府と戦ううえで大いに役立ったのは言うまでもないが、一方、彌太郎にとっても、貿易と海運に目を開き、また後藤象二郎、坂本竜馬をはじめとする土佐藩出身の維新の志士と親しく交わって後の人脈をつくる貴重な体験となった。

明治に入り、藩の貿易事業が廃止になると、彌太郎はそれを引き受けて、明治三年、大阪で三菱会社（当時は別名）を起こし、明治七年に本拠を東京に移し、弟の彌之助と組んで三菱を日本最大の海運会社へと育てあげてゆく。しかし、明治十八年、大きな挫折を味わうことになる。日本の海運を握った三菱に対抗し、他の経済勢力が連合して海運に乗り出し数年間におよぶ値引き合戦が繰り広げられ、結局、両者痛み分けの形で合併して新会社の日本郵船が作られ、ここに三菱は祖業の海運から手を引かざるをえなくなる。そして、ほぼ時を同じくして、創業者の彌太郎は病没する。兄と海運を同時に失った彌之助だったが、しかしくじけることなく三菱再生に乗り出し、海運に代わって造船、鉱山、銀行、土地経営に力点を移し、見事に、海から陸への転身を果たした。これが明治半ばのことで、以後、着実に業務を拡大し、次々と新規事業に進出し、いわゆる〝三菱財閥〟となり、明治、大正、昭和と続き、昭和二十一年の財閥解体にいたる。

この間、創業者の彌太郎にはじまり、二代目の彌之助、そして三代目は彌太郎の子の久彌、四代目は彌之助の子の小彌太、と宗家と別家で交互に社長を引き継いでいる。

以上のことを念頭において、さて岩崎家の建物と庭園についてだが、残念ながらすべての事情が分かっているわけではない。宗家、別家はそれぞれ二代ずつ社長をつとめ、その間、本邸のほかに各地に別邸や別荘を置いているし、それぞれの子息の住まいや、娘の嫁ぎ先に建てた家屋も数多くある。一族の絆の強い家だったからそれらすべてを含んで岩崎家の建築と庭園が成り立っているわけだが、とてもそこまでは跡を追うことができない。そこでここでは、四代の社長に直結するものに限り扱うことにする。

数ある本邸、別邸、そしてゆかりの文化施設の中からまず本邸について順に述べよう。

1　岩崎生家（図I⑫）

土佐には彌太郎と彌之助の生まれた当時の家が記念館として保存されている。元々は草葺き屋根の小さな家だが、今は裏手に三菱マーク入りの倉が建てられ、なかなか堂々とした構えとなっている。

2　岩崎家駿河台本邸（図I⑬）

本拠を東京に移した彌太郎と彌之助が最初に構えた本格的な屋敷は駿河台東紅梅町にあった。当初は後藤象二郎が洋館を建てていたが、明治七年、彌之助が後藤の娘と結婚するに当たり岩崎家が譲り受け、さらに十年には彌太郎一家もここに移り、兄弟一家の本邸となる。現在はビル街となっている。

3　岩崎彌太郎久彌茅町本邸（図I⑭）

駿河台本邸に弟一家と一緒に住んでいた彌太郎は、明治十一年、本郷茅町の旧舞鶴藩主牧野家の屋敷（元旧高田藩主榊原家中屋敷）を買いとり、明治十五年広大な和風邸宅を新築して移り住む。彌太郎の没後、屋敷を引き継いだ久彌は、明治二十九年、コンドルの設計になる洋館と大工棟梁〝念仏喜十〟の手になる和館を新築する。幕末に育った父とちがい、慶應義塾で福沢諭吉に学び、アメリカに留学してペンシルバニア大学を修了した久彌は、ヨーロッパ式の暮らしが板についており、新たな洋館を必要としたのである。この屋敷は、彌太郎・久彌と岩崎家宗家が二代にわたり本拠を置いた最も重要なところであったが、第二次大戦後、ＧＨＱの情報機関として戦後占領史に名を残すキャノン機関の拠点として使われた後、昭和二十八年政府の所有に帰し、国の重要文化財に指定され、一般公開されている。

4　岩崎彌之助高輪本邸（図Ⅰ⑮）

長らく駿河台に本邸を置いていた彌之助は、息子の小彌太の結婚に当たり、高輪御殿山の伊藤博文の屋敷一万九千坪を買いとり、明治四十一年、コンドル設計の洋館を建て、また和館を駿河台から移築し、庭は福羽逸人の設計でフランス風に作り、移り住んだ。工事中に彌之助は病に伏し、洋館の大略が仕上がったところで明治四十年、病床に就いたまま移住を決行するが、しかし明治四十一年の完成を見ずに没した。父の没後、息子の小彌太は、これを昭和十三年に三菱社に寄付した。現在、三菱グループの利用に供されている品川の開東閣の壮大な洋館とバラの咲きほこるフランス庭園がこれである。

5　岩崎小彌太鳥居坂本邸（図Ⅰ⑯）

小彌太は父から譲られた駿河台本邸に居を構えたばかりの時、父の病没により新築の高輪本邸が空屋となった。しかし、麻布の鳥居坂に土地を求め、昭和四年、大江新太郎の設計になる和館を建てて本拠を駿河台からこちらに移した。伝統技術と新しいセンス、そして日本建築の典型を後世に残す考えをもって建てられた名建築であったが、昭和二十年の空襲で焼失した。現在は、国際文化会館となり、庭のみが当時の面影をわずかに伝える。

以上が岩崎家四代の本邸である。つづいて別邸について。

6　岩崎家深川別邸（図Ⅰ⑰）

彌太郎は、上京して駿河台に本邸を構えた後、外国人をはじめとする貴顕紳士のためのゲストハウスと三菱社員の園遊会施設の必要を唱え、明治十一年、深川清住町の大名屋敷跡をいくつかまとめて計三万坪を買い入

図I(112)　岩崎生家（撮影・高井潔）

図I(113)　岩崎家駿河台本邸

図I(114)　岩崎彌太郎久彌茅町本邸

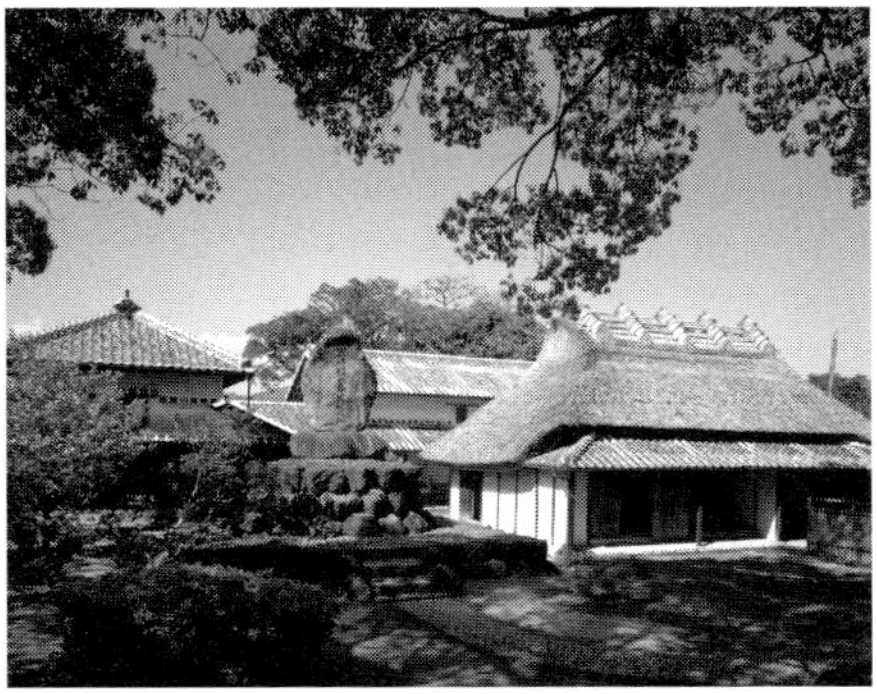

I (112)

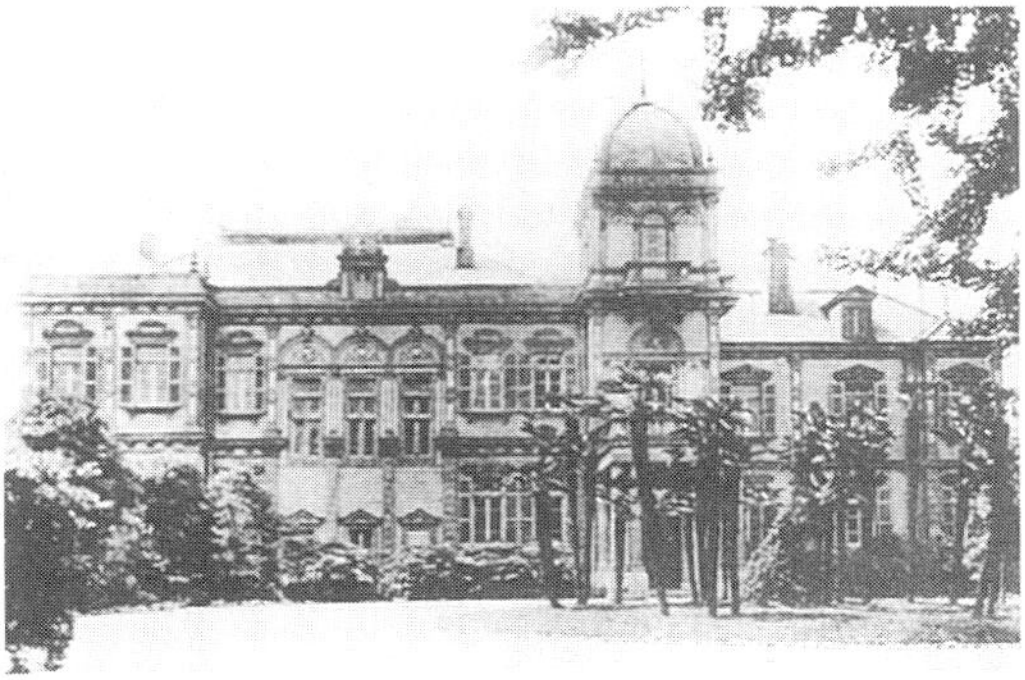

I (114)

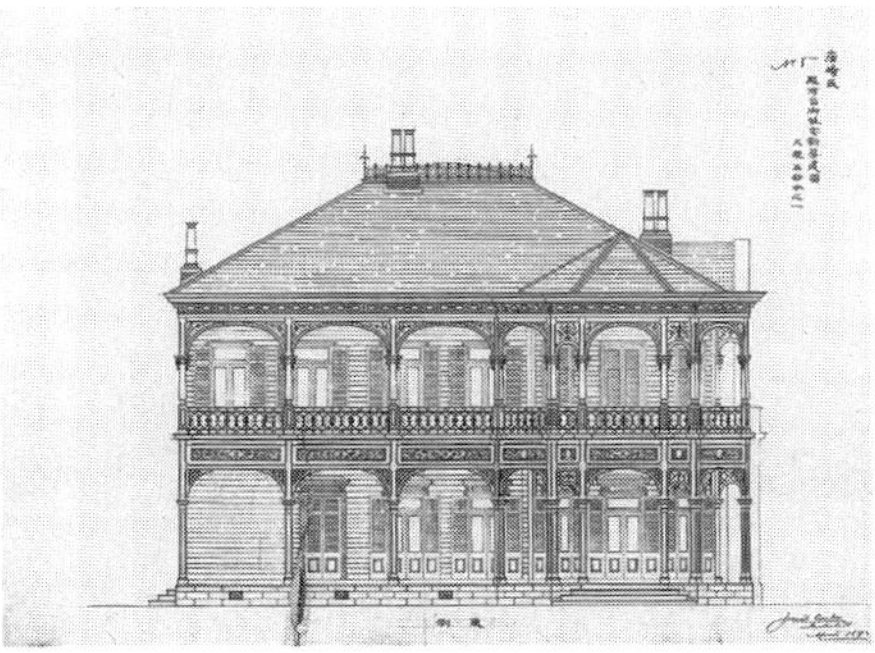

図I(115)　岩崎彌之助高輪本邸

I (115)

図I(116)　岩崎小彌太鳥居坂本邸

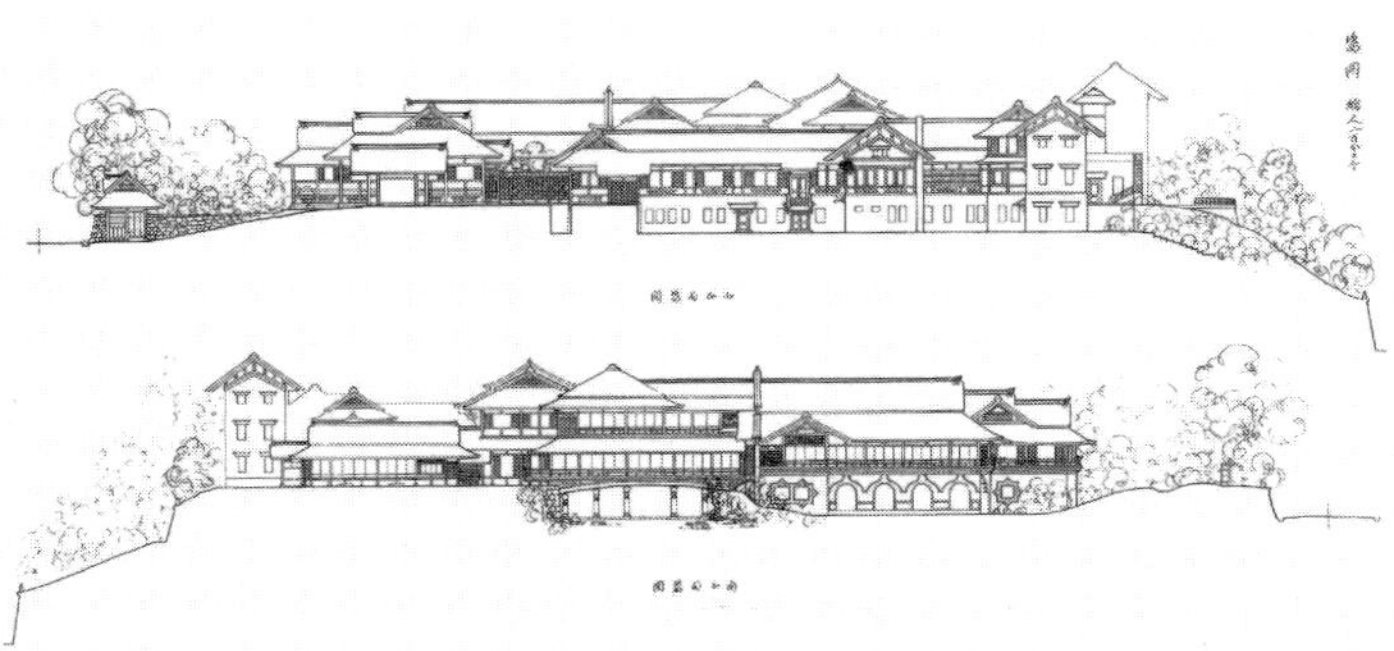

I (116)

れ、岩崎家の別邸としてこれを整備しはじめる。まず庭作りにとりかかり、自ら指揮して全国の銘石、庭木を集めるが、しかし途中で病没した。後を継いだ弟の彌之助は、会社の業務もそうであったように兄の遺志を継ぐことをもって自らの任とし、深川別邸の工事を続け、明治二十二年、コンドル設計の洋館を建てて、事業を完成させる。さらに彌之助の没後、久彌がこれを引き継ぎ、茶亭を建てたりして充実を図るが、大正十年、久彌は強く思うところがあり、庭園の一部にブランコなどの児童遊園を新設して市民に公開し、さらに関東大震災で洋館の壊れた後、大正十三年、同地を東京市に寄付した。これが現在の清澄庭園にほかならない。なお、建築としては久彌時代の「キチナー元帥記念涼亭」と名づけられた茶亭が今も残る。

7 岩崎家駒込別邸 （図I⑱）

彌太郎は、前出の深川清住町に三万坪を求めるのと同時に、明治十一年、駒込の六義園とその周辺の土地合わせて十二万坪を入手する。六義園は柳沢吉保が下屋敷の一画に作った江戸を代表する名園であったが、維新後荒廃に帰していたのを惜しみ、彌太郎は別邸として整備することを考え、庭の復旧と改修に取りかかったが、途中で没し、後を彌之助、久彌が引き継いで整備を完了した。久彌は茅町本邸を新築するまではここに居を置いているし、明治三十二年にはこの付近で牧畜を行い牛乳やバターの生産をしている。また彌之助が小さな家を建てて、一時ここに本邸を移した時期もあるし、大温室が作られたりもしている。こうした事情から推測するに、どうも六義園という名園を維持するのが主目的の別邸だったようである。そのためか、六義園以外の土地はしだいに処分され、さらに昭和十三年、久彌は庭園を東京市に寄付し、市民に公開した。現在の六義園である。国の名勝指定を受けている。

8　岩崎家大磯別邸（図Ⅰ⑲）

彌之助が母美和のために明治二十三年、大磯に土地を入手し、和館を建てた。美和の没後久彌が管理し、戦後は久彌の娘澤田美喜が設立した占領下の混血孤児のための社会福祉施設エリザベス・サンダース・ホームとなり現在は建物と庭の一部が残っている。

9　岩崎小彌太鎌倉別邸（図Ⅰ⑳）

小彌太が母早苗のために鎌倉扇ヶ谷に建てた隠居所である。数寄屋風の建物であったが昭和十年東京麻布の長谷寺に移築され、戦災で焼失した。

10　岩崎彌之助箱根湯本別邸（図Ⅰ㉑）

明治三十五年、スイスを旅行した彌之助は、高原に立つ田園風小住宅に感動し、帰国後、箱根湯本の傾斜地を入手し、まず和館を建て、つづいて明治四十一年、コンドル設計で野趣にみちた粗石積みの洋館を建てる。しかし彌之助は完成を見ずに没した。現在は、吉池旅館に渡り、和館の一部と庭が残る。

11　岩崎小彌太元箱根別邸（図Ⅰ㉒）

小彌太が、大正二年、コンドルの設計で建てたもので、父の彌之助の箱根湯本別邸と同様に野趣あふれる石造りの洋館である。敷地は十万坪と広大をきわめたが、理由はケンブリッジ大学時代に覚えた狩猟とゴルフを他人に邪魔されずに敷地内で楽しむためであった。ゴルフ場は九ホール。敷地の一部は成蹊大学などに譲られているが、建物はない。

12　岩崎小彌太京都別邸（図Ⅰ⑫³）

京都市に置かれた別邸で春には筍を秋には松茸狩りを楽しんだ。庭が昔の様子を残す。

13　岩崎小彌太熱海別邸（図Ⅰ⑫⁴）

数多く別邸を持った小彌太が最も愛した別邸で陽和洞と名づけられ四季を通じて滞在した。建物は昭和十年、曾禰中條建築事務所の設計で建てられ、外壁に自然石を積み中は鉄筋コンクリートで固めた丈夫な作りで、スタイルはケンブリッジ大学出身の小彌太の好みに合わせ、イギリスのチューダー様式を採った。庭は名匠として名高い京都の植治《うえじ》こと小川治兵衛。鳥居坂の本邸が空襲で焼失した後、小彌太は本邸をここに移した。その後、孝子夫人が長く住み、ここで亡くなった。建物も庭も昔のままに保存され、岩崎家関係の遺構の中では最も美しいものとなっている。

14　岩崎久彌伊豆古奈別邸（図Ⅰ⑫⁵）

久彌は、伊豆長岡の温泉地の山間の一画に瀟洒な和風建築を建て〝三養荘〟と名づけ、四季折り折りに出かけては滞在を楽しんだ。昭和を代表する数寄屋造りの名建築といってよい。戦後、久彌の手を離れ、日本旅館三養荘となり、後、村野藤吾が改修して現在にいたるが、庭も建物も大事な部分は昔の姿を伝える。

以上6から14がこれまでの調査で判明した岩崎家の別邸の建物と庭園についてだが、こうした別邸専用の施設のほかに岩崎家はもう一つの別の形の別邸を持っていた。それは、農場と文化施設に付設した別邸で、岩崎家の住生活というものの奥行きの深さをしのばせる。

図Ⅰ⑪⑦　岩崎家深川別邸
図Ⅰ⑪⑧　岩崎家駒込別邸
図Ⅰ⑪⑨　岩崎家大磯別邸

Ⅰ⑪⑦

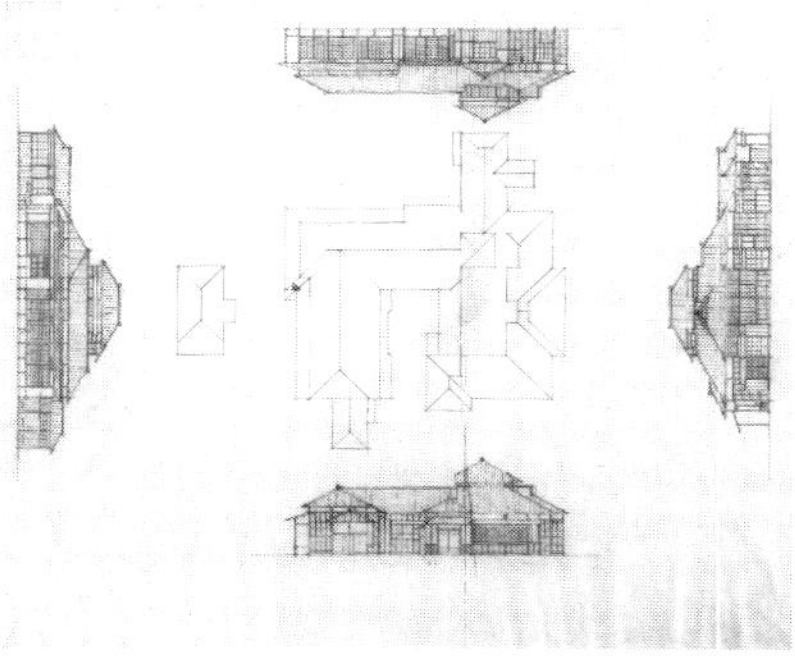
Ⅰ⑪⑨

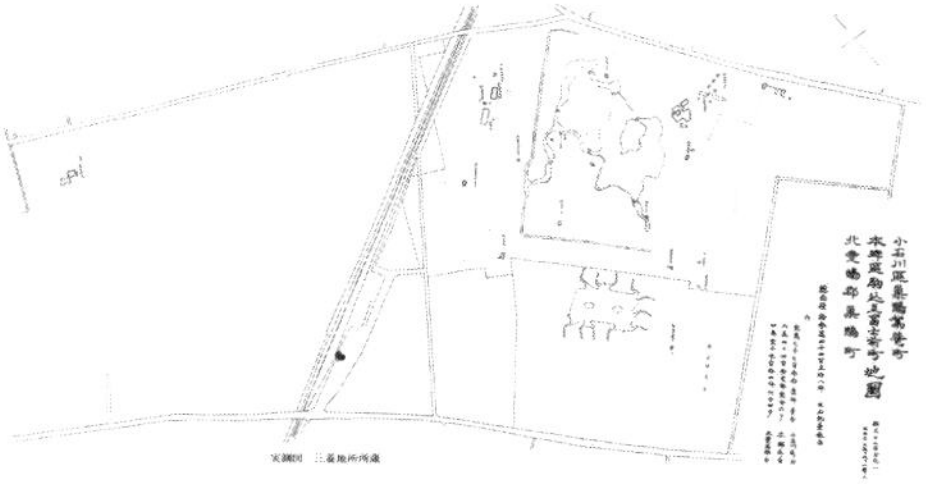

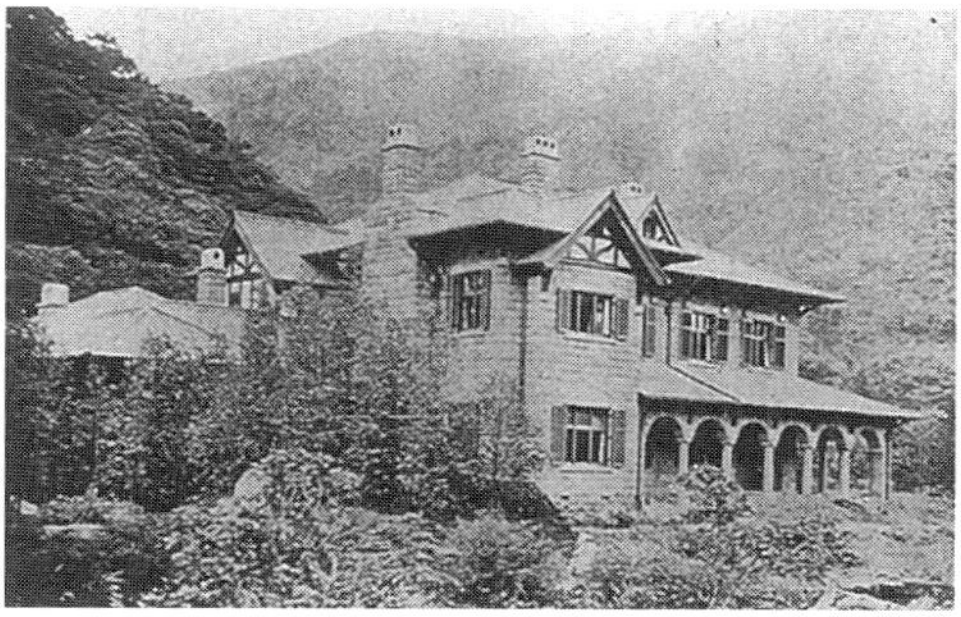
Ⅰ⑫①

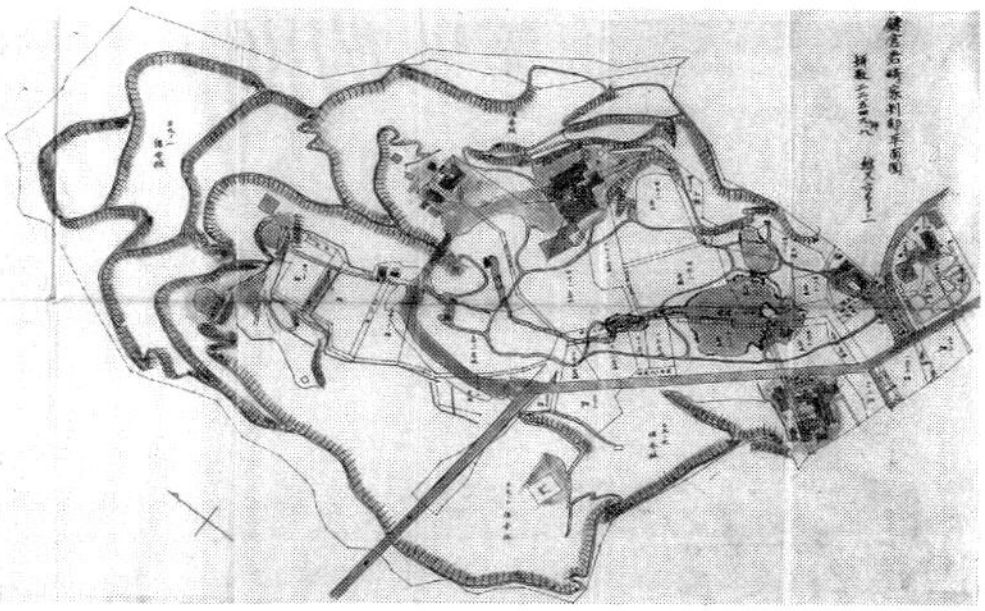

Ⅰ⑫②

図Ⅰ⑫⓪　岩崎小彌太鎌倉別邸
図Ⅰ⑫①　岩崎彌之助箱根湯本別邸
図Ⅰ⑫②　岩崎小彌太元箱根別邸

15　小岩井農場と聴禽荘（図I㉖）

岩崎彌之助は、明治二十四年、東北本線の開通を機に、鉄道界のリーダーの井上勝と小野義眞と組み、盛岡の近くに牧場を開く。各々の一字をとって小岩井農場と名づけられたが、明治三十二年、井上と小野は手を引き、岩崎家だけの経営となる。といっても、三菱の会社の方に属するわけではなく、あくまで岩崎家の内々の個人経営に属したところに特徴があった。明治三十九年からは久彌自身が農場の経営に直接乗り出し、今日の小岩井農場の基礎を固めることに成功する。久彌の小岩井農場への想いはただならぬものがあり、毎年、夏をはさんで七月から十月までを家族で現地に滞在し、技術改良、品種改良に自ら当たった。こうした経営者としての努力にとどまらず、農場で働く農民の子弟の教育にも熱心で、私立小岩井小学校を設立し、運営した。久彌一家が現地入りして長期に過ごすために別邸が作られ、聴禽荘と名づけられた。ふつうのリゾート地の別邸とは異なり、〝プランテーション別荘〟としての性格を持つ施設である。現在も岩崎家が経営に参画し、聴禽荘はじめ農場事務所、牧舎なども昔のままに残され、久彌がここに注いだ想いをしのぶよすがとなっている。

16　末広農場と岩崎久彌別邸（図I㉗）

大正五年の引退後、久彌は三菱の事業とは別に農場経営に乗り出し、明治二十年、国から払い下げを受けていた千葉県のやせ地に、大正八年手を入れて開拓を始める。これが末広農場で、小岩井農場が牧畜中心だったのに対しこちらは養鶏と養豚に力を入れた。小岩井農場と同じように久彌は長期に滞在して陣頭指揮を執るため、和風の小規模な住宅を作った。戦後、財閥解体の後、茅町の本邸を引き払った久彌はこの別邸に移り住み、昭和三十年、ここで生涯を終えている。

Ⅰ124

Ⅰ

Ⅰ125

図Ⅰ123　岩崎小彌太京都別邸

図Ⅰ124　岩崎小彌太熱海別邸

図Ⅰ125　岩崎久彌伊豆古奈別邸（撮影・鏑木宏司）

図Ⅰ126　小岩井農場と聴禽荘（撮影・高井潔）

図Ⅰ127　末広農場と岩崎久彌別邸

図Ⅰ128　静嘉堂文庫と玉川廟

Ⅰ127

Ⅰ

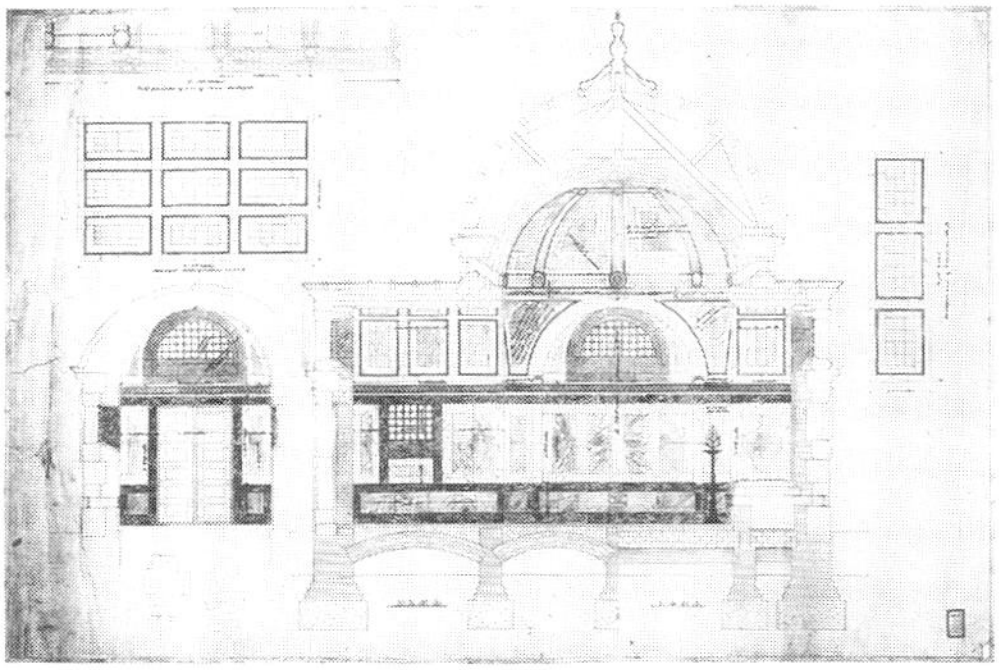

Ⅰ128

17　静嘉堂文庫と玉川廟（図Ⅰ⑱）

小彌太は父の彌之助が没すると、その霊をとむらうため、宗家の染井墓地とは別に新たに世田谷区岡本に一つの丘を求め、明治四十三年、コンドル設計で玉川廟を建立する。外見は洋風を基本にし、インテリアは白と黒の大理石を床から天井まで張りつめた厳粛にして麗しい作りである。父の彌之助は中国と日本の古文化財の収集に力を注ぎ、殊に典籍の面では静嘉堂文庫を開設して、専門の学者の利用に供することを図った。この志を小彌太も引き継ぎ、明治四十四年には高輪に日本初の鉄筋コンクリート造りの書庫を作り、貴重な古典籍を納めた。そして父彌之助の十七回忌に当たる大正十三年、玉川廟の一画に桜井小太郎の設計でイギリス風の洋館を建て、静嘉堂文庫を移した。主として父の集めた典籍を、父の墓側、都塵を隔てた幽寂の地に貯えてその永存を図ったもの。新しい建物は二階建、一階は事務室、閲覧室、経師室からなり、廊下で書庫に繋がり、二階は小彌太の書斎、応接室に当てた。月に何度かここに遊んで書を読み、学者の講義を聴き、また庭園の散策を楽しんだ。昭和四年文庫の建物に並べて美術品の倉庫、鑑賞室を作り、昭和十年その隣に茶室釣月庵を営んだ。さらに昭和十五年には私設図書館から財団法人へと公共化をすすめ、現在は一般の利用に供されている。

以上が、岩崎家四代の明治から昭和戦前にいたる住まいと庭園についてである。

これらを眺めて、四代それぞれに個性があると思う。

創業者の彌太郎は、ともかく庭が好きだった。高知の生家の庭には小さな石が点在するが、それは海に浮かぶ日本列島の形で、彌太郎自らの考案になると伝えられる。おそらく彌太郎は、これは彌太郎のみならず庭好きの本質と言われるが、庭というものに縮小された宇宙とか世界をイメージし、それで日本列島を模した庭を作ったにちがいない。この好みが発揮されたのが、清澄庭園と六義園で、前者は江戸末期のいくつかの大名庭園を合わせて一つにまとめ、各地の銘石庭木を集めて、おそらく近代日本では最高、最大の庭園世界を展開した。後者では、中国故事と日本の和歌にもとづいて構成された一つの文化的小宇宙としての六義園の荒廃をうれい、その再生を果たした。

二代の彌之助は、兄の作り残した清澄庭園の中にコンドルに託して洋館を作るが、この洋館こそ民間人が作った本邦初の本格的西洋館として近代建築史上に名高いもので、また日本の西洋館の祖として知られる英国人コンドルの代表作でもある。スタイルは赤煉瓦を使ったヴィクトリア朝スタイルで、当時のイギリスのカントリーハウス（田園の中に立つ領主の館）に比しても規模といい作品のレベルといい遜色ない。彌之助はよほどコンドルに期待していたらしく、深川別邸の後、三菱の建築顧問として迎え、丸の内の〝一丁ロンドン〟のオフィスビル街をはじめ、高輪本邸、元箱根別邸、箱根湯本別邸と自分にかかわる建築を次々とまかせている。彌太郎が庭作りにおいてそうだったように彌之助も建物作りではこと細かに指示を与えたことが、たとえば箱根湯本の時の「西洋館浴室ノ温泉水道ハ、時ニ実地ニ働キヲ試ミ、又掃除器モ亦同断ノ……」といった手紙によって知られる。

三代の久彌は庭や建物といった都会的なものよりも田園に想いを寄せていた。六義園で乳牛を飼ってミルクを生産したのを手はじめに、小岩井農場、末広農場、そして北海道や海外にも農場を設け、三菱の事業とせずにあくまで自分の仕事として全力を注いだ。明らかにビジネスの範囲を逸脱して打ち込んでおり、おそらく〝農〟というものを人間にとって根源的な営みと考えていたのであろう。

四代の小彌太は、父の彌之助と同じように建築が好きだったので、鳥居坂に土地を求め、昭和初期の和風建築の名手として知られる大江新太郎に託して木造の善美を尽くした家を作り、インテリアには漆芸の松田権六、ガラスの岩田藤七はじめ日本の近代工芸の名人上手を動員して質の高い空間を作った。第二の本邸ともいうべき熱海別邸も、戦前の日本で最上といわれた曾禰中條建築事務所に設計を託した。

このように書いてくると、岩崎家が日本近代の建築と庭と田園にとってどれほど大きな足跡を残したかがしのばれる。そして、それらの代表的なものが、庭であれば清澄庭園、六義園。西洋館であれば茅町本邸、高輪本邸、熱海別邸。農園であれば小岩井農場、といったように今も生き続けていることに改めて気づく。良きものは永い。

Ⅱ

丸ビルが建てられた秘密

はじめに

「丸ビル」とこう三文字を綴って、改めて眺めてみると、おかしな名前だ。まず、ビルといえば、海上・ビルとか大阪・ビルとか、固有名詞に当たる部分の漢字は二字以上が普通なのに、丸・ビルにかぎり、たった一言〈丸〉。

これだけでも一風変って見えるのに、よりによってその一言が〈丸〉とはどうしたことか。ビルと聞いて普通の人が思い起こす形のイメージは四角い箱と決まっている。それを、〈丸〉というんだから、きっとなにかそれなりの深い事情があるにちがいない。

と、思い込む人がでてきても不思議はない。

先日、赤瀬川原平さんと話をしていて、話題がこのビルにおよんだ時、大分の田舎育ちの画家兼小説家は言ったものだ。

「大学に入るってんで上京してきて、東京駅について、はじめて丸ビルを見た時、驚いちゃった。ま、あのくらいの大きさは予想してたんだが、ちっとも丸くないんだもの。角のあたりが少し丸いだけだろ。あれで丸ビルとはさすが都の人は言うことがでかいナァ」

この話があまりおかしいもんだから、家に帰って、配偶者に聞かせてやった。すると、神戸の下町育ちのその人は、

「でも、私はちがうわよ。あのビルを初めて見た時、あのくらい隅がカーブしていれば、丸ビルっていってもいいと思ったワ」

私は、つくづく、このビルの偉大さというか、国民的栄誉のすごさに思いをいたさざるをえなかった。

丸ビルとは、むろん、丸ノ内ビルヂングの略で、丸ノ内とは、このビルの建つ地域一帯の俗称である。江戸城（＝丸）の外濠の内側、ひらたくいうと城内といったほどの意味だが、こうした歴史的にして、地域的な、大げさにいうと時間と空間から割り出された命名の事情を、いまやこのビルはすっかり忘却のかなたにおしやり、あたかも、自分の姿形の特徴からわが名が決まったようなデカイ態度をしているのである。

このビルは生れた時からその存在は広く国民の間に知れわたり、大きな量を説明する時はきまって「丸ビルで何杯」というのが国民的合意になっているほどなのにもかかわらず、意外とその実態といおうか実情は、輪郭線があいまいにボヤケている。まあ、そのへんが国民的存在たるゆえんなんだろうが、しかし、そろそろボヤけたピントを正しておく時期にきているような気がしなくもない。

しなくもない、なんて語尾を煙草の煙みたいにくゆらす時、人はたいてい内心に不安があるからだが、この場合も例外ではない。どうも、これまで色々とさぐりを入れてきた結果からみると、丸ビルに関するまとまった基本資料は、わが国にはないらしい。太平洋の向うの大国にはきっと保管されているにちがいないが――その辺の事情はおいおい――国内については、建て主にして設計者だった三菱地所にないのがとても痛手だ。わずかにたよれるのは、当時三菱地所で丸ビルの構造設計を担当された故山下寿郎氏が手持ちの資料をもとに、戦後に書いた記事「わが国建築施工史の上からみた丸の内ビルディング建築工事」くらいだろう。

資料はなくとも人はいるだろうに、と思われるかもしれない。私もそう思って、人を捜してみた。たとえば、三菱地所技師長として設計を担当した建築家の桜井小太郎の御遺族はどうか。何も残されてはいなかった。むろん、生前の山下寿郎氏にインタビューを試みてはいる。たしか九十何歳かでかくしゃくとしておられたが、前記の「記事」の一部に記憶ちがいがあることを確かめたのがせいぜいの成果で、それ以上は、もうほとんど忘れられていた。なにせ、ことは六十年以上も前で、建物が還暦なら、人の方は米寿に近い。

ボヤケたピントを正す、と力強く切り出してはみたが、どうも結果はたかが知れていそうなので、一歩退って、なぜピントを正さなければいけないほど丸ビルは重要なのか、という地点からはじめてみようと思う。むろん、一歩後退二歩前進を願いつつ。

このビルの重要性は、社会史的にいうと、〈大正期というサラリーマンの時代のシンボル〉と、なるし、もっと当時の肉声に近づいて、〈今日は帝劇、明日は三越、通勤するのは丸ノ内ビルヂング〉くらいに言ったって大丈夫だ。

しかし、このあたりの社会的文化的丸ビル問題は軽くパスして、やや固く、建築的方面から近づいてみたい。その世界では〈戦前のオフィスビル建築の頂点をなす作品〉と解説されている。しかし、その世界以外の人に納得してもらうには、ほんとに頂点かどうか、裾野から歩いてもらわなければならない。

もちろん、御案内申し上げます。

オフィスビル・一丁ロンドンの誕生

当たり前のことなんだが、明治以前にはオフィスビルはなかった。江戸期のビジネスは、住宅の一画でなされていた、といって言いすぎなら、ビジネスの場（=店）にくっついて住いがあった。こうした併用性は、ヨーロッパも近代以前は同じで、やはり、オフィス専用の建物の誕生は、いずこも近代を待たなければならないようだ。

日本で初めて住いから独立したオフィス専用のビルが誕生したのは、明治五年、兜町の国立第一銀行の本社ビルであった。これを呼び水にして、兜町一帯には、明治二十年前後にかけ、東京海上、三菱、明治生命などのビルが次々に軒をそばだててゆくが、しかし、あくまで自社だけが使う建物で、今日、オフィスビルと聞いてすぐ浮かんでくる、色んな会社が階ごとに詰っているような姿は、兜町にはみられなかった。

明治二十年代後半に入ると、兜町に代って、丸の内一帯が経済の中心地区として登場し、ここに、はじめて、今日どこにでもありふれているオフィスビルの形式が誕生する。

明治二十七年に生れたこの子の名は三菱一号館（大正七年三月から東九号館）という（図Ⅱ①）。名は体を表わしていて、日本のオフィスビル第一号であるとともに、丸の内にやがて形成される本邦初の本格的オフィスビル街〈一丁ロンドン〉〈三菱煉瓦街〉の第一号でもある。

明治二十七年の一号館を皮切りに、明治四十五年（大正元年）の二十号館まで、赤煉瓦のオフィスビルが、丸の内の南半分をずらり埋めてゆく。その姿形は、ヴィクトリア朝大英帝国の都に花咲いたクイーン・アン様式を手本としており、赤煉瓦と白い石を混ぜこぜに使った壁面といい、破風《はふ》ととんがり屋根とドームの載るにぎやかなスカイラインといい、まこと世界の都ロンドンにも劣らないストリートとなった。まさか明治のころにそこまでは、と疑う人は、通りの様子を撮影した当時の写真をとくと眺めていただきたい。人物や電信柱を除くと、これが日本とはとても思えないくらいだ（図Ⅱ①〜⑥）。

三菱煉瓦街を本格的オフィスビルのスタートとして紹介した口の乾かぬ内に、前言をひるがえすような言い方になってしまうが、今日の常識からみると、ちょっと変な本格的なのである。というのは、現代のオフィスビルのように、各社各団体がビルのフロアーを区分して借りているわけではなくて、ビルはまるで棟割り長屋のように一階から上階までたてにトントンと区画され、それぞれの区画に、一階出入口をはじめ、階段、廊下、便所、湯沸所、物置きなどの諸施設が備えられていたのである。ここを支配しているのは、フロアーを貸すと

Ⅱ①

図Ⅱ① 明治二七年一二月竣工の第一号館

Ⅱ②

図Ⅱ② 明治二八年七月竣工の第二号館（元の明治生命）

Ⅱ③

図Ⅱ③ 明治三二年一一月竣工の東京商業会議所

Ⅱ④

図Ⅱ④ 大正五年の馬場先通り

Ⅱ⑤

図Ⅱ⑤ 明治四三年八月竣工の一二号館

Ⅱ⑥

図Ⅱ⑥ 大正三年六月竣工の二一号館

いうより、一軒の家を貸す感覚といった方がいいだろう。貸す方はむろん借りる方も、フロアーという必要最小限の機能を買う感覚ではなくて、あくまで、わが家を求めるような気持ちが抜けないから、建物の表現は、どうしても豪華になるし、平面計画も、厚い煉瓦の壁で区画された小さな部屋がホールや廊下を媒介にして集まる、という住宅的構成になってしまう。

なお、三菱煉瓦街の設備について触れておくと、暖房は暖炉、照明はガス灯、エレベーターは三号館から付設されている。

アメリカ式オフィスビルの誕生

丸の内における三菱の晴れやかな振るまいに、おそらく、ライバルの三井は、いらだっていたにちがいない。すでにのべたように、丸の内のオフィス街が明治二十九年以後発達するまで、日本の経済中心は兜町にあった。これを、兜町ビジネス街と名付けているが、この街を作りあげたのは、渋沢栄一と三井の連合で、彼らは、明治のごく初めから、兜町一帯を買い占め、ビジネス街として開発してきたのだが、築港計画の失敗などの見通しの誤りがわざわいして、経済中心は兜町を捨て、三菱独占の丸の内に移ってしまった。

こうなったについては、渋沢にも三井にも原因はあって、渋沢は、一社独占による地域開発は拒み、あくまで、個のゆるやかな連合によるビジネス街形成を夢見ていたし、一方、三井は三井で、江戸期からの小規模な貸地経営、といっても全体としては巨大な合計面積となるのだが、これに慣れてしまっていて、広大な土地を地域ぐるみで開発するという近代企業的な土地経営のセンスに欠けていた。つまり、渋沢にも三井にも、三菱が丸の内でやったような真似は、無理だったのである。

よって、明治二十九年以後、いらだっていた、と想像されるのだが、このいらだちをバックにして大正元年、三井のお膝下の日本橋室町の一画に、全く新しい形式のオフィスビルを作りあげる。名は、三井貸事務所。

このビルの誕生によって、明治のビルの時代は終り、大正のビルの時代に入る。三菱煉瓦街のイギリス流のビルから、アメリカ流のビルの時代に入るといってもいい。

では、具体的にどういうことだろうか。

まず、構造の技術からいうと、それまでが煉瓦造であったのに対し、ここではじめて鉄骨造のオフィスビルが誕生した。素人目には何のこともないかもしれないが、専門的には一つの画期といってよく、煉瓦造ではせいぜい三階建てが限度なのに対し、鉄骨造だと、五階六階、望むなら十数階、地震さえなければ、当時の技術で五十階六十階も可能となる。三井貸事務所は六階建てであったが、高層ビル化の口火を切った栄誉に変りはない。

平面計画も画期的で、薄暗いコーナーや暗い通路が生じないようにと、中心に上から下までオープンな光の井戸、これをライト・シャフトとかライト・ウェルというが、を設けた上で、その回りに、階段やエレベーターや便所を集めている。こうしたビルの中心に各階を上下に貫ぬく共通の諸設備を集約する平面構成をコア・プランといい、面積上もたいへん経済的で、かつ、貸しフロアーも要求に応じて自由に区分できる利点がある。

むろん、こうなれば、出入口や階段や廊下や便所や湯沸所が各区分ごとにつくという三菱煉瓦街流の一軒家感覚はなくなり、そうした、諸設備は、すべて共同使用となる。借り手は、必要な分の床面積だけを借りることが、ここにはじめて可能となった。それまで、ビルというものは、あくまで一軒の家、もしくは、家の集合体として考えられてきたのが、ここではじめて、家からフロアーが分離独立し、分売自由の商品として流通する道が開かれた、と、やや固く述べてもよいであろう。

おおげさに言えば、この日を境に、日本人のビルを見る目が変りはじめた。それまでは、一つのまとまりのある物体として、それゆえ少なからぬ作品性、芸術性、そして時に記念性を持つものとして、眺めてきたのが、もはや、ばらばらなフロアーの集積体、機能の器、経済活動の道具、としか見えなくなったのである。その結果、建物の外観は、装飾を少なくし、しごくあっさりしたものに変ってゆく。

三井貸事務所は、入口上部にワシのレリーフを付けるなどしてまだ装飾性を一部に残しているとはいえ、しかし、全体の構成は、柱と柱の間を全面オープンの窓とするなど、たいへんに即物的で実用的な表情となっている。

以上のような、いちじるしく合理性の強いビルの作りを、アメリカ式オフィスビルという。

一丁ニューヨークの誕生

日本橋の室町の一画で起きたアメリカ式オフィスビルの出現を、丸の内の三菱は手をこまねいてながめていたわけではない。おそらく、三菱合資の中でビル部門を担当する三菱地所の面々は、部長の桐島像一、技師長の保岡勝也はじめ、〈先を越された!〉とくやしがったにちがいない。

というのは、彼らは彼らで、合理的で経済性の高いフロアー重視のアメリカ式オフィスビルを計画し、すでに起工していたからである。三菱貸事務所より二年遅れ、大正三年六月、三菱二十一号館が竣工する。

構造はそれまでの赤煉瓦から鉄筋コンクリートに変り、高さも三階建てから一階増えて四階となり、エレベーター、階段、給湯所、便所などをコア化して広い平面の各所に配し、フロアーも分売自由のフリープランとなっている。しかし、外観は、周辺との調和を考えたのであろうか、一号館以来のクイーン・アン様式の名残りを強く残していた。

二十一号館はたしかにアメリカ式オフィスビルの合理的フロアー感覚をとらえていた。しかし、階数も少ないし、表現も昔流だし、いい方は悪いが、おそらく、次にくる大規模な計画のための試作品に近かったのでは、と思う。

その証拠に、二十一号館の完成を待ちわびるかのように、丸の内の北半分の処女地に、巨大な平面と高さをあわせもったアメリカ式オフィスビルが大正三年三月起工する。東京海上ビルである。

丸の内の北半分は、これまで長い間、三菱ヶ原と呼ばれる原っぱであったが、大正三年の東京駅のオープンを機に、皇居と東京駅をつなぐ大通りが整備され、帝都の表口にふさわしい高い記念性が与えられた。三菱は、この通りに沿って、一丁ロンドンより一歩進んだビル街を計画した。一丁ニューヨークという。その第一号が海上ビルであった。

構造は鉄筋コンクリート造で、内藤多仲考案の耐震壁が初めて実用に供され、設計は曾禰中條建築事務所が担当し、外観は、あっさりとまとめられていた。構造や外観の新しさに比べると、平面計画の方は、やや昔流が残り、諸設備のコア化も中途半端だし、ビルの裏側の中庭の回りのゴチャつきは失敗というほかない。このように、欠点もみられたが、しかし、その大きさにより、海上ビルは大正七年九月の竣工とともに、人々の目をうばい、東京駅とあいまって、これまでにはなかった新しいスケールの街の誕生を告げた。

時はまさに〈今日は帝劇、明日は三越〉のまっただなか。海上ビルの白亜の姿は、帝劇、三越と釣りあいのとれたビルの登場として、拍手で迎えられたが、しかし、三菱地所はじめ貸ビル業者には、すなおに喜べない事情があった。

ビルのかっこうはいい、技術は大丈夫、平面もまあまあだ。しかし、一つだけ、このままでは大規模なビル計画をちゅうちょせざるをえないような困難が明らかになっていた。

問題は施工である。当時の建物の建設は、人力による手仕事を基本としており、基礎の掘り下げから、コンクリートこね、運搬、資材の持ち上げにいたるまで、すべて、法被《はっぴ》を着た職人衆の腕にたくしていた。三井貸事務所にせよ三菱二十一号館にせよ、大きさがさほどでない内はそれで問題はなかったが、海上ビルのように広大な床面積を七層も重ねた大きなものになると、もはや、人力に頼るのは限度といっていい。人力では不可能というわけではないが、時間がかかりすぎる。これがもし、公会堂や官庁といった記念碑性のある公共の建物ならばそれもがまんできようが、フロアーを切り売りする貸ビル稼業にとっては、一日でも早く完成してほしい。

ところが、海上ビルときたら、予定が延びに延び、なんと、四年半もかかってしまったのである。

こうした状態の中で、一丁ニューヨークの第二陣ともいうべき丸ビルと郵船ビルの計画は発足した。丸ビルは三菱合資会社をオーナーとし、合資の不動産部門をになう三菱地所部の設計で、一方、郵船ビルは日本郵船会社をオーナーとし、曾禰中條事務所の設計で、実行に移されることになるが、問題は施工である。丸ビル一つをとっても、予定面積は海上ビルの四倍に及ぶから、もし、旧来の施工によれば、なんと十八年もかかってしまう計算になる。

丸ビルの計画は、三菱合資の中での多数派意見「採算がとれぬとして経済上の顧慮から反対」（『岩崎小彌太伝』）を、岩崎小彌太の一声でおしきっての、三菱地所部の仕事であったから、地所部の部長赤星陸治、技師長桜井小太郎としては、言い出しっぺの責任として、なんとしても、十八年を二〜三年に短縮しなければならない。この難問を前にすると、目は、おのずと、機械力を駆使して高層ビルを信じられないほどの速さで建ててしまうというアメリカへと向う。その結果として、丸ビルと郵船ビルの建設のためニューヨークからフラー社がやってくることになるのだが、しかし、その間の具体的ないきさつは必ずしも明らかではない。

おそらく、ニューヨークで今も活躍するフラー社の資料室にはこの辺の記録が山と残されているにちがいないが、ここでは、日本に残る資料に頼って、跡を追ってみたい。

フラー社の日本進出の秘密

フラー社と三菱との最初の接触は、これまで、郵船の社長近藤廉平が大正八年に渡米した折り、というのが通説になっている。しかし、当時、三菱地所の技師を務め、丸ビルの構造設計を担当した建築家の山下寿郎氏は、昭和五十三年四月十八日に私が行ったインタビューに対し、次のように語っている。

——フラー社の日本上陸のそもそもの発端はどんなことだったんでしょうか。

山下　私は、三菱地所の社員として、大正六年に、アメリカの建築事情の調査を命じられ、渡米し、六ヶ月向うにいました。その時、在米邦人建築家の松井保生《やすお》さんと知り合い、彼の紹介で、彼の勤める設計事務所の所長のW・H・スターレット氏と知り合うことができました。さらに、スターレット氏の兄さんのP・A・スターレットが社長をやっているフラー社のことを色々と教えていただき、アメリカの建設業の実情をそこで学ぶことができたんです。

——それが大正六年ということですが、大正八年のフラー社々長スターレット兄と近藤廉平の会見実現までの間のいきさつは、どうだったんでしょうか。

山下　私は大正六年に帰国したんですが、翌七年に、スターレット弟が松井保生さんと日本にやってきました。私が呼んだわけでもなくて、その辺の事情は存じませんが、おそらく、松井さんが何か動かれたんだろうと推測しています。

山下氏は、大正七年のスターレット氏の来日について、他の場所で次のように記している。

五月同社の副社長W・H・Starrettは、わが国に進出する目的をもって、在米邦人建築家松井保生を伴い、三菱地所部その他と連絡のうえ来朝、わが国の建築事情と建設工事の実況とを視察した。（『近代日本建築学発達史』）

この記述のうち、「同社の副社長W・H・Starrett」は記憶ちがいで、来たのは、社長の弟の建築家W・A・Starrettであることを、インタビューの折り確認している。

以上より大正七年のスターレット弟の来日および三菱地所との接触は、松井保生と山下寿郎をパイプ役として実現したと考えてよいであろう。

この来日が、フラー社にも三菱にも、相手についての深い関心を呼び起こしたことは疑いえない。この両者の共通した関心の上にたって、翌八年二月、ニューヨークにおいて、日本郵船社長近藤廉平とフラー社社長の会見が実現する運びになる。

なお、当時郵船は、三菱合資会社(三菱グループの元締め)の構成員ではないが、三菱グループ自体が郵船から出発し、途中やむをえぬ事情で母体と分離したという事情があり、両社はきわめて親しい関係にあったから、三菱とフラー社との大正七年の接触が、近藤にも連動して行ったと考えて良いであろう。

会見について、近藤の伝記は述べる。

東洋フーラー建築会社　晩年巴里講和会議に出席の為め、途を米国に取った際、紐育(ニューヨーク)に於てフーラー建築会社々長スターレットと会見し、日米親善の一助として、該社の事情を日本に紹介するの目的を以て、日米合弁の東洋フーラー建築会社を発足した。(『近藤廉平伝』)

この間の事情について、当時の三菱地所技師長桜井小太郎の伝記は、さらにくわしい。

丸之内ビルヂィングは誰も知る如く、米国の請負業者フラー会社の人が来て実費計算式の請負で施工したものであるが、之を日本に連れて来た端緒は郵船会社長の故近藤廉平男に依って開かれ、其洋行中にフラー会社が日本に来て仕事をするなら、郵船の工事を任かさうと云う話が元で、続いて日本石油会社も其建築を託してもよいと言ひ出したが、夫れ丈けでは未だフラー会社の方で決し兼ねて三菱に是れに賛同する気はないか。出来れば日米合資でやり度いと交渉して来た。処(ところ)が三菱でも丸ビルの建築を始める手筈になっていたものの其以前三菱銀行の工事が延び延びになり其間物価の暴騰に逢ひ散々苦心した直後なので、今度は是非短期間に相違なく竣工させ度いが、従来の請負人では二三年間に必ず仕上げる見込が無く彼是と困って居た際なので、多少の面倒を覚悟して、フラーの申込に応ずることに決し、渋沢・近藤両氏を加えて、茲に始めて日米共同出資の日本フラー建築株式会社が生れたのである。(『桜井小太郎建築作品集』)

以上で知られるように、近藤・スターレット会見を機に、フラー社の日本上陸は一気に進み、大正九年三月から八月の間と推測されるが、Fuller Company of Oriental、日本名〈フラー建築株式会社〉が、東京に設立される。日本側出資者としては、近藤廉平、赤星陸治、渋沢栄一、目賀田種太郎の名が知られている。専務取締役には、弁護士のカウフマン(James Lee Kauffmann)が就任し、常務取締役には三菱地所技師長の桜井小太郎が就いている。会社の規模、組織などは明らかではないが、人数等については、曾禰中條事務所員として郵船ビル建設に加わった吉島保がインタビューに答えてくれた。

「フラー・オリエンタルは完全にアメリカ式の会社で、社内では英語が公用語でした。スタッフは百人位もいたと思いますが、その中に、米国人も相当いました。たとえば、アーキテクトのモルガンなんかもいまして、彼は施工業者側のアーキテクトとして、郵船ビル、丸ビル、有楽館の三つに関与していました」

来日した米人の人数については、山下寿郎、吉島保がはっきり覚えているだけでも二十五名を数え、「もっといたんですが忘れてしまいました」(吉島保)という状態より推量すると、三十名以上におよんだと考えてもよいであろう。

しかし、なぜいったい、フラー社は、日本を目ざしたのであろうか。同社は、ニューヨークに本社を置き、ニューヨークやシカゴ一帯に力を張る米国第一の建設会社として知られ、とりわけ、シカゴにおいては、シカゴ派とよばれる世界最高の超高層オフィスビル群を数多く引き受けた実績をもっていた。いってみれば、ビル建設については当時世界最高の会社であった。そんな超一流が日本に上陸したのは、むろん、マーケットを求めてであるのはいうまでもない。合弁会社設立の前後と思われるが、スターレット弟が、カウフマンに宛てた手紙が、その辺の気持ちをよく示している。

「われわれは、処女地に足を踏み入れつつあります。まだ誰も聞いたこともないような建設技術の向上を、日本にもたらそうと、意気込んでいます」（大正八年十月十三日）

ただし、日本だけが目当てであったかというと、おそらく、そうではなかったと思われる。会社の英名が、フラー・カンパニー・オブ・オリエンタル、となっている点からも知られるように、広く、東アジア全域を目ざしていたのではないだろうか。この件について、吉島保は、

「……日本フラー社は結局、郵船ビルと丸ビルと有楽館の三つしか建設しませんでしたが、当初は、日本のみならず、極東、特に、新開地である満州への進出をねらっていた、ときいております」

実際、日本フラー社は、東京での仕事を終えた後、大正十一年六月、満州進出を果たし、大連医院の大工事の設計と施工を行なっている。

このようにして丸ビルの施工を受けもつ日本フラー社は誕生するが、では、肝心の設計の方は、どのように進められたのであろうか。

桜井小太郎の経済的合理性

設計の責任者は三菱地所部技師長の桜井小太郎である。彼の建築家としての経歴は、一風変っている。明治三年、神田に生れ、東京府尋常中学を首席で修えた後、第一高等中学に入学し、文科系への道を歩むつもりであったが、二年生の時、突如、建築に目ざめ、中退して渡英する決意をした。そして、工科大学建築学科教授の辰野金吾に面会を求めて相談すると、辰野は、師であり当時御雇外国人建築家であったコンドルの所でしばらく助手を務めるようすすめてくれた。のみならず、辰野は、日本銀行設計の下準備のため渡欧するに

当たり、桜井をロンドンまで連れて行き、かの地の旧友・旧師に紹介の労までとってくれた。

明治二十二年ロンドン大学に入り、ロジャー・スミスに学び、首席で卒業し、明治二十五年には、日本人としてはじめて名誉ある英国王立建築家協会の正会員の資格を得た。以上の、コンドルに学び、ロンドン大学に入り、ロジャー・スミスの下で働くという教育歴は、そのまま、若き日の辰野金吾の道に重なっているが、最後の王立協会正会員のことは、辰野も果たせなかった栄誉である。辰野の期待に十分に応えたといってよいであろう。

二十六年帰国し、一時コンドルの下で働いた後、二十九年には海軍技師となり、呉鎮守府を中心に腕を振るい、大正二年、退官して、三菱合資会社に入った。三菱合資で建築事業を担当する三菱地所部のアーキテクトは、初代のコンドル、二代の曾禰達蔵、三代の保岡勝也、それぞれ目ざましい活躍をしてきたが、その四代目の席についたのである。

こうした経歴の桜井小太郎は、丸ビルの設計に当たり、とまどいを覚えたであろうことは想像にかたくない。それまでの彼は、英国流の堅実で上品な小さくまとまるデザインを、もっぱらとしてきたし、それが、彼の文人的資質にもよく合っていた。彼の文人性は本格的で、岩崎家の集収した和漢の古典籍を収蔵する静嘉堂文庫の設計は彼の手になるが、彼はまた、そのもっとも熱心な読者でもあった。ところが、丸ビルに求められているのは、個人の体験をはるかに超える広大な面積ときびしい経済的合理性、いってみれば、英国流を否定した地点に成り立つアメリカ流なのである。

おそらく、桜井は、自分の好みを抑え、時代の要求に徹するという実務家的覚悟で〈アメリカ〉と取り組んだにちがいない。桜井ファンから見ると、まるで騎士が重戦車に向って突っ込んでゆくようなハラハラドキドキの光景なのだが……。

ともあれ桜井は突っ込んだ。当然、本場ニューヨークやシカゴの進んだオフィスビルについて得意の語学を駆使して研究が重ねられ、また、製図板の上で、幾度となく線が引かれては消えたにちがいないが、残念ながら、丸ビルの計画が、何に学び、どのような変化をへて最終案に落ちついたのかは、今のところ全く手がかりがない。

残されているのは、結果ばかりである。その結果をみると、貸ビルとしての採算性の向上が、極限まで追求されたことは、痛々しいくらいに読みとれる。

まず、平面計画から見てみよう。貸ビルの平面計画の見所は、むろん、基準階にある。敷地の形をそのまま持ち上げて箱形のビルとし、中に、採光のための中庭を二つとっているが、これ以上単純明快な構成はありえないくらいだ。単純明快であればあるだけ経済性が向上するのは貸ビルの原則といっていい。（一五七頁）

単純さが、もっともよく示されているのは基準階のロビーと一階のエントランスホールの部分で、この場所は、建物もしくは各階の玄関に当たるところから、大きな吹抜けやうねった階段やしゃれたギャラリーを回して、豪華にしつらえるのが明治以来の習といえる。こうしたエントランスホールの記念性をはじめて拒んだのは、むろん三井貸事務所をはじめとするアメリカ式オフィスビルだが、それでも、三井貸事務所も三菱二十一号館も海上ビルも、残滓のように豪華さへの未練を残していた。ところが、丸ビルときたら、廊下が必要に応じてただふくらんだのと何らかわらない。広い廊下に、エレベーターと階段室などがついているにすぎない。このホールに足を踏み入れたとたん、必要のないことは一切しない、という設計者の思想がひしひしと伝ってくる。

エレベーターの重視も丸ビルの特徴の一つで、それまでは、アメリカ式オフィスビルであっても、上下の移動は、階段を主としエレベーターを従、もしくはせいぜい五分五分としていたのが、丸ビルでは、避難用の裏口的な暗い階段をのぞいて、主要な移動はすべてエレベーターに託している。こうしたエレベーター重視は、アメリカ式オフィスビルの特徴を純化したものといってよい。

以上の、ケチといっても通るほどの経済合理性追求の結果、丸ビルの基準階は空前のレンタブル比を達成した。レンタブル比とは、建物の床の全面積に占める貸フロアー部分のパーセントのことで、これが高いほど、利益率は上る。

三菱の赤煉瓦時代の基準階のレンタブル比をみると、たとえば十二号館は、四十七・五％、十三号館は五十一％と半分そこそこしかなかったが、アメリカ式オフィスビルになると、二十一号館で七十三％、郵船ビルで七十五・七％そして、丸ビルは、最高の七十九・四％までのぼりつめる。小さなビルの場合、レンタブル比の一％や二％はさほどひびかないが、丸ビルのように総面積一万八二八六坪にも上る時、一％の差は、収益に大きく影響してしまう。丸ビルのほぼ八割というレンタブル比は、技術陣の勝利といってよいであろう。

平面計画上の特徴で、もう一つ注目に値するのは、機械室、ボイラー室、配電盤、上下水道タンク、ポンプ、工作室、宿直室などのビルを支える裏方の部分を、すべて、地下室に納めたことである（図Ⅱ⑦⑧）。先行する海上ビルにみられるように、それまでのビルは裏方部分を、一階の文字通り裏方に隠すように配置し、それが、最も高い値でセールスできる地上階の貸床面積を食いつぶし、かつ、平面計画の混乱をまねいてきたが、丸ビルは、この問題を地下室の活用により克服している。

その結果、一階の面積はすべてフロアーとして使えることとなった。そのうえ、丸ビルは、海上ビルや郵船ビルのように地上階に、自社が入る必要のない完全な貸ビルだから、地上階は、すべて、商品としてセールスすることができる。

東京駅のまん前に立つこの巨大なビルの一階をどう使うべきか。このテーマは、赤星陸治部長、桜井小太郎技師長はじめ、三菱地所部の面々の、最も知恵をひねった点であったにちがいない。一階に何が入るかで、ビルの性格は決まってしまう。もし、銀行や保険会社などの企業が入れば、丸ビルは、海上ビルや郵船ビルと同じビジネスに純化した建物となるだろう。

たいていの人は、そう考えていたにちがいない。なぜなら、これまで貸ビルは、いつも有力な企業が一階を大きくデンと占めてきたのだから。

ところが、図面は、大方の予想に反して、通路が十文字に走り、そこにそってオフィスというより小さな商店がずらりと並ぶように引かれていた。ビルの中を誰でも自由に通り抜けることのできる通路が走るというのも初めてなら、ビルの中に色んな商店が並ぶというのも初めてだった。いってみれば、街《まち》がビルの中に初めて入ってきたのである（図Ⅱ⑨〜⑪）。

設計者としては、これだけ巨大なビルであれば、そこに勤める人間だけで一つの街ができる、と考えたのかも知れない。あるいは、東京駅前に陸続と誕生する巨大ビル群のための商店街を、丸ビルの中に納めよう、と考えたのかも知れない。いずれにせよ、ビルの中の商店街という思想は、丸ビルの設計の中で初めて打ち出されたのである。

先に、平面計画の痛々しいまでの合理性という点を強調したが、この傾向は、立面の計画、平たくいうと外観のデザインにおいてもゆるぐことなく貫徹されている。

外観の構成は、一応、当時のオーソドックスなスタイルに従っている。たとえば、一階部分、二から六階部分、そして最上階部分と、ファサードのデザインが三つの層に分かれていることに気づくが、こうしたやり方を三層構成といい、当時の建築一般の常道といっていい。北面と東面の主要出入口の上部には三連アーチがつき、そのすぐ上にバルコニーが張り出しているが、こうした出入口の強調の手法も、当時広く見られたものである。

しかし、結果からいうと、こうした広く用いられたデザイン手法を採りながら、丸ビルは、広く見られる丸ビルにはならなかった。

その理由の一つには、独自のプロポーションがある。これだけの大きさでほぼ正方形に近い平面も独得なら、それが七階分立ち上って作る一升枡のようなプロポーションもちょっと類がない。ぼうようとしたプロポーションといってもいいだろう。

こうしたプロポーションにもってきて、そこに取り付く表現は、三層構成といっても、他のビルのように明

Ⅱ⑧

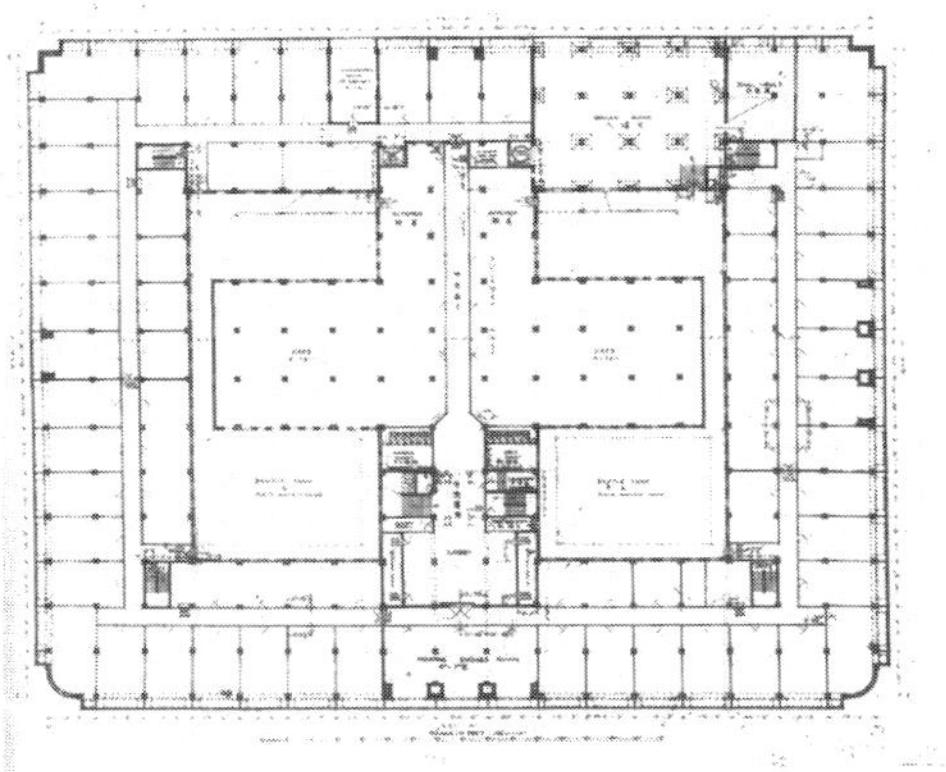

Ⅱ⑦

Ⅱ⑨

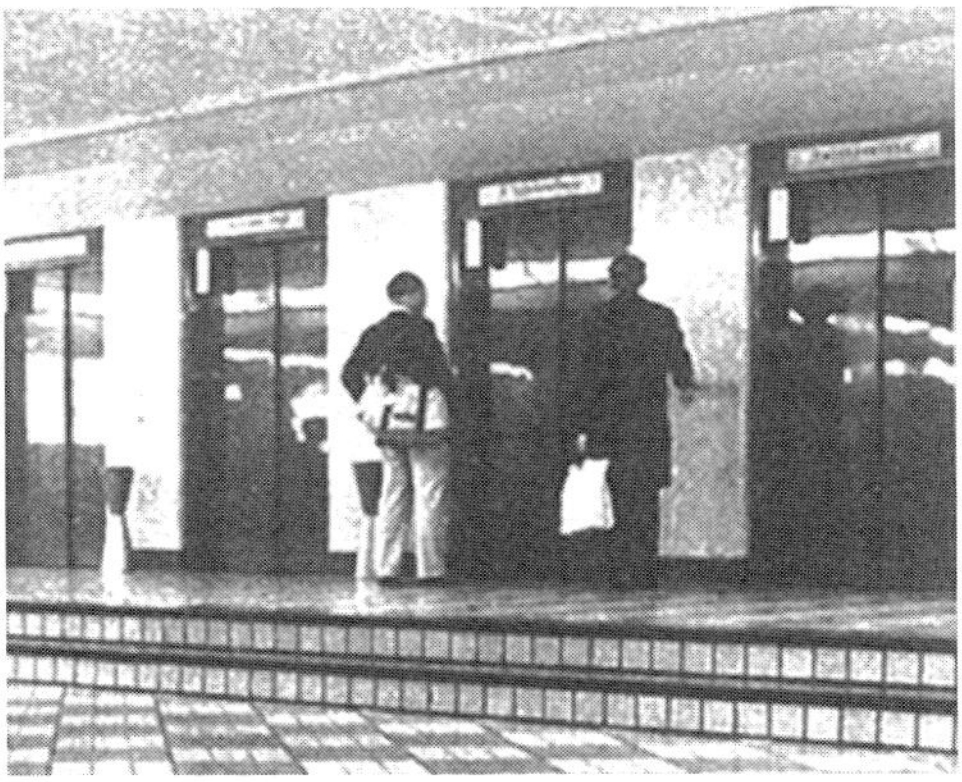

Ⅱ⑪

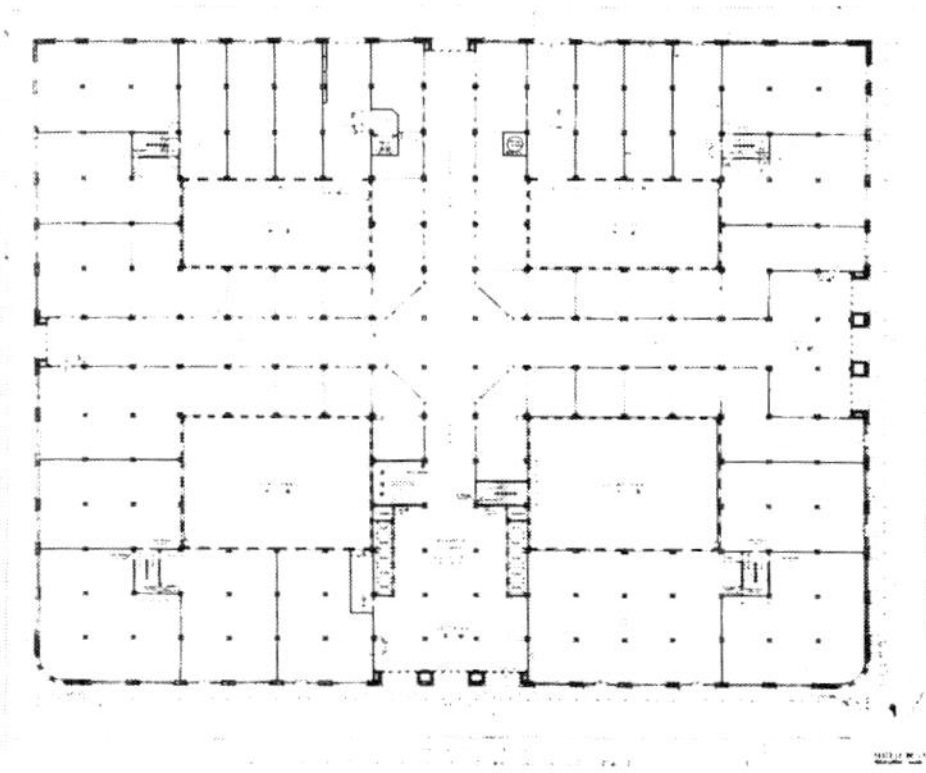

図Ⅱ⑦　大正一二年の地下一階平面図
図Ⅱ⑧　地下一階の廊下をめぐるパイプ群
図Ⅱ⑨　現在の一階アーケード商店街
図Ⅱ⑩　大正一二年の一階平面図
図Ⅱ⑪　地下一階のエレベーターホール

確に各層が強調され、それぞれにふさわしい飾りがつくわけではなく、上から下まで、ほとんど凹凸のない、ゾロッとした仕上りになってしまっている。三層構成や、出入口の強調という作法も、申し訳ていどに守っているにすぎない。この辺にも、必要ないことはしない、という設計者の強い意志をうかがうことが許されよう。

建物の外装は、現状とだいぶちがっており、設計図段階では、「クリームがかったオレンジ色のタイル」(YELLOWISH) が、一面に貼られていた、というが、色の調子までは明らかではない。また、サッシュも鉄ではなく、木製の上げ下げサッシュであった。

以上のいわゆるデザインの設計とともに、構造の設計も、桜井小太郎の指揮の下、三菱地所部設計室構造主任山下寿郎の手で進められてゆく。

フラー社と日本設計陣のたたかい

構造形式としては、鉄骨のラーメン構造が採用され、外壁部分は鉄骨の外側に有孔煉瓦と中空煉瓦がつまれ、間仕切り壁には中空煉瓦が積まれ、床は鉄筋コンクリートと決められた。鉄骨を軸線に用い、そこに自重の少ない中空煉瓦をカーテンウォールとして積み込むという技術は、典型的なアメリカ式オフィスビルの方法といってよい。

ここまでの大方針に問題はなかった。しかし、実際に地震に耐えるよう構造計算をして数値をはじき、数値にかなった鉄骨の太さを決め、施工業者のフラー社に図面を回したところで、日米の見解に食い違いが生れてきた。

この食い違いは、そっくりそのまま、同時進行中の郵船ビルにも当てはまるので、まず、そちらの方から見てみたい。

郵船ビルの構造設計を指導した内田祥三は次の悔恨の一文を残している。

郵船ビルディング鉄骨は、下村君が計算したのでありましたが、フラーの方に異議が多くありまして色々と改案が試みられることになりました。フラーのエンヂニヤー達は柱にそんな大きなモーメントを考へると云ふことを不思議に思つて居るらしかつたのであります。さうして其モーメントの起る原因が大変大きなウインド・プレッシュ（風圧）を仮想して、柱を梁と一緒に取扱つた、ラーメンとして計算した為であると云ふことの説明を聴いて一層不思議に思つて居るらしかつたのであります。亜米利加でスカイ・スクレーパー（摩天楼）を沢山手掛けた連中としては六・七階の低い建物に風圧の相当大きなものを考へるのはどうも腑に落ちない様子であつたのであります、私も一度曾禰先生から呼ばれましてフラー社のエンジニヤー達と会見したことがありました。私は思うように話が出来ませぬので曾禰先生と伊藤文四郎君とが私の考へをフラーの人達に伝へて呉れたのでありますが、私の言分には日本には地震があるのであるからどうしてもラテラル・フォース（水平方向にかかる外力）を考へる必要がある。事務所の設計に大きな風圧が考へてあると云ふのも風圧其ものは問題ではないので、ラテラル・フォースが問題なのである。其結果柱と梁とのジョイントをリヂッド（固く）にして、柱と梁を一体として考へることに依て柱には大きなモーメントを考へる必要があるのは当然であると云ふ趣旨なのでありました。フラーの技師達も日本には地震があるからそれに対して考へなければならぬと云ふことは認めるやうな口吻ではありましたが、柱にそんな大きなモーメントを考へる必要は無い。自分達はもつと高い建物に対して充分な経験を持つて居るのだと云ふやうなことを言つたやうであります、併し結局曾禰先生が頑張られましてさうして兎も角曾禰中條事務所が設計者なんだから設計者のやる通りにやらなければいかぬと云ふことで、設計通りにやることにはなつたのでありますが、愈々其鉄骨が亜米利加から来て見ますと、こちらの考へとは違つた処も出来て居りまして、遂に其儘実行しなければならないやうな破目になつたやうであります。（『建築雑

誌』昭和十一年十月号）

施行業者が設計者の図面通りにことを運ぼうとしなくて、逆に設計内容に介入するというのは異例の行ないといってよいが、その理由の一つとして吉島保氏は、

「曾禰中條事務所で構造担当だった下村正利さんが、いつまでもいつまでも、あの時フラーの言うことなんか聞かなければ、と繰り返していました。当時、フラー社は大変な威圧感を持って日本に来ていたんです。曾禰先生や中條先生やその他の日本人を、なんとなく馬鹿にしているという感じはありましたね」（インタビュー）

と、フラー社の見くびりをあげている。

フラー社は、日本の地震がいくらこわいといってもそこまで柱を太くすることはない、とたかをくくっていたのである。

事情は、丸ビルの場合も似ていた。山下寿郎はこの件について、

丸ビルがわが国事務所建築として、従来、その比を見ないほどの巨大な各階床面積を持つものであるところから、地震動による建物各部位の振動が一様ではあり得ないことを憂慮して、当時の京都大学日比忠彦の地震動による建物各部位の応力計算法を適用して演算をこころみた。採用した震度は0・15で、これによって生じた応力が鉄骨構造の破壊強度に達するも止むを得ないという仮定のもとに、計算して得た数値に基づく構造図を、詳細図に作成、さらに試算の要領書を添えてフラーのニューヨーク本社に交渉におもむく桜井技師長に、アメリカ側に提示されるよう手配したが、この説明書と詳細図とは、ついにアメリカ側に示されることなく、フラー側のStructual engineering consultantsは、地震力による応力にかえて、特別に風力による応力を基礎として計算して得た数値に基づいた鉄骨架構材料と、その製作とをアメリカ内にて発注した。したがって後に横浜で水揚げされて現場に持ち込まれた鉄骨工作物は、地所部の現場監

理者の非常に危惧の念をもって迎えられた。（山下寿郎「わが国建築施工史の上からみた丸の内ビルディング建築工事」）

郵船ビルも丸ビルも、日本側の構造設計は軽くあしらわれ、横浜の港へは、フラー社の設計に基づく地震のない国用の鉄骨が、「危惧の念」の内に陸揚げされ、「遂に其儘実行しなければならないやうな破目になった」のである。

さまざまな爆弾を内に含みながらも、ともかく、以上のようにして、設計図は作りあげられた。そして、いよいよ、日本の建設技術に大転回をもたらすアメリカ式施工の幕は上がる。

実費精算方式と請負制方式の優劣

まず、なんといっても肝心のお金の支払い方がちがっている。

それまで、日本の建設業は請負《うけおい》制をとっていた。施主は、施工業者に総工費を渡し、施工業者は、そのお金をやりくりしながら、図面どおりの実物を期日通りに作りさえすれば、どれだけもうけようとかまわないし、また逆に、ヘマをして赤字がでても、それは施工業者の自己負担になる。

文字どおり、まるごと請け負わす制度だが、この制度の利点としては、ともかく施工業者の全責任により、決まった金額で建物が完成するという便利さがあったが、欠点としては、施工業者は、もうけを多くするためとかく手抜きをしやすい危険がある。まかす方もまかされる方も、うまみと危険を一緒に呑み込まなければならない方法といえよう。

施工業者の方のうまみが社会的にはどうしても目立ち易く、この辺から、〈請負いを見たら泥棒と思え〉という警句が発せられるのだが、こうした難点を生れないようにしたのが、アメリカの cost plus fee contract

制度で、直訳すれば、報酬加算式施工契約制、平たくいえば、実費精算制である。つまり、施工にかかった実費を、たとえば、施工機械から材料費、職人手間賃まで、克明にはじき出し、それに利益をプラスして工費を支払う。

この方法によれば、お金はすべてガラス張りになるが、そのかわり、施主に対して図面通りの実現を保証しなければならない設計者側と、できるだけ自由にしたがる施工者側の関係は、そうとうにめんどうになる。

実費精算制の現場の様子は、郵船ビルの場合だが、次のように語られている。

「黒崎幹男――何分、アメリカの施工会社と日本の設計組織とがうまく組んでゆくためには、意思の疎通、情報の正確な授受が必要でして、その任を私と吉沢さんが担当しました。まあ、英語が一応できたということでしょうか。

具体的には、週一回、フラー社と曾禰中條建築事務所の定期ミーティングがありまして、施工上のあらゆる問題をそこで出しあうわけです。むろん、設計を少し変えてくれ、なんて要求も向うはその席で出すわけです。こっちも、どの部分の施工が悪いからこうしたらどうかというわけです。もちろん、お金に関する事も問題となります。

大きなテーブルをはさみまして、向うにフラー社が並び、こちらには、黒崎と吉沢が必ず出席し、ことによっては、曾禰先生や中條先生も出席されます。まあ、施工者と設計者の決戦場のような緊張がありました。

話しは全部英語でやりまして、それを、向うの秘書が速記して、即日タイプで仕上げまして、こちらの承認印をおすわけです。普通は、連絡事項位で済むんですが、何かあると、それは大変でした。

もう一つ大変なのは、実費精算方式です。毎日毎日、フラー社から、今日はスコップを何本買った、輸入品の杭打機を仕入れた、コンクリートを何立米《りゅうべい》買った、職人何人にこれこれ支払った、ということを、すべて細大もらさず申告してくるわけです。それを一つ一つ、不要な仕入れはなかったか、不当な値で買っていないか、という事を私と吉島さんでチェックしまして、オーケーということになれば、その金額が施工の方からフラー社に支払うよう手続きするわけです。そりゃあもううんざりするような仕事でした。たとえば、日本橋のA社からフラー社がロープを仕入れたとします。すると、私が、ロープを扱っている他の会社に問合せまして、そうしないと、A社とフラー社が組んでいる可能性がありますから、その品質、値段が適切であるか確かめてから、支払うわけです。

おまけに、申告がすべて英文です。一度、大弱りしたのは、ニガー・ヘッド一個何円、という申告があったんです。黒人の頭、という意味なんでしょうが、どの辞典にもそんなものはでていないんです。結局、ウインチの捲き筒のことだったんですが、現場の俗語が入ってきたりすると、もう意味をつかむだけで大変でした。フラー社に聞けばなめられますから、自前で調べなければならなかったんです」(インタビュー)

大変なのは物だけではない、人間の管理もめんどうは多い。請負制の場合、施工業者は、自社の社員を施工業務の中枢に配しながら、実際の鉄骨工事や煉瓦積の仕事は、それぞれ自社の系列下にある下請け集団を動員して行なうが、その間のお金の流れや人の動きは、全て施工業者、これを下請けに対し元請けというが、その自由裁量にまかされる。

ところが、実費精算の場合、すべての人間の動きを、物の動きと同じように設計者はチェックする必要がある。フラー社の人員体勢は、丸ビルの現場の場合、現場主任のJ.Bowser、副主任のF. D. Howie、設備工事担当の水志正直、を監督グループとし、その下に実際に手足を動かす職人の頭、これをフォアマン foreman といったが、そのフォアマンが、鉄骨工事、電気工事、衛生工事などの職種ごとに九名ついていた。フォアマンはむろん、すべて、米人であった。

ここまでの人員は、フラー社の社員として働いているのであるから、その働きをチェックするのは、むずかしくないが、問題は、フォアマンのさらに下で働く職人と単純労務者の扱いである。この層は、すべて日本人だったが、数が多いうえ、毎日、必要な分だけ集めなければならない。集めるのはフラー社だが、それを、設計者側は毎日注意するのである。

その辺のことを、郵船ビルの場合だが、吉島保氏は次のように回想する。

「フォアマンはすべて米国から来ていましたが、その下で働く職人や、土工・荷役夫といった非熟練労働者は、すべて、神田の多町にありました人足寄場からつれてきました。

毎日、毎日、その日の仕事の内容から、土工何人、煉瓦工何人、と割り出しまして、トラックに乗って神田の人足寄場に人買いに行くわけです。何とも殺伐としたものです。しかし、石工事のような熟練を要するものは、部分請負の形で一定の職人達にまかせていましたが、できるだけそういう事はないようにというのが方向でした。

そんな集め方をしてますから、全体としては、職人の技術水準が低く、苦労しました。ただ、必要なだけ、その都度、人を集めるんですから、経済的には合理的だったと思います。

道具の類も、全部、どんなものでも、フラー社から貸し与えました。日本のように、職人が手になじんだ道具を持って現場にかようようなことはありません。ですから、毎日、毎日、道具の出し入れが大変でした」(インタビュー)

以上で、アメリカ流の実費精算制というものの実情がよく判るであろう。とにかく合理的ではあるのだが……

アメリカ流の施工技術の秘密

こうした実費精算制もさることながら、それ以上に日本側を驚かせたのは、途方もなく上を行く施工の技術であった。

それまでの日本の施工法は、江戸時代のやり方をただ規模だけ拡大したといってもいいくらいで、根伐《ねぎ》り、建て上げからコンクリート打ちまで、すべて人力にたより、当然それゆえに技術の体系は経験主義的で、どんな大きなビルも、いってしまえば家一軒を建てるのと同じように作られていた。建物の量の拡大が技術の質の向上につながらないから、結果として、工事日数はとめどもなく延びてしまう。

これに対し、フラー社が持ち込んできたニューヨーク仕込みの施工法は、次の四点において、すぐれていた。

①資材の移動

鉄骨、コンクリート、煉瓦などの移動は、人力にたよらず、機械力が駆使された。たとえば、鉄骨を例にみると、横浜から現場隣りの資材置場までは、それまで建設業界にはなじみのなかった二・五トン積みトラックに積み込まれ、資材置場から現場へは、レールの上を走るスチームエンジンの重量物運搬用トレーラーに乗せられ、現場での釣り揚げはガイデリックによって、一階から二階そしてさらに上へと運ばれた。

ガイデリックとは、起重機の一種で、丸ビル現場には、電動捲揚げの七・五七トン用が四台投入されていた。長大な腕木（ブーム）が、二階分ずつ組立てられた鉄骨の柱を軽々と持ち上げ、所定の位置にピタリと据え、それが終ると、次の二階分上の階まで自走して昇ってゆく姿は、何か新しい時代の到来を予告するようで、当時の東京駅前の名物光景であったという。

コンクリートの打ち込みについても、合理化がはかられている。それまでは、流し樋によりコンクリートを所定の位置まで運んでいたが、ここでは、ミキサーを中心に堅固な運搬通路が鉄骨の上に掛け渡され、その上を、手押しコンクリート運搬車（ネコ車）が走っては戻ってきた。この通路は循環式に配置されており、決して行きと帰りがかち合わないように工夫されていた。

②工作技術

杭打ち、鉄骨接合といった直接的な建設技術も、高度な技術が駆使されている。松杭の杭打ちは、それまでのヨイトマケに代ってスチームエンジンによる三十馬力の杭打ち機が使われ、鉄骨の接合には、一日一七五・四本打ちの性能をもつリベットガンが使われている。

③足場

外部の壁体の煉瓦積みなどの作業は機械力は使えず人力にたよるしかないが、そのかわり、足場の架設を合理化して、全体のスピードアップをはかっている。この点を、前出の吉島保氏の回想にひろうと、

「サーカスみたいだったのが吊り足場です。当時、足場といえば、杉の丸太を縄でしばって、建物の高さ分だけ下から上までスッポリ包むように組み立てあげていたもんですが、フラー社が持ってきた吊り足場は、もっと簡単で合理的なもんです。先ず鉄骨が組み上ると屋上からI《アイ》ビームをはね出して、そこからワイヤーロープで足場板を吊るわけです。その上に立って煉瓦積みをしまして、数段積み上るごとに、その区間の吊り足場を一勢に吊り上げてまた作業に入る、これを繰り返しながら、尺取虫のように、じりじり上ってゆくわけです。ですから、外からビルの様子をみると、今の、ビルの窓ふきのゴンドラのような感じで、ビルのある高さの所に吊り足場が水平にぐるりと回っていて、その下の方は煉瓦が積まれてビルの形になっているが、上の方は、鉄骨のままという、不思議な光景を見せてくれました。これは、向うのパテントときいております」(インタビュー)

④工程管理

ハードな建設技術にとどまらず、建設工程の管理面でも、それまで見られなかった新しいやり方が採用されている。

その第一として、工事に先だち、いちじるしく精度の高い工程予定表が作成されている。結果的にいえば、

途中の東京地震による遅れをのぞくと、ほぼ正確に予定は消化された。

こうした時間への厳しさは、労働時間へもおよび、日本の建設業の歴史上はじめて八時間労働制が採用されている。それまでは、昔ながらに、陽の長い夏は長く冬は短かく、四季おりおり〈適当に〉一日の労働時間を決めていたのだから、この変化は大きかった。

個々の労働者の時間管理も厳しくなされ、専任のタイム・キーパーが、作業時間中に巡回して、働いているかどうかをカードにチェックする制をとっている。そして、八時の始業時間に少しでも遅刻すると一時間の減給、また、仕事中に怠けた場合はただちにゲット・アウト（退去）命令が出され、減給とされた。残業は上司の命令のある場合のみ認め、その分の手当ては倍になった。

以上の四つの方法から知られるように、フラー社の持ち込んだアメリカ流の施工とは、徹底したシステム化と機械力の駆使を特徴としていた。その結果、日本のそれまでの施工にくらべ八倍近いスピードをもたらした。

このことは、日本の建設業をいちじるしく刺激せずにはおかなかった。日本の代表的建設会社は〈フラー社に学べ〉をスローガンとし、清水組は、五名の社員をニューヨークのフラー社に留学させ、また、フラー・オリエンタルが丸ビルや郵船で使ったガイデリックをはじめとする施工機械類を譲り受けている。大林組もニューヨークに留学生を送っている。

日本の建設業の長い歩みの中でみると、フラー社の日本上陸は、黒船到来、といったらいいかもしれない。以後、日本の建設技術は、システム化、機械化を目標に、進んでゆくことになる。

大地震とフラー社の追放

さて、以上のような設計図と施工体制により、大正九年七月上旬、工事ははじまり、すでにのべたような現場の様子を経て、鉄骨が組上り、外壁の煉瓦が積み上げられ、もう一月ほどで完成、という矢先の大正十一年四月二十六日、〈東京地震〉（M六・九）におそわれてしまう。

この地震は、一年後の関東大震災の陰にかくれて今日ではあまり知られていないが、結構大きく、いくつかのビルに亀裂が走っている。

この地震により、丸ビルの構造技術上の弱点がすっかりあらわにされてしまった。すでにのべたように、丸ビルの鉄骨構造は、日本側技術陣の耐震上の提案を無視して、フラー社が、地震のない国用の細い鉄骨を、耐震補強をほどこすことなく、組み上げており、これでは地震の水平力に一たまりもなく、ユラユラユラと揺れに揺れ、破壊こそしなかったものの、鉄骨の一部は曲り、煉瓦の外壁には亀裂が走った。このまま今までの構造設計図に従って完成させたのでは、とても、次回からの地震に安全を保証できない。

そこで、三菱地所部は、二つの変更をした。

一つは、耐震性無視に責任のあるフラー社を施工からおろすこと。これが可能だったのは、すでにほとんど仕上っていたからと思われるが、しかし、フラー社が同時進行で受けもっていた郵船ビルと有楽館（日石ビル）の方は、東京地震の被害後も引き続き同社が工事を担当しているところからみると、やはり、丸ビル工事からのフラー社切り離しは、三菱地所の強い意向によるものと考えてよいであろう。

もう一つの変更としては、急拠、耐震補強をほどこしている。すでにほとんど出来上っている上への補強であるから、細い鉄骨を太くするような軸組そのものの取り替えはできないが、細い軸組にさまざまなつっかい棒をかうような策がとられている。

具体的に基準階を例にみると、柱という柱はそれまでの鉄骨に中空煉瓦を捲いた形式はやめ、中空煉瓦を取り除いて、代りに鉄筋コンクリートで捲く。柱と柱の間が壁になっている箇所は、鉄骨のブレース（筋違い）を入れラスモルタルでおおう。柱と梁の接合部には、鉄筋コンクリートでハンチングをつける。外壁回りの補強は、窓の関係でブレースを入れることができないので、かわりに、煉瓦外壁の内側に鉄筋コンクリートを打ち重ねて補強する。

四月二十六日の東京地震の後二ヶ月半ほどかけてこうした補強策を決め、七月上旬に、フラー社に代えて大林組の手で、ふたたび工事を開始し、およそ半年後の翌大正十二年二月二十日、丸ビルは竣工する。当初、工期を二十二ヶ月と予定していたが、東京地震で九ヶ月てまどり、結局、三十一ヶ月で終了した。

「公衆の出入自由」のビル誕生

レンタブル比をぎりぎり高めた平面計画、鉄骨構造、凹凸の少ないノッペリした大きな壁面、そして、工事中のまるで戦艦でも作るようにメカニックな現場風景。丸ビルのすべては新しかった。人々は、これが、アメリカというものか、と思った。赤煉瓦の英国風ビルの並ぶ馬場先通りを一丁ロンドンと言うのにちなみ、アメリカ流の丸ビルと郵船ビルと海上ビルの並ぶ東京駅前の行幸道路を〈一丁ニューヨーク〉と呼ぶ人も現われた。

東京駅のまん前に、図抜けて大きいビルが出来たのだから、黙っていても目立つのに、加えて、形が珍しかった。当時の習慣だと、大きな記念碑的な建物は、塔をつけたりドームをのせたり、色々と派手に飾りたてるのだが、それがないのが、逆に珍しくて、新鮮に映った。

しかし、こうした形や技術といった建築的な特徴だけであったなら、たとえ東京駅前にあるといっても、今日のような〈国民的存在としての丸ビル〉にはならなかったにちがいない。おそらく、郵船ビルや海上ビルや新丸ビルと同様な名ビルの段階にとどまったと思う。

いったい、どのような事情で、丸ビルのみが、名ビルから国民的存在へとビルすごろくを上ることができたのだろう。それは、一にかかって、一、二階の商店街にあったと思う。今でもそうだがオフィスビルというものは、部外者にはとても入りづらい。丸ビルももしオフィスのみ受け入れ、一階を銀行などに貸したなら、最も入りづらいビルの一つになってしまったにちがいないが、さいわい、一、二階を普通の商店街にしてしまう、という大胆な試みがなされていた。これが利いた。

丸ビルの竣工を告げる新聞記事をみると、このことが実によく判る。当時の有力紙『東京日々新聞』の見出しは、

食う物　買う物　何でも彼でも御意の儘《まま》　頗る便利に出来上った丸の内ビルディング

ビルの大きさや技術のことは全く無視されている。記事の方ももちろん、商店街紹介をもっぱらとし、

一階外側は、東京瓦斯、森永製菓売店、三菱銀行、三菱商事、石川島造船自動車部、明治屋、榛原紙店、三中井呉服店、日本製茶販売、三井商会、セールフレーザー自動車部等。又内側には白木屋、菊屋、丸善、冨山房、伊東文房具店、桜組靴店、小沢西洋家具、斉藤薬品、スタンダード・ケミカル・カンパニー、粟谷下駄店、千疋屋、東京製菓パン、清月堂、矢吹高尚堂、深川陶器店、等と殆ど市内で有名な商店が軒を並べここへ出掛けて行けばいくら雨が降っても雪が降っても平気でどんな買物でも出来る訳である。写真屋だけでも江木、浅沼、山田と三軒もある。食堂の方は洋食中央亭、和食花月、吉野すし、汁粉利岡、そばほてい屋、喫茶店宮坂等で、一寸注目にあたひするのは栄養研究所の食堂だ。また館内に丸の内新聞社が創立せられ二月一日から『丸の内新聞』といふ小形八頁の週刊新聞が発刊される。（『東京日日新聞』大正十二年一月二十七日）

『東京日々新聞』にくらべると『朝日新聞』の方は、ビルのデカさを軸に記事を組んでいるが、それでも、商店街の本質はしっかりおさえている。

総数八百個の部屋を繞る廊下の延長が驚く勿れ一里四町、一般に開放し公衆の出入自由に任せるといふ。一階の商店向貸間の外側は四面とも硝子張りの明るい飾り窓で、東京駅に向った正面入口から郵船ビルデ

図Ⅱ⑫　丸ビルのテナント表（商店の部）

丸ビルのテナントの表　（商店の部）、昭和二年四月　（職業と別使用坪数）

階別 / 職業別	地下階（單位坪）	壹階	二階	階別 / 職業別	地下階（單位坪）	一階	二階
食堂	(3) 430.44	(2) 128.38		化粧品店		(1) 11.54	(1) 22.34
スシ	(1) 11.34			額縁店		(1) 5.70	
しると	(1) 11.34			陶磁器店		1) 21.96	
理髪店	(1) 22.34			運動具店		(1) 5.70	
靴修繕	(1) 11.17			花屋		(1) 11.54	
銀行		(1) 130.82		ドラッグ		(1) 11.54	
喫茶及菓子店		(3) 74.04	(1) 22.34	パン屋		(1) 11.23	
瓦斯器陳列所		(1) 130.82		名刺印刷店		(1) 3.00	
タイプライター		(2) 115.69		蓄音機店		(1) 11.54	
薬屋		(1) 65.65		袋履物店		(1) 11.54	
満鐵出張所		(1) 43.67		洋品雑化店		(1) 8.75	(3) 57.51
楽器店		(1) 56.60	(1) 11.17	果物店		(1) 11.54	
洋酒、罐詰店		(3) 167.84		洋服店		(1) 11.54	(2) 44.41
郵便局		(1) 31.74		美容院		(1) 15.84	(1) 11.17
ラヂオ器具		(1) 11.42	(1) 22.34	靴、カバン店		(1) 17.24	(2) 33.51
茶店		(1) 11.42		骨董店		(1) 1 .17	
呉服店		(2) 77.02	(1) 1107.42	漆器店		(1) 11.17	
紙、文房具店		(2) 54.52	(1) 33.51	洋装布地店		(3) 57.51	
自動車店		1) 59.49		計算器店		(1) 11.17	
時計店		(2) 17.50		眼鏡店		(1) 11.17	
帽子店		(1) 11.54		美術品店		(1) 44.68	
書店		(2) 31.63	(1) 11.17	刄物店		(1) 11.17	
寫眞機店		(2) 19.93		寫眞店		(1) 22.34	
室内装飾品		(1) 11,54		雑誌社		(1) 33.51	

Ⅱ⑫

図Ⅱ⑬　丸ビルのテナント表（事務所の部）

丸ビルのテナントの表　（事務所の部）　昭和二年四月　（職業別ト使用坪數）

階別 / 職業別	三階	四階	五階	六階	七階	八階	合計	一人當リ平均坪數
商店、商會等	(19) 356.90	4) 112.15	(9) 140.57	12) 166.56	(12) 165.15	(6) 86.06	1027.39(62)	16.10
個人事務所	10) 196:92	(3) 67:70	(3) 38.99	(5) 83.28	(9) 103.66	(6) 120.27	613.25(36)	17.00
工業、鑛業會社	(7) 128,01	(9) 171.43	(4) 118.77	(10) 385.61	(9) 217.69	(13) 319.34	1340.85(52)	26.40
電力會社				(4) 96.64		(2) 51.00	147.64(6)	24.60
商船、運送會社						(5) 127.24	127.24(5)	25.50
水產及漁業會社					(4) 168.47		168.47(4)	42.00
興業拓殖商事會社	(3) 55:64	(2) 18.69			(5) 88.53		162.86(10)	16.28
法律事務所	(4) 63.79	(4) 53.53	(2) 33.30	(3) 65.84	(3) 63.22	(3) 46.45	326.13(19)	17.10
建築事務所			(1) 33.51		(4) 56.94	(1) 22.34	112.79(6)	18.60
會計士事務所	(2) 26.80						26.80(2)	13.40
特許事務所			(1) 44.91		(2) 26.90	(1) 23.21	95.02(4)	23.70
醫院	3) 53.80	(1) 15.73			(2) 47.19		116.72(6)	19.40
齒科醫			(1) 15.73	(1) 15.73		(1) 15.21	46.67(3)	15.50
火災保險			(2) 335.86		(1) 23.74		359.60(3)	120.00
保險會社				(2) 69.10			69.10(2)	34.55
學會	(2) 29.18	(1) 16.65	(1) 46.42				92.25(4)	23.06
協會	(2) 51.25	(2) 31.46			(2) 44.47	(1) 11.17	138.35(7)	19.70
組合	(2) 44.47	(2) 31.24	(1) 33.51				109.22(5)	21.80
請負業						(2) 117.63	117.63(2)	58.80
建築土木請負業				(1) 485.00	(4) 63.50		548.50(5)	109.50
雑誌社	(1) 44.91	(1) 51.25			(3) 61.85		158.01(5)	31.70
階下商店事務所	(3) 129.94						129.94(3)	43.50
銀行	(1) 73.18						73.18(1)	73.18
土地會社	(1) 35.90		(1) 65.02			(1) 35.40	136.32(3)	45.50
満鐵會社		(1) 466.70					466.70(1)	469.70
煙草會社					(1) 68.00		68.00(1)	68.00
球戯場						(1) 147.22	147.22(1)	147.22
倶樂部						(1) 83.50	83.50(1)	83.50
空室	116.25	205.91	504.00	51.25	224.33	272.68	1374·42	
各階面積對空室率	8%	14.2%	34.9%	3.5%	15.5%	19.8%	15.8%	

Ⅱ⑬

イング側へと、東京海上に面した横側から真直に南へぬける十文字の館内道路《アーケード》に沿ふては市内一流の各種の商店が軒を並べて売店を出し、宛《さなが》ら小銀座といった市街美を現出する筈だが、これは、申込が四十倍にも上ったのをそれぞれ銓衡したといふから店毎の種類は変っていても大きく見れば一種のデパアトメント・ストアでもある。(『朝日新聞』大正十一年九月四日)

もし、この報道が正しいとすると、「公衆の出入自由」を許したビルは丸ビルが最初ということになるし、一階にデパートが入った、という指摘も面白い。

以上の新聞報道で知られるように、丸ビルが国民的ビルになったのは、誰でも自由に出入りできる商店街を設けたことが大きかった。こうした、一、二階の商店街ほどではないが、三階以上のオフィス階も、国民ビル化推進にあずかっている。その前提となったのは、それまでのビルとちがい、受付という関門を排して誰でも自由に廊下を歩けるようにしたことだが、それに加えて、フロアーを貸したテナントの職種の影響も大きかった。

一丁ニューヨークに並ぶ三つのビルのテナント表を比較して見るとすぐ判るように、丸ビルは海上ビル、郵船ビルにくらべ、法律事務所、建築事務所、会計士事務所、特許事務所、医院、歯科医、学会、雑誌社、といった知的な自由業者や文化的団体が、数多く入っている。いくら丸ビルの総面積が大きいといっても、たとえば、丸ビルと郵船ビルの法律事務所の数が、十九対一、また、建築事務所が六対一、医院が六対〇、雑誌社が五対〇、というのは、あまりであろう。

むろん、貸ビル業の帳簿面からみると、区々たる個人事務所に貸すよりは、大きな会社にまるごと貸した方がはるかに上りはいいのだから、丸ビルのテナントは、海上や郵船より落ちるといえなくもない。実際、丸ビルのオープン当初、なかなかテナントが集まらなかったというのも事実で、大口をあきらめ、小口のテナントを数で集めたということもあったにちがいない。しかし、その結果、弁護士、建築家、医師といったジェント

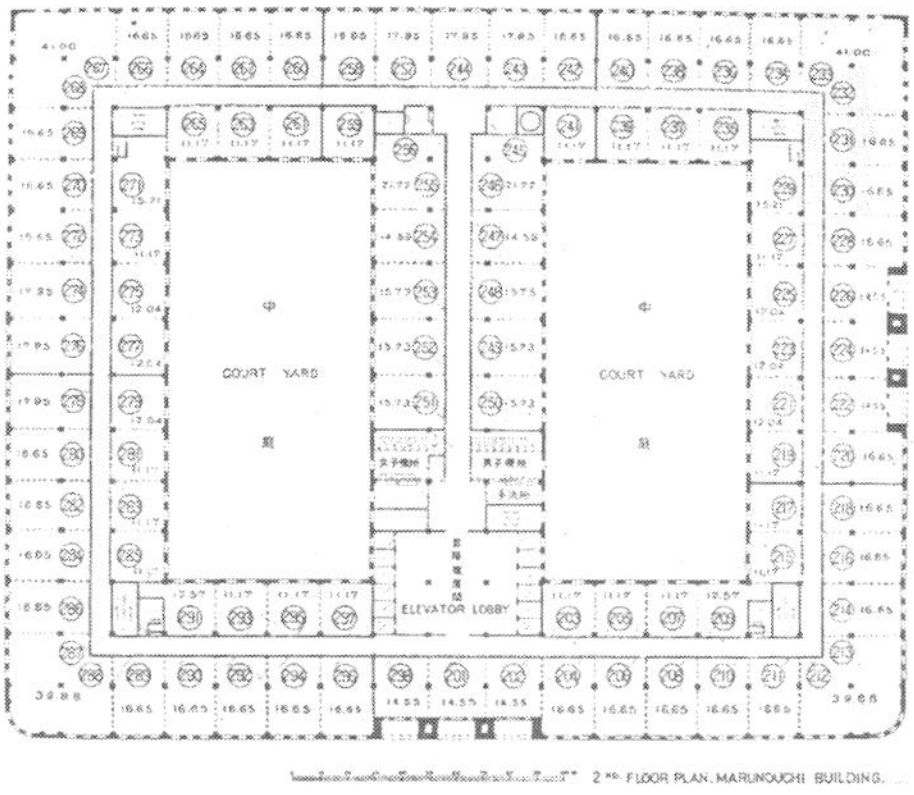

Ⅱ⑭

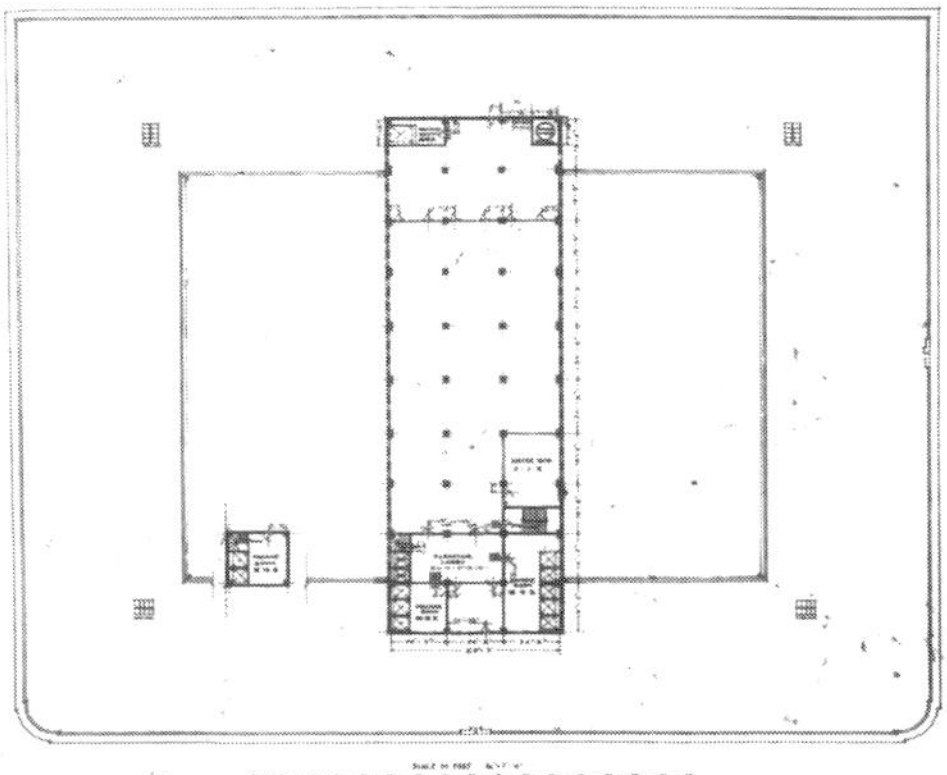

Ⅱ⑮

Ⅱ⑯

Ⅱ⑰

Ⅱ⑱

Ⅱ⑲

図Ⅱ⑭　大正一二年の二階平面図と部屋の番号

図Ⅱ⑮　大正一二年の九階平面図

図Ⅱ⑯　手洗所は入口と出口が別々の左通行である

図Ⅱ⑰　二階男用手洗所とトイレはたっぷりしている

図Ⅱ⑱　エレベーター前のエリートサラリーマン

図Ⅱ⑲　一階の階段の賑わい

ルマンがここに事務所を構えたのは、ビルのイメージ作りには大きく役立ったと思う。このおかげで、きざにいえば、ビルに知性の香りがついた。

アメリカ式オフィスビルの下に一流商店街、上にジェントルマン、そして時代は大正のサラリーマン隆盛時代、とくればどうであろう、答えは〈あこがれの丸ビル〉に決まっている。

丸ビルは、まずビルの中味によって、時代の空気をつかんだ。そして、その上ではじめて、人々は、丸ビルの形に目ざめる。たしかに、これまで目にしたことのない新鮮な形をしている。

そうした時、たいてい、建物は、横浜の女王とか神戸の戦艦とか、何か目立つものにたとえられて定着するのだが、丸ビルのように、とてつもなく大きいくせに無口でのっそり座っている姿は、いったい何にたとえればよいのだろう。市民はとまどったようだ。しかし、そのうち、誰いうとなく、〈丸ビルにして何杯〉、のたとえが生まれ、これがとまどいを消し、丸ビルのイメージは定着する。

建物を計量器にたとえるというのは、前例のないことだが、ことの本質をうまくとらえている。たしかに、言われるとおり、このビルは、記念性や芸術性や快適性を求めて計画されたわけではなく、あくまで、広い貸しフロアーという量を目的に作られたビルだった。そのために、質のヨーロッパに対し量の国といわれるアメリカの方法を駆使したのだった。

具体的な形も、左右高さのプロポーションといい、壁面に凹凸がない所といい、また、東京駅前広場と行幸道路の広々とした角地にポツリと置かれた立地といい、実によく、一升枡に似ている。丸ビルを手先でグイとつかみ、何かの量をこれで一杯二杯と計ってみたいと考える人が現われても不思議はない。

大正十二年以後、日本人がどれだけたくさんビールを飲もうと、東京都民がどれだけ水道を使おうと、表現に困ることはなくなった。電車にのって東京駅で降り、駅前で丸ビルを借りてきて、計ってみればいいのだから。

東京駅誕生記

駅舎というもの

東京駅の建物のことについて書こうと思う。

書こうと思って、さまざまな本を開いてみても、東京駅について細かく触れた本はないし、いやそれよりも駅舎というものの歩みについて、書かれた本が日本にはない。もちろん、明治以後の建物の歩みの研究（日本近代建築史研究）は、戦後、長足の進歩をとげているが、しかし、映画館とかデパートとか銭湯とか、銀行とか、そういった各建物種類別の系統史はほとんど手が付けられていない状況にある。

もちろん、駅舎の歴史もそうで、何がその時々の建築的テーマで、それがどう解決されてきたのか、サッパリ分からない。私とて、辰野金吾という建築家のことをあれこれ調べていて、たまたま彼の代表作の一つが東京駅だったから、駅舎について興味を持つようになっただけだ。

そんな軽い好奇心で、古い昔の駅舎のいろいろを、写真でみたり、実物をたずねたりしているが、今のところ、〝オッ、これだ〟と膝を打つような歴史の筋が見えたり、是非深追いしてみたいと思うようなテーマが現れたり、ということはない。

ただ、いくつも見ていると、自ずとチリが積もるようにして、〝これは言えるかもしれない〟と思うことがある。

その一つは、駅舎という存在の、

〈不思議な部分〉

である。

いや難しい言い方になってしまったが、矛盾といっても駅の管理上や機能上のことじゃなくて、あくまで、建物の見た目の表現上のことで、駅の建物には、極端に人格化して言うと、

〈賢夫人と遊女〉

の二つの顔が混り合っている。そういう矛盾。もう少し建築的に言うと、

〈官庁みたいに重厚な記念碑性と、商業建築じみた大衆性〉

が共存している。

〈重さと軽さ〉、〈沈黙とおしゃべり〉、といってもいい。

たとえば、日本の駅舎第一号の新橋駅（図Ⅱ⑳）と横浜駅は、重厚な記念碑性の方の第一号だ。もちろん、設計したのがブリッジェンスという米人で、どうもちゃんとした建築教育を受けたことのないたたき上げ的な技術者だったから、木骨石造（木の柱を内側に立て、外側に石を積み、両者をカスガイでつなぐ技法）なんていうアメリカ開拓向けの便宜的やり方を採用し、かつ、窓回りや軒のパラペット（軒の手すり状の立ち上がり部分）のデザインは下手くそ極まりなくしてしまったが、それでも、全体の記念碑的な重厚さというか、無口さはたいしたもので、ほとんど石のかたまりをズドンと置いたおもむきがある。

このデザインは、やや専門的に言うなら、ルネッサンス系のスタイルということになる。あるいは、古典系のスタイルといってもいいが、ようするに、ギリシャ神殿にはじまり、ローマをへ、中世に消え、ルネッサンスに再び盛り上がるスタイルのことで、石の材感を好み、ギリシャ神殿みたいなペディメント（三角破風。新橋駅の窓の上部に付いているもの）や列柱を付けたがる。視覚的な印象としては、重厚で記念碑性の演出にまことにふさわしい。

新橋駅は、下手クソながら、そういうスタイルになっている。

現在残る例でいうと、門司港駅や軽井沢駅、日光駅なんていうところが、このルネッサンス系のスタイルを踏襲している。

なぜ、新橋駅がこうした記念碑的なスタイルを採用したかというと、もちろんブリッジェンスの個人的好みもあったにちがいないが、それ以上に、やはり、日本最初の駅にして首都東京の出入口、という気張りがあったからだ。

たしかに、駅という存在は、どの都市にとっても、表玄関であり、顔であるから、重厚に記念碑的に作りたがる気持ちは分かる。

しかし、かと言って、議事堂や裁判所みたいに本当に記念碑になるかというと、そうはいかない。それほどの神聖さはもともと欠けているし、だいいち、議事堂や裁判所とはちがって、誰もが毎日そこを通過するごく大衆的な働きをするのが駅の任務にほかならない。

駅は、都市の表玄関でもあるが通用口でもある。

通用口といって悪ければ、そこから人々が街に吐き出されてくるという意味から、街のにぎわいの発生口といえばいい。

こうしたもう一つの駅のあり方を、印象的に教えてくれるのは、旧愛知停車場の駅舎（図Ⅱ㉑）である。今の人には一見して、これが駅と思えるだろうか。しかし、古い駅舎ファンで注意深い人ならすでに納得されたように、たとえば今の原宿駅のロマンチックな姿など、この愛知停車場にたしかに一脈通じている。原宿にいったら一度眺めてもらいたい。

長野宇平治という建築家が若い頃に手がけたもので、明治三十二年に作られ、その後の駅舎の表情に大きな影響を与えた作品として知られている。どういう影響を与えたかというと、それまでの重厚な記念碑的な駅と

Ⅱ⑳

図Ⅱ⑳ 新橋駅（ブリッジェンス 一八七一 東京）

Ⅱ㉑

図Ⅱ㉑ 愛知停車場（長野宇平治 一八九九 奈良）

は別の道があり得ることを教えてくれた。これ以後、軽くて、変化にとみ、まるで遊園地の子供の城のようなロマンチックな表情が駅にも許されるようになる。

この駅舎のデザインは、専門的にいうと、大きくゴシック系とよばれるスタイルに包括される。ゴシック系というのは、先に述べたルネッサンス系（古典系）と対立的に語られるスタイルで、中世のロマネスク・スタイルに根を発し、中世キリスト教会で花開き、近代になって再びリバイバルしてくるもので、材料でいうと赤煉瓦をムキ出しで使うことを好み、ズドンと落ちつくよりは、軽く腰を上げたがり、たいそうにぎやかで、とりわけ、スカイラインの変化の妙は得意技だ。

愛知停車場の場合は、具体的にみると、玄関の柱などにルネッサンス系が混じっているが、大屋根の変化にとんだ軽快なスカイラインにみられるように、全体としては、ゴシック系のイメージに従っている。

こうした、ロマンチックな駅舎デザインは、以後、木造駅舎の一つの方向として採用され、現在残っている例でいうなら、原宿駅はじめ、南海電鉄の浜寺駅、あるいは和風を混用した出雲大社駅などがある。

僕が、これまでいろんな駅を見歩いた中で考えついたことといえば、以上のような、駅舎の表情の二面性のことくらいだ。このことは、実は東京駅を考える時に一つの切り口になる。

市区改正計画の一環として

さて、駅の王様東京駅についてだが、まず建物の具体的なことに入るまえに、あの位置に駅を建てることがどのように決まってきたか、から始めたい。

当初、東京における駅の立地というのは、東海道本線（新橋横浜間鉄道の後身）の終着駅としての新橋駅にせよ、東北本線と上越線の終着駅としての上野駅にせよ、いずれも、都心部を避けて、周辺部に位置していた。

日本列島の縦貫鉄道ともいうべき東北本線と東海道本線も、東京だけは貫かず、まん中で切れた状態になっていた。

それを一本につなぎ、名実ともに鉄道によって日本列島を一つにしようと考え出して、計画を立てたのは、内務省であった。

当時、内務省の一翼に属していた東京府の知事・芳川顕正は、明治十五年から二年をかけて東京改造案を練り、明治十七年十一月十四日、これを『市区改正意見書』と銘うって内務大臣山縣有朋に上申し、容れられる。これが後に「市区改正芳川案」と呼ばれるもので、ここからスタートする一連の都市改造計画は、全体として、〈東京市区改正計画〉と呼ばれ、今日の日本の都市計画の大本になった名高い計画で、道路のみならず、公園、運河、市場、劇場、土地利用、上下水、などなど都市の基幹問題をすべて視野に納めた画期的なものとして知られている。その計画のメインテーマの一つとして、都心部を貫く鉄道がはじめて提案され、その要の位置への中央駅の設置が語られたのだった。

具体的に、見てみよう。

　鉄道　鉄道は新橋上野両停車場の線路を接続せしめ、鍛冶橋内及万世橋の北に停車場を設置すべきものとす。

……東京市区内に於て貿易商業を営むの最も盛なりとするは、前にも掲げたる如く日本橋近傍の地にあり。諸国物産の輸入、若くは東京より諸国に輸出すべきもの、概ね該地問屋業を営むものの手に籍らざるはなし。……故に前記両停車場の線路を図面の如く接続せしめ、鍛冶橋内に中央の停車場を設け、又神田川の北に一の停車場を設置し、彼此の交通及び貨物運輸の便利を増進せんと欲するなり。（『市区改正意見書』）

ここに提案された鉄道の路線は、今の新橋上野間の山の手線とほぼ重なり、中央駅の位置も今の東京駅ときれいに一致する。つまり、この計画が東京駅のルーツになる。

さて、明治十七年に提案された市区改正芳川案は、翌年十八年二月から十月にかけ、市区改正審査会の席上、審議されているが、もちろん、鉄道計画も大いに論議の対象となる。

まず、反対論から。

渋沢栄一「商工会に於て一つ修正案あり。之を我説として主張するにあらざるも一応申上ぐべし。鉄道の連絡を上野新橋間に通するは表面より考ふれば欲する所なるも、其入費の全額と相比較するときは或は其れ程の功用なかるへし。故に新橋停車場の方は新橋に止め、而して上野の方は今少し西へ線路を延ばし、和泉橋近傍に停車場を置くべし」

益田孝「市街の中央に鉄道の貫通するは随分不便なるものなり」

小野田天熙「万世橋に停車場を設くれば新橋との距離甚だ僅かにして、此間は馬車にても左のみの不便はあらざるべし」

こうした繁華街の中を貫く故の土地買収経費の増大と、町を分断することへの不安からの反対論に対し、原案作製担当者の原口要東京府技師は、鉄道技師出身者としての新知識を押し出して、反論する。

原口要「近来は都府の中央を鉄道の通過すること一般となり、英の如きは年々増殖せり」、「此停車場を二ケ所に分つときは貨物の揚げ卸し別々となりて、機関や車や又は役人等の入費も嵩むに付同じことなれば一線に接続せしめ置くべきなり」、「独り（東北地方から）横浜への連絡を通するのみならず、一体新橋なり上野なり共に片寄り居るにより中央に停車場を設けたき考えなり」、「亜米利加の鉄道は皆中央ステイションより分るることとなりて居れり。蓋し欧羅巴にても都府の市街を新たに建るなれば左様にせしことならん」

以上のようなやりとりの後、結局、井上勝工部大輔はじめ鉄道に詳しい面々の意見に従い、原案どおり、鉄道を貫通し、中央駅を作る計画が認められる。

以後、この市区改正計画は、何度も何度も審議され、変更を重ねてゆくが、しかし、貫通する鉄道と中央駅の位置については、変わらなかった。つまり、国が進める東京改造計画の中では、いつも不動の位置を占めていたわけである。

しかし、一度だけ、とんでもない横槍が入ったことがある。それは、政府内で内務省主導の市区改正計画に反対の立場をとった外務省の連中が明治十九年、ドイツ人建築家エンデとベックマンに依頼して別の東京改造案をまとめた時で、この案によると、鉄道はもう一筋海寄りを貫通し、中央駅は、銀座の商店街を潰して作る予定であった。しかし、市区改正計画側にとってうれしいことに、この反対案はいろいろな事情で陽の目を見ず、自分たちの案が、以後、実現の日まで生きてゆくことになる。

さて、すでに見た市区改正計画の審議の中で、中央駅は、今の東京駅と位置は重なるものの、駅の果たすべき役割としてはそうとうに違ったものとして考えられているのに注目していただきたい。

今の東京駅は、ただ東京の真ん中にあるというわけではなくて、天皇の駅として、また国家のシンボルとして大正三年に建設され、荷物の運搬とかの経済効用はほとんど考えられていなかったのに対し、市区改正の中での中央駅は、まるでシンボル性については論じられず、むしろ、東北の荷を港ヨコハマにいかに運ぶかとかの物理的な実用性のみを巡って賛否が交わされている。

このことは、中央駅の周囲をどう使うかにもはっきり現われている。

明治十七年の「市区改正芳川案」は、中央駅の前に広がる丸の内地区について、官庁地域にすることを提案しているが、しかし、駅前に大通りを通して皇居とつなぐようなことは考えていなくて、あくまで、官庁街に口を開ける実用的な駅として計画している。

また、明治十八年の「市区改正審査会案」の中では、駅前一帯は「町地」としてふつうの商店街に開放することになっている。

当時、丸の内一帯は、旧大名屋敷の跡に、陸軍関係の施設が入り、その移転後をどうするかが考えられていたわけだが、誰も中央駅と丸の内をはさんで向こう側にある皇居をつないで考える者はいなかった。つまり、まだ、東京の中央駅は天皇の駅としての性格を帯びていない。このことは、市区改正草創期における中央駅の性格の特徴として忘れてはならない。

さて、この市区改正計画は、実行することだけは決められたが、しかし、土地買収をはじめ経費が膨大にかかることからなかなか着手されなかったが（水道計画はすみやかに実行された）、明治三十六年三月に、計画立て直しのため「市区改正新設計」という規模縮小案が作られ、ぜひともこれだけはという計画が選び出された。もちろん、鉄道と中央駅もこの内に含まれている。

こうして、明治三十六年、いよいよ計画は実行に移る。

しかし、実は、この「新設計」の立案に先立ち、鉄道路線については、日本鉄道会社と逓信省鉄道作業局がお雇い外国人の指導で「芳川案」を少し変更している。まず、日本鉄道会社お雇い技師のドイツ人のルムショッテルが路線を少し北にずらした。これは明治三十年十二月に市区改正案で認められる。

この案の決定の後の明治三十一年二月に逓信省工務顧問に雇われたドイツ人のフランツ・バルツァーは、ルムショッテルの路線案をさらに合理的に変えることを主張するが、土地買収費がかかりすぎることを理由に、結局、原案どおり「新設計」は決定され、公布される。

市区改正の決定権を持つのは、もちろん内務省内に設置された市区改正委員会だが、この委員会は、上下水道や鉄道といったきわめて専門性の高い技術分野に対しては、水道局なり鉄道局なりに実質はまかせ、その結論を審議して公認するという立場をとっていて、ルムショッテルとバルツァーの指導になる鉄道案についても、そうしたのだった。

バルツァー案

さてこのバルツァーは、明治三十六年二月まで、つまり「新設計」決定の時まで逓信省（鉄道作業）局に高等顧問として勤めていたわけだが、この時に、鉄道建設の指導ばかりでなく、駅舎の建物の具体的な計画まで作成したことが知られている。

この案の存在は、これまであまり報告されたことはなかったが、東京駅の配置計画の骨格を決めたものとしてきわめて重要といわなければならない。

ではどのような内容の建物であったのだろうか。

東京駅の設計者辰野金吾がただ一つ残したと思える「中央停車場の建築」についての文章の中で、彼は次のように語っている。

中央停車場《ステーション》の位置が現在の処（丸之内）と決つてからの最初の設計は、独逸人某氏の手で出来た。その設計は今の様に連続した長屋ではなく、第三図のやうに切れ切れの建物を線路側に並べる積りであつたらしい。……其の建図《エレベーション》は余程変つたものであつた。構造は純煉瓦造り。大体の外観《フィーチユーア》は西洋館で、瓦葺の屋根に日本風の棟《むね》、降棟《くだりむね》などを付け、軒先には短かい化粧室（化粧椎《たるき》の誤植か?）を並べ、出入口の上には唐破風を乗せると云つた様な遣り方で、恰度新来の西洋婦人が洋服を着て居ながら、赤毛の島田髷《まげ》に花簪《かんざし》をさし、カラやカフスの代りに友仙の裂を巻きつけて、駒下駄を穿いたといふ扮装《いでたち》。自分は珍しいから嬉しくも思ふだろうが、日本人の目には甚だ不格好で、不釣合で、加味した日本趣味も総べて不消化で、とても呑み込まれないもののやうであつた。それで同設計者の理窟は中々面白い。日本人には如何に骨を折つても、西洋風建築で世界と競争することは出来ぬから、日本様式で設計するがよい。且つ西洋の模倣は不見識で、国民性から云つても甚だ面白くないと云ふ意味であつたと聞いている。（辰野金吾「中央停車場の建築」『学生』大正二年一月号）

この辰野の証言と付図により、バルツァー案の建築スタイルと配置がそうとう明らかになる。まず、スタイルから言うと、言葉の上からしかわからないが、とにかく、煉瓦造の上に日本屋根を載せ、出入口には唐破風を付けた和洋折衷様式だった。

バルツァー案の作られたのは、おそらく、本務の鉄道の計画が終わってからの〈余技〉と思われるから、明治三十六年早々頃と推測されるが、この時期にドイツ人が奇怪な和洋折衷建築を試みていることが、僕にはなんとも興味深い。

おそらく辰野金吾も、十数年前を想い出して、〝またドイツ人の和洋折衷かあ〟とうんざりしたにちがいない。というのは、さきほどちょっと触れた明治十九年のエンデとベックマンの東京改造計画の中で、国会議事堂や最高裁判所が、煉瓦の建物に日本屋根を載せ入口に唐破風を付けた折衷スタイルがドイツ側から打ち出され、これに対し、辰野金吾はじめ日本人建築家は、「和三洋七の奇図」としてさんざんクサした過去があったからである。

結局、エンデとベックマンの奇図は、全体としては退けられたが、最高裁判所のホールの天井には残り、日本とも中国ともヨーロッパともつかぬ不思議なムードをただよわし続けることになるが、あるいは、バルツァーは、ドイツ人の先輩技師の仕事として最高裁を訪れた可能性もあるし、さらにあるいは、明治三十一年の来日に当たり、ちょうど十年前に日本で仕事をしたエンデやベックマンとベルリンで会っている可能性だってなくはない。会わなくとも、エンデやベックマンの奇図は、ドイツの建築雑誌に大々的に発表されてもいるから、それを見た可能性もある。とにかく、いずれにせよ、国家レベルの建物を和洋折衷の奇図で飾ろうとしたのは、エンデとベックマン、そしてバルツァーという順になる。

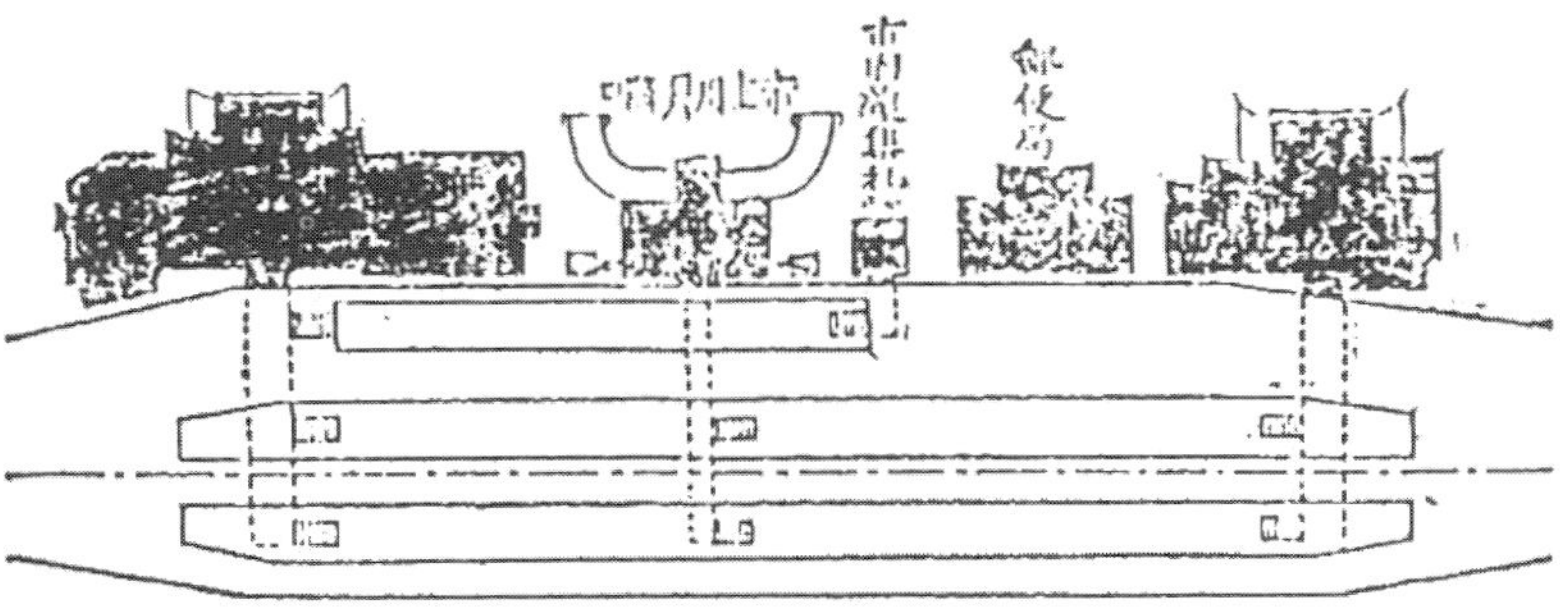

図Ⅱ㉒　バルツァー案

さて、つぎに、図Ⅱ㉒により、バルツァー案の建物配置を見てみよう。まず、驚かされるのは、今日の東京駅の配置上の謎というか特徴が、ことごとくすでに出されていることだ。

たとえば、中央に、帝室用昇降口と書かれた独立の建物が、バロック風のアプローチを見せて建っているが、これこそ、後の東京駅の中央部に位置する帝室用御出入口の原型にほかならない。

また、その北脇の市内線集札所つまり市内線出口（集札所とは、切符を受け取る意味から出口のこと）も、ほぼ同位置のまま後の東京駅の市内電車用の集札所（出口）になっている。

そのまた北脇には、郵便局が配置されているが、これは東京駅には続いていない。代りに東京駅はこの位置に、小手荷物関係を配しているが、似ているといえなくもない。

こうした帝室用昇降口と市内線集札所と郵便局の三棟を間に置いて、その左右にズドンズドンと、二つの大きな建物を置いている。名は書かれていないが、その後の東京駅の使い方から見て、南側のやや大きい方が改札所（入口）とステーションホテルで、北側のやや小さい方が集札所（出口）と考えてよいだろう。大きさに差のあるのは、ステーションホテルのせいと推測するわけだ。

このように、日本の他の駅舎に類のない、東京駅だけの特徴として知られている、中央部への帝室用玄関の配置と、左右への入口出口の分離は、すでにバルツァー案の中で出されている（なお戦後、この習慣は廃止された）。

もちろん、駅舎の機能は、鉄道のプラットホームの側と深く関係しているわけだが、バルツァー案のプラットホームの構成を見ると、まず、駅舎に近い方に短かいホームを置いて、そのホームの両端を改札所と市内線集札所につないでいる。このことからこのホームが市内線用であることが分かる。その隣には、長い二つのホームを置き、改札所と集札所、さらに帝室用昇降口とそれぞれつないでいる。このことから、この二つは、長距離用の汽車のホームであることが分かる（天皇は地方の行事の時のみ駅を使うから）。

こうした駅舎とプラットホームの使い方は、後の東京駅にそのまま踏襲されている（ただし、市内線用ホームは二つに増えているが）。

つまり、東京駅の配置構成のベースは、バルツァー案により礎えられたわけである。

さて、では、なぜバルツァー案においては、中央、南北両端という出入口の三分割が行なわれたのであろうか。中央に皇室専用玄関を置くのは分からないでもないが、一つの駅の出口と入口を、北と南に約二丁（二百余メートル）も離して置くのは、今日の常識からいうと謎というしかない。間違って入口の方に向かった降車客は、駅員に注意されはるばる二百余メートルも歩いて出口までもどらなくちゃいけないという不便が生ずるのだ。

はたして、こうした三分割配置は、バルツァーの発案になることだろうか。

まず中央部に帝室出入用の建物をドンと据えることは、中央駅の基本的な性格規定に直結することだけに、一外人のアイデアで許されることではないと考えられる。

かつての市区改正計画の中での中央駅の性格は、実用性一本で非シンボル的であったが、バルツァー案を含むより大きな計画としての「新設計」での中央駅の扱いを見ると、うって変わって、駅前から皇居に向かって走る（まだ途中で止まっているが）大道路がはじめて計画されている。

ということは「新設計」の中で、皇室用の駅という性格付がなされたと考えられるわけで、こうした大きな日本側の意向が、バルツァー案に影響したのではないだろうか。

いずれにせよ、中央部に皇室専用出入口を取ってしまうと、後は、その左右を出入口として使うしかなくなる。おそらく、こうして、自ずと、東京駅の出入口三分割は発生してしまったのだろう。

さて、しかし、左右の出入口を、今のように両方とも出入兼用にすればいいのに、なぜ、わざわざ南を入口、北を出口と二分してしまったんだろうか。これはたしかに、戦前までの東京駅の大きな謎であった。

しかし、改めて考えてみると、今の京都駅などたいていの地方中核都市の駅では出口と入口は少し離れた所に分けて置かれている。こうすることで、出る人の群れと入る人の群れの衝突を防いでいるわけだが、おそらく東京駅もそのように考えたんじゃないだろうか。ところが、中央を皇室用に使うということがあったものだから、その分離が極端になっておかしなことになってしまった——と考えたらどうだろうか。

バルツァー案のもう一つの不可解として、大きく三棟に分け、細かくいうと五棟にも分けて一つの駅舎を構成した点がある。それも、五棟があまりにてんでんばらばらで、一つの駅舎とはとても思えないほどだ。これが日本側の意向でないことは、後に引く辰野金吾の言葉から知られるが、おそらく、鉄道技師のバルツァーは、統一して壮麗にするといったようないかにもアーキテクト的な美的関心に興味がなかったのかもしれない。天皇の駅という記念碑的性格を求められながら、バルツァー案は建築的にはまるでその要求に応えていない。

明治三十六年二月、バルツァーの解雇とともに、この案はひとまず終わる。

辰野第一案

さて、明治三十六年三月に「市区改正新設計」が公布され、いよいよ、鉄道と中央駅の計画が実行に移されることになると、駅舎の設計の白羽の矢は辰野金吾に立てられる。

辰野は、前年の末、長く勤めた工科大学長の要職を自ら去り、五十歳を機に、民間に設計事務所を構えたちょうどその年に当たっていた。あるいは、中央駅の設計をある程度見越しての独立と考えられなくもないが、しかし辰野の性格や、辞める必要のない工科大学長という要職を、人生五十年を一期として後身に道を譲るためにキッパリと辞めた事情からみて、そういう下心はなかったであろう。たまたま、運良く大仕事がとび込んできただけにちがいない。

それにしても辰野にとってはうれしい仕事だったにちがいない。彼は、常日頃、「建築家として生まれたからにはやって見たい仕事が三つある。それは、日銀と東京駅と国会だ」と語っていたくらいで、いよいよ、日銀に続き東京駅を手がけられることになった。

もちろん、当時の日本の建築界では、並ぶ者のない第一人者だったから、〝辰野がやる〟となれば、どこからも文句の出る筋合はない。そのうえ、駅舎のことを所轄する作業局長官の土木技師平井清二郎は、明治十二年に政府留学生として一緒に渡欧して以来の知己であるし、さらに幸なことに、平井自身もかつて北海道庁舎（明治二十一年竣工。現在のもの）の設計を手がけたこともあり、建築デザインという領域への理解は深かった。

明治三十六年十二月、正式に設計が依頼される。その時、建て主からは次のような要求が出された。

（バルツァーの五軒分離の配置計画について）併《しか》し、それでは小さな家を並べた丈で、帝都の中央停車場《ステーション》としては見すぼらしいと云ふので、当時の平井作業局長官から、予《よ》に建物を連続せしめて多少壮観を呈するやうなものをといふ注文を出された。（辰野・前出）

もちろん、これは建築家なら誰でも同感のことで、辰野も一体化を考える。

そして、バルツァーの〝日本には和洋折衷がふさわしい〟との考えについては次のように批判する。

（バルツァー案は）一応御尤《ごもっとも》の説ではあるが、石や煉瓦を以て純日本式の家を建築することは容易でない。本柱を立てて屋根を支へる様に発達した建築の様式を、直ちに石や瓦を積んだ壁で、床や屋根の重量を荷や建築に応用することは困難《むずか》しい。現に同氏の設計のような、島田髷の洋美人式のものが出来る。寧ろ丈《せい》が低くとも、色が黒くとも、洋服を着るならボンネットを冠り、靴を穿く方が適当である。それが即はち、現在の建築様式を選んだ理由である。（辰野・前出）

以上のように辰野は、バルツァーの分棟式の配置を一体化して、一つ建物に収めることを配置計画の基本とし、また、建物の表現については、「丈《せい》が低くとも、色が黒くとも」あくまで純洋式でまとめることを基本とし、図Ⅱ㉓のような第一案を作り出す。

一目見て分かるように、今日の東京駅の基本的要素がほぼ出揃っている。

中央部に皇室用玄関を置き、左右にそれよりややかさのある出入口を置き、この三カ所を低い中間部でつなぐ。こういう全体構成とともに、建築のスタイルも現在の東京駅と良く似る「辰野式ルネッサンス」と当時呼ばれた独特のものだ。とりわけ、左右の出入口の部分は、正面上部のアーチ型の破風といい、大ドームの屋根の形といい、そっくりというほかない。

バルツァーの配置計画を一棟にまとめて、その上に辰野式ルネッサンスの衣裳を付けたのが、今の東京駅の建物のスタートということになる。

このように、基本的なところは実現案につながってくるのだが、しかし、いくつかの点では明らかに違っている。

まず、階数が、ずっと低い。実現案では中央部分、左右出入口部分、つなぎ部分がみんな三階建てなのに、第一案では、中央部分二階、左右出入口部分二階、つなぎ部分一階、と低い。

にもかかわらず、長さだけは実現案と同じだから、全体としてはえらく偏平になってしまう。こんな列車みたいに横長のヘンテコなプロポーションの建物というのはちょっと類がない。これに対し、辰野金吾は、

（第一案）当時の建築予算は、僅かに四十二万円であつた。これ丈の工費を以て、乗車客の入口と、下車

客の出口とが、約二丁も離れた一棟の停車場《ステーション》本家を造るとすれば、勢《いきおい》立派な設計が出来よう筈がない。

（辰野・前出）

と、予算の制約から、高さを増せなかったことを弁明している。

こうした階数の小ささとともに、もう一つ注目される第一案の特徴は、中央の皇室用玄関の上に、高い塔がそびえていることだ。八角塔で、屋根の上に三階分突き出している。もちろん、建物全体の中で一番背が高くて良く目立つ。

この塔の存在こそ、実現案との一番大きな違いといってもいいだろう。

しかし、一見して分かるように、明らかにデザイン上は破綻していて、とって付けたみたいな印象だ。高すぎて間のびしている。なぜこんな無理なデザインを試みたかというと、おそらく、皇室用玄関部分は左右の普通の出入口の屋根より高くしなければならない、と考えたからにちがいない。

このように、全体は偏平すぎるし、中央の塔のプロポーションはおかしいが、しかし、ここにはじめて天皇の駅ということをはっきり意識した中央駅の姿が描かれたのだった。

辰野第二案

しかし、明治三十六年十二月に発注があり、翌三十七年早々にも作られたと推定される以上の辰野第一案は、そのまま実施されることはなく、幾度かの検討が重ねられたことが知られている。その検討のたびごとに少しずつ修正が加えられたにちがいないが、その経過を正しく教えてくれる文献資料はない。そこで、しかたなしに、現在たまたま残されている案から、経過を逆に推し測るしかなくなる。ここにとりあげる「辰野第二案」も、そういうたまたま後世に伝えられた案であって、はたしてこれが、第二案だったか三案だったかの保証はないが、しかし、内容よりみて、第一案に手を加えたものであることは明らかだから、今のところ、図Ⅱ㉔を第二案として扱う。

さて、第二案の特徴だが、それは、配置計画上は第一案をそのまま踏襲し、また、階数もそのままで、つまり、規模については変えることなく、屋根から上の表情に手を加えている。

どう加えたかというと、まず、皇室玄関部の高い塔をぐんと低くし、かつ小ぶりにし、左右の出入口部のドーム屋根と高さを整えている。つぎに、中間のつなぎの部分の屋根を単なるつなぎじゃなくて独立的に強調するようにし、皇室玄関部の塔を小型にした塔を載せる。

このように、中央の塔を小さくし、同時に、その脇に新たに小塔を二つ従える、というのが第二案の特徴となるが、なぜこうした修正を加えたかというと、おそらくあまりのプロポーションの悪さを直したかったからだと思う。低くし、かつ小ぶりにすることで、一つの建物としての統一性がはじめて生まれている。

つなぎの部分に小塔を付加してここを強調したのも同じ理由からで、第一案は、一つの建物というより三つの建物をただつないだだけのバラバラな形であったのを、そのつなぎを強くすることでからくも全体が一つにまとまりはじめた。もっとも、それでもやはり、一つの建物というより、なにか町並のように思えてしまうが、それは、これだけの長さに対し予算から階数が限られているかぎり、どうしようもないことだった。

辰野第三案＝実施案

こうした第一案と第二案の、どうしようもない偏平さを克服するには、建物の階数を増して高さを全体としてかさ上げするしかないが、さいわい、それは実現する。

辰野の回想。

（第一案の）其の後作業局の名称が鉄道院となり、建築に関する評議も度々変わり、工費予算も増加して平家建が二階造りとなり、終《つい》に三階造りとなり、設計の全部を同院に提出したのは、去る明治四十三年十月であつた。この間鉄道院に於ける詮議の為めに設計を中止した期間もあつたが、結局此の建築の設計は予《よ》等の事務所の手に移つてからでも、前後八箇年を要した訳である。（辰野・前出）

ではいったい、どうして、予算が増加され、建物は高さを獲得することができたんだろうか。

これについては、

〝日露戦争の勝利を記念して、時の鉄道院総裁後藤新平が、アジア一の大駅を作るよう命じた〟

という伝えが残されている。

たしかに、大風呂敷の後藤新平ならありそうなことだが、しかし、彼が初代鉄道院総裁のポストに就いたのは明治四十一年十二月のことで、この時にはすでに、実施案のだいたいは決まっていたと考えられる。もちろん、実施案の完成は四十三年十二月だが、それに先だち、辰野の言うように、

（明治四十五年開催予定）万国博覧会開催の議があつた当時は、鉄道院に於いても工事の速成を希望して、去る明治四十一年一月未だ設計全部の竣成せぬ中に基礎工事に着手し（辰野・前出）

ていたわけだから、後藤の就任の時にはすでに階数や配置計画はだいたい固まっていたと見なくちゃいけない。なぜなら、基礎工事をはじめるには、配置と階数くらいは最低決まっていないと、どこをどう掘って、どの位の耐力の基礎を据えたものか見当がつかないからだ。

というわけで、〝後藤新平がアジア一の……〟というのは誤伝であろう。

しかし、〝日露戦争の勝利を記念して〟の方は、正しいのではないか。日露戦争中に作られた第一案と第二案を、一気に体積にして約二倍に増やすなどという決定は、戦中にはもちろん出来ないし、また、設計者が〝プロポーションが変だから是非〟なんていっても可能になる筋の話じゃないし、こういう大決定はやはりそ

れにふさわしい出来事がないと難しい。すると、どうしても、明治三十八年六月の日露戦の勝利とそれにつづく国民感情の盛り上がり、を考えるしかない。ただ、そういう盛り上がりを見て、設計者が〝ここは一つ〟と言い出した可能性はないでもない。

いずれにせよ、第三案は、第一案、第二案からは飛躍的に高さを増加した。

その第三案には、その一とその二ともいうべき少し違った案があって、その二で実現するのだが、まず、その一の方から見てみよう（図Ⅱ㉕）。

第二案との一番大きな差は、階数の増加にある。皇室玄関部分と左右出入口部分の階数が二階から三階に、つなぎ部分が平家から三階へと急増し、全体として三階建てにととのった。

この階数の同一化により、軒の水平線が一本通るようになり、はじめて、一つの建物としての統一性が保証されたといってもいいだろう。

こうした階数の増加に合わせ、エレベーション（立面）の構成にも新しさが加わる。それは、総三階建てになってはじめて可能になったことだが、一階をベースメント層とし、その上に二階と三階を貫く大オーダーのピラスター（付け柱）が取り付けられる。

この他にも、エレベーションの変化はいくつもあるが、おおよそのところ、全体をスッキリさせる方向で修正が加えられている。

この第三案その一はほぼ実施案に近いから、おそらく、この案が出来上がった後に基礎工事に着手したにちがいない。とすると、この案は、明治四十一年一月までには仕上がっていた勘定になる。

さて、この辰野第三案その一にわずかに手を加えてその二が出来上がり、明治四十三年十二月、八年がかりの設計が終了する（図Ⅱ㉖）。

その一とその二の差は、皇室玄関部分の塔の扱いで、辰野は第一案以来の塔を最終的には消し去ってしまっ

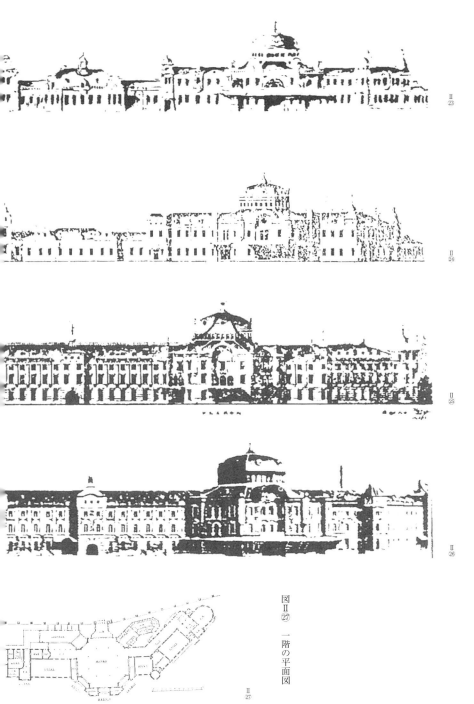

Ⅱ㉓

Ⅱ㉔

Ⅱ㉕

Ⅱ㉖

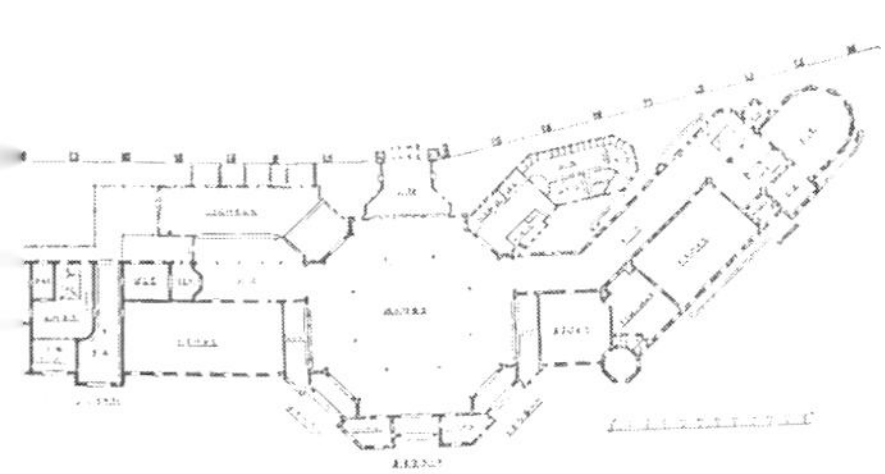

Ⅱ㉗

図Ⅱ㉓ 辰野第一案 四十万円の工事費の予算での設計。

図Ⅱ㉔ 辰野第二案 中央に塔を立てている。

図Ⅱ㉕ 辰野第三案その一

図Ⅱ㉖ 辰野第三案その二

図Ⅱ㉗ 一階の平面図

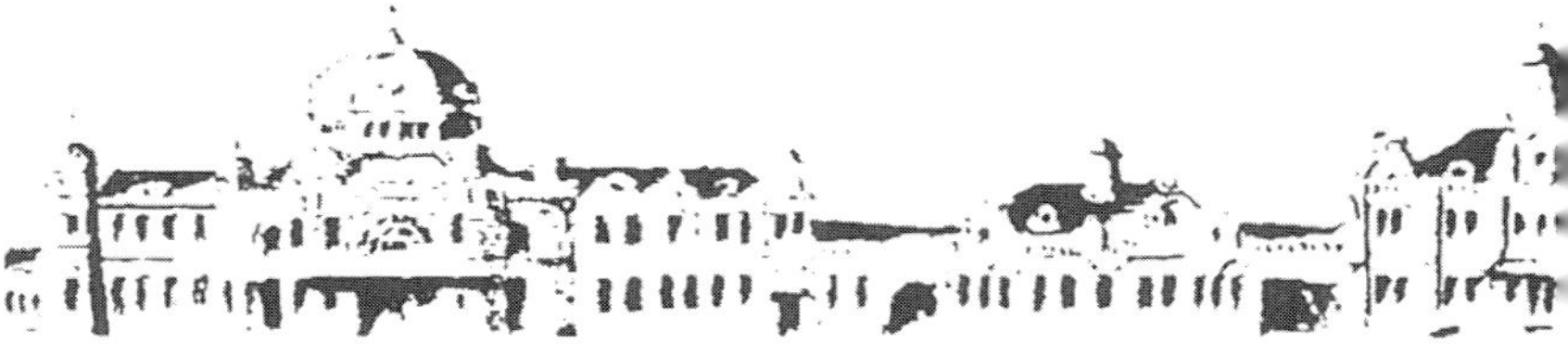

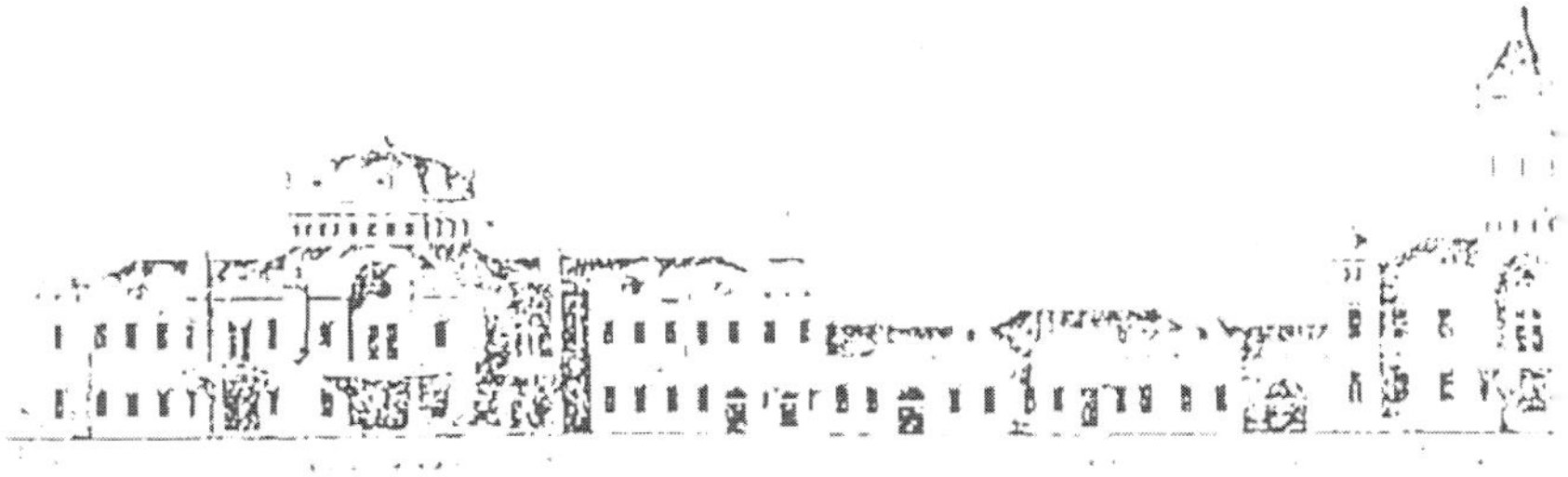

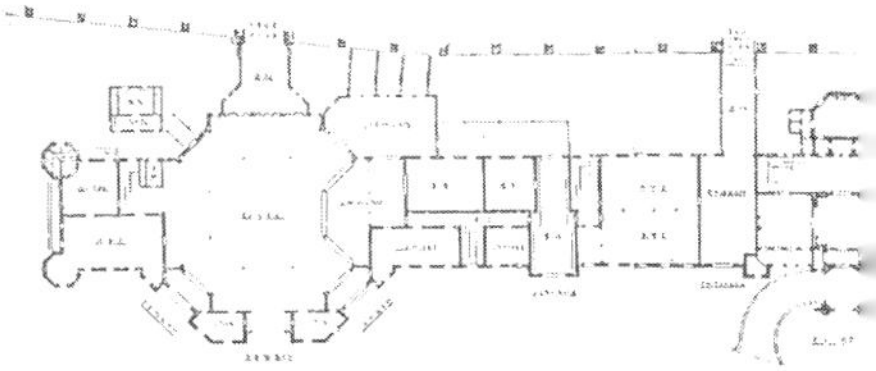

た。理由は、おそらく、屋根の上にチョッコリ頭を突き出す塔の姿に小細工くささを感じたのじゃないかと推察される。
以上、もっぱら第一案から第三案その二まで、外観のことばっかり述べてきたが、ここで、最終案の平面計画や構造について、辰野金吾の解説を聞いてみよう。やや長いが、辰野本人が東京駅について語ったただ一度の言葉なのでそのまま引用したい。

設計の配室は、平面図（図Ⅱ㉗）に見ゆる通りであるが、その概要を記すと、南と北とは同一形状の大広間を設け、南なるを乗車旅客の入口とし、北なるを下車旅客の出口とする。此の広間は室内の広さ各々三百三十坪、天井の高さ九十尺あつて、二三坪位の家なれば、十分此の室内に建築することが出来る。乗車口広間の左手に百五坪の三等客待合室を設け、其の右手には一等客同婦人客、二等客等の待合室を設ける。而してこれ等各室の連絡は、幅四間の廊下を以てする。また、下車口広間にも待合室を設け、男子室と婦人室とを区別する。此の他、駅長室、小手荷物扱所、料理店専用室等の位置は、第二図に示す通りである。

二階及び三階は、設計当時は旅館として使用する筈であつたが、其の後鉄道院の事務室として使用することになつたので、多少設計を変更した。然《しか》らば此の両広間の中央は、何《ど》う云ふ用に供せられるか。中央には帝室御専用の出入口を設け、其処《そこ》には二十五坪の広間と、平家建の御休憩室と、各二十七坪の付属御休憩室二個とを備《そな》へる。此の帝室御専用口を設けた一事は、実に我が鉄道院の名案。我が国の如き国体にあつては、特に之を設くることが必要である。之は独り帝室の御便宜のみでなく、外国貴賓の待遇上にも大に便利であり、また一般乗客も、停車場に置いて不知不識《しらずしらず》の間に不敬に陥るやうな事がなく、駅長の乗客取扱上の苦心も大に減少するであらう。

建図《エレベーション》にルネーサンス式を採用しても、茲《ここ》に我が中央停車場の特色は存する。或る雑誌記者は昨年此の建築の設計を批判して、待合室に一二三等を区別したのは、旧式であると云つて笑つてゐた様であるが、切符が三等に分かれてゐる間は、待合室を区分することも不必要でないのみならず、帝室御専用口を別に設くることは、我が国では更に大に必要である。

建坪は本館約二千五百坪、付属家約四百八十坪、軒高は地盤上六十尺乃至《ないし》六十四尺で、南北広間の兜形屋根の尖端は、同百五十尺である。基礎は杭打地業で、鉄道院の当局技術者が自慢する程堅牢に出来てゐる。此の上に柱、梁、桁、小屋組等を鋼鉄を以て組み建て、壁は本館は煉瓦付属家はコンクリートで包んである。而して此の鉄の骨組は、之を包んでゐる煉瓦やコンクリートの力を借りずに、床の重量や風圧等に耐える様に設計してある。

又煉瓦壁も鉄骨がなくても危険でない位に成つて居るから、構造は可成堅牢なものである。何故そんな冗《むだ》な構造をするかと云ふに、日本には地震が多いから、広い室を造るには何うしても煉瓦や石ばかりでは安心が出来ぬ。耐力の計算が比較的信頼し得らるる鉄材を使用する外はない。けれども、鉄材とても露出してあつては、火災にも耐えねば又た腐敗もする。煉瓦やコンクリートで包むのは、寒暑を防ぐ目的以外に、此の火災と腐朽とを防ぐのが目的である。鉄骨は文字通り真の骸骨に過ぎないもので、建築が出来上がれば殆んど鉄の一片も見えなくなる。実は雑作や建具にも鉄を使ひ度いのであるが、経費が許さぬから檜材を使用して居る。各階を区分する床は、鉄梁とコンクリートとで耐火床となし、之に薄い床板を取り附けてある。室内の装飾は、帝室御専用室の外は殆んど全く施してない。

建設工事

すでにのべたように、工事は、明治四十一年に着工し、六年の間続くことになるのだが、工事の過程そのものは、技術的にそう難しい問題があったわけではない。がいして辰野金吾という設計者は、技術については保守的で、すでに蓄積のある技術だけを使い、安全に安全を重ねるタイプだった。

東京駅についても、彼のそうした技術的保守性を伝える逸話が残っている。明治四十年に辰野の東京事務所である辰野葛西事務所に入所し、東京駅の仕事にたずさわった建築家の松本与作氏が今も九十六歳で御健在で、その回想によると、

東京駅の構造は、最初、鉄筋コンクリートでやろうとしていました。壁の厚さなんかもそれで決めてました。ところが、辰野先生がやはりどうしても日が浅い技術は不安だって言うんだ。まだ日本では実験的に作られてた段階でしたから不安だったんでしょう。それで、結局、いちおうの蓄積のある鉄骨煉瓦造になりました。壁の厚さなんかは、コンクリートのをそのまま使ったように記憶してます。

もっとも、この時の辰野の鉄筋コンクリートへの不安は、鉄筋コンクリート神話が崩壊した今日から見ると、保守的というより予言的だったとすらいえなくもない。

さて、工事の類のない規模の大きさについては、その延職人人口を例に、辰野が次のように述べている。

然らば此の設計を実行して全部竣工せしめる迄には、何れ程の人力を要するであらうか。他の方面は姑《しばら》く措き職工人夫の数丈でも概略左の如くである。

土工	六〇、〇〇〇人
煉瓦工及人夫	四〇、〇〇〇人
木工建具工及人夫	二〇〇、〇〇〇人
左官職工塗師職工硝子職	
工及人夫	三五、〇〇〇人
石工及手伝人夫	一一〇、〇〇〇人

鉄工及人夫　一二〇、〇〇〇人
飾職工屋根職工及び人夫　八、〇〇〇人
雑職工及人夫　三〇、〇〇〇人
総　計　六〇三、〇〇〇人

併し此の計算には、鉄材、銅板の如き材料製造に要した工数は含んでないが、六拾万人と云へば正に三拾個師団の兵数である。之丈の兵数があれば随分大戦争も出来る。但し此の戦争は唯の一日で終る勘定である。（辰野・前出）

さて、こうした気の遠くなるような数の職人が手と足を使って、鉄骨を組み、煉瓦を積んで行くわけだが、それと並行して、設計図面の方も、「原寸図」が書かれてゆく。

原寸図というのは職人が工事をするには欠かせない。実物大の図面ということで、今のようにメカニカルなノッペリした設計の場合は無くても済むが、昔のような飾りの多いデザインの場合には、原寸まできちっと引いておかないと、とんでもない結果になることもある。

この辺のことを、松本与作氏は次のように回想している。

「辰野先生のやり方は決まってまして、二百分の一は御自分でかきます。その後の細かい図は所員にやらせ、最後の原寸はまた自分でやられました。先生一流のやり方があったんですよ。たとえば、二階についているピラスターの場合だと、鉄骨が組上がり煉瓦を積みはじめる前に、鉄骨から杉の戸板をつるすんです。その板にはピラスターの形が墨で原寸で書いてあって、下から先生が見るんです。そのあと、板を地上に下ろして、たとえば柱のカーブが気に入らないと、先生はそこを指さして、〝チョーキチ〟と言う。するると、大工の長吉がカンナでそこをサッと削る。先生は、削った個所に筆で新しい線をかく。またつるす。また下ろして〝チョーキチ〟。この〝チョーキチ〟を、気に入るまで繰り返すんです」

こうした板を壁面にぶら下げての原寸図の決め方は、辰野の日銀本店以来のやり方であった。

原寸図や詳細図は、工事の進行に合わせて書いても構わない種類の図だが、こういう現場用の図面とは別に、辰野は、工事が始まってからも最後の最後まで重要な所は執念を込めて設計の変更を重ねていたらしい。

その証拠といってはなんだが、次のような手紙が残っている。

拝読　先日申上候件に対し御注意之如奉謝候　改めて申上る迄も無之候得共　中央停車場建築に関しては何卒過失無き様欠点少なきやう今日迄頗る苦心致し　彼の詳細原寸図之如きは小生自ら之に当里調整致来り　其数既に六百余号に相達し　其間修正し又は訂正せしケ処僅少ならずと雖ども　之に増したる分は彼之減する様に付　精密に差引計算せば受負金額には敢て影響せざる事と小生確信致居候　畢境するに何卒して　一は知己の厚意に報ひ　二には齢年順之齢に達したる小生将来斯る大工事を設計するの栄誉を担ふ事も稀なるべく　或は最後の工事に相成哉も難斗と存じ　注意の上にも注意を加へ再三再四修正又は訂正を施したる為め　或は当局者に御迷惑を掛け多るならんと推察し、重々御気之毒に存居候　然るに今又一部に変更を施さんとするは如何にも不本意に候へ共　不完全なる点を発見志ながら　殊ニ帝室御用の部分に於て之を見遁し置くは終生之恨事と思惟し　仕上工事に妨害ならさる様　多大之費用を要せざる様工事が簡単なる様　研究したるものが別紙図面及調書之通りに之有候間　是非共之を実行せらるる様　更に御考慮相煩度く候　万に一会計規則上或は貴院之御都合上御取計相成　然らば小生に別紙図面の変更を実行するの自由を御許可被下度　左すれば貴院に御迷惑を掛けざる様　何とか工夫して将来に残す欠点をより少なからしめんと決心致居候間　曲て御承諾被下候様　御依頼申上候　右得貴意度候

匆々敬具

大正二年四月

辰野金吾

Ⅱ㉘

図Ⅱ㉘　完成直後、女性もまじる職人達の記念風景

Ⅱ㉙

図Ⅱ㉙　堀端から三菱ヶ原いっぱいの記念式典

Ⅱ㉚

図Ⅱ㉚　市電を降りて乗車口へ向う客

平井晴次郎殿

侍史

具体的に皇室玄関部分の何をどう直そうとしたのかは今となっては分からないが、この建物への辰野の執念のうかがわれる手紙である。

さて、こうした修正を加えながらも、工事は進み、大正三年十二月十五日、ついに完成を見た。辰野が設計をはじめてから、ちょうど十一年が過ぎていた。日本銀行本店をしのぐ大仕事であった。

完成が近づいた頃、辰野は駅前の広場の方へ松本与作を誘い、一緒に眺めながら、

〝うん、よしっ〟

とつぶやいたという。

スタイルについて

かくして完成した中央停車場は、東京駅と名付けられて、大正三年十二月十八日、開業式を迎え、以後、皇居と正面から向きあう記念碑的な駅として生きていくことになるが、こうしたなかで、いつごろからか、

〝東京駅はアムステルダム駅を手本にした〟

という伝えが流れるようになる。

この伝えが、全くの虚報なことは建築界では全くこの話は伝えられていないし、また、松本与作氏も、〝戦後になって聞くようになった〟ことからも明らかである。いやそれより、以上に延々と跡付けてきたように、バルツァー案から辰野第三案その二にいたるまでの道のりを見れば、どこにもオランダの駅が関与する余地がないのは明白といっていい。

ではどうして、そんな話が生まれてしまったんだろうか。いったい、ほんとうに似ているんだろうか。

たしかに、似ている点はある。まず第一に、東京駅もアムステルダム駅も、首都の中央駅には珍しく、終着駅型ではなく通過駅型になっている。しかし、これは、線路の通し方によって決まることで、駅舎のスタイルが似てるかどうかの問題とは関係がない。通過駅型にして中央駅を作れば、オランダでも日本でも横長になるのは当たり前の結果にすぎない。

第二に、アムステルダム駅は東京駅と同じく赤煉瓦で作られている。欧米のほとんどの国では、記念碑的な建物は石で作るというのが十九世紀から二十世紀にかけての習いであるが、英国とオランダは、赤煉瓦を好んで使う習慣があり、アムステルダム駅もそうしたわけである。

その結果、アムステルダムの駅は、赤煉瓦の通過型中央駅という、世界にもたいへん珍しい駅となってしまった。そして、一方、東京でも、赤煉瓦好きの建築家が通過型の中央駅を作ってしまった。結果としては、なんとなく似てしまうのはいたしかたないといえよう。

しかし、横長＋赤煉瓦＋中央駅、という類似は、こういう条件の中で建物を作ればどこだって似てくるだけのことで、手本にしたとかいうような話じゃない。

ここで、東京駅の建築上のスタイルについて申し添えておこう。

辰野自身は、「ルネッサンス式」と述べているが、今日ではこの手の建物をルネッサンス式とは言わない。もし、あえて言うなら、当時、建築界で言われたように、「辰野式ルネッサンス」もしくは略して「辰野式」と言ったらいい。

この、赤煉瓦と石を組合せたスタイルは、英国で十九世紀に流行った様式の一つで、大きくは、ビクトリアン・スタイルの範囲に入り、さらに狭めるなら、クイーン・アン・スタイルに属し、さらに個人名まで局限すれば、ノーマン・ショーが編み出したスタイル、ということになる。

このスタイルに辰野が注目したのは、明治十二年からの英国留学中のことで、〝日本にふさわしい様式〟という評価を与えているが、しかし帰国後の二十年間は全くこのスタイルを使わずに過ごし、明治三十六年に辞官し独立して民間建築家になってからは、これぱっかりを使っている。第一作は、明治三十八年竣工の東京海上本社だが、東京駅の設計が明治三十六年から始まっていることを思うと、大正三年竣工とはいっても設計としては、東京海上とならび最初期の〝辰野式〟ということになる。

ノーマン・ショーのスタイルに学んでいるわけだが、まったく真似しているわけではもちろんなくて、いかにも辰野らしさがそこに加味されたからこそ〝辰野式〟と呼ばれたわけで、その辰野らしさというのは、一言でいうなら、〝にぎやかさと堅さの同居〟といったらいいかもしれない。ショーよりは屋根のドームや飾りにせよ、壁面の凹凸や赤煉瓦と石の混合にせよ、うるさいくらいにやっているが、その一方、のびやかなショーにくらべ、やや肩に力の入ってる節《ふし》がある。

東京駅は、辰野式の中では相当に堅目に上った方で、とりわけ、大オーダー（二階分の高さの柱）のピラスターの並びは、他の辰野式には見られない特徴といっていい。

この文のスタートの所で、西洋の建築様式には大別して二つあり、一つはルネッサンス系（古典系）で、一つはゴシック系と述べておいたが、ショーの編み出したスタイルというのは、この二つをうまく折衷したもので、ルネッサンス系的な堅さと、ゴシック的な自由さが混じり合っているのだが、東京駅の場合は、大オーダーの使用によって、バロック様式（ルネッサンス系の一つ）的なやや堅い記念性が強調されているといっていいだろう。

日本の駅舎の華として

東京駅は、堅いルネッサンス系と柔らかいゴシック系の混じり合ったスタイルを持っているわけだが、この混合性は、日本の駅の建築スタイルの歩みの中では、一つの典型を示すものと言っていいかもしれない。

スタートで述べたように、駅舎の建物というのは、本来、〈官庁みたいな重厚な記念碑性と、商業建築じみた大衆性〉の二つの顔を併せ持つが、こうした特性に、〝辰野式〟くらいふさわしいスタイルはない。〝辰野式〟のルネッサンス系的な堅い面で、重厚な記念碑性を演じ、一方、ゴシック系的なにぎやかな面で大衆性を演ずればいい。

どこまで自覚していたかは知らないが、辰野は、見事にそれをやってみせた。

そしてその結果、東京駅の表情は、全体の横綱の土俵入りみたいな大構成はいかにも天皇の駅にふさわしい記念性と国家性があるが、個々の壁面や塔や飾りを見れば、あくまでその辺の商店みたいな大衆的遊び心とはなやぎがある——という、天皇の駅とも国民の駅とも読み取れるたぐいまれな表情を可能にしたのだった。

それは、考えようによると、日本の近代そのものを建築にしたようなもの、と言ってもいいかもしれない。

とすれば、

〈永遠に残し伝えたい建物〉

である。

＊追記　東京駅の建物のことについては、十年以上にわたり、松本与作、鈴木正章の両氏からは、何かにつけ御教示をいただいてまいりました。それなしにはこの文は生まれなかったものです。ここに記して感謝いたします。

Ⅲ

日本のアール・ヌーヴォー

一　アール・ヌーヴォーの登場

〈アール・ヌーヴォー〉

という言葉は、ただ今現在では、ちょっと使いづらい点がある。

まず、書き方が困る。

ヌーボー、と、ボの字を使うと、これでは、月刊や季刊の美術や趣味生活雑誌の「趣味の西洋骨董」欄や「おしゃれのアンチック」ページの嫌味なニオイが立ち上ってきてしまうし、また、麻布や六本木に近頃目立って増えたアール・ヌーボー専門ブチックの、おもわせぶりなショーウインドー風景が目に浮んでしまう。
ボ、の代わりに、できるだけ正しい発音に従って、ヴォ、を使ってみても、専門家を気取る自尊心が満たされるだけで、ちっとも専門家らしい内実がともなわない。この、内実がともなわないという点こそが、今、アール・ヌーヴォーを相手に文をつづる時の一番困ることで、言葉に少しも新しい内容を盛ることができないのである。
この言葉を使った文章を色々と読み較べてみると、すぐに分ってしまうが、どれも言っていることは変りばえしなくて、

「世紀末」「曲線」「官能性」「グラフィズム」「ベル・エポック」「日本趣味」といったキーワードの組合わせにすぎない。たとえば、「アール・ヌーヴォーは、十九世紀末のヨーロッパに花開いた新しい装飾スタイルで、その造形的特徴は蔓草のごとき流動曲線や版画のごときグラフィズムにあり、その結果、印象はたいそう官能的になる。その誕生に当っては、日本の浮世絵などの異国趣味が与って力あった」、という具合に。

そして、このくらいのことは、趣味の西洋骨董の読者もブチックのお客さんも先刻ご存じで、困ったことに、その先をゆく言葉が見つからないのである。言葉が手アカに汚れていて、しかも、そのアカを落す新しい化学洗剤を自分は開発していない――そういう状態で、洗濯機は回りはじめた。

しかし、この汚れも、考えてみるとわずかここ十年ほどのことじゃないだろうか。それまで、この言葉は、もっぱら、美術史やデザイン論や建築史の専門用語として、限られた世界で流通していたにすぎない。この言葉が視覚上も知的にも新鮮だった頃がなつかしい。

戸畑の郊外の森の中に静かに立つ松本邸をはじめて目にしたのは、その頃だった。

たしか、建築専門誌『新建築』のニュース欄だったように思う。地元の若い建築家の方が〈戸畑で、珍しいアール・ヌーヴォーの西洋館が見つかった〉といったような内容のニュースを投稿していた。鮮やかだったのは、ニュースの記事よりは、添付されていた小さなインテリア写真で、まさか日本にこれだけのものが……。

それまでも、日本のアール・ヌーヴォー建築について触れた文はいくつも書かれていたが、ほとんど、というより全部が、古い建築雑誌なんかの文献を下地にして組立てられているので、そうした文の中では松本邸に出る幕がなかった。そして、なんとなくみんな、日本にはいいアール・ヌーヴォーの建物は建てられなかったし、もし建っていたとしても残ってはいない、と確信していた。

だから、松本邸のインテリア写真を目にした時は、名刺大の写真なのに、一ページ断《た》ち落しくらいにグィーンと大きく伸びて見えて、まるで、その戸畑にあるという洋館のドアーを開けてホールに入り込んだような気分になった。

それが、今や、国の重要文化財。なんというスピードだろう。

日本を代表するような知られざるアール・ヌーヴォー建築が一気に登場したのもビックリだったが、もう一つ、「設計者は辰野金吾」とニュースに書いてあるのを見て、「シマッタ」と舌打ちした。棟札《むなふだ》に辰野金吾と片岡安の二人の名が書いてあるという。まごうことなき辰野片岡事務所の仕事である。

実はその頃、私は、辰野金吾を猟犬のように追跡中で、柴犬のように古い雑誌をめくって足跡を追い、ダックスフントのように遺族や関係者の穴にもぐり込み、そこそこの古資料を掘り起こしていた。だれに教えられたわけでもないのに、そういう文献を探すのが歴史の勉強だと思い込み、それで安心していた。むろん、すでに東京建築探偵団というのを仲間と作って、東京の街を西洋館を求めて歩きはじめてはいたが、獲物はあくまで名も知れぬ中小の建物で、まさか、日本の建築界の父ともいうべき辰野金吾先生の作品が人知れずどこかに埋もれているなんて、思いもよらなかった。

だから、辰野金吾の作品を全国行脚した時も、すでに日本建築学会から発表されていた「明治建築リスト」に従って、日銀小樽支店だ、東京駅だ、中の島公会堂だと順を追って見歩いて、こと足りていた。むろん九州も回り、戸畑の旧・明治専門学校（現九州工業大学）を訪れ、資料室に飾られた棟札に辰野金吾と葛西萬司の名が書かれているのも見ている。しかし、この元私立学校、今国立大学の創業者の家が、すぐ隣りの森の中に立っていて、それも設計は辰野金吾で、おまけにアール・ヌーヴォーだなんて思いもよらなかった。

ほんとに、「シマッタ」だった。鼻の利かなくなった猟犬なんて、図書館の番犬になるしかない。猟犬は、番犬の瀬戸際で、二つの問いを立てた。

〈なぜ、明治の建築界に法王として君臨した辰野金吾が、アール・ヌーヴォーなんて若造りのスタイルをやったんだろうか?〉

〈なぜ、北九州の炭鉱地帯のような荒くれランドに、華やかなアール・ヌーヴォーが忽然と出現したんだろうか?〉

この問いを頭の中でコロコロころがしながら、もう一度日本におけるアール・ヌーヴォー建築の導入の道筋をたどってみよう、と思った。ちょうど、獲物を見失った猟犬が、あわてて来た道を引き返してニオイの跡をかぎ直すように。

一　明治四十年を境に都市文化の花が咲く

東京のふつうの市民が、アール・ヌーヴォーという名称はともかく、その手の新しいスタイルの流行を知ったのは、明治四十三年だった。場所は京橋から万世橋にかけての日本橋の大通りで、この年をもって大通りの道路拡幅が終了し、道添いの商店はズラリと入れ歯でも代えるように新しくなった。

それまでの日本橋の商店街は、黒い漆喰壁を厚く塗った蔵造りの店が二階の高さで軒をそろえ、ところどころに赤煉瓦やモルタル塗りの洋風商店がまじるにすぎなかったのに、生れかわった商店街ときたら、これはいったい何であるか。

何であろう?――当時の建築専門家も、考えた。

要するに東京の町家建築は、ここ三四年の間に驚くべき変化を呈して来たが之れは唯変化と云ふだけで、進歩と云ふ点から考へると、どうも甚だ怪しい、足元ふら〳〵の気味である。たしかに百鬼昼行の姿である。(中略)

再び要するに、我国の建築界も、二十世紀の日本式を創立するまでは、まだ中々前途遼遠であると同時に此面白い建築界の暗黒時代に我々が生れて来たことは大に我々若手建築家に取て奪励一番する甲斐があることと悦んでおる次第である。（武田五一「近来東京市に建築せられつつある商館建築の形式に就て」『建築雑誌』明治四十二年八月）

たしかに「百鬼昼行の姿」にちがいない。しかし弱ったことに、この百鬼が、どうも時代の嗜好というシロモノを喰って育った時代の鬼らしいから始末におえない。

……日本の建築は今や千年以来の旧式を脱し、新生面を開かんとして七転八倒の大煩悶を演じている。謂ゆる暗黒時代、しかも有史以来稀有の暗黒時代で、黒闇々たる冥界の中に百鬼の狂舞しつつ、出没するのを見るのである。吾人若し東京の新橋から万世橋までの商店を視察して見たならば思いも半ばに過ぎるものが有りましょう。（伊東忠太「建築進化の原則より見たる我邦建築の前途」『建築雑誌』明治四十二年一月）

日本を代表する商店街に、突如、それまでの日本伝統の建て方とも、また、ここ半世紀ほどだが新たに導入されて根を下ろしたギリシャだローマだルネッサンスだゴシックだといったヨーロッパの伝統的なスタイルとも切れた、前例を見ない鬼のスタイルが乱舞しはじめた。

アール・ヌーヴォーは、そうした百鬼の中の赤鬼だった。中でも、菊屋の建物は、窓から軒までウネウネと流動曲線を描く赤鬼大将だった。

この現象を、ただの乱痴気と見すてずに、時代が「新生面を開かんとして」いるのだ、と見通した伊東忠太の眼力はさすがに日本最初の建築史家である。しかし、これを暗黒時代と表現したのは眼鏡ちがいで、言うなら、「明治維新以来の白熱時代で、明白々たる太陽界の中に新表現の乱舞しつつ……」くらいに言ってほしかった。

実際、明治四十三年の日本橋大通りの拡幅は、一つ建築界を超えて、日本の近代史の重要なステップを示すメルクマールでもあった。

この拡幅事業は、東京市区改正計画の一つとして実行されていた。市区改正計画とは、明治二十三年に、政府が、旧江戸のままの東京を近代都市にふさわしく作り変えようと決意して策定した一大都市計画で、道路の拡幅を中心に、市場、公園、上下水道の整備をねらっている。やや堅い言い方をすれば、資本主義下の都市にふさわしく、道を広げて人と物の流れを良くし、市場、公園、劇場といった施設を巨大化して、都市活動の大量化にそなえようとしていた。

しかし、実際には、明治前半の日本の経済力にはとてもそれだけの資金を都市改造にそそぐ余力はなかったし、また、都市の方も、昔のままでもまだなんとか動くことができた。ところが、明治三十七、八年の日露戦争を境に、日本の経済は、それまでの発芽期、成長期を終え、いよいよ最初の花を咲かせる段階まで伸びてきた。街を歩くと、店頭にはたくさんの品物が並び、道には人と車がごったがえす。そんな都心から一歩外に向うと、工場の赤煉瓦の煙突が黒い煙を気持ち良さそうに吐き出し、一歩、郊外に踏み出すと、サラリーマンの住宅が畑の中に点々と見える――そういう時代がやってきた。

にもかかわらず、東京は、わずかの修理を加えただけの江戸のまま。そこで、日露戦争の勝利を機に市区改正の実行を計り、その最大の事業として、日本橋の大通りを江戸以来の十間幅から十五間幅へと広げたのである。

そこに、登場したのが、アール・ヌーヴォーだった。

建物や都市のことを考える時、時代の勢いというものを、残念ながら建築家や都市計画家個人の内面世界より先に、考えた方がいい。絵や彫刻とちがって建物や都市のようなデカイものは、個人の力では夢想がせいぜいで、やはり、時代の風を受けなければ道一本実現しないのである。

日本の維新以来の経済力というのは――と書き出すと、いつもなじめなさを覚えて筆が固くなるのだが、ともかくこれが時代の勢いの素であるからして述べなくてはいけないが、その経済力の発達は、その筋の本によると、第一段階は維新から明治二十年までの最初の二十年間で、イギリスでいうと産業革命期に当り、新しい経済の発芽の時だった。次は、二十年から日露戦争後の四十年までの二十年間で、これは、芽が成木に育つ成育期だった。どちらも、まだ花も咲かず実も成らずで、肥料は、他から運んできてはかけていた。この両二十年を経てようやく成木に育ち、明治四十年前後を境として、日本の経済は、最初の花盛りの季節を迎えるのである。

時代よりは個人の力を頼みとしたいタイプの建築史家にはまことに残念だが、わが日本近代建築史も、きれいに、こうした経済の三段跳びと歩調を合わせている。

最初のホップは、前後二つに小分けすることができて、「ホッ」の時期は、工場や鉄道なんかの産業関連施設をウォートルスなどのお雇い外国人技術者がイギリス産業革命期のジョージアン・スタイルで作り、また、小学校や役場なんかの公共施設を大工の棟梁たちが無手勝流の擬洋風スタイルで飾った頃。「ップ」の時期は、英人建築家コンドル先生が鹿鳴館などの文明開化の記念建造物を祖国のビクトリアン・スタイルでこなした頃。引きつづく、ステップは、お雇い外国人を追い払い大工棟梁を黙らせた時代で、辰野金吾をはじめとする日本人アーキテクトがはじめて登場して、日銀本店や赤坂離宮などの威風堂々土俵入りの大建築をイギリスのパラディアニズムやフランスの第二帝政式といった古典主義系のスタイルで飾っている。

こうした、ホップとステップをからくも跳んで、いよいよ、ジャンプ。イギリスでいえば、ついにきた花のビクトリアン。娘盛りの季節。むろん、経済は最初の花盛り。

これが、明治四十年を端境《はざかい》としてはじまる二十年間なのである。

その花の季節の到来を最初につげたのが、アール・ヌーヴォーだった。

だから、日本のアール・ヌーヴォーは、ヨーロッパのように、よどんだ世紀末のアンニュイなんかにはまったく染まっていなくて、むしろ、開いた窓から吹き込む風のように精気を含んでいる。トロけるような妖しい官能性が日本のアール・ヌーヴォーに欠けているのは、当り前なのだ。

二　民間の商店と邸宅とビルががんばる

この時代の建物は、はじめて民間がリードしたという点でも際だっている。それまでの、ホップ、ステップは、産業施設も公共建築も記念建造物も、ほとんど政府の上からのリードによって作られ、また、そうして作られた表現が時代の表情となってきたのだが、ジャンプの時代は、一転して、民間の会社や商店や財のある個人が作り出した建物が時代の気分を演出している。資本主義という経済用語は、ここではじめて時代の表情の相まで届いたのである。

この時代、つまり日露戦争以後の経済の時代に、にわかに精彩を帯びてきた民間の建築は三つある。

一つは、商店。広く商業空間といってもいい。一つは、住宅。といっても下町の長屋や畑の中の郊外住宅や麴町の大邸宅ではなくて、御屋敷町のもう一つ外側に立つ中規模の邸宅。もう一つは、銀行や会社のビルディング。三つとも、ともに、民間への富の蓄積が最初に表立ってくる建物である。店、邸宅、ビル、この三領域こそが都市文化成熟の時代の花園で、そこに咲いたのがアール・ヌーヴォーだった。

花園のようすを順に巡って見てみよう。いったい、どんな花が咲いているんだろうか。

1　商店はアール・ヌーヴォーを外観に使って人目をうばう

商店の空間は、店頭、インテリアといった建築的なものから、看板、ポスター、ビラなどのデザイン的なものまで、アール・ヌーヴォーの光に最も敏感に反応している。アール・ヌーヴォーは、ヨーロッパでもそうだが、商業空間にたいへん良く似合う。

日本のアール・ヌーヴォーが、まず商店の店頭デザインから口火の一つを切ったことは記憶しておいていいだろう。張本人は、青年建築家の武田五一。彼は、明治三十五年の一月二十日、留学先のロンドンで、まごうかたなき生粋のアール・ヌーヴォーを用い、商店ファサードの習作を二つ仕上げている。

一目で分るように、ベルギーやフランスのアール・ヌーヴォーのような海底に揺らぐ海草じみた彫刻的な凹凸は影をひそめ、平坦な画の中での線の流れの流麗さと面の分割の美しさを生命としている。こうした版画のようなグラフィックな特徴は、留学先のイギリスのアール・ヌーヴォーの特質を受けたとも考えられるが、デザイナーとしての武田の生涯を通してみてみると、これは、彼の造形的資質といった方がいいように思われる。

こうしたグラフィックさとともに、もう一つ、この習作で注目してほしいのは、日本の伝統的な形が実に巧妙にかつ大胆に図の中に隠されている点である。軒のカーブとその下端の作りを見てほしい。明らかにカーブは日本の唐破風《からはふ》に固有な反転曲線だし、下端の作りは木造建築の軒の棰《たるき》の尻にちがいない。武田は、唐破風デザイナーといっていいほどに生涯を通してたおやかな名唐破風を幾つも残していて、彼が唐破風のどこに魅せられたかは日本近代建築史研究上の一つのテーマといっていいが、このアール・ヌーヴォーの習作が語るところに従うなら、唐破風の曲線のうねりの微妙さこそ彼の求めたものだったといえる。ふつう唐破風は、日本の伝統的な建築造形の中では突発的にマッシブでやや毒を含むほどに個性的な放射力をもっているが、武田は、そうした毒を抜き、曲線と曲面でフワッと包むような軽いしなやかな形を唐破風を通して実現したかったようだ。

こうした商店建築のアール・ヌーヴォー受容のスピードは、習作だけでなく実作の場合もすばやい。現在、最も早いアール・ヌーヴォー建築として知られる実作は、明治三十六年に二例登場していて、その一つが大阪の床屋さんの神本《ごうもと》理髪店である（図Ⅲ①②）。

・神本理髪店　竣工からいうと日本最初のアール・ヌーヴォー建築として名高い。当時、住友本店臨時建築部の技師の席にあった青年建築家の日高胖《ゆたか》の手になり、球形《トマト》アーチを使った典型的なアール・ヌーヴォーで、系統からみると、平坦なイギリス系に近い。

この神本理髪店の登場以後、明治四十三年の日本橋大通り拡幅をピークにして、各地の商店街に多くのアール・ヌーヴォー商店が誕生したにちがいないが、区々たる商店のせいか記録にもとどまらないし、むろん実物も残らない。そうした中で、たまたま古写真などから拾い集めた作品をいくつか紹介しておきたい。

・菊屋　すでに述べた明治四十三年の日本橋大通り拡幅の時に建てられた商店で、開口部と軒のうねり具合は、フランス、ベルギー系にちがいない（図Ⅲ⑫）。

・亀屋　日本橋大通り拡幅に先行する明治四十一年に隣りの銀座商店街に登場した洋食料品店で、明治六年竣工の銀座煉瓦街時代の店舗を模様替えしている（図Ⅲ⑩）。設計者は遠藤於菟《おと》で、若い時からフランス建築に魅《ひ》かれていたことから、マンサード屋根といい軒やベランダのアール・ヌーヴォー装飾といい、フランス色が濃い。イギリス系のアール・ヌーヴォーの祖・武田五一は、この建物について、「大に考へた建物の様に見へるが少しひつこい心地がする」（武田五一、前掲論文）と、そのフランス的な装飾の「ひつこさ」をくさしている。

・高島屋飯田横浜貿易店　遠藤於菟の設計で、明治四十年に竣工している。藤の花と小鳥をモチーフにした日本趣味の装飾が目立つ（図Ⅲ④）。

・越前屋呉服店　同じく遠藤於菟の手になる横浜の呉服店で、明治四十二年に竣工している（図Ⅲ③）。

・あかしや　遠藤於菟の設計とも推測され、当時としてはハイカラな楽器と喫茶の店であった（図Ⅲ⑤）。

・鈴木鞄店　内田四郎の設計で、フランス系のアール・ヌーヴォーである（図Ⅲ⑦）。

・忠勇社　内田四郎設計の写真機材屋で、いかにも商店建築らしいにぎやかさが面白い（図Ⅲ⑪）。

・Mベルト合資会社　ユーモアさえただようアール・ヌーヴォーの小品。大正二年頃竣工（図Ⅲ⑧）。
・永広堂支店　ディテールにアール・ヌーヴォーが見られる（図Ⅲ⑥）。
・河合銀行神明町支店　当時は問屋商店に毛のはえた程度の町の銀行が乱立していたが、この銀行もその一つで、明治調の重厚さとアール・ヌーヴォーの組合せが面白い（図Ⅲ⑨）。

このように武田五一、日高胖、遠藤於菟たちにより導入されたアール・ヌーヴォー商店が、彼ら青年建築家の限られた層をあっというまに超えて、街の誰が作ったとも知れぬ商店にまで広がっていったのは、ポスターや商店雑誌のふりまくアール・ヌーヴォー・ブームの力が大きかったが、もっと直接的に、この頃出版されはじめた商店建築図集の浸透力もあずかっていた。

日本の商店建築図面集の第一号『各種商店建築図案集』（明治四十年刊）、は日露戦争後の商店界の新築熱にあおられるようにして刊行され、中には多くのアール・ヌーヴォー・デザインが納められている。おそらく、こうした図集にのって新しい表現は街に下りていったのだろう（図Ⅲ⑬〜⑯）。

商業空間を考えるとき、当時しきりに開催されていた博覧会の空間との連動を忘れてはいけない。町の店頭を消費的な時代傾向の個人的発露の場というなら、博覧会こそは集団的発露の場で、そこでは、建物もポスターも展示品もみんな一つになって消費の気分を盛りあげる。
・東京勧業博覧会　明治四十年に上野で開催された博覧会で、キリンビールのパビリオンと特許品売店がアール・ヌーヴォーで装われていた（図Ⅲ㉑㉒）。
・第十回関西府県連合共進会機械館　曾禰中條建築事務所（曾禰達蔵・中條精一郎）の手で、明治四十三年に、大振りなアール・ヌーヴォーでデザインされた。博覧会アール・ヌーヴォーの頂点をなす作品である（図Ⅲ⑲⑳）。
・電気博覧会　花の盛りはとうに過ぎた大正七年に開かれたにもかかわらず、東芝館は、遅咲きのアール・

ヌーヴォーを見せた。設計は曾禰中條建築事務所（図Ⅲ㉓）。

このように、日露戦争後の〈経済の最初の花盛りの季節〉に、アール・ヌーヴォーは〈民間経済〉の表情ともいうべき商店街や博覧会を飾り立てているが、それはいったいどうしてだろう。むろん、すでに解説したように経済の伸びた時期とアール・ヌーヴォーの登場した時期がちょうど重なったという出会いの幸運もあるが、それともう一つ、アール・ヌーヴォー自体の造形にも、消費的な場にふさわしい性格が含まれていた。

この装飾スタイルのまず第一の特徴は、当時のスタイル界を支配していたギリシャ、ゴシック、ローマ、ルネッサンス、バロック、ロココなどの歴史主義的な造形から自由になったことだが、アール・ヌーヴォーは、過去の衣裳を抜ぎすてる時、ついでに、そうした歴史的衣裳が内に包んでいた歴史的な連想、たとえば、ゴシックなら神性とか、ルネッサンスなら理知とか、ローマなら威風とかを一緒に投げ捨て、そうした固苦しい一切の過去の記憶から自由になることで、近代に初めて誕生した消費的な空間の中に舞い上ることができた。

また、その特徴的な造形を、流動性、グラフィズム、植物性などとどう形容するにせよ、その形が、理知、精神、倫理、心といった人間の内面性よりはまず先に人間の感性のヒリヒリするような表層に作用するのは間違いなくて、そうした表皮性が、消費的な空間の求める流行性や一過性にうまく合っていた。つまり、日本のアール・ヌーヴォーは、日露戦争後といういい季節の、商店街というちょうどいい場所に、根を下ろしたわけである。

2　邸宅はアール・ヌーヴォーを室内に使って快適にする

アール・ヌーヴォー建築の旗手武田五一は、世紀末のロンドンで、商店の習作より一年早く、明治三十四年、住宅インテリアの図案を仕上げている。この年開催された英国国民図案懸賞競技大会に応募したもので、皇后

Ⅲ②

Ⅲ①

図Ⅲ①②　神本理髪店（日高胖　一九〇三 大阪）

図Ⅲ③　越前屋呉服店（遠藤於菟　一九〇九 横浜）

図Ⅲ④　高島屋飯田横浜貿易店（遠藤於菟　一九〇七 横浜）

図Ⅲ⑤　あかしや　遠藤於菟設計か？

Ⅲ③

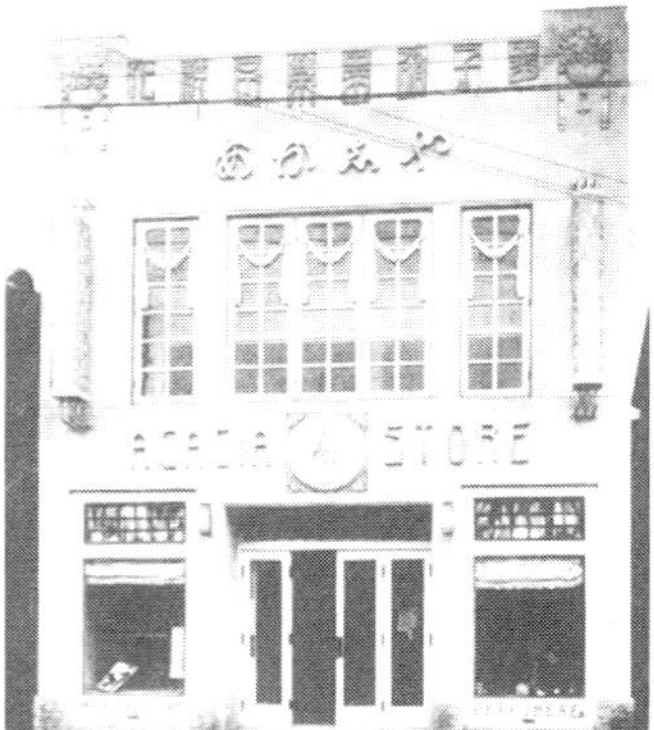
Ⅲ⑤

Ⅲ④

図Ⅲ⑥　永広堂支店

図Ⅲ⑦　鈴木鞄店（内田四郎　東京）

図Ⅲ⑧　Mベルト合資会社（一九一三頃）

図Ⅲ⑨　河合銀行神明町支店（東京）

図Ⅲ⑩　亀屋（遠藤於菟　一九〇八　東京）

図Ⅲ⑪ 忠勇社（内田四郎 一九一四頃 東京）

図Ⅲ⑫ 菊屋（一九一〇 東京）

Ⅲ⑫

Ⅲ⑪

図Ⅲ⑬⑭ 『各種商店建築図案集』（明治四〇年刊）の図案

Ⅲ⑬

Ⅲ⑭

Ⅲ⑮

Ⅲ⑯

図Ⅲ⑮⑯『各種商店建築図案集』（明治四〇年刊）の図案

Ⅲ⑱

Ⅲ⑰

図Ⅲ⑰⑱『商店雑誌』表紙　大正四年

賞を受けたと本人は伝えているが、石田潤一郎博士の調べによると、そういう事実はないらしい。ともかく、日本人によるアール・ヌーヴォー建築の図案としては一番達者で、いかにも武田らしい「ゴチャゴチャとどぎついようにみえても、案外サッパリした、いわば日本的な清涼感といったもの」（長谷川堯）を見せている。

このように、住宅のアール・ヌーヴォー化は、商店とほぼ同時の明治三十四年に種がまかれ、明治三十八年以後、次のような作品が生み出される。

・渡辺千秋邸（図Ⅲ㉔〜㉖）　明治三十八年の竣工であるから、最初の実例ということになるが、外観は、ハーフ・チンバーのコッテージ様式のままで、車寄せや換気孔グリルのような金物部分にわずかに流動曲線が見られるにすぎない。一方、室内は、大振りの球形《トマト》アーチを中心に据えて、はっきり、アール・ヌーヴォーを表明している。しかし、その室内も全体としては昔式の固さはいなめない。設計者は、木子幸三郎で、当時、宮内省に席があり、その縁で、宮内大臣渡辺千秋の私邸を手がけた。

・伊庭貞剛邸（図Ⅲ㉘㉙）　明治三十七年に設計が始まり、翌三十八年頃仕上がったと思われる。外観に格別それらしい風はないが、室内のディテールに、アール・ヌーヴォーが姿を見せる。とりわけ、暖炉がよい。伊庭貞剛は、住友の大番頭として知られた実業人で、その縁から住友の建築家野口孫市が設計を手がけている。

・田辺貞吉邸（図Ⅲ㉛〜㉝）　外観は、南側の妻壁のランプをのぞいて、一切、アール・ヌーヴォー色はうかがわれないばかりでなく、どこが住友の大番頭の住いかと訝られるほど地道を極めるが、室内は一転して、材も細工もデザインも、まるで数寄屋のようにキリキリとゼイ肉をしぼり落した洗練の極みをみせる。ここではアール・ヌーヴォーの曲線性は影をひそめ、むしろ、もう一つの特徴としての平坦性やグラフィズムが空間を司っている。このインテリアを見ると、アール・ヌーヴォーがもたらした平坦性が、けっして平板性ではないことがよく分かる。すべてが洋風の作りでありながら、眺めていると、壁の表にフウッと数寄屋造りが浮かんでくるのは、材が素地に近い仕上げをしていることと、この平坦性のせいだろう。こうした点よりみて、設

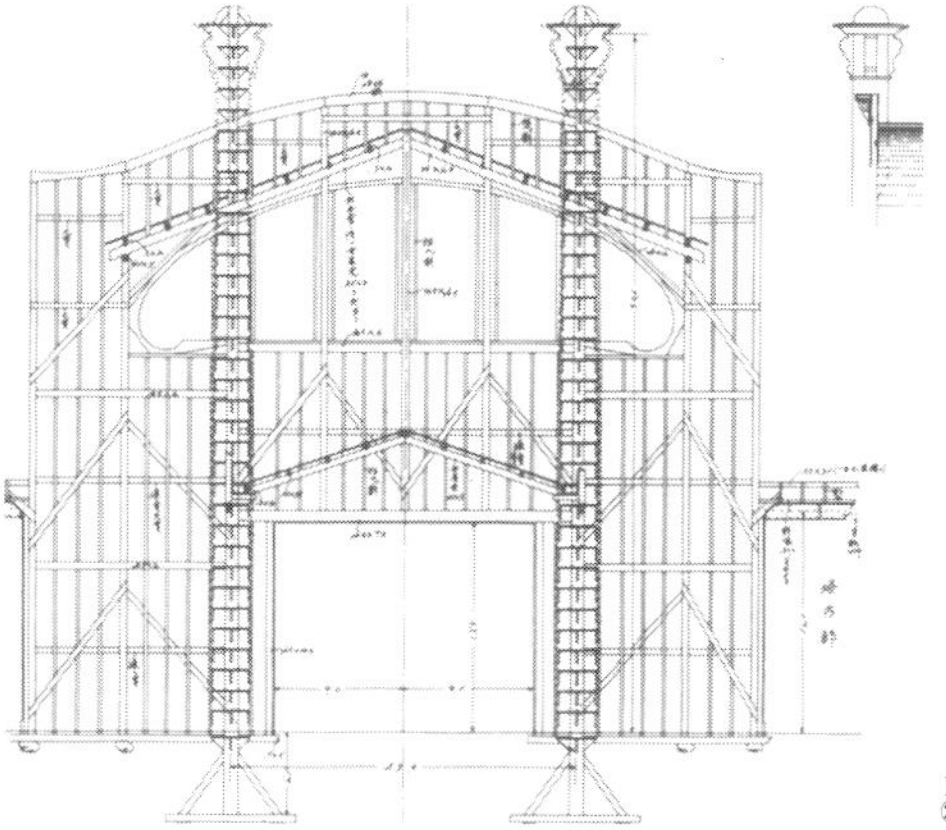

Ⅲ⑳

Ⅲ⑲

図Ⅲ⑲⑳　第十回関西府県連合共進会機械館詳細図（曾禰中條建築事務所　一九〇八）
図Ⅲ㉑　東京勧業博覧会特許品売店（一九〇七）
図Ⅲ㉒　東京勧業博覧会キリンビール館（一九〇七）
図Ⅲ㉓　電気博覧会東芝館（曾禰中條建築事務所　一九一八）

Ⅲ㉑

Ⅲ㉓

計者の野口孫市が学んだアール・ヌーヴォーは、フランスやベルギーではなく、イギリスのアーツ・アンド・クラフト運動からマッキントッシュへとつながる流れであることが推察される。明治四十一年竣工。

・鶴崎平三郎邸（図Ⅲ㉗㉚）　伊庭邸、田辺邸の野口孫市が、結核の主治医のためにデザインした住宅で、伊庭、田辺邸とはちがって外観までアール・ヌーヴォーの影響が現われている。壁面を土台から軒まで平坦に納めた上で、開口部と壁の、面のとりあいを表情としてみせる。クリーム色に塗られた壁の上端のゆるい凹型の曲線はいかにもアール・ヌーヴォーらしい。インテリアは、全体としては田辺邸よりねらいが曖昧で、雑多な要素は多いが、暖炉を中心に田辺邸にくらべいかにもそれらしいアール・ヌーヴォー振りで見る者の目を楽しませてくれる。明治四十一年頃竣工。

・諸戸清六邸（図Ⅲ㉞）　鹿鳴館の設計者として知られるコンドル先生が、最晩年、紀伊半島の山村地主のために建てた住宅で、外観は、ルネッサンス系の歴史的様式建築をベースにしているが、正面の窓や出入口といった開口部のデザインをすべて変えて壁面にグラフィックな面白さを見せている点や、ベランダの軒のクリッとした反りに、アール・ヌーヴォーにより解放された自由なデザインの影響がみられる。室内は、もっとはっきりして、ホールの階段回りや暖炉は、いかにもイギリス風のアール・ヌーヴォーである。コンドルの作品の中では異色で、これは、若い事務所員・桜井小太郎が担当したせいであろう。大正二年竣工。

・長楽館（図Ⅲ㉟㊱）　米人建築家J・ガーディナーが京都のタバコ王村井吉兵衛のために設計したもので、各部屋ごとに、ロココ風、第二帝政風などとスタイルを変えているが、その一部に、アール・ヌーヴォーを取り込んだ部屋が組み込まれている。この部屋の他にも、ステンドグラスや二階の手すりにアール・ヌーヴォーがみられるが、建物の全体は、あくまで、歴史主義的な枠を一歩も出ていない。明治四十二年竣工。

こうした建物の一部屋や、暖炉、金物といった細部に部品的にアール・ヌーヴォーを組み込むやり方は、この他にも神戸のトーマス邸（明治四十二年頃、設計デ・ラランデ）、会津の天鏡閣（明治四十一年、設計木子幸三

Ⅲ㉔

Ⅲ㉕

図Ⅲ㉔㉕㉖ 渡辺千秋邸（木子幸三郎 一九〇五 長野）（撮影・藤森照信）

Ⅲ㉖

Ⅲ㉗

図Ⅲ㉗ 鶴崎平三郎邸暖炉（野口孫市 一九〇八頃 神戸）（撮影・藤森照信）

Ⅲ㉘

Ⅲ㉙

図Ⅲ㉘㉙ 伊庭貞剛邸（野口孫市 一九〇五頃 滋賀）

郎）など、同時代の中規模邸宅に幅広く観察される。
・横浜銀行集会所（図Ⅲ㊲）　住宅ではないが、横浜の銀行家たちのクラブで、親しい者だけでくつろぐ場という点からすると住宅に近い性格をもつ。明治三十八年の竣工で、先駆的作品の一つ。設計者は、アール・ヌーヴォー商店でも活躍した遠藤於菟である。フランス派の遠藤にしては珍しく、あまり装飾的ではなくて、むしろセセッション味の加わったグラフィックな作となっている。
こうした、日露戦争以後に建ちはじめるアール・ヌーヴォー住宅の頂点を極めたのが、次の福島行信邸洋館なのである。
・福島行信邸（図Ⅲ㊳〜㊇）　グラスゴーのマッキントッシュや、パリのビング商会のアール・ヌーヴォー、あるいはそれに後続して起ったウィーンのセセッション様式、これらを含んで大きくアール・ヌーヴォー様式として括るなら、日本におけるその最高作は、武田五一設計の福島行信邸である。
ふつう、福島邸は明治三十八年の竣工と言われ、日本の新様式の口火の一つに加えられるが、これは間違いで、明治三十八年は設計の年と考えられ、竣工は、明治四十年までずれ込んでいる。本当の口火の神本理髪店と住友銀行川口支店が明治三十六年に登場しているから、それから四年して、この新様式はピークを迎えたことになる。福島邸は、名高いわりにはこれまであまり実態が紹介されずにきたので、やや、詳しく述べてみたい。

場所は、当時の「麻布区六本木」、より詳しくは、「六本木町六十七番地」、今日の港区六本木七ノ十五ノ十三に当る。環境としては、麻布の中規模の御屋敷町の一画で、六本木の交差点の方から歩いてきて最初の横道を左に入ると、左手に見えてくる。

若い頃実物を見たことのある分離派の滝沢真弓は、昭和四十八年の夏、次のような回想をしてくれた。

——当時のアール・ヌーヴォー系の作品では、どんなものを見ておられますか。

滝沢：私らが大学に入ったのは、大正六年だから、もう、アール・ヌーヴォーの全盛期はとうに過ぎちゃってたが。遠藤於菟さんの横浜の銀行集会所がいいっていって、学生仲間で見に行ったことを憶えてる。

――他に、武田さんなんかは。

滝沢：アァ、例の福島邸を見てる。大学の一年生の時だったが、最初の課題が住宅だったんだ。下宿が麻布で、毎日通う道に奇妙な色のおかしな形の洋館があるもんだから、ちょっとしゃれてるナと思って、それを真似して提出したんだ。そしたら、主任の内田祥三先生に、「君、コリャ、武田さんの真似じゃないか。私は毎日あの近くを通るから良く知ってるんだ」って、しかられた。

――外壁の色が珍しかったと伝えられているのですが、どんなでした？

滝沢：オレンジ色というか黄色というか、そういう目立つ色だった。お屋敷町の緑の中に立っていたから、よけい目立った。最近、後楽園に真黄色のビルができただろう、あんな色だったようにも思うナ。

――中は、見ておられますか。

滝沢：女中さんに頼んで、ナイショで入れてもらったことは覚えてるんだが、具体的にはどんなだったかナァ。とにかく、ふつうじゃあなかった。

「記憶力絶倫の滝沢君」（森田慶一の言）の記憶に残る「オレンジ色というか黄色というか」の色が間違いでないとするなら、竣工後十年してだいぶ変色していたことになる。あるいは、古写真による経年変化をみると、大正の初めに塗り替えた可能性が高いが、ともかくこの建物は、遠くから見るとその色彩でまず目に付いたらしい。

竣工当初の色彩について、同時代の記録は一致していて、「壁面の大部分は小豆色にして、横貫せる数条の線も、上下に点在せる模様も、悉く異りたる色を以て配せらる」（『建築画報』）、「瓦の茶褐色なるを初めとし、其他外壁の四周は、凡そ種々なる色を以て配合され、界隈異色の奇観たり」（同）、「四周の外壁それは色々の

図Ⅲ㉚　鶴崎平三郎邸（野口孫市　一九〇八頃　神戸）（撮影・藤森照信）

Ⅲ㉚

図Ⅲ㉛㉜㉝　田辺貞吉邸（野口孫市　一九〇八　神戸）（撮影・藤森照信）

Ⅲ㉛

Ⅲ㉝

Ⅲ㉜

Ⅲ㉞

Ⅲ㊱

Ⅲ㉟

Ⅲ㊲

図Ⅲ㉞ 諸戸清六邸（コンドル 一九一三 三重）（撮影・藤森照信）

図Ⅲ㉟㊱ 長楽館（ガーディナー 一九〇九 京都）（撮影・藤森照信）

図Ⅲ㊲ 横浜銀行集会所（遠藤於菟 一九〇五）

III
㊴

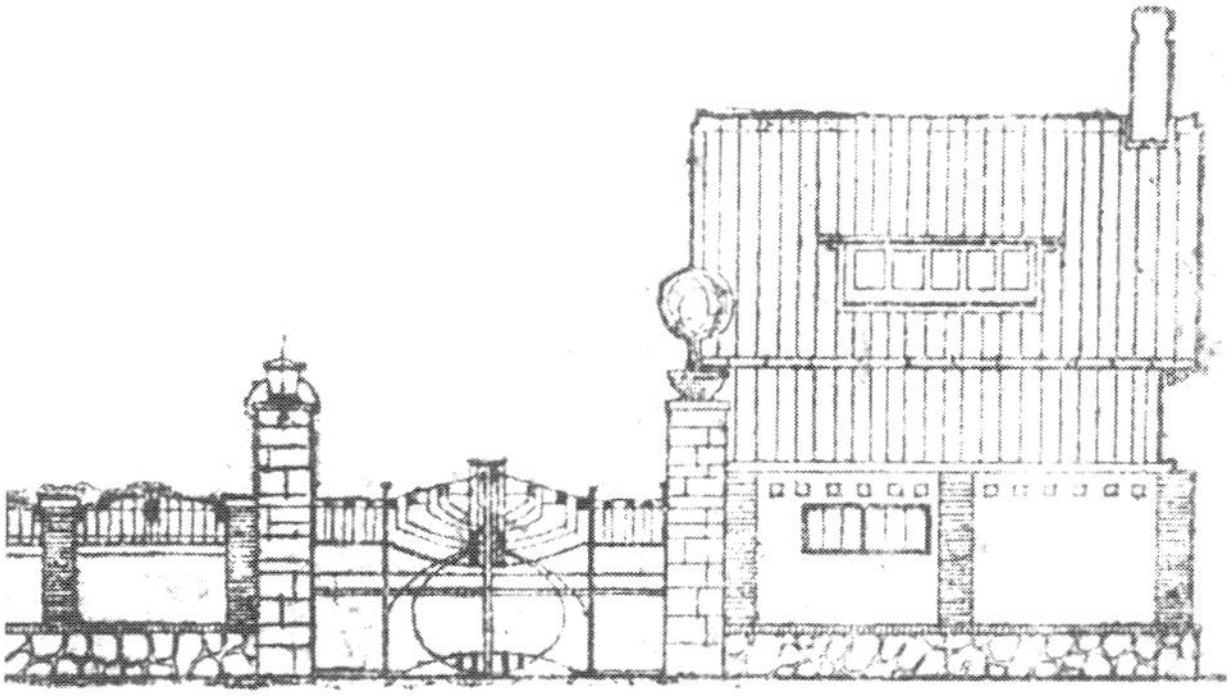

III
㊳

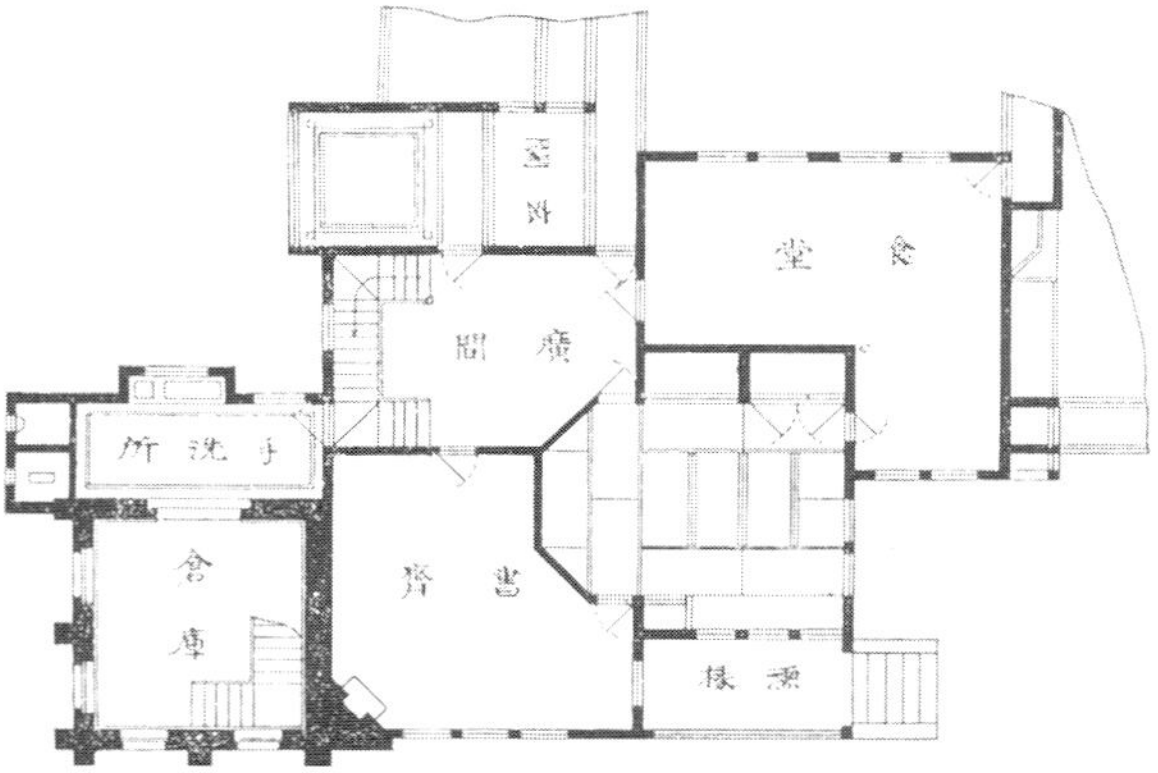

III
㊶

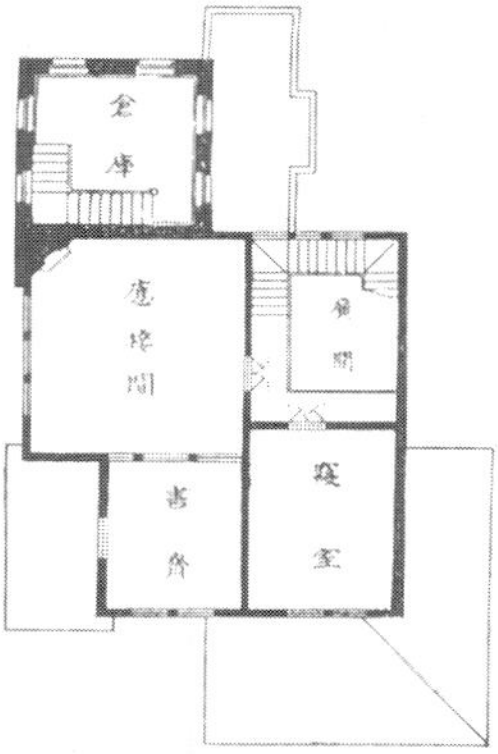

III
㊵

III
㊷

図III㊳㊴㊵㊶㊷ アール・ヌーヴォー住宅の華
福島行信邸（武田五一 一九〇七 東京）

図Ⅲ㊸㊹㊺㊻㊼㊽　福島行信邸（武田五一　一九〇七　東京）

Ⅲ㊸

Ⅲ㊹

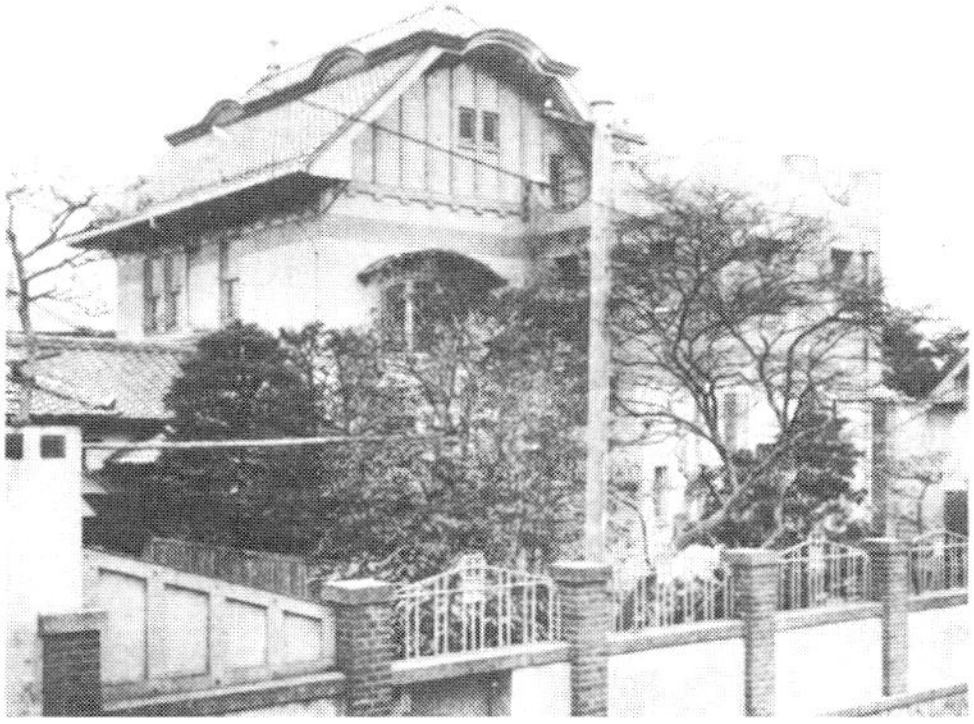

Ⅲ㊻

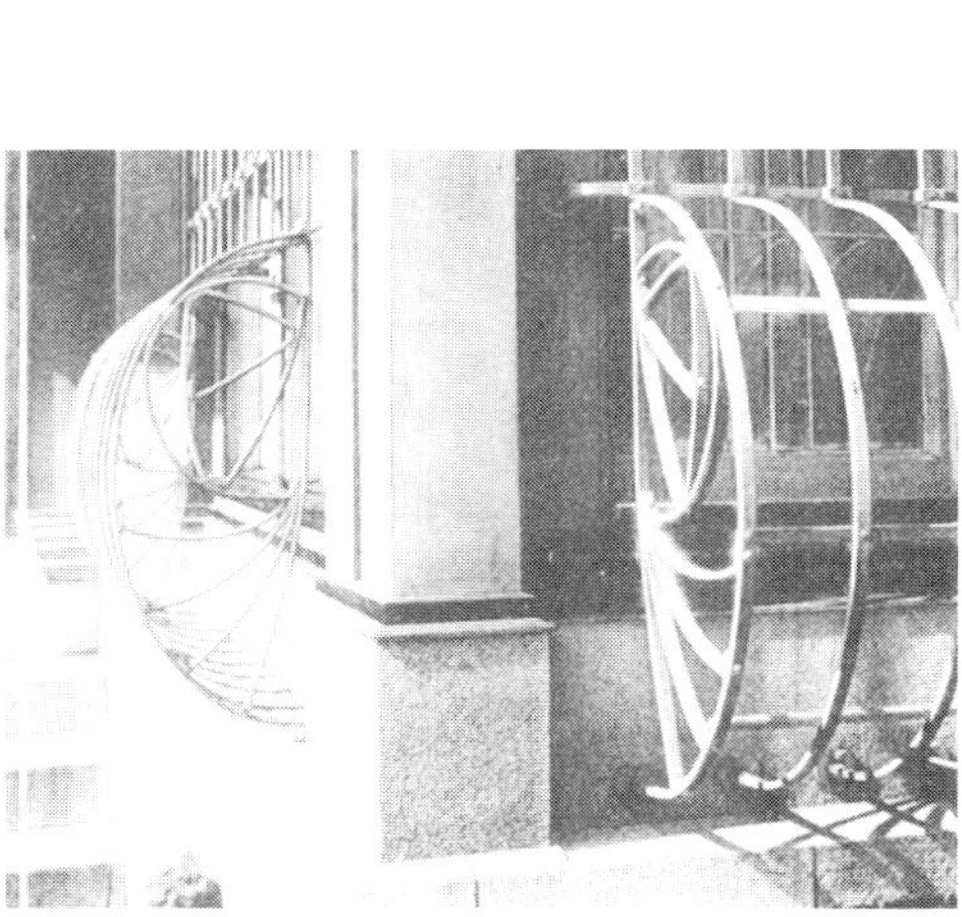

Ⅲ㊽

Ⅲ
㊾

Ⅲ
㊿

Ⅲ
(51)

Ⅲ
(52)

Ⅲ
(53)

Ⅲ
(54)

図Ⅲ㊾㊿(51)(52)(53)(54) 福島行信邸（武田五一 一九〇七 東京）

図Ⅲ㊺㊻㊼㊽㊾㊿

Ⅲ
55

Ⅲ
56

Ⅲ
57

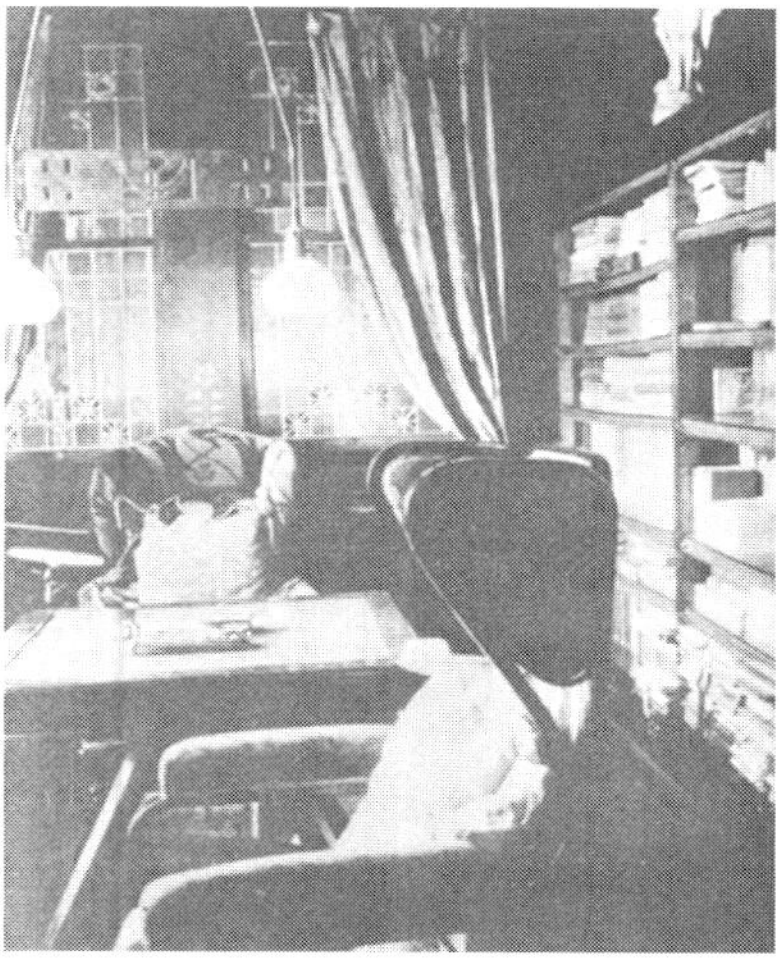

Ⅲ
59

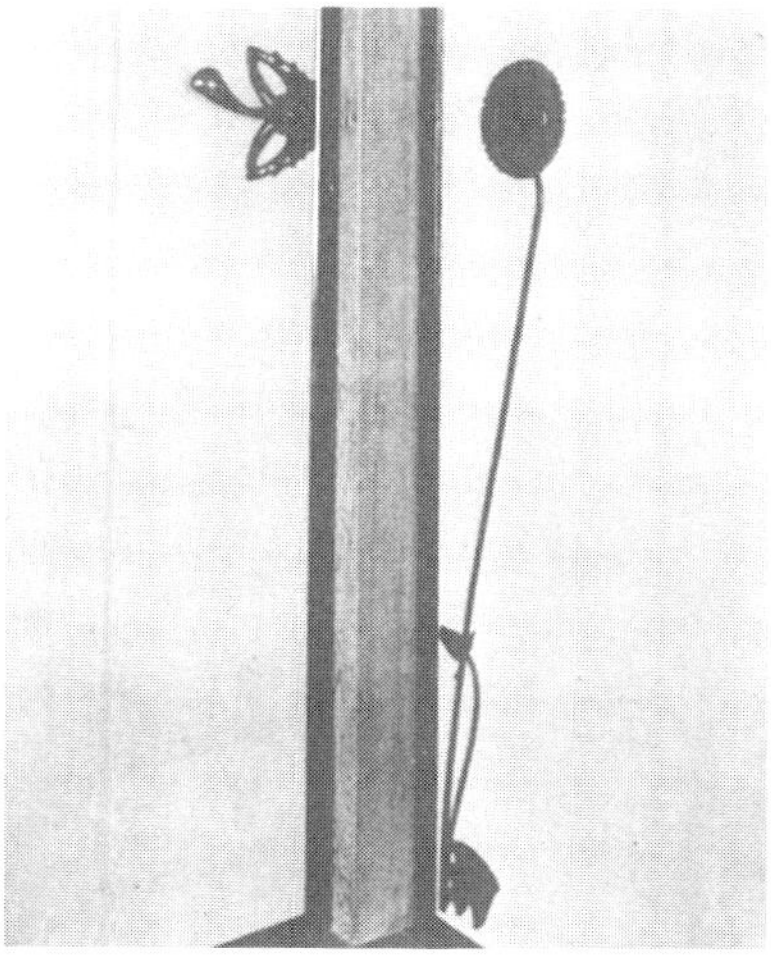

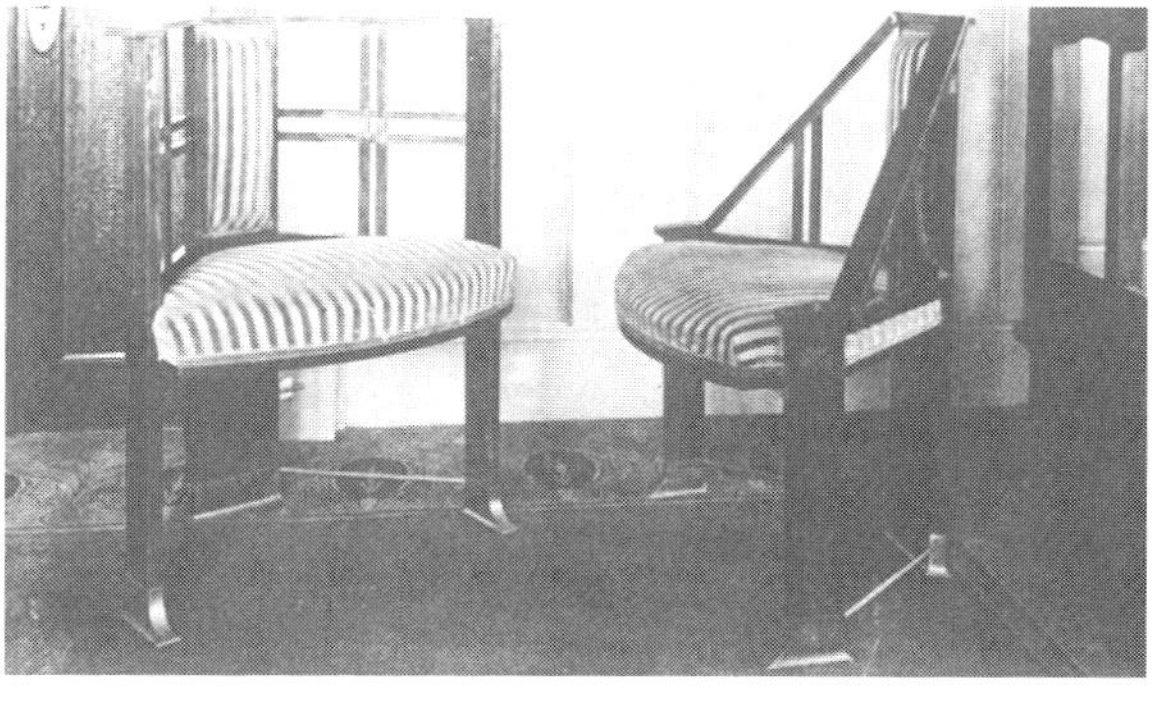

Ⅲ
61

図Ⅲ62 63 64 65 66 67　福島行信邸（武田五一　一九〇七　東京）

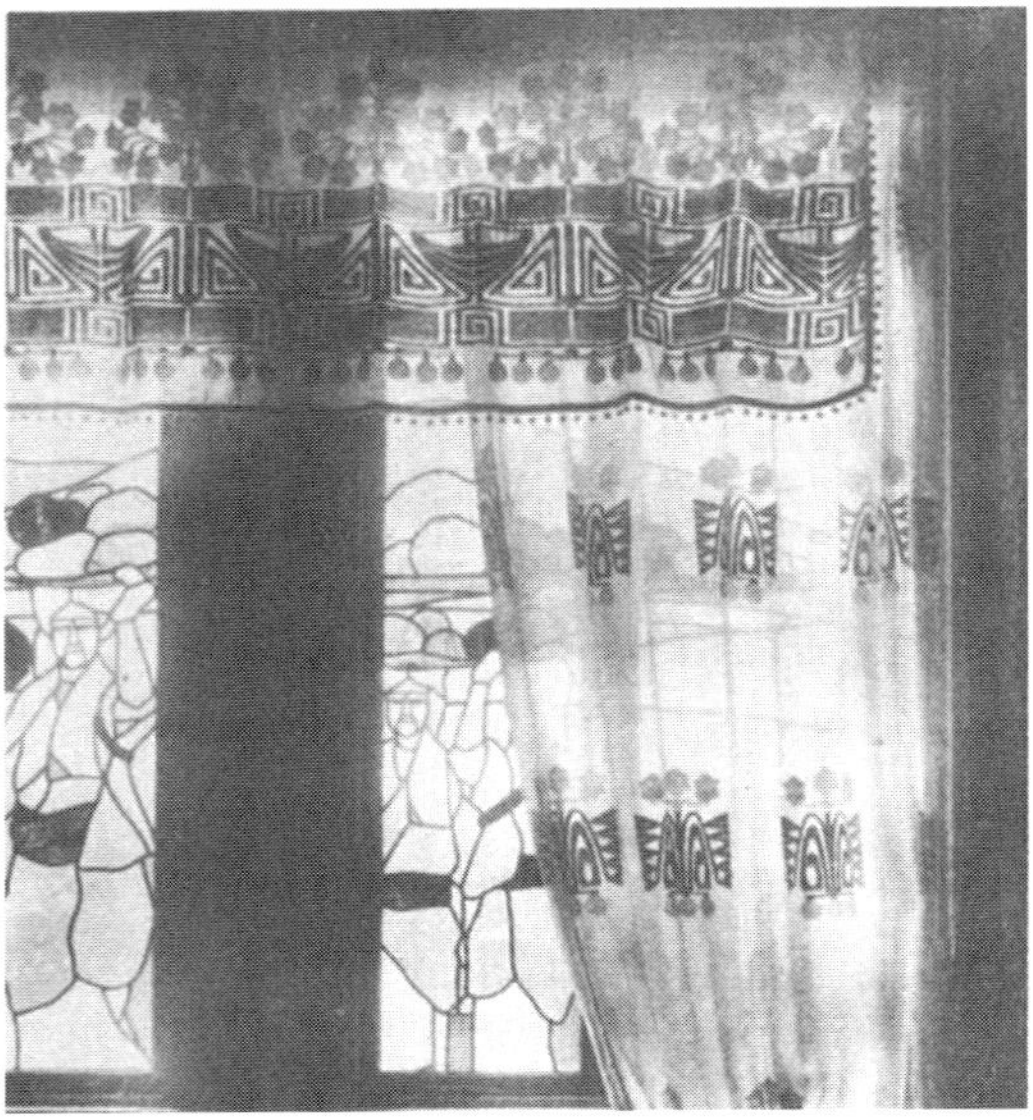

Ⅲ62

Ⅲ65

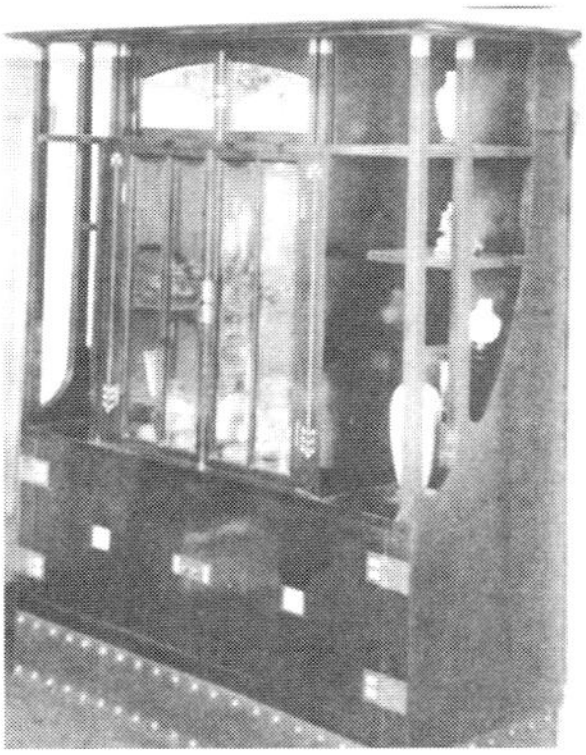

Ⅲ64

Ⅲ63

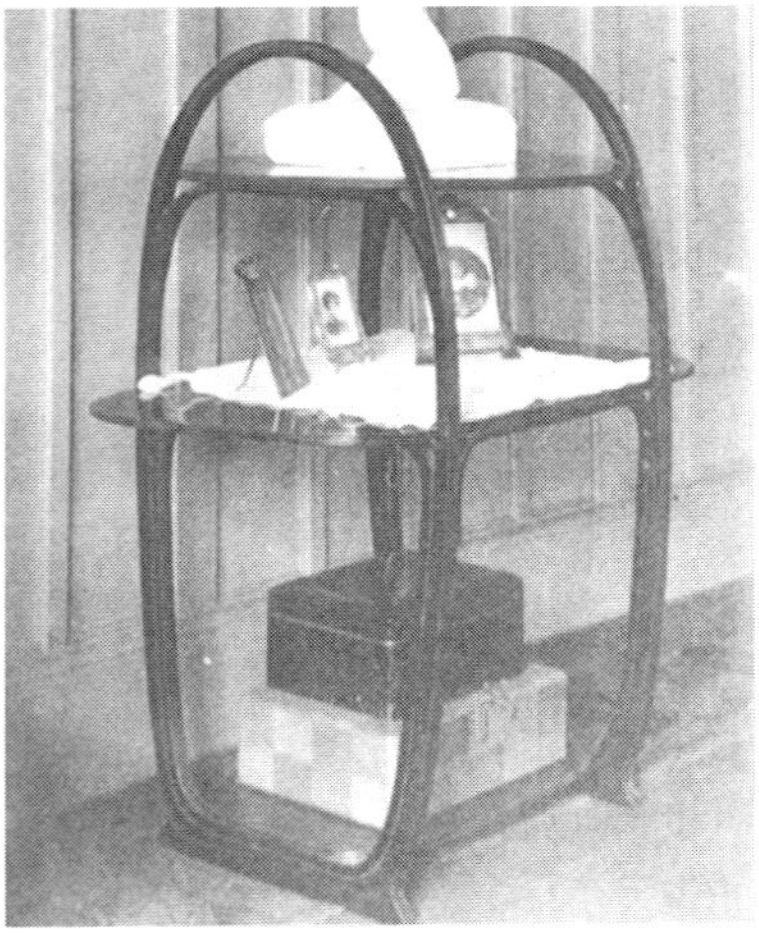

Ⅲ67

Ⅲ66

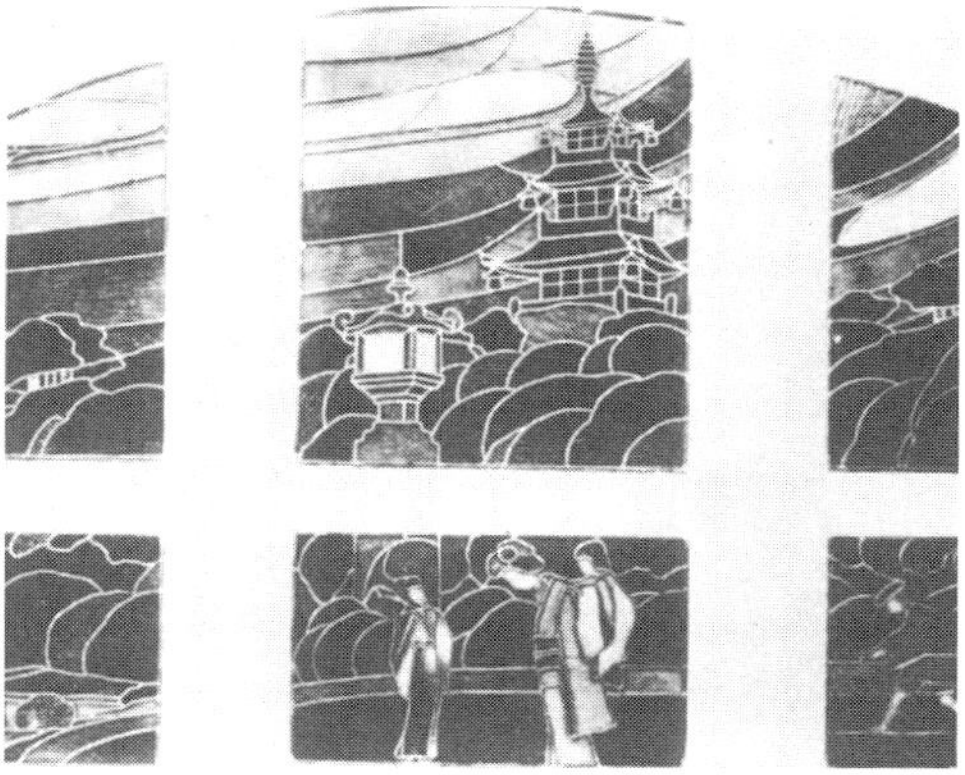

Ⅲ 69

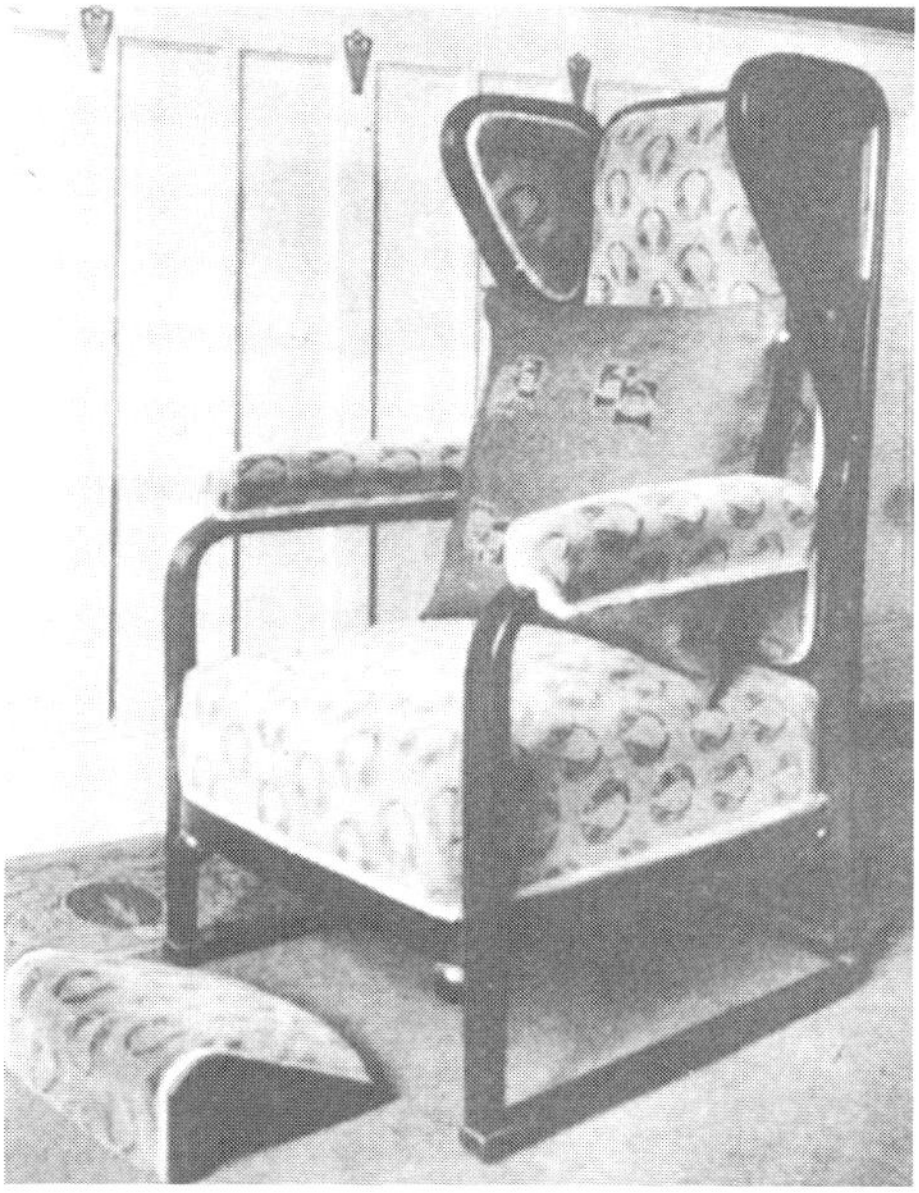

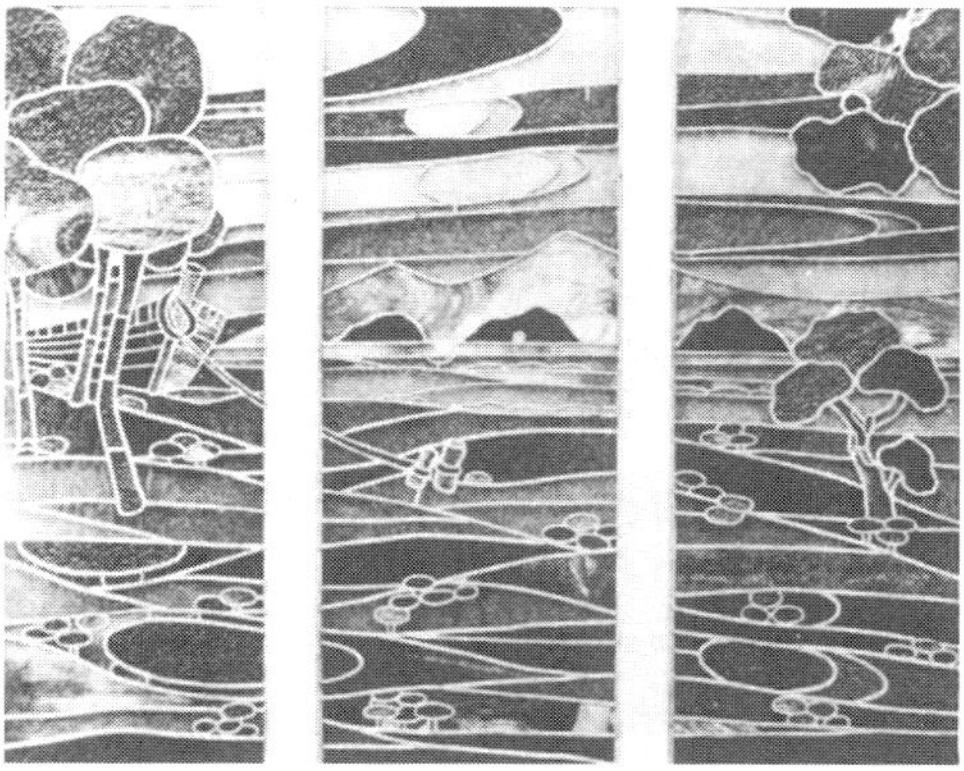

Ⅲ 70

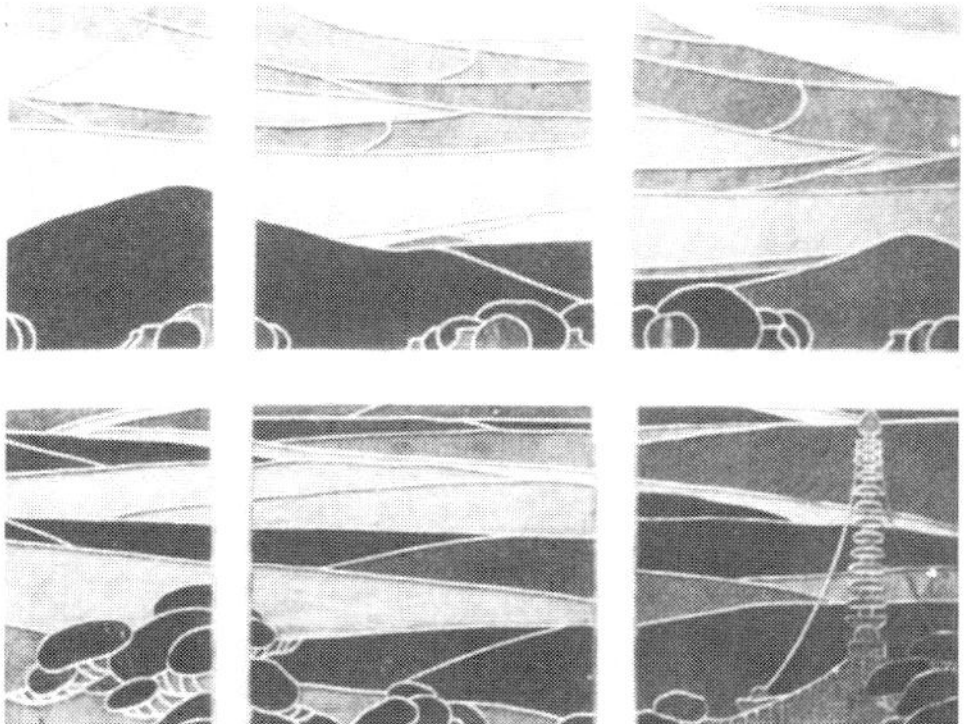

Ⅲ 72

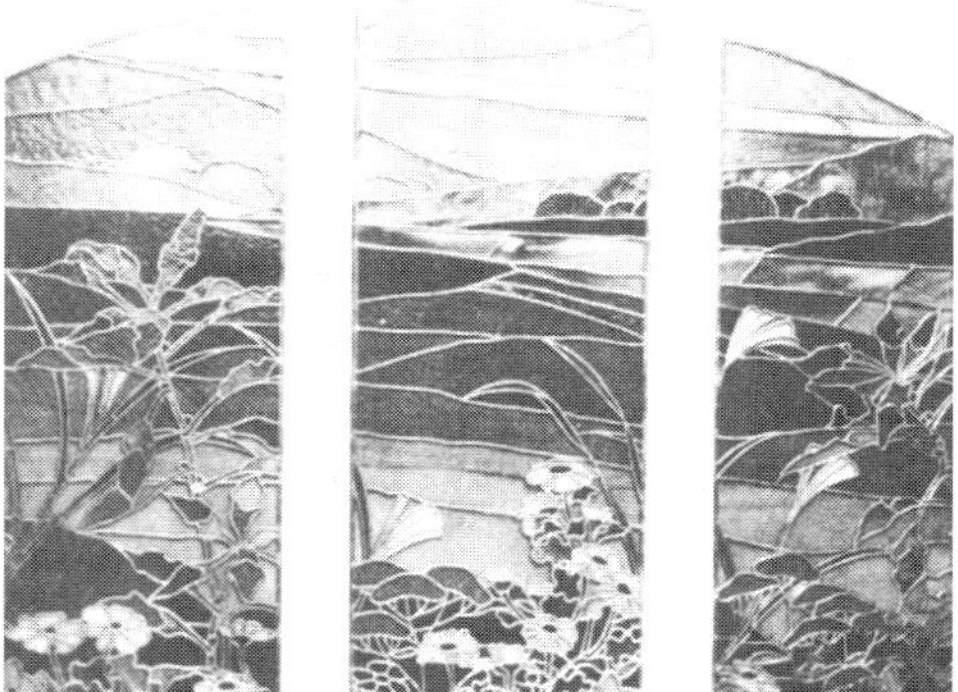

図Ⅲ 68 69 70 71 72　福島行信邸（武田五一　一九〇七　東京）

色が配合してあった。正面の二階建、その上部の外観の小豆色であるのも面白い。其の模様や数条の描線も一寸外で見られない奇抜なやり方であった」（碧波武良）。つまり、小豆色《あずき》をベースに、種々な色が線や点として加っていたことがわかる。

色にひかれて近づくと、塀が迫り、塀の上の鉄の柵が、セセッション風にしゃれている。門扉は鉄製だが、円弧を蜘蛛《くも》の姿のように組合せたいかにもアール・ヌーヴォー調の形がうまい。門扉を開けると、見せ場の「悉く異りたる色」を塗った「奇観」が現われる。「奇観」の上端のパラペットは、塀と似たアール・ヌーヴォー、セセッション系の鉄柵とし、壁面には、丸い点や四角い点、また、うねる曲線が引かれる。一階の窓の鉄格子は、パラペットと同様、マッキントッシュのグラスゴー美術学校を思わせる。

さりげない玄関から、中に入ろう。土間のモザイク・タイルがすばらしい。あわい色調をたくみに組合せた花の模様だ。

まず、一階の中心を占める食堂に進もう。ドアーの枠も、ドアーのステンドグラスも、すべて、マッキントッシュかウィーン・セセッションで、そのドアーを開けて入った室内は、腰壁がアール・ヌーヴォー風に垂直線とうねり曲線を組合せている。食堂の見せ場は置き家具で、中でもドアーの右手の家具は、純白に塗られ、曲線の紋様と直線の金物で飾られているが、デザインは、ウィーン工房そのままといっていいだろう。

一階から二階への階段室は、ステンドグラスが見事で、一階部分は白鳥《スワン》、二階部分は草花の茂る日本の野原の景である。スワンと草花――アール・ヌーヴォーの最も好む題材にちがいない。「濃き淡き数種の色彩は、日光と相映発し、室内自ら生気に満つるの感あり」（『建築画報』）と記録される左回りに回りながら上ると、二階には、最高の見せ場・応接室が待っている。

中に入ると、まず声を上げるのは、部屋全体の明るさで、天井と腰壁が純白に塗りあげられている。天井の飾りは、同心円と放射線の組合せからなるが、少し固い感じは否めない。壁面の上半分は、墨流しのような模様に、上部から木の葉のような模様を垂らしているが、これがはたして壁紙なのかペインティングなのか、よく分からない。デザインも、マッキントッシュやウィーン工房系にしてはアクが強くて、パリやベルギーのアール・ヌーヴォーに近い。壁面の下半分は、腰壁になっていて、たての線を強調し、上部にポイントとして金物を打ち付けている。

応接室の見せ場の第一は、室内からの窓のながめで、あわい紗《しゃ》の布に糸で花模様をぬいとったカーテンを透かせて、ステンドグラスが、淡く色づいた光を差し込む。花模様のカーテンの向うに、洛北は大原の景色が広がり、その中を、三人の大原女《おはらめ》が頭に荷をのせ、こちらに向って歩いてくる。

応接室のもう一つの見せ場は家具で、うるし塗りの食器棚はじめ、布貼りの椅子、曲《ま》げ木の花瓶置き台など、すべては塗装から金物、布にいたるまで、アール・ヌーヴォー、セセッションに統一され、その上に設計者の武田の好みが加えられている。

こうした新しいデザインが跳躍する食堂、応接室といった洋室にくらべると、一階の和室の方は、当り前の伝統的作りに従っているが、しかし、そう思って通りすぎると思わぬ所にアール・ヌーヴォーのデザインがまぎれ込んでいて、ゾクッ、とさせられる。襖を見ていただきたい。引手の円環の部分を花に見たてて、金物全体が、春の野辺に群れ咲くタンポポの姿に作られている。そして、これだけ大胆な把手金物を使いながら、和室の伝統的な空間を少しも乱していない。逆に、こうしたところに、設計者の武田五一のアール・ヌーヴォー理解の深さと、腕のさえを覚えずにはいられない。

以上の各部屋でみたデザインの数々のうち、大原女のステンドグラスやタンポポの把手といったいかにも日本的な作り付けのものはともかく、家具の類やカーテンなどの布地の類は、そのあまりの出来のよさから、あるいは、ウィーン工房のセセッション作品を買い付けたのではないか、という疑問が起こるかもしれない。しかし、これがすべて武田のデザインになり、日本の職人の腕で、たとえばステンドグラスは宇野沢組により生み出されたことは、武田の、「自分も此セセッションで数多の家屋を計画して見、或は工芸品を立案して見たが、我国の職工の手腕は其考案の精神を発揮させるに充分であった」(「アール・ヌーヴォーとセセッション」)、という発言から明らかとなろう。福島邸が同時代の他のアール・ヌーヴォーやセセッション系作品に比べ、群を抜いていたのは、建物の多彩な外観もさることながら、家具、調度、カーテン、ステンドグラスといった工芸品によるところが大きい。

おそらく武田は、手と美の一致、デザイナーと職人の一致を主張するウィーン工房をはじめとするアール・ヌーヴォー造形運動の基本理念に従い、また、同じ理念をかかげて当時開設されたばかりの京都高等工芸学校(現京都工芸繊維大学)図案科の創設教授の一人として、この理念の有効性を、福島邸で試みたにちがいない。

こうした新しいスタイルの新しい試みに、チャンスを与えたのは、むろん、施主の福島行信である。彼は、薩摩藩出身の政商福島良助の子に生まれ、慶應義塾を修えた後、英国に留学し、明治三十二年帰国し、三十五年には父の後をついで貿易会社福島合名会社の社長に就いている。芸術好きのジェントルマンとして知られ、新興芸術のパトロンをもって任じていた。この家を建てた時は弱冠三十四歳の若さであった。

こうした職場と施主に恵まれた状態の中で、三十六歳の武田は、新デザインの大輪の花として福島邸を作ったわけだが、そのデザインの内容は、アール・ヌーヴォーといっても、フランスやベルギー系のにぎやかに反転曲線が重なりあうのとは相当にちがっていて、系統でいうなら、マッキントッシュやウィーン・セセッションにいちじるしく近い。

武田は、パリ系のアール・ヌーヴォーとウィーンのセセッションを比べ、「セセッション式はアール・ヌーボーよりは先天的に我国民の嗜好に一致する」(「アール・ヌーボーとセセッション」)と述べているが、これはむろん彼自身の嗜好でもあった。

以上のような日本のアール・ヌーヴォー住宅の特徴の第一は、それが中規模の邸宅に限られ、また、都心に近い御屋敷町の一歩外の地域に立地していたという点である。

麻布の福島邸、蓼科の渡辺邸、神戸の田辺邸、すべてそうである。こう決めつけると、いや本書の主役の松本健次郎邸は大邸宅ではないか、と不同意もあるかもしれないが、それは今の目から見ての大邸宅であって、当時の本当の大邸宅は、東京ならば旧大名屋敷の広大な敷地をそのまま引き継いだお城のごときものや、丘を一つ丸ごと占めるお屋敷こそがその名に値した。

当時における大邸宅と中規模の邸宅の手軽な区分法は、敷地の外から中の建物の様子が分かるかどうかで区分したらいい。大邸宅は玄関へつづく道が見えるだけで建物の様子は分らない。また、そこで働く女中さんの立場からいうと、全部の雨戸を開けるのに午前中一杯、閉めるのに午後一杯かかるのが大邸宅、朝と夕方だけですむのが中規模邸宅、といってもいい。

こうした中規模の邸宅のオーナーは、一つの層をなしている。いずれも有為な企業家や経営者、政治家であるが、しかし、たとえば、諸戸邸の諸戸清六、松本邸の松本健次郎は地方の実業家であるし、長楽館の村井吉兵衛は東京で活躍しているが帝都の大富豪からは一歩下った地位にあった。政治家の渡辺千秋も維新の元勲連中に較べると二歩も三歩も格は低い。こうした彼らの層を、典型的に体現してみせるのが伊庭邸の伊庭貞剛と田辺邸の田辺貞吉で、両者とも、大財閥住友家の番頭の地位にある。

つまり、三井、三菱、安田、住友などの財閥の当主の家や、政治家でいえば山縣有朋はじめ維新の元勲層の住い、また宮家の住宅こそが当時の大邸宅であって、アール・ヌーヴォーのオーナーたちはそうした最上層より一歩退った層に籍を置いていた。

彼らの上をゆく最上層は、維新を境にして登場した明治初期の新興層で、日露戦争後の〈経済の最初の花盛りの時代〉を待たずしてすでに明治の中期に、大邸宅の世界を作り上げている。それは、江戸の大名屋敷の流れをくむ日本建築群の一画に洋館を付加するという構成をとっていて、日本館の方で日常の大名暮しが行なわれ、洋館は接客やパーティなどの対外用に使われていた。

一方、そうした最上層の下につく層は、この時期になってはじめて自分たちの好みの住いを展開するだけの力を蓄積した第二陣の勢力で、アール・ヌーヴォーは、こうした新興勢力により、支持されたわけである。同じ洋館としても、第一陣と第二陣ではまるで使い方がちがっていて、前者の洋館は〈飾りもの〉だったのに、後者は洋館で日常生活を送っている。伊庭邸、田辺邸、鶴崎邸、諸戸邸、松本邸など、アール・ヌーヴォーの館は、和館を付ける場合も親の住いや付属屋にすぎず、主人一家はアール・ヌーヴォーの中で洋式の生活を送った。

彼らにとって、洋館が見せるものでなく住むものだったことは、日本の邸宅史上に画期をなすもので、これを境に洋館の内部が外観以上に価値をもちはじめる。ここに、室内《インテリア》の時代が始まるわけだが、アール・ヌーヴォーの住いが一様に外観に較べ内部の方が充実しているのは、こうした事情による。

この現象は、商店のアール・ヌーヴォーの外観重視とちょうど反対の関係にある。見せるための商店が、どちらかというとにぎやかなアール・ヌーヴォーを好んだのに対し、住むための邸宅が、イギリス調の平坦なアール・ヌーヴォーを強く指向したのは、日本人の住宅観の底にある平坦でおだやかな表情への偏愛に従ったものと思われる。

3　ビルはアール・ヌーヴォーを使わない

商店、邸宅と、アール・ヌーヴォーの花園を巡ってきたが、最後に取り上げるのが、銀行や会社のビルである。

日露戦争後の民間ビルラッシュの推進力の役を果たしたのは、銀行や会社であったが、こうした会社法人は、それまでの公官庁建築的な石の列柱の並ぶ威風堂々スタイルに違和感を覚え、にぎわいはじめた街《ストリート》にふさわしい新しい表現を捜しはじめた。アール・ヌーヴォーが、商店や住宅だけでなくこうした新興のビルにとっても新しい意匠の有力候補であったことはまちがいない。わずかながら次のような実例がある。

・住友銀行川口支店（図Ⅲ⑭⑮）明治三十六年に住友のお抱え建築家・野口孫市の手で建てられ、神本理髪店と並び日本最初のアール・ヌーヴォーの栄光を持つが、しかし、新様式が用いられたのは室内だけだった。それにしても野口は、伊庭、田辺、鶴崎といった邸宅の設計に先がけて、大胆にも銀行でアール・ヌーヴォーを試行したのである。

・日本毛織株式会社（図Ⅲ⑬）明治四十一年、神戸の民間建築家設楽《しだら》貞雄の設計で建てられ、細部意匠にアール・ヌーヴォーが用いられていた。

アール・ヌーヴォーを銀行や会社のビルに採用する試みが、はたしてどう評価されたかは興味深いが、住友に関していえば、その後の住友銀行の建物にアール・ヌーヴォーが全く現われない事実よりみると、おそらく酷評に近かったにちがいない。野口は、アール・ヌーヴォーを銀行に試みてしくじった後、住宅に限定するようになったのであろう。たしかに、アール・ヌーヴォーのクネリクネリ造型は企業の活動精神にはそぐわないし、企業ならずとも勤労の場には適さない。やはり、商店という消費の空間と住宅といういこいの空間向きなのである。

では、これまでの官公庁式の旧〈硬派〉もだめ、アール・ヌーヴォーのような新〈軟派〉もちょっとどうもということになると、会社法人としては、何を選んだらいいのであろうか。結果からみると、〈辰野式〉が選ばれている。

辰野式というのは、辰野金吾が、明治三十六年の辞官独立以後、好んで使ったスタイルで、元をただせば、イギリスのビクトリア朝建築家ノーマン・ショーが十九世紀後半に好んで使った新様式である。広くはクイーン・アン様式ともいう。特徴は、ゴシックともクラシックともつかぬ歴史主義的折衷性と、赤煉瓦と白い石を混ぜる華やかさ、また、壁面や屋根の変化にある。崩しのデザインといっていいのだが、しかし、崩し切ったわけでもなくて、どこか抑制もきいていて、半ば崩れつつ秩序もそこそこにという点は時代のサイレント・マジョリティーの中庸性にうまくつけ込んだスタイルといえなくもない。そのせいか、ロンドンの街《ストリート》で好んで使われた。

辰野金吾は、官界を辞すと同時に、それまで日銀の本支店で積極的に使ってきたパラディアン的な秩序を旨とする古典主義系デザインを脱ぎすて、一転、日露戦争後の民間ビルラッシュの只中で、ノーマン・ショーゆずりの辰野式を東京の街《ストリート》に問うたのである。すると、ねらいは的中し、〈硬派〉とも〈軟派〉ともつかぬ辰野式は、会社法人に大いに迎えられた。

これにより、辰野は、官界から民間への危険な転身に様式上も成功し、全国の主要な都市の街《ストリート》の一番いい所に数多くの辰野式を建てつづけることになる。こうした辰野式は、日本生命九州支社などにみられるように、室内の細部装飾にアール・ヌーヴォーを少し加味しているが、しかし、それはあくまで辰野式の半ば〈軟派〉の枠の範囲内にとどまる。

三　アール・ヌーヴォーは誰の手で運ばれたか

さて、では、商店と中規模邸宅を舞台に花開く日本のアール・ヌーヴォーは、いったい、どこから、誰をパイプとして、送られてきたのであろうか。

いうまでもなく、アール・ヌーヴォーは、イギリスやベルギーにはじまり、やがて北はロシアから南はイタリアまでヨーロッパ全域に広がっているが、日本への影響の可能性としては、イギリス、フランス、ドイツ、そしてあくまで可能性としてだがロシアがある。

Ⅲ 74

Ⅲ 75

Ⅲ 76

Ⅲ 77

図Ⅲ73　日本毛織株式会社（設楽貞雄　一九〇八）
図Ⅲ74 75　住友銀行川口支店（住友本店臨時建築部［野口孫市、日高胖、木子幸三郎］一九〇三）
図Ⅲ76　前田松韻の旧蔵写真　日本人の手になる大連あたりの機関車庫か？
図Ⅲ77　哈爾浜駅（東清鉄道　一九〇〇頃）

ロシアというのは意外かもしれないが、その頃帝政ロシアは東アジア進出を国策とし、現中国東北部のハルピンに植民都市を建設していた。こうした植民都市は、ロシア最後の皇帝ニコライ二世（この皇帝は皇太子時代の明治二十四年に来日し大津事件の原因《もと》になった）の文明開化趣味に従い最新ヨーロッパ式を旨として建設されていたから、建築においても、当時最新のアール・ヌーヴォーが大いに奨励され、駅舎や病院などの官公庁をはじめ街の商店やビルにいたるまで、数多くのアール・ヌーヴォー建築が生み出された（図Ⅲ⑰〜⑳）。その設計が誰の手によったかについては、今のところ資料を欠くが、都市計画の全体はドイツ人技術者に託されているところからみて、ドイツ人建築家の彩管によった可能性が強い。ハルピンは建築的にいえば、アール・ヌーヴォー都市といってもいいくらいで、これほどの例は世界でもここくらいとフランスのナンシーぐらいであろう。

そのハルピンを、日本は、日露戦争の終結とともに手に入れたのである。むろん、途上にある満州都市建設を引き継ぐため前田松韻《まつおと》や岡田時太郎などの日本人建築家や技術者が現地に入り、さらに、普通の日本人も続々と渡満してゆく。こうした中で、ハルピンの新様式が日本の本土にどうはねかえったかは興味深いテーマだが、残念ながらその影響を明らかにする事実はまだみつかっていない。わずかに、大正四年に作られた下関の秋田商会の設計に当り、満州の新様式がタイルの扱いなどに影響を与えたことが分かっているにすぎない。

影響の可能性としては、満州一番乗りの前田松韻の存在が注目されるが、彼がかの地のアール・ヌーヴォーに対し、建築家としてどうふるまったかについては、これも明らかではない。しかし、現在、東京工業大学の平井聖教授の保管する前田松韻の旧蔵資料の中に「自作」として括られる写真乾板があって、その一枚に、見事なアール・ヌーヴォー作品が写っていることから見て、前田が、本格的にアール・ヌーヴォーと取り組んだ可能性も大きい。

こうしたロシアとことなり、イギリスやフランスからの影響は跡を追いやすい。すでに触れた福島邸の武田五一、横浜銀行集会所の遠藤於菟、鶴崎邸の野口孫市、神本理髪店の日高胖、渡辺邸の木子幸三郎、第十回関

Ⅲ ⑲

Ⅲ ⑦

Ⅲ ⑳

図Ⅲ⑱　白系ロシア人哈爾浜事務局

図Ⅲ⑲　哈爾浜ヌーヴォーの建物

図Ⅲ⑳　天津ドイツ租界の建物

西府県連合共進会の曾禰中條建築事務所（曾禰達蔵・中條精一郎）の六者に、塚本靖、さらに本書のテーマの松本邸の辰野片岡建築事務所（辰野金吾・片岡安）を加えた面々が、日本のアール・ヌーヴォーの草分けと考えていい。

アール・ヌーヴォーに接触した早さの順番に、事情をたどってみよう――ただし辰野片岡建築事務所はのぞく。

野口孫市の場合

野口は、日本最初のアール・ヌーヴォー様式の発現として知られる住友銀行川口支店の設計者であるばかりでなく、日本人建築家として最も早くこの新様式を目撃したと目されている。

彼は、明治三十二年の初春、しばらく勤めていた逓信省を辞め、住友家に入った。この移籍を計ったのは恩師の辰野金吾で、住友家の建築顧問をつとめる辰野は、同家宿願の本店新築計画に当り、その実行者として愛弟子の野口を送ったのである。

野口は、明治三十二年の初春、住友に入るやいなや一年の海外遊学に送り出される。住友が計画中の住友本店、住友家須磨別邸そして住友が寄贈する大阪府立図書館の設計のための見学旅行であった。アメリカを経て、ヨーロッパを巡り、翌三十三年三月に帰国している。野口はよく日記をつけていたが、不幸にも現在この時の分だけが見つかっておらず、詳しい行程は分からないが、イギリスに本拠を置いて諸国を見聞し、三十二年の九月にはスコットランドに旅していることが知られる。イギリスを選んだのは、野口の好みのほかに、前年に欧米を視察した住友吉左衛門（春翠）から、〈住宅はイギリス風に〉と命じられたからであった。在英中に何を見聞したかは不明だが、この時に、当時イギリスを席巻中のアール・ヌーヴォーに接したと考えて間違いない。三十二年九月のスコットランド旅行の時に、グラスゴーでマッキントッシュの作品に触れた可能性も高い。

帰国後、ただちに須磨別邸と府立図書館の設計に取りかかるが、この両作ではアール・ヌーヴォーは用いられず、第三作の住友銀行川口支店の内装においてはじめて新様式を試みている。以後、伊庭、田辺、鶴崎と中規模邸宅において、アール・ヌーヴォーを連作している。

塚本靖の場合

塚本靖は、西郷隆盛の銅像の台座の他ほとんど建物の設計を手がけなかったことから建築デザイナーとしてはあまり知られていないが、日本銀行本店から国会議事堂までの国家的な名作大作のインテリア装飾を数多く担当した本邦初の装飾家として重要な存在で、また、浅井忠はじめ多くのアール・ヌーヴォーにかかわる画家や工芸家と親交が深かったことも注目に値しよう。「アール・ヌーヴォー」という用語を、日本の建築界に初めて紹介したのは彼である。

塚本は、明治三十二年五月、辰野金吾の下で助教授の席にある時、建築装飾学の研究のため三年の欧米留学に送り出される。野口孫市に季節一つ遅れて七月に横浜を発ち、アメリカ、イギリスを経て、フランスに入り、パリに居を据えて、留学生活を送り、スペイン、ドイツ、スイス、イタリアにも足をのばしている。この間、彼がアール・ヌーヴォーに接したのは、はじめ五ヶ月ほど過ごしたイギリスかもしれないが、しかし、彼の克明な留学日記にはアール・ヌーヴォー建築を見に行った記載もグラスゴーを訪れた形跡もまるでなく、もっぱら、それ以前の様式の建築の見聞に費やされている。彼とアール・ヌーヴォーの接触が文献的に確認されるのは、三十三年八月にフランスはパリに渡ってからである。パリでの動きを、留学日記から追ってみよう。

明治三十三年八月二十二日、列車でパリに入った塚本は、旧知の画家和田英作や久保田米斎の出迎えを受け、ホテルに入る。当時、パリの街は一九〇〇年の万国博覧会に湧いていたが、この博覧会こそ世紀末芸術アール・ヌーヴォーの総仕上げとでもいうべき晴舞台で、フランス、ベルギー、ドイツといった大陸のアール・ヌーヴォーが、会場設計や展示の工芸品デザインを通して、パリに集結していた。塚本は、到着の翌日から最終日まで、連日のように会場に通うことになる。日記からその一部を引いてみよう。

九月一日　土曜日　吉川（房夫）氏と共に乗合馬車　博覧会に到り工芸館を見物す　館内にて茶菓を喫し昼食に代へ場内にて端書《はがき》英文案内記を買ひ午後四時乗合馬車　帰宿す　夜　福地復一来る　和田英作氏余が為めに "La plume"（墺国《オーストリア》の装飾画家 Mucha 氏の集）を買来る

九月五日　晴　和田英作氏とサンジャルマン町の麵麭店に朝食し Notre Dame を見　塔に登る　更に同寺の後に在る行倒人（固有名詞、筆者注）展覧場に赴き之を見　帰る　夜　乗合馬車トロワデロに到り浅井忠氏をマラコフ通の宿に訪ふ

九月十二日　リューデゼコール Rue des Écoles の書店にてアールヌーボーの一冊子及巴里建築の写真板を購ひ和田氏と馬車　銀行に赴き学資金三ヶ月分を請取り市内散策

このように、塚本靖は、パリ到着後十数日にして、アール・ヌーヴォーの花形イラストレーターとして名高いミュシャの画集を手に入れ、さらに、アール・ヌーヴォーの本を買い入れている。なお、九月十二日の日記に記された「アールヌーボー」の七文字は、日本人建築家による最初の記載である。

アール・ヌーヴォーの花園と化した博覧会場の中で、とりわけ、アンバリッド地区に設けられたビング商会出品の〈アール・ヌーヴォー館〉は、大輪の花といっていいが、塚本も、十月六日、ついにここを訪れている。

十月六日　岡本氏と乗合馬車　コンコード橋畔に到りアンバリッド館を見る　仏国出品の工芸館なり　館内にて新派意匠帖（金四十法《フラン》）を買求め縦覧終り同氏と散策帰宿す

ここで塚本が買い求めた「新派意匠帖」とは、アール・ヌーヴォーの図集のことであろう。彼は、よほど、ビング商会の〈アール・ヌーヴォー館〉が気に入ったらしく、十一月十二日の閉会間際には、前日と当日と駆け込むようにして入場し展示品を買い求めている。

このように、塚本靖のパリは、アール・ヌーヴォーのパリ、といってもいいが、ただしこれは彼個人の好みというより、当時パリにたむろしていた日本人画家グループ全体の傾向であった。美術好きの塚本がパリで再会して行動を伴にした洋画家としては、浅井忠、黒田清輝、和田三造、福地復一らが知られているが、たとえば、浅井は、ミュシャのポスターを塚本もよく訪れたマラコフ通りのアパートの自室に貼り、また博覧会見物も塚本より三ヶ月早く、ビング本人の案内で〈アール・ヌーヴォー館〉を見聞しているし、帰国後は、〈絵〉の東京美術学校から〈工芸〉の京都高等工芸学校に進んで移り、アール・ヌーヴォーの日本導入の口火を切っている。また、黒田清輝は、「万国博への出品作で銀賞を得た上に、翌年帰国に際してはたくさんのアール・ヌーヴォーのポスターや画集や写真集を持ち帰り、それが明治三十年代半ばの画壇に一つのよい刺激となった」(芳賀徹『絵画の領分』)。福地復一も、帰国後、「日本図案会」を設立して、アール・ヌーヴォーの普及につとめ、そのデザインは、彼の号をとって「天香式ヌーボー」(日野永一「アール・ヌーボーと日本の図案会」)と呼ばれたという。

このように一九〇〇年前後にパリにたむろした洋画家グループこそが、アール・ヌーヴォーを日本に送る最大径のパイプ役を果たしているが、塚本靖も美術好きの建築家として、その一翼に加っていたのである。

さて、明治三十五年十一月、三年間のヨーロッパ留学を終えて帰国した塚本は、年が明けると、留学成果をまとめ、日本美術協会で「欧洲輓近の装飾に就いて」を発表し、これを『建築雑誌』八月号に転載する。内容は、十八・十九世紀ヨーロッパにおける装飾の動向についてだが、ほぼ半分をアール・ヌーヴォーに費やし、十九世紀のしめくくりとしての新様式を、建築界にはじめて紹介している。しかし、評価は慎重で、「アール・ヌーボーの或る点を刺撃剤」にして古い装飾を超え、真の新しいスタイルを確立すべきだ、と結論している。

明治三十六年が、実作、論文ともに、日本のアール・ヌーヴォー建築の幕開けの年となった。

武田五一の場合

辰野金吾が、帝大建築学科の助教授グループの中から、塚本についでヨーロッパに送ったのが武田五一である。留学テーマは、塚本が建築装飾学研究であったのに対し、武田は図案学研究で、現在風にいうとデザイン研究となろう。この時期、辰野が、塚本、武田、伊東忠太といった愛弟子たちを次々に海外に送り出し新しい動向を学ばせようとしたのは、もう二、三年と心中ひそかに決めた自分の退官・独立に備え、若手の陣容を固めておくためであった。

武田は、明治三十四年、横浜を発ち、野口、塚本とは逆向きに地球を回って、インド、スエズを経てフランスのマルセイユに上陸する。以後の彼の動向については、足立裕司氏の詳しい研究（「武田五一研究」）があるので、それに従いつつ述べると、パリに向い四月二十九日に、塚本靖と久方ぶりの再会を果たした。この時、塚本は、まだ酔いさめやらぬ前年のアール・ヌーヴォーの祭典について、武田に詳しく語ったであろう。

塚本と別れ、目的地のロンドンに着いたのは五月で、以後、イギリスをベースに、フランス、ドイツ、ベルギー、オーストリアなどに足をのばしながら三年間の留学生活を送ることになる。しかし、ロンドン到着の後しばらくは、武田は落ち込んでいたらしい。パリの塚本に、次のような泣き言を書き送っている。

諸所より度々の御通信難有　私は不相の無用事と金のないのには閉口　誰も相棒のないので淋しくて御座候（明治三十四年五月二十七日付書簡）

金もなく用もなく友もない武田だったが、ロンドンの美術学校（Camden School of Art & Science）に入り、しだいにやる気を取り戻してゆくが、そうした元気回復期に彼がなした最初の行動が、グラスゴーを訪れマッキントッシュはじめグラスゴー派のアール・ヌーヴォー作品に接することだったのは注目に値しよう。あるいは、アール・ヌーヴォーの滋養を摂取することで意欲を取り戻したといえるかもしれない。九月にグラスゴーに入り、マッキントッシュの美術学校をはじめこの工業都市に突如花咲いたアール・ヌーヴォー建築の数々を訪れ、熱心にスケッチを試みている（図Ⅲ83 86 89 90 91 92）。

このグラスゴー体験は、ロンドンに帰ってからも体温を保ち、マッキントッシュの影響の濃い習作を生むが、それが、すでに述べた英国国民図案懸賞競技のコンペ案（図Ⅲ81 82 84 85）と二つの商店のファサード案（図Ⅲ87 88）なのである。

翌三十五年には、フランスに渡り、ベルギーにも足をのばし、大陸のはげしくのたうつアール・ヌーヴォーに接しているが、さほど心を動かされなかったらしい。むしろ、大陸で心うたれたのはウィーンのセセッションの造形で、このことから、武田の新様式への好みが、フランスやベルギーの過剰なアール・ヌーヴォーにはなく、グラスゴー派やウィーン・セセッション派の平明でグラフィカルな傾向に傾いていたことがうかがわれる。

さて、明治三十六年七月に帰国すると、武田は、留学中の辞令に従い、帝国大学建築学科助教授から京都高等工芸学校図案科教授へと移るが、この異動は、アール・ヌーヴォーに接して図案《デザイン》の領域に目を開かされた浅井忠が帰国後ただちに東京美術学校を辞して京都高等工芸学校に移ったのとよく似ている。日本の建築界に戻った武田は、野口、塚本につづき、アール・ヌーヴォーにはげみ、日露戦勝記念の塔を大胆にスケッチし、明治三十八年にはいよいよ福島邸に取りかかり、四十年には、日本のアール・ヌーヴォーの極みともいうべき福島行信邸が完成する。

日高胖の場合

日高の存在がアール・ヌーヴォーとの関係で語られるのは、明治三十六年に作られた大阪は北浜の神本理髪店ただ一作によっている。住友銀行川口支店より設計開始は遅いが竣工は数ヶ月早く、文字通り日本最初のア

Ⅲ (81)

Ⅲ (82)

図Ⅲ(81)(82) 英国国民図案懸賞競技案（武田五一 一九〇一）

Ⅲ (83)

図Ⅲ(83) 武田五一のスケッチ 明治三四年～三五年頃

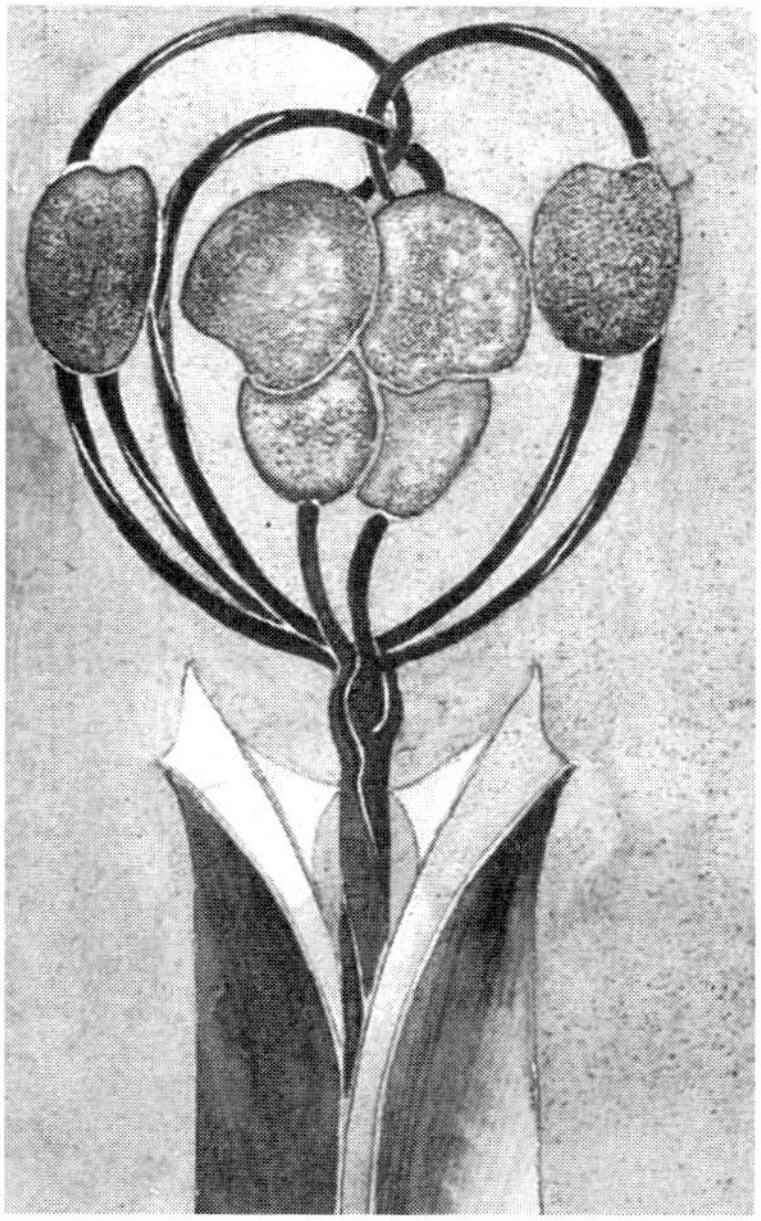

Ⅲ⑧⑥

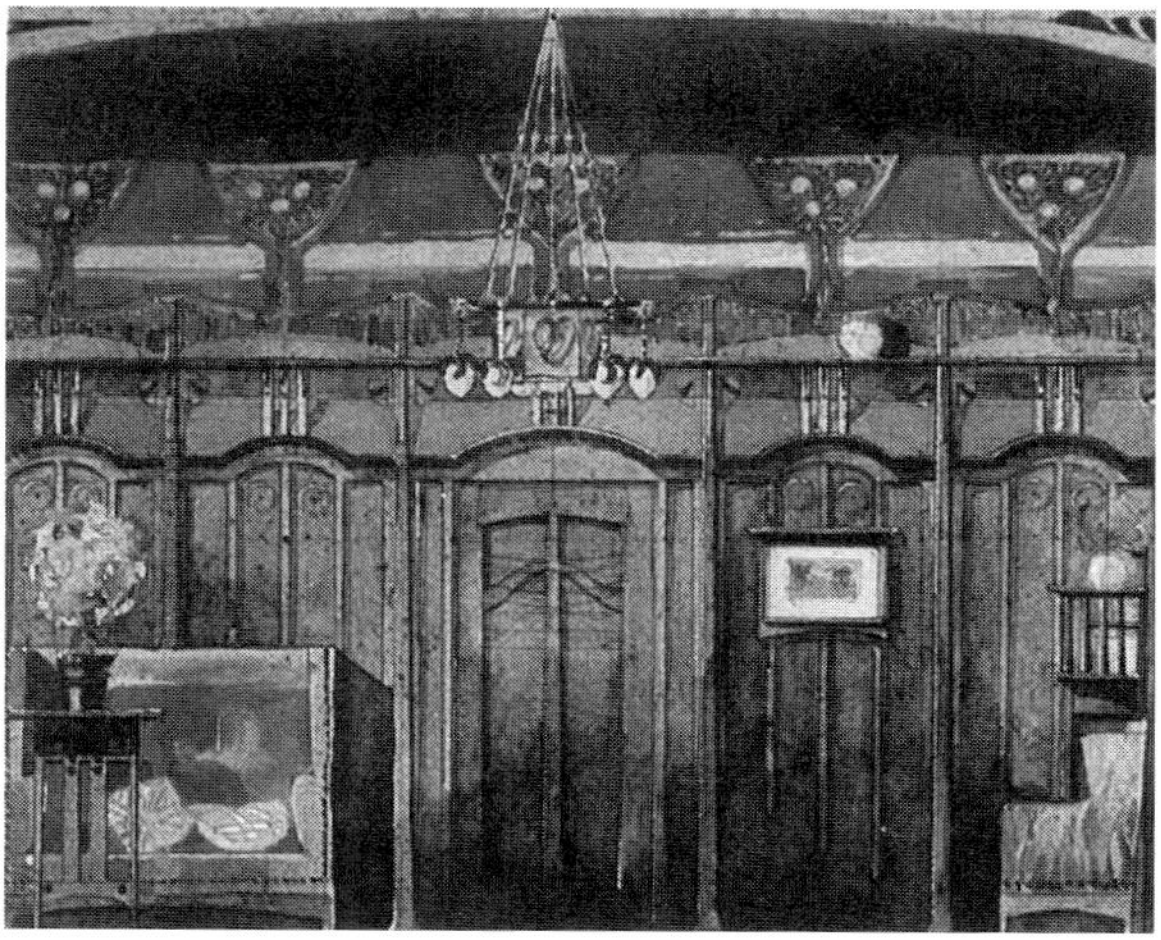

Ⅲ⑧⑦

図Ⅲ⑧④⑤ 英国国民図案懸賞競技案（武田五一 一九〇一）

図Ⅲ⑧⑥ 武田五一のスケッチ 明治三四年〜三五年頃

図Ⅲ⑧⑦ 商店店頭案（武田五一 一九〇二）

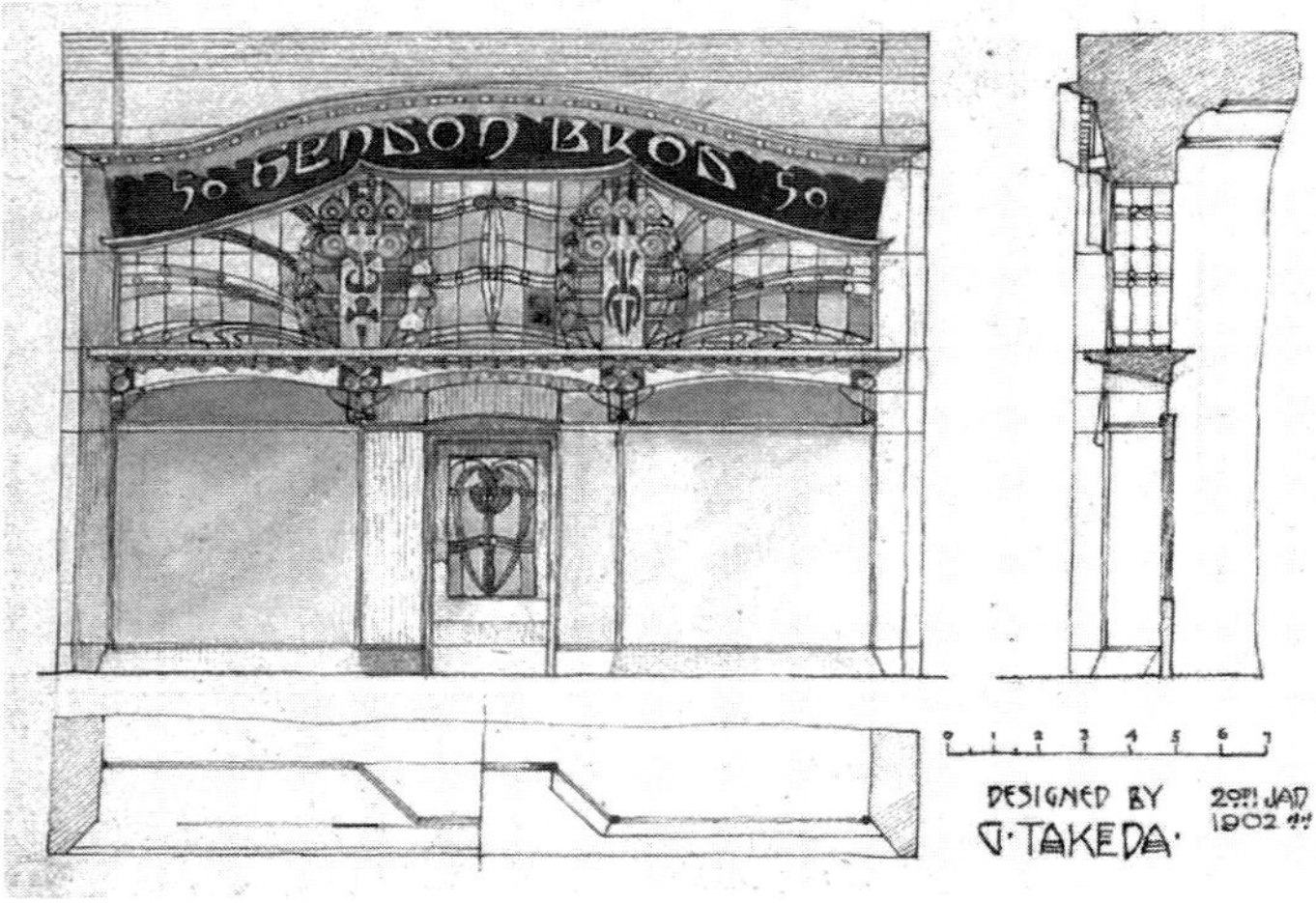

Ⅲ⑧⑧

図Ⅲ⑧⑧ 商店店頭案（武田五一 一九〇二）

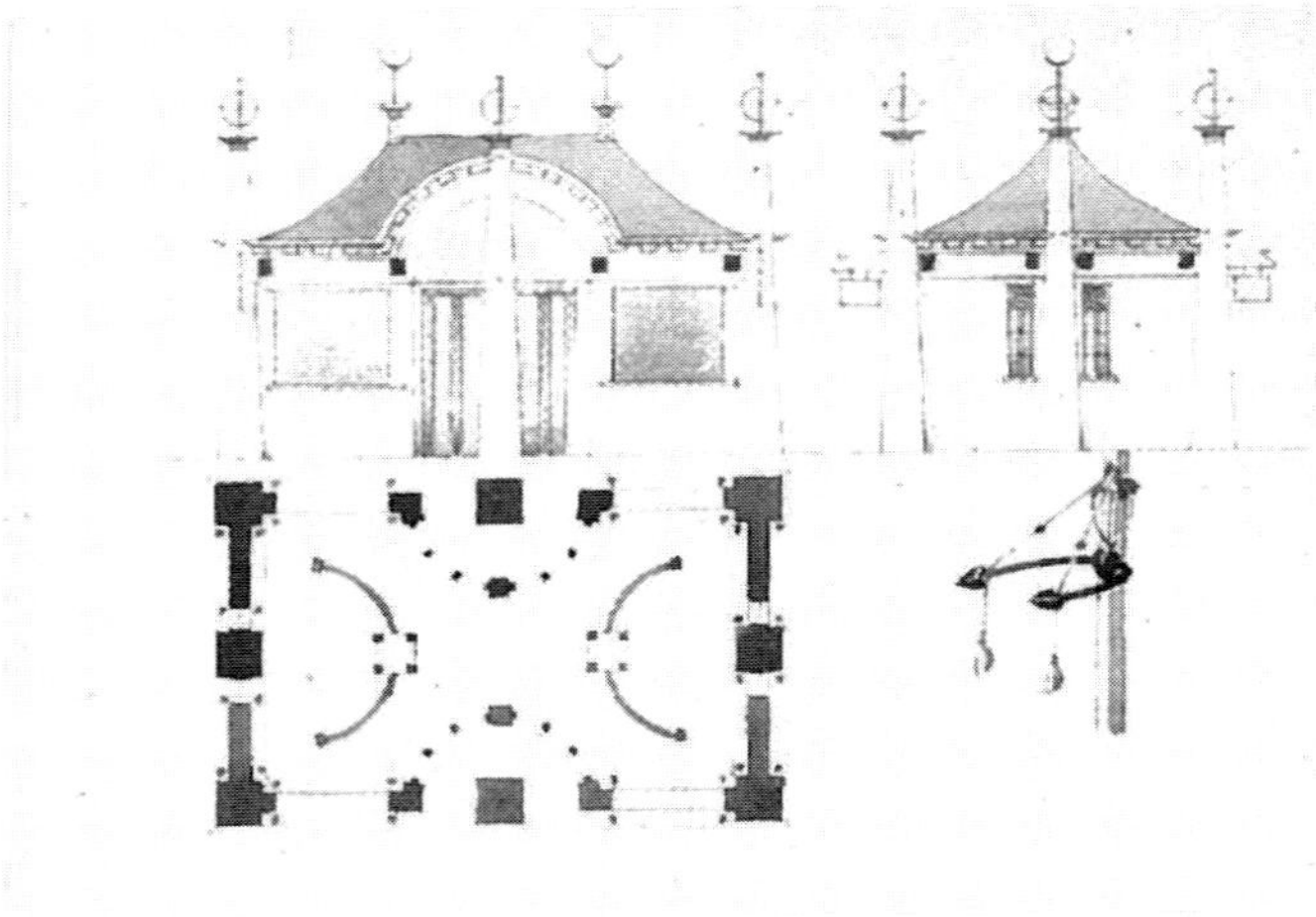

Ⅲ⑧⑨

Ⅲ⑨⓪

図Ⅲ⑧⑨⑨⓪ 武田五一のスケッチ 明治三四年〜三五年頃

Ⅲ ⑨②

Ⅲ ⑨①

Ⅲ ⑨③

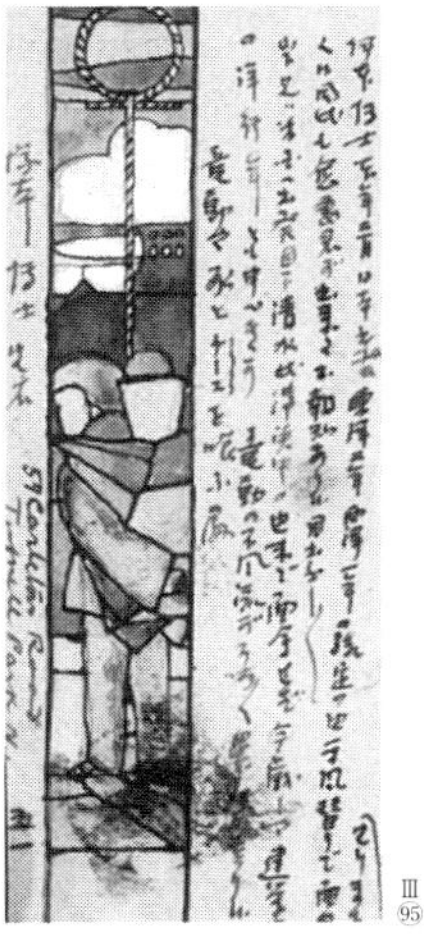
Ⅲ ⑨⑤

Ⅲ ⑨④

図Ⅲ⑨①⑨② 武田五一のスケッチ 明治三四年～三五年頃

図Ⅲ⑨③ 葉書 明治三七年頃京都の武田より東京の塚本靖宛

図Ⅲ⑨④ 葉書 明治三五年二月二四日

図Ⅲ⑨⑤ 葉書 明治三五年五月二四日ロンドンの武田よりローマの塚本靖宛

ール・ヌーヴォー作品になったことと、川口支店とちがって内外ともに新様式でまとめあげられていたことの二点が、この小さな町床《まちどこ》を建築史上に浮上させた。日高がアール・ヌーヴォーに触れたのは、おそらく、明治三十三年の帝大卒業後ただちに入った住友で、野口孫市の下についた時と考えられ、具体的には、川口支店を野口の指導で担当したのが契機となったのであろう。

遠藤於菟の場合

日本のアール・ヌーヴォーの実作が、野口にせよ武田にせよおおよそイギリスのグラスゴー派やウィーンのセセッション派の濃い影響下に作られている中で、一人フランス派ともいうべきが、遠藤である。彼は、ヨーロッパ留学を体験していないし、また、明治三十五年の天津滞在中に、ハルピンの影響で天津にも建ちはじめたロシア経由のアール・ヌーヴォーの影響を受けたとも思われないから、おそらく、フランス語系の美術雑誌を通して新様式を学んだと考えていいだろう。彼は、建築の道に入る前に外国語学校でフランス語を本格的に修得していたことから、フランスの建築事情を当時の日本では一番詳しく把んでおり、そうした紙の上の刺激によって明治三十八年の横浜銀行集会所を皮切りに一連のアール・ヌーヴォーやセセッション系の作品を生みだしていった。銀座の亀屋や横浜の高島屋飯田店のアール・ヌーヴォー装飾は、日本には珍しく、フランス風である。

中條精一郎の場合

中條は、アール・ヌーヴォーを携えて帰国した武田五一とちょうど入れ替るような形で、留学へと旅立ち、武田の後をたどるようにして英国で新しい動向に接している。中條は、帝大在学中から一年上級の武田五一の影響を受けていたと言われるから、そのやや唐突な留学は、帰国した武田のすすめによるのかもしれない。実際、奇妙な留学で、文部省の学校建築担当者として官途にありながら一時休職のような形で辞職し（帰国後復職）、旧米沢藩士の子として、旧藩主の上杉憲章につき従ってヨーロッパに渡っているが、その留学費用は昔の殿様が出したと伝えられる。明治三十六年十二月に横浜を発ち、イギリスに三年半という長期間とどまり、そのうち一年二ヶ月をケンブリッジ大学に籍を置いて、明治四十年六月、日本に帰っている。

帰国後、一時、旧職に復した後、翌四十一年になるやいなや、辞官して、曾禰達蔵と組んで曾禰中條建築事務所を開設し、一年おいた明治四十三年の第十回関西府県連合共進会機械館において、博覧会向けアール・ヌーヴォーを大規模に試みている。

木子幸三郎の場合

木子は、中世から続く京都御所の大工職の家柄に生れ、建築家になるべくしてなった人物で、活躍の場はもっぱら宮内省にあり、赤坂離宮はじめ明治から大正期の宮廷建築のほとんどに関係し、華麗なフランス風デザインを数多く残しているが、その彼が、日本のアール・ヌーヴォー導入史にひょっこり顔を出すのは、ひとえに、明治三十四年東大卒業の後、住友に入ってしまったことによっている。

当時の住友家臨時建築部は、野口孫市と日高胖を軸に、府立図書館と住友家須磨別邸と住友銀行川口支店の設計と施工に大車輪で働いており、ここで木子は、二人の上司のアール・ヌーヴォー実作に触れ、新様式に目を開いてゆく。

住友は一年少しで辞め、兵役の後、明治三十七年四月より祖業ともいうべき宮内省の建築家の任に就くが、この宮内省時代に依嘱を受けて自分の作品として世に問うた最初の建物が、明治三十八年完成の宮内大臣渡辺千秋の私邸である。住友辞職後第一作といえるが、ここで木子は、アール・ヌーヴォーをインテリアに用いている。また、それにつづく明治四十一年竣工の有栖川宮翁島別邸（天鏡閣）でも、前作より目立たないが、暖炉回りなどで、名残りのように用いている。

こうしてみると、明治三十三年の野口孫市帰国から明治三十六年の住友銀行川口支店、神本理髪店竣工までの住友家臨時建築部は、日本のアール・ヌーヴォー建築の唯一の熱源地であったことがよくわかる。武田や遠藤はじめ広くアール・ヌーヴォーの影響が世に現われるのは、その後なのである。

以上のように、ヨーロッパのアール・ヌーヴォーは、多くの場合、建築家たちの海外遊学体験を通して日本に導かれている。海外留学そして帰朝、という明治初期このかたの方法がまだ有効であった最後の時期といっていいだろう。

さて、アール・ヌーヴォーを日本にもたらす中心となった七人の建築家は、それぞれデザイナーとしての資質もちがえば活躍の場もずれているが、一つだけ、共通項をもっている。

それは〈第二世代の建築家たち〉だったということである。彼らの帝国大学卒業を年度順にならべると、塚本靖（明治二十六年）、野口孫市・遠藤於菟（明治二十七年）、武田五一（明治三十年）、中條精一郎（明治三十一年）、日高胖（明治三十三年）、木子幸三郎（明治三十四年）、となる。この他に、アール・ヌーヴォーを手がけていることが判明している片岡安（明治三十年）、内田四郎（明治三十三年）、を加えてみると、ただちに明らかになるように、彼らは、明治二十六年から三十四年の八年間に集中している。西暦に直すと一八九三年から一九〇一年と、まさにアール・ヌーヴォーの全盛期にほかならない。

この世代は、帝国大学工科大学長にして建築学科ただ一人の教授であった辰野金吾が手塩にかけて育てあげた自慢の世代で、辰野の世代を第一というなら、彼らはそれにつづく第二の波を形成していた。この世代の特徴は、〈自覚の世代〉であったという点で、師の世代がただガムシャラにヨーロッパ建築との格闘に明け暮れ、まるで生れたばかりの獣の子が本能で河を泳ぐようにして洋風建築を身につけていったのとはちがい、第二世代は、自分は何をなすべきかという内省から建築表現をはじめ、自分の把んだテーマを生涯を通して自覚的に追求している。

たとえば、建築というものをアメリカ的な生産合理性で割り切ろうとした横河民輔はじめ、西洋建築様式の真髄を孤独に追求した長野宇平治、日本の建築伝統をはじめて研究した伊東忠太、鉄筋コンクリート構造と取り組んだ遠藤於菟、立体的な建築空間よりはグラフィックデザインに近い二次元性を求めた武田五一などいずれも一筋の王道を歩いた面々である。

師の世代との関係でいえば、師の世代のデザインや構造や思考や学における雑種性を乗り越え、それぞれに純化を計ろうとした点に特徴があって、デザインについていうと、前の世代よりも腕ははるかに習熟していて、自分の個性をしっかり建築表現として表出することもできるし、前の世代にはどうしても難しかった内部空間《インテリア》をそれらしく作るだけの力量もたくわえられていた。そうした第二世代が、卒業後ほぼ十年して、実作が自由に作れるようになった時、すでに新スタイルとしての知識をたくわえてきたアール・ヌーヴォーに第二世代としての自覚と個性を託したのは当然であった。

日本のアール・ヌーヴォー建築に世紀末的な官能性が乏しいのは、それを受け入れた施主の筋に官能性や世紀末性とはほど遠い新興勢力としての活力があふれていたことと、もう一つ、設計した建築家の側にも新興の気こそあれ官能的な耽美性なぞまるでなかったことによる。

日本のアール・ヌーヴォー建築は、日露戦争勝利の後のさっそうとした時代の空気の中で、花を咲かせたのである。それも、日本人好みにそうとうあっさりした花を。

二　松本邸の建物

一　立案から完成までのあれこれを検討する

松本邸がはじめて建築界に紹介された時、誰もが、その設計者の名を聞いてけげんに思った。

〈辰野金吾がまさかアール・ヌーヴォーを⁉〉

この疑念は、歴史に詳しい人ほど深かった。

たしかに、アール・ヌーヴォーは第二世代の建築家たちが切り開いた新表現で、第一世代に属する片山東熊《とうくま》、曾禰達蔵、妻木頼黄《よりなか》、河合浩蔵といった人々は若者の試みを横目で眺めていたにすぎない。にもかかわらず、どうして第一世代の王ともいうべき辰野が一人、アール・ヌーヴォーを、それも日本の代表作といってもいいほどのものを生み落してしまったんだろうか。

なにかの間違い、たとえば、誰か他の人が実際はやったとか。事実、歴史家は、当初、辰野以外に犯人を捜そうと試みもした。たとえば、住友関係とか辰野の愛弟子の筋とか。むろん、愛弟子の筋にはキラ星のようにアール・ヌーヴォー関係者が控えてはいる。みんな辰野の弟子といってもいいくらいだ。

しかし、一つの建築の設計者を確認する上で最も間違いのない〈棟札《むなふだ》〉に、

当主　　松本健次郎

設計者　工学博士辰野金吾
仝　　工学士　片岡安
監督　技師　　久保田小三郎

と明記されている以上、これを疑うことはできない。

なお、棟札には、辰野と並び片岡安の名が記されているが、これは、辰野が東京と大阪に持っていた二つの設計事務所のうち大阪の辰野片岡建築事務所の仕事であることを教えてくれる。辰野は、明治三十五年十二月に辞官し、翌三十六年八月に、弟子の葛西萬司と組んで東京に辰野葛西事務所を開き、さらに翌々年の三十八年には、弟子の片岡安《やすし》と組んで大阪に辰野片岡事務所を開いている。両事務所は、弟子とのパートナーシップの形をとっているが、実情は辰野のワンマン事務所で、デザインの大筋は辰野ががっちり押えている。

その証拠に、二人のちがったパートナーと組んでいるにもかかわらず、両事務所のデザインを簡単に見分けることは難しく、ともに辰野式の枠の中にある。あえて違いを捜すなら、大阪の辰野片岡の方が造形的な遊びが比較的多いこと、その一環として、アール・ヌーヴォーのような新様式を取り込み易く、また、後《のち》には幾何学的なモダンな崩しも受け入れ易かったことなどがある。これは、パートナーの葛西萬司と片岡安の個性の差といっていいが、しかし、それはいちじるしく微妙な差で、指摘されなければ見分けはつかない。デザインの枠組はつねに辰野の手の中にあった。

にもかかわらず、辰野とアール・ヌーヴォーの結合にとまどいを覚えてしまうのは、辰野について一つの固定したイメージが長く伝えられてきたからにほかならない。

「国家の建築家」

とか

「辰野堅固」

とかで、明治このかた日本の建築界は、母のイメージをコンドル先生に、父のイメージを辰野金吾に託してきた。そうすることで、明治の建築界を母と父により作られた一つの小世界として記述することを可能としてきた。たしかに、日本の建築界という、デザイナーやアカデミストや施工業者などからなる小世界の成立事情をみると、辰野こそが父である。

しかし、デザインの領域に限定すると、辰野が父権的であったのは、明治二十一年から三十五年までの〈日銀時代〉だけで、明治十二年から二十年までの〈初期辰野〉時代も、三十六年辞官以後の〈辰野式〉時代も、なんでこの人がと思うくらいに多彩に形を遊び、民間的にくだけている。〈辰野式〉のことを日露戦争後の街《ストリート》にふさわしいちょっと抑制の利いたにぎやかな表現、と先に解説したとおりである。

具体的な証明として、東京と大阪から一つずつ、辰野の固定イメージらしからぬ作品を紹介しておこう。東京からは、明治三十六年設計、丸の内に建った田中写真製版所工場（図Ⅲ97）、大阪からは、明治四十年、堺に建った浜寺停車場（図Ⅲ96）。いずれも、軽やかで、平明で、アール・ヌーヴォーの質の一つにぐっと近いことが了解されよう。

このほか、直接にアール・ヌーヴォーのディテールを一部とはいえ取り込んだ作としては、東京の生命保険会社協会（図Ⅲ98）や大阪の日本綿花本社（図Ⅲ101）、福岡の日本生命九州支店（図Ⅲ99）などがあり、また、東京駅（図Ⅲ100）の内装にはセセッションが使われてもいる。

もちろん、辰野の設計といってもすべてを自分で手がけたというわけではない。辰野は、普通、百分の一スケールのスケッチを自分で書いた後、事務所員に渡し、所員が仕上げた後、最後に重要な部分の原寸スケールを現場に出向いて自分で書き直すというシステムをとっているが、このシステムが時間的に無理な時は、自分の意向を担当者に打合せの形で伝え、担当者の図面の気に入らない点をチェック訂正することで、設計者としての責任をまっとうしている。松本邸の場合、距離が遠かったことから後者の方法によった可能性もあるが、

Ⅲ⑯

Ⅲ99

Ⅲ101

Ⅲ100

図Ⅲ96　浜寺停車場（辰野片岡事務所　一九〇七　大阪）（撮影・藤森照信）

図Ⅲ97　田中写真製版株式会社工場（辰野葛西事務所　一九〇三　東京）

図Ⅲ98　生命保険会社協会（辰野片岡事務所　一九一二　東京）

図Ⅲ99　日本生命九州支店（辰野片岡事務所　一九〇九　福岡）

図Ⅲ100　東京駅（辰野葛西事務所　一九一四　東京）

図Ⅲ101　日本綿花株式会社（辰野片岡事務所　一九〇九　大阪）

その場合の担当者はパートナーの片岡安と考えるべきであろう。いずれにせよ、設計内容の最終責任はいつも辰野金吾にあったことはいうまでもない。松本邸は辰野金吾の作品として安心して取り扱っていいのである。

この日本を代表するアール・ヌーヴォーの館の設計を辰野に依頼したのは、松本健次郎である。

健次郎は、明治三年、九州福岡の黒田藩士安川敬一郎の次男として生れ、同族の松本家に養子に入り、二十四年、アメリカに渡る。この渡米は、長崎の例のグラバー邸の建て主のトーマス・グラバーのすすめによるものといわれるが、おそらく、安川、松本両家は細々ながら石炭採掘を家業としており、ここから同業のグラバーと縁が生れたものと思われる。渡米した健次郎は、ペンシルバニア大学で財政経済学を修め、帰国すると、父と計《はか》って、明治二十六年、門司に安川松本商店を創設する。この商店は、家業の明治鉱業会社の掘った石炭を売るための販売会社としてはじまるが、やがて、明治鉱業他の鉱工業企業グループ〈今日の安川グループの前身〉のとりまとめ組織として日露戦争を機に急成長をとげ、その結果、両家は、麻生、貝島と並び筑豊の炭鉱王の位置にのし上がった。安川松本商店は、日露戦争後の〈経済の最初の花盛りの季節〉に登場する地方財閥の典型例といっていいだろう。

健次郎は、こうした北九州での活躍をベースに、やがて、日本の石炭業全体のリーダーとなり、さらに、今日の経団連の前身に当る日本経済連盟会の会長まで務めている。没したのは、昭和三十八年で、九十三歳の長命であった。

その人柄について、子息の松本馨氏は、

「元気な親父でネ、毎朝、乗馬で汗流してた。そうとうに子供の扱いが乱暴でネ、小さい頃、安川の家の子供たちと海水浴に連れてってもらうと、サァ泳ぎを教えてやるっていうんで、どうするかと思うと、みんな、海に投げ込まれるんだ。だから泳げない子供はたいへんでネ」

また、甥の安川寛氏は、

「健次郎叔父は、子供の頃から有名ないたずら小僧だったと聞いてます。明治のことですが、父親の敬一郎が、東京から当時珍しかったゴムのエキスパンションのついた革靴を手に入れて悦に入っていたらしいんです。ところが朝、はこうと思うと、肝心のゴムの部分が無い。健次郎が、悪童仲間に見せびらかすため、ハサミで切り取っちゃったわけです」

健次郎のこうした元気さは、川筋者相手の鉱山経営にはうってつけだったらしく、争議の最中、ツルハシをふるっていきりたつ坑夫の群れの中に単身、馬に乗って乗り込むような度胸のよさで、同業者たちからは頼れ、一方、坑夫の隷属化を強いる納屋制度（タコ部屋）を率先して廃止するなど労働環境の近代化にもつとめ、荒くれ者たちからも一目置かれていた。

と、こう書くと、いかにも黒ダイヤで一旗あげた赤ら顔の炭鉱主の姿が想い浮ぶかもしれないが、しかし、健次郎は、多くの同業者とちがってお大尽遊びや蓄妾などの成金趣味はまるで無く、黒田藩の儒者の家系に生れた修身斉家の精神と、ペンシルバニア大学に学んだインテリとしての誇りを堅持していた。晩年には洗礼を受け、クリスチャンになっている。

その健次郎の自邸をなぜ辰野金吾が手がけることになったかは後回しにして、設計が発注されてからのことを先に述べてみよう。

まず、設計上の最初の選択は、洋館とするか和館とするか、洋館とするならどこまで洋館とするかだが、この点について、健次郎は、はっきりした意向をもっていたと推測される。子息の松本馨氏に尋ねてみた。

——明治の洋館は、大きな和館に並設された応接間的なものが多く、日常生活は伝統的な和館で、というのがふつうだったんですが、松本邸はそのへんどうだったんですか。

松本馨：親父は、ペンシルバニア大学出ってこともあって、根っからハイカラ者でネ。なんでもあちら式を好んでた。寝るのはもちろんベッドで。家族はみんな洋式の生活を送ってた。

——二階に和室がありますが、あれは？

松本馨：あれは、お客様用。客にまで洋式をおしつけるわけにはいかないヨ。

——裏に大きな二階建ての和館がありますが、あれは？

松本馨：アァ。あの日本館は磯菜《いそな》バアさんの。健次郎の義母の住い。それと、女中たちもあそこだった。

二階は、増築で、兄貴が結婚した時、新婚用に載せたんだ。

——健次郎さんは留学体験もあることだし、純洋式でもいいとして、奥様もそれで大丈夫だったんですか。

松本馨：ハッハッハ、母の方が、ハイカラにかけちゃあ一枚上手でね。なんたって、小娘時代に、父親の井上元帥につれられて、例の鹿鳴館で鍋島様の若様と踊ったってのが自慢だったくらいの人だヨ。

このように明治の末年になると、日本にも、純洋式ですませてしまう層がはじめて生れている。松本邸を純洋式でまとめることは健次郎の意向であったと考えていいだろう。

となると、その次は、どのようなスタイルの洋館とするかだが、肝心のこの辺の事情については、資料も回想も手がかりがない。設計の経過についても、一切、分かっていない。当時小学生だった松本馨も安川寛も、中学生だった安川第五郎も、「その頃、戸畑にやってきた辰野金吾を見たことがある」ということ以上の記憶はない。

しかし、設計が終了した後にはじまる工事のことは、ある程度、分っている。

日本の施工は、請負制といって、建設業者に丸ごとまかせるのが普通だが、ここではそのやり方はとられなかった。請負制は、施主にとっても設計者にとっても労力は少なくてすむかわり、どうしても手抜きや材質の低下をまねきやすい弊害があり、本当に良質な建物をじっくり作るにはふさわしくない。代りに採用されたのは直営制で、施主自らが設計者の協力によって自分の所で施工組織を構成して直営で工事を進めるもので、労さえいとわなければ理想的な作り方といっていい。

そこで、安川松本商店の中に、直営のための建設組織として、明治四十年、安川松本商店臨時建築部が設置される。このやり方は、辰野がすでに住友家の住友本店臨時建築部で試みて大きな成功を収めていた。辰野は〈住友のように〉の基本方針に従い、安川松本商店臨時建築部の主任として住友本店臨時建築部の久保田小三郎をトレードする。久保田は、辰野も創立者の一人である工手学校（現・工学院大学）の出身者で、卒業後、住友本店臨時建築部に入り、野口孫市、日高胖の下で現場監督として活躍していた。

その久保田主任について、安川第五郎は、

「……久保田というやかましい親父がおったんだ。あばたのある……ねえ、それが主監督でだな……その直営をやったわけだ。その久保田がいまいうように非常に厳重なやかましやで、材料その他から、自分で選択するというようなことで……木材はたしか人吉あたりへ自分で乗り出して、木を切らせたりなどしたんじゃないかな。瓦だがね……瓦は戸畑のどこかの瓦屋に焼かせたんだよ、あれは。僕は、（瓦の）検査に行くのに、どういうわけだったか、久保田についていったことがあるんだ。それはもうやかましい親父でねえ。どんどん気に入らぬものははねるというわけで、まあ、材料屋泣かせだったかも知れぬ」

なお、久保田小三郎は、大正二年七月三十一日の安川松本商店臨時建築部の解散の後は、当地で久保田組を創業し、安川電機の工場などを手がけている。

工場は直営であったから、資材の運搬用に、戸畑の渡し場からトロッコレールを敷設し、製材などもすべて現地で行っている。

では、こうした直営工事はいつ始まり、いつ竣工したのであろうか。始まった時期については、明治四十年の臨時建築部の創設と同時と考えられ、上棟は、棟札の記載より、和館が明治四十二年十月十一日（これは設計も久保田小三郎）、洋館が明治四十三年八月十三日と確認できる。ところが、肝心の洋館の竣工がいまだにはつきりしていない。しかし、次のような事実から、推定は可能となる。

・安川第五郎は「明治四十五年七月の東大卒業時にはもう出来ていた」と回想する。

・ジュータンの下敷きとして、明治四十五年、大正元年の新聞が使われている。

・二階和室の襖絵は、「明治四十五年夏」と「大正元年立秋」、に描かれている。

こうした状況証拠より推すと、建物は明治四十五年の夏までには出来上がり、絨毯《じゅうたん》の敷き込みや、襖絵といった最後の仕上げが、七月の大正改元の後、秋頃になされた、と考えられる。

では、明治四十五年＝大正元年に出来上がった建物は、松本家の家族によりどう使われたのであろうか。

まず、人員構成からみてみよう。

家族は、義母と健次郎夫婦、その下になんと十三人の子供がいて、都合十六人。この十六人の日常生活を支える使用人は、警察署長上がりの執事をトップとして、コック夫妻、下男夫妻、庭専門の下男、馬の世話をする別当《べっとう》。女中は、母や健次郎夫妻の身の回りをみる上《じょう》女中と掃除洗濯流し場の下《げ》女中。そして、子供については、乳母と日本女子大出の家庭教師。つまり、使用人は男女合わせて、多い時は二十名ほどが働いていた。

家族十六名、使用人二十名という大所帯がこの屋敷の中で暮したり働いたりしていたわけであるが、具体的にどの部屋がどう使われていたかについては、記録と、松本馨氏の回想により、復原することができる。

かく作られ、かく使われた松本邸は、敗戦により米軍に接収され、独身将校の宿舎に当てられたが、昭和二十七年の返還を機に、安川・松本一族を含む北九州の工業経営者のクラブとして創設された西日本工業倶楽部へ譲渡され、現在にいたっている。

二　建物を拝見する

さいわい竣工当時のままに伝わる旧松本健次郎邸を訪れてみよう。

背の低い開放的な門を通りすぎると、正面に、大きく枝を横に広げ、こんもりと盛り上った椎の木が待ち構えている。そこを右に折れると和館、左へ回ると洋館に当る。むろん、目当ては左。左に進むと、洋館の白壁を背に一本のシュロの庭木が目につく。当初はずらりと並んでいたものの名残りにちがいない。

シュロに誘われて、まず、庭から歩こう。

庭園

椎の左の玉砂利道と庭の境は低いサツキの帯状の刈り込みで仕切られ、仕切《ボーダー》の向うは芝生が広がり、その先から築山がはじまっている。仕切《ボーダー》と芝生は洋風の感覚で、築山からが和風になる。椎の木を左に折れたあたりで、庭がはじめて左目の視界に入ってきて、それにつられて体を回すと、ちょうど視線の延長上の築山の中腹に、大ぶりな石の灯籠が待ち受けている。これに引かれて入ってこい、という誘いのしるしに他ならない。

誘われるまま、サツキの仕切《ボーダー》を抜けて入って行くと、芝生と築山の境に、枯川が流れている。枯川は、洋館の南のベランダの前を西から東へと流れていて、ベランダの前のあたりでは本当に水をため、小さな池のようになっている。この枯川は、洋館の南に広がる築山そしてその奥の丘陵からしみ出る水気を切るための工夫でもあるのだろう。ベランダからの枯川越しの眺めが、この庭の正面に当るが、健次郎は造園に当り一つだけ注文を出したという。

「金比羅山を借景して京の嵐山のように見立ててほしい」

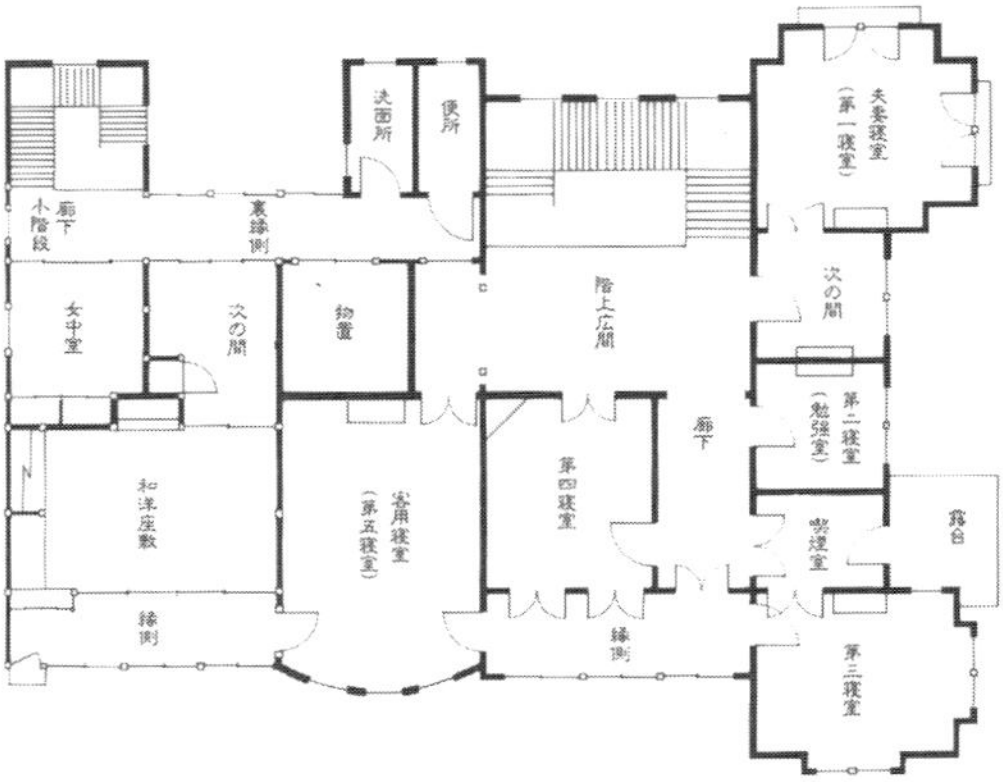

Ⅲ⑩

図Ⅲ⑩ 松本健次郎邸平面図 洋館二階

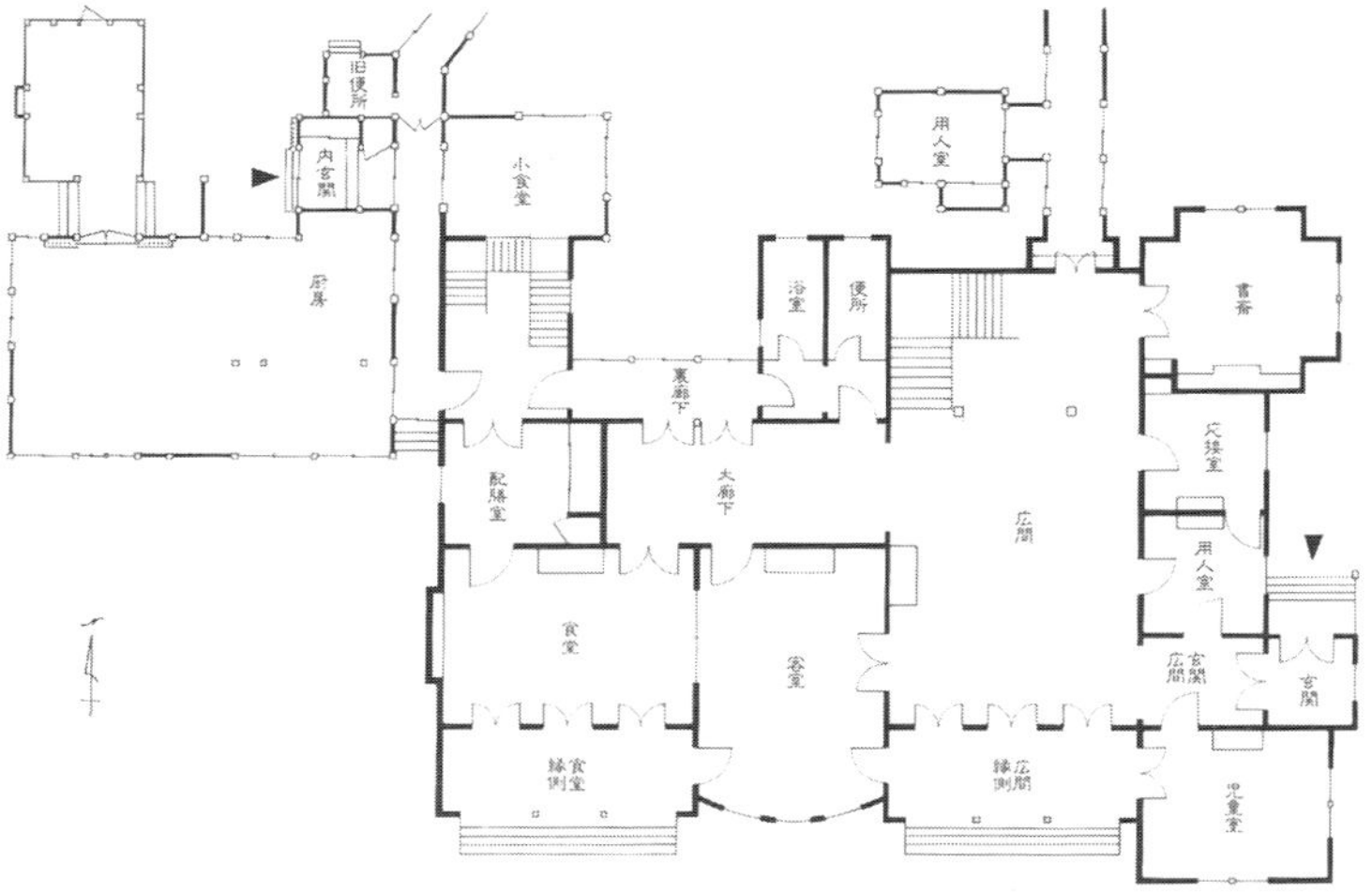

Ⅲ⑩

図Ⅲ⑩ 松本健次郎邸平面図 洋館一階

Ⅲ⑩

図Ⅲ⑩ 松本健次郎邸 南面全景(撮影・藤森照信)

Ⅲ⑩⑤

図Ⅲ⑩⑤　松本健次郎邸 広間縁側（撮影・藤森照信）

Ⅲ⑩⑥

図Ⅲ⑩⑥　松本健次郎邸 南面（撮影・藤森照信）

Ⅲ⑩⑦

図Ⅲ⑩⑦　松本健次郎邸 和館南面（撮影・藤森照信）

Ⅲ ⑩⑧

図Ⅲ⑩⑧　松本健次郎邸　大広間暖炉（撮影・藤森照信）

Ⅲ ⑩⑨

図Ⅲ⑩⑨　松本健次郎邸　食堂（撮影・藤森照信）

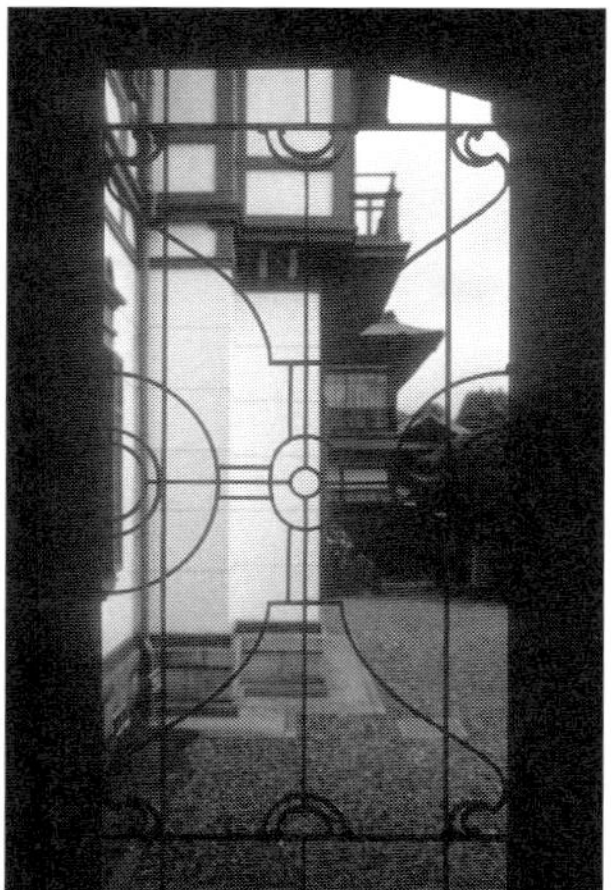

Ⅲ ⑪⓪

図Ⅲ⑪⓪　松本健次郎邸　玄関扉（撮影・藤森照信）

Ⅲ ⑪⑪

図Ⅲ⑪⑪　松本健次郎邸　書斎西側扉（撮影・藤森照信）

Ⅲ⑫

図Ⅲ⑫　松本健次郎邸　和洋座敷北面（撮影・藤森照信）

Ⅲ⑬

図Ⅲ⑬　松本健次郎邸　扉錦絵（撮影・藤森照信）

Ⅲ⑭

図Ⅲ⑭　松本健次郎邸　階段タピスリー「海の幸」和田三造作（撮影・藤森照信）

金比羅山というのは、屋敷の南の方に峯を見せる小山である。これを嵐山に見立てるとすると、枯川は桂川ということになるのかもしれない。しかし、今、眺めてみても、庭の後景の樹木の背が伸びすぎて、金比羅山は隠れてしまっている。借景がなくなった現在、庭の見せ場は築山である。ベランダの先に縁側先といったおもむきの広からぬ平地が伸び、その先を枯川が横切り、その向うに築山が盛り上っている。もう少しベランダ前が広くとれる地形なら、ふつうの日本庭園のように広い池を視界の中心に置いただろうが、ここはそれができないから、築山が目の前にドンと据えられることになってしまった。

それにしても変った築山といわなければならない。まず、石組がない。なだらかな芝生の斜面が若草山のように盛り上り、その上に玉状に刈り込んだドウダンやツツジの大きな株が、まるで水滴のようにころがっている。ふつう、築山は石組と松の類を見せるのだが、これは、芝生のたおやかなうねりと緑の玉のコンビを主役としている。おまけに、たいそうカラフルで、春はツツジの大玉が赤や桃色に変り、秋はドウダンの大玉が紅葉して朱に染まる。

その築山の奥は少し平らになっていて、西によった辺りに五坪ほどの鳥小屋の跡がある。温室での色とりどりの熱帯植物栽培と、禽舎《きんしゃ》での孔雀や雉や金鶏鳥といった派手な鳥類の飼育は、イギリスの産業革命期の貴族がはじめた異国趣味だが、その余波が戸畑にも届いていたわけである。

一巡した後で、とまどいを覚えてしまう。庭の〈正体〉がよく分からないのである。日本の伝統的な庭の内に納っていないことは、主木や主石を欠くこと、かわりに椎の木の左手の芝生の広がりや、大玉刈り込みの花色を主役とする童話的な築山の演出から明らかだが、かといってむろん洋風でもない。伝統庭園に較べ、石組を少なくし芝生を使って広々と明るくあっさりと見せるという点は明らかに明治以後の近代化した日本庭園の作法にほかならないが、となると、その近代日本庭園の中心人物だった京の植治《うえじ》こと小川治兵衛の作庭が思い浮かべられる。しかし、門を入ってしばらくすると築山の中腹に見えてくる大きな石灯籠のシンボリックな扱いは、小川が最も嫌った江戸庭園のやり口の代表であるから、植治の手になるわけがない。

いったい、造園は誰なんだろうか。安川寛氏にたずねてみた。

――庭の件ですが、昔のままですか。

安川寛：洋館の足許まわりは少し変ったが、その他は昔のままで、玉の刈り込みの大きさも、昔から今と同じ大きさで、よく中に入ってかくれんぼした。

――鳥小屋は何を飼っておられたんですか。

安川寛：キジやインコだった。

――庭師はどなたですか。

安川寛：庭師は、家族ぐるみこっちに引っ越して来ていてね。そこの息子の安太郎と小学校が同級でよく遊んだから覚えているんだが、大阪の庭師で田中安次郎といった。だけど、途中で井沢って姓に変ったな。なんでも、大阪の〈植源《うえげん》〉っていう庭師の系統の人だった。たしか、終った後も、こっちに居付いていたようだ。


大阪の植源（京都の庭源、という伝えもある）についても、田中安次郎についてもまだ何も分かっていないが、庭のまとまりとしてみると、ややバラバラで、意欲的な試みが充分こなされていないきらいがある。しかし、洋館との取合せからいうと、花の築山や芝生やシュロが実によく利いていて、アール・ヌーヴォーの洋館の明るく軽く変化にとんだ外観とよく似合っている。

庭を眺めた後は、ふり返って、建物を見てみよう。

建物の外観

このどこがアール・ヌーヴォーなんだ、という疑念含みの質問を受けることがよくある。たしかにおっしゃるとおりで、外観にはクネクネした曲線や曲面が使われているわけではない。フランスやベルギーには内も外も満身これアール・ヌーヴォーという例も多いが、すべてのアール・ヌーヴォー住宅が外観までうねり狂うわけではない。外観はおだやかに納める例も少なくなくて、松本邸もその一つといっていい。ただし、外観だけから、これをアール・ヌーヴォーと断定するのは、やはり難しい。

松本邸の外観は、ヨーロッパの典型的な木造住宅の形式であるハーフ・チンバー様式をベースにしている（図Ⅲ(107)(109)）。ハーフ・チンバーとは文字通り、半・木造《チンバー》で、一階を石や煉瓦の重い組《そ》積造《せきぞう》とし、二階に太く粗けずりの木造をのせ、木の材と材の間に煉瓦や石を詰めて壁面を構成する。しかし、松本邸は、本当にハーフ・チンバー構造というわけではなくて、外見を真似しただけである。たとえば、一階部分に木の柱や梁がまったく露出せず、石積み風に水平目地《めじ》を切ってあるが、材料は木造の漆喰壁である。本当の石積みに代って真っ白い塗り壁が一階を占めた結果、下半身が軽くなり、建物全体が大地からフウッと浮いた感じを与える。

壁面の構成は、庭に面した南側によく特色がでている。右手からいくと、まず四角にグイッと張り出し、その隣りはベランダとなって窪み、次はまたグイと張り出すが今度は円弧、その隣りはまたベランダで窪む。張り出しとベランダを、明・暗・明・暗と繰りかえした上で、明の張り出しを、四角と円弧の二つにして変化の妙をつけている。軒の線も、明・暗のリズムに同調して、暗の軒は水平に納め、明の軒は、右端の四角い方を山形とし、中央の円い方は円弧とする。

壁面がそうなら、屋根も変化の妙では負けていない。三つの屋根が組合さるだけでなく、ドーマーウインドウと換気窓が、大小それぞれ扁平アーチの頭を突き上げる。

建物全体の色彩は、漆喰壁の落ちついた白をベースにして、木部はハーフトーンの薄グリーン。屋根は天然スレートの燕色《つばくろいろ》。煙突はオレンジがかった赤煉瓦。

このようにどこをとっても、それまでの明治の洋館とはちがっている。石と太く粗いチンバーに根ざした洋風建築の形を借りながら、壁面は切り絵のようにペタペタと薄くシャープに分割されて、まるで自分の重さを失なったように軽やかに立ち、その軽やかな壁面が、変化に富んだ軒線を見せつつ、右から左へと分断されることなくゆるやかに起伏しながら流れる。色彩は、白と薄グリーン、燕《つばくろ》とオレンジで、たとえようもなく明るくて軽い。

壁面の版画のような分割も、変化にとんだ連続的な流れも、そして軽快な色彩も、すべては、アール・ヌーヴォーの登場によってはじめて建築の世界に開放された造形の特質にほかならない。

曲線や曲面をもたない松本邸の外観を、アール・ヌーヴォーそのものと言うのは難しいが、アール・ヌーヴォーの空気を吸って軽快に変身したハーフ・チンバー様式とならば言っても構わない。とりわけ南の庭に面した姿は、日本の西洋館の中でも最も美しいものの一つと言ってもいいだろう。

庭と外回りを終えると、いよいよ中である。

玄関

椎の木の左手をまっすぐ進めば、玄関に当る……。本当は当るはずなのだが、玄関らしい構えがどこにも見当らないので、とまどってしまう。ふつう西洋館には、二本の柱で支えられた車寄せが玄関口に張り出していて、来る人を大仰に迎え入れてくれるものだが、ここにはそれが欠けていて、代わりに簡単な出入口が、それも横向きにくっついているにすぎない。アレッこれは勝手口かなァ、と思うが、他に玄関口があるわけでもないし、位置からするとこれが正面玄関にほかならない。明治の邸宅式の仰々しい車寄せを止めて、わざとさりげない入り方を演出したと考えていいだろう。〈家は、外に向って構えるものではないよ〉という施主の意志が表示されているようで心地よい。このことは、松本邸だけでなくて、他のアール・ヌーヴォー住宅にもいえることである。

横向きの玄関をトントンと登り、ドアーを開け三歩進んで、体を右に回すと、またドアーがある。ここまでは石敷だが、このドアーから先は、ちょっと高くなって、板張りの床になっている。サテッとまた頭をひねってしまう。いったい、靴は脱ぐべきか脱がざるべきか。周辺の作り方から察すると、靴箱もないから土足のまま上るように設計されていることは間違いない。日本人の住い方の伝統の中で、靴脱ぎの件は生命線といっていいくらいに大切で、本当なら西洋館というものは土足が原則だが、日本の西洋館に限り靴は脱ぐように作られている。そう作られていない場合でも、実際には脱いで使う例がほとんどである。

松本邸は、土足使用に設計されているが、本当にそう使われたのであろうか。古い家族の写真を見ると、父は靴下、母や女子はスリッパ、子供は裸足で写っているから、靴を脱いで使っていたことが分かる。

今は、設計通り靴のまま木の床に上る。床に上ると、その先は短い廊下が走っていて、右手が小さな応接室、左手が子供の遊戯室になっている。玄関入ってすぐが、執事の事務室などではなくて子供の遊び場というのがいかにもこの家らしい。松本馨氏は、

「家庭教師の女の先生がおってネ、オルガンやレコードを聞いたのがここだよ。こわい先生でね。いたずらをすると、すぐ、〈日誌に付けますよ〉っておどすんだ。日誌に書かれると、親に知れておこられるからネ」

さて、短い廊下の突当りは、開口部になっていて、その枠回りのデザインが、ここを通りすぎた先に広がる造形の世界を予告している。枠はふつう、グルリと四角に回っているだけだが、ここは一風変って、左右の縦枠が、上端の水平の枠のところで止まらずに突き抜けた後、角の先を皿を置いたように開いて止まる。このやり方は、枠組を破って流れ出ることを求めるアール・ヌーヴォーの造形精神によくかなっていて、イギリスのアール・ヌーヴォーの極く初期から好んで使われてきたモチーフで、松本邸では、開口部や暖炉や飾り棚で繰り返し使われている。

ここを過ぎると、一息に、広間《ホール》に出る。

広間

名前の通り、西洋館では一番大切な場所で、二階への階段、奥への通路、玄関からの通路といった全ての動線がここから出てここに帰ってくるし、また、家族の団欒の場にも使われる。だから、デザインも一番力が入るし、階段のおかげでダイナミックな演出も許される。

しかし、こうしたホールの充実と重要性は、明治の初めの西洋館には見られなかったことで、ホールは当初、動線の処理のための暗く冷たい北向きの空間にすぎなかった。では、その頃、家族はどこで団欒していたかという問題が生れるが、私見によれば、その頃の大邸宅では家族の団欒という習性はまだ発生していなかったと思われる。それ故、個室があるだけで、それ以上の共通の空間は必要なかった。

ところが、日露戦争以後の〈経済の花盛りの季節〉を迎え、第二陣の新しい実力者たちが登場すると、つまり彼らこそがアール・ヌーヴォー住宅のパトロンなのだが、彼らは、家族生活を重視し、団欒の場としてホールを充実させるようになる。〈ホールの発見〉といってもいいかもしれないが、おそらく松本邸はそうした先駆例の一つにちがいない。

具体的にどうしたかというと、それまでの北向きのホールを南までぶち抜いて、陽が入るようにした。かくしてホールは、名実ともに家の中心にドンと位置するようになる。

しかし中心に位置した結果、あらゆる動線の出入口があちこちに口を開けて、この部屋自体のまとまりが薄くなり、どっちが正面か分からなくなるきらいはあるが、これはもうこうしたホールの宿命といってもいい。

そうした中で、二つの部分が強い自己主張をしている。一つは北側の階段室との境の部分で、二本の柱と三つの欄間がアール・ヌーヴォー固有のカーブを描きながらホールにダイナミックな動きを与える。もう一つは西側中央の暖炉（図Ⅲ⑱）で、暖炉は西洋館では和風建築の床の間に似た象徴的装置として使われるが、ここでもその任を負っていて、一応、西側が正面であることを示している。暖炉本体は色変りの黒色系の大理石で、アール・ヌーヴォーに固有な球形《トマト》アーチに作られているが、色といい形といい相当にアクの強いデザインとなっている。この暖炉に見られるアーチと二本の垂直線の組合せは、アール・ヌーヴォーの常套デザインの一つで松本邸でも繰り返し使われる。

ホールでアール・ヌーヴォーのデザインが用いられているのは、目につきやすい開口部の枠回りと暖炉に限られていて、その他の腰壁や天井は、ガッチリと直線で重厚に押さえられている。楷書で書かれたアール・ヌーヴォーといえるかもしれない。

ホールの西壁には、開口部が二つ口を開けていて、南側がドアーごしに客室へつづき、そこを抜けると食堂へといたる。北側は、カーテンごしに廊下につづき、廊下は、客室、食堂の裏口をつないで、配膳室、厨房そして二階への裏階段へとのびる。つまり、南側は、表の通り口で、北側は裏手のサービス用の通り口である。大きな邸宅は、かならず、家族や客用の表の動線と、使用人が食事を運んだり掃除に移動したりするサービス用の裏の動線を分離し、二系統を混乱ないように配置しなければならないが、ここでもそのやり方は、上手に守られている。

客室

南側の口から客室に入ってみよう。足を入れたとたん、広間との雰囲気のちがいに設計者の心にくい演出を覚えずにはいられない。腰壁の破目板も壁の柱壁も天井の格縁《ごうぶち》も、むろん暖炉も、すべての部分が細く繊細に縦長に作られ、曲線は抑え目で、アール・ヌーヴォーというよりセセッションに近い。広間のように、開口部回りと壁・天井とのデザインの肌別れもなくて、腰壁から柱型へ、柱型から天井の格縁へと同一のデザインが流れてゆく。色彩も、広間とはうってかわって、壁地は白漆喰とし、木部は、天井と柱型は広間と同じ檜《ひのき》だが、腰壁と暖炉は黄味がかったナラ材で、ドアーのパネルにはカエデを用いている。純白をベースに、檜のエンジ色とナラの黄色が混じって、どの部屋よりも明るくて軽く、外観と最も似た印象のインテリアとなっている。

こうした軽快な味わいの生れた秘訣は、日本的な真壁《しんかべ》の作り方にある。真壁というのは、全てを塗り込める大壁《おおかべ》と反対に、壁面の一部に柱や長押《なげし》といった木材を見せる作り方で、日本の数寄屋造りやヨーロッパのハーフ・チンバー様式がその典型だが、日欧には若干の差があって、ヨーロッパは松本邸の外観に見られるように柱形が狭い間隔で並ぶのに対し、日本は、一間《けん》近い長い間隔で並び、天井に近い所に水平の長押がまわる。この客室の真壁は、柱間隔といい長押の存在といい明らかに日本の伝統に従っている。こうした日本的な真壁作りは、マッキントッシュも日本から学んでアール・ヌーヴォー語法に取り込んでいるが、松本邸の場合は、逆輸入というより、日本側の創案と考えた方がいいだろう。

部屋の正面性もしっかりしていて、暖炉を要に、南に向って軸を伸ばし、南の窓面がゆっくりとカーブを描いて庭にせり出している。

暖炉のデザインは、ナラの板材と線材を水平と垂直に組合わせ、そこに微妙な曲線を加えたもので、建築家の腕と工人の腕が一致してはじめて生れる傑作である。ふつうの暖炉とは形の構成がちがっていて、枠組の中に小さな枠組を納めるという二重枠組のやり方を用いている。このやり方は、松本邸の他の暖炉や飾り棚でも積極的に使われるデザイン手法である。

客室の西隣りは食堂だが、両者の間はドアーではなくて、大きな左右への引き戸になっている。食堂とその隣りの快適な部屋を引き戸で仕切る方法は、洋館に広く見られ、扉を開き切ると、一室に近い雰囲気で使うことができる。この場合、快適な部屋は、食事の後、ホールに移動する前に、ちょっと隣りに移り、談話や喫煙やコーヒーを軽く楽しむために設けられているが、松本邸の客室も扉をみる限り設計上はそう設定されている。

しかし、松本馨氏の回想によると、家族同士がこの部屋を使うことはなかったという。そうすると、客との応接と、客との食後の軽い談話用だったことになる。

食堂

さて、隣りの食堂である。広間を楷書、客室を行書とするなら、ここは草書のアール・ヌーヴォーといえるかもしれない。

まず、入って正面の、壁面いっぱいに作り付けられた飾り棚（図Ⅲ⑲）に目をみはる。日本でいちばん本格的なアール・ヌーヴォーの表情は、この壁面が持っている。純白の真壁、突き出す二本の角《つの》と円弧のコンビ、枠組重ねのデザイン。松本邸のアール・ヌーヴォー手法は、すべてここに投入されている。枠組重ねはなんと三重におよび、セルリアーナ（中心をアーチで持ち上げて左右を四角に納めるデザイン）を心にくいまでに活用している。

食卓に座って見上げると、五つのドアーの上部に、不思議な絵（図Ⅲ⑬）が描かれているのに気がつく。この絵について、松本馨氏は、

「建物が建ってからのことだが、画家の和田三造さんが来ましてネ、食堂をどうしようかって、親父と相談してましたヨ。それで、和田さんがあの絵を描いて、あそこに掛けたんだヨ。親父は、辰野さんのインテリアに満足できなかったんじゃないかナァ」

この絵の画風は一風変っていて、ペルシャやインドといったイスラム絵画圏のミニアチュールの花鳥画の描法を取り入れ、額も、イスラムの建築に多用される多弁アーチを形どっている。ヨーロッパのアール・ヌーヴォーの中にはイスラム的造形を取り入れた異国趣味もないわけではないが、この場合は、後に述べるように和田三造の個人的なペルシャ趣味の発露と考えた方がいいだろう。

この食堂の使い方について、松本馨氏に尋ねてみた。

——毎日、ここで食事されるわけですか。

松本：ウン、そう。テーブルのヘッドに親父が座ってネ、左右に家族が並ぶんだ。奥に小食堂《ちい》っていう貧相な和式の食堂もあってネ、何かのおりは、子供だけでそこで食べたナ。親父は、家族と一緒に食事のできないような人は、家には呼ばなかった。

——食事の中味は洋食ですか。

松本：イヤ、ふつうは和食だった。だけど、朝はオートミールだった記憶もあるナァ……。フランス料理は、お客様が来た時に出した。三井物産の門司支店長とかのヨーロッパ生活したことのある連中をよく呼んでた。みんな、久しぶりに本格的なのを食べれるって喜んでた。

——コックさんはどんな人が？

松本：フランス料理の人で、和食も彼が作ってた。最初が、「きすけ」だったナ。その次がその甥の仙吉。仙吉は、東京のホテルに送られてそこで修業した後、帰ってきて、二代目を継いだ。「きすけ」には、親父が世話して、戸畑に洋食屋を出してあげたヨ。仙吉は、食事中、食堂の隣りの配膳室のドアーの所にじっと立って耳をすませてるんだ。お客さんが、ウマイッ、と言ってくれるのを聞きたくてネ。

以上の子供遊戯室、広間、客室、食堂に主人書斎を加えたものが洋館一階の主要な部屋である。

三　画家たちの参加

つぎに、二階を見てみよう。二階への階段は、表と裏の二つに分けてあるが、むろん、広間の北面の表の階段から上ろう。

洋館では、階段回りのデザインは、ここではじめて垂直方向のダイナミックな空間演出が可能になるのでたいそう重視されるが、松本邸の階段回りも、一つの見所になっている。広間の北側の三連の欄間の左の下をくぐって階段に入る。五歩六歩と段を踏むと、正面のステンドグラスがまず目に入り、七歩八歩で左右のタピストリーの存在に気がつく。

順序は逆だが、まず、タピストリーから見てみよう。

1　和田三造のタピストリー

左手の低い踊り場の壁に掛かる大きい方を「海の幸」（図Ⅲ⑭）といい、右手の高い踊り場の壁に掛かる小さい方を「山の幸」（現在、北九州市立美術館に保管）（図Ⅲ⑮）といい、ともに、作者は食堂の油絵と同じ画家の和田三造である。和田が、食堂の油絵とこのタピストリーとステンドグラスを手がけるにいたった事情は、安川第五郎の回想に詳しい。

「和田君の画は、これはもう……（建物が）できてからのもので、あの時は、僕はいきさつはよく知っているけども、和田君がフランスに留学している頃にね（明治四十二年三月～大正三年五月）、親父（安川敬一郎）と松本（健次郎）がヨーロッパに外遊したんだよ（明治四十四年五月～四十五年一月）。その時に和田君とフランスで会ったんだろう。それで和田君がやっぱり非常に弱っていたんだな、金銭的にね。それを大分助けてやったんだな。それで和田君が非常に恩義に感じてだな。そして、松本に更紗《さらさ》でもって〈海の幸〉〈山の幸〉という二つのあの壁掛をだな、画いて贈ったんだ」

安川と松本が、パリ留学中の和田三造を経済的に援助したのは、たまたまパリで貧乏画学生と遭遇したからとは考えられなくて、おそらく、和田が小中学校を福岡で過し、かつ、兄の宗英が大牟田で石炭鉱山を営み、弟の泉造が福岡県鉱山監督局で腕を振るっていたという同郷同業のよしみからであったにちがいない。安川の回想にある二つのタピストリーを「贈った」というのは記憶違いで、発注による制作であった。制作の過程については、和田自身の長大克明な回想があるので、その一部を引いてみよう。

南蛮絵更紗〈海の幸〉〈山の幸〉製作略記

大正六年二月松本家洋館階段前後の壁面装飾ニ嵌む可き掛画の依嘱ヲ享ケ辞して帰京後直ニ是れが方策を講究するの目的を以て斉藤五百枝、賀来悟三郎、石川伊十、草光信孝の四人を招じて議セしむ。即ち鳥の子を台に洋画日本画其他各種自由なる材料を以て一種之装飾画を作製せんとの議決ス。併して画題ハ松本家主人の好ニより海と山の図を撰ぶ可きを以て方針となせり。……年来余の嗜好ある点より想起して又一方製作の自由をはかり他方ニ於て永く中断して顧られざる事業復興の意味より遂に描更紗製作の事に意ヲ翻へせり。幸ニ松本家主人の同意を得るあり。即時諸士ニ命じて更紗に関する研究の歩を進めしむ。……大正六年十二月三十日ヨリ斉藤、小川を伴れ帝都元旦の繁を伊香保に避けて専ら構図完成に急ぐ。山形、草光、小川、植草の四人を残して、染料の購入と共に不相変図書館、遊就館、農商務省等に史料の補完をなさしむ。完成の構図を携へて帰京せしハ明くる七年一月十日、霜寒き星夜なりき。……先ず初め『山の幸』に行を起こす。……遂に命じて交代徹夜の制をとらしむ。即ち疲るれば寝ね、醒めては筆と共に立ツにあり。……かくして二月二十四日朝染め揚げたる『海の幸』を自から携へて京源に托し蒸にかく。……

こうして蒸し上げられた染め物は、タピストリー（壁掛け）に仕立てられ、東京、京都、福岡で広く市民に展覧した後、大正七年八月頃、戸畑に運ばれて、松本邸の階段室に掛けられた。

「海の幸」と「山の幸」の発注は大正六年で、建物の完成

III⑮

図III⑮　タピストリー「山の幸」和田三造作

後六年もたっているが、松本がパリで和田に会って経済的援助を与えたのは、明治四十三年のちょうど松本邸の工事中の時期であるから、あるいは、その時〈新築の家に絵を一つ頼むよ〉くらいの話はしていたのであろう。和田の帰国は大正四年の秋で、翌五年にはすぐインドに旅立って帰国し、その翌年の大正六年早々に松本邸の仕事にかかっているから、「海の幸」「山の幸」は、和田の留学帰朝第一作にほかならない。ということは、和田自身が、〈日本に帰ったら、まず松本邸の仕事をしよう〉、と考えていた可能性も大きい。安川第五郎の「大分助けてやったんだな。そして、松本に……画いて贈ったんだ」という回想は、その辺の事情を映した言葉と考えると納得がゆく。

松本邸のタピストリーは、画家としての和田三造自身にとっても大きな転換点をなす仕事になった。美術の教科書でよく知られているように、彼は、二十四の歳で第一回文展に、名作「南風」を出して衝撃的なデビューを飾り、恩師黒田清輝の熱い期待を背に、明治四十二年、国費留学生としてフランスに旅立つ。ところが、彼を迎えた当時のパリは、アール・ヌーヴォーに代表されるように、純粋絵画よりは装飾美術や応用美術の隆盛の最中で、多感な和田は、その放射熱を正面から受けてしまった。様式としてのアール・ヌーヴォーを直接学んだわけではないが、工芸デザインに傾斜した彼は、ペルシャの古代装飾を調べたり、また、大正三年の帰国の途上、インド、ジャワに滞在したりした。洋画家になるはずが、ペルシャやインドの伝統工芸への傾倒者に変身して帰朝したのである。以降、彼は、黒田と世間の期待に反し、画家というよりは工芸界、デザイン界のリーダーとして走ってゆく。そうした彼の、工芸家、装飾家としての第一作が松本邸の仕事だったのである。

「海の幸」と「山の幸」は、和田三造の転身宣言にふさわしいものだった。「海の幸」の画題は、平戸の南蛮貿易の光景で、赤煉瓦の商館が海辺に並び、南蛮寺が十字架を輝かせ、インドの象が街を練り歩き、港にはポルトガル船やジャンクがひしめきあう。一転して「山の幸」は、山間ののどかな村の光景で、平地では農夫が田植え、茶摘み、畑仕事に精を出し、山の中では、炭を焼き、石を切り、木を倒し、さらに奥では、猟師が鹿を追い、山師が穴を掘っている。画題も、昔の南蛮屛風や山海名産図絵に近ければ、描写法も、日本の屛風とペルシャ、インドのミニアチュール（細密画）を合せたようだし、技術も、アジア古来の更紗の染色技法を復原して、和田の工芸や装飾への意気込みを見事に実現している。

和田の装飾家・工芸家宣言として松本邸の仕事を見ると、理解できる面が多い。すでに触れた食堂の五枚の絵も、寸法を下のドアー枠に合せてあるから、ふつうの油絵のようには掛け代え不能で、壁画に近い扱いになっている。また、タピストリーと並ぶ、階段室のもう一つの和田作品であるステンドグラスも、いかにも、工芸家・装飾家らしい仕事であろう。

このステンドグラスは、松本邸ただ一つのステンドグラスで、ふつう、最初からステンドグラスを計画的に洋館にとり入れると、何ヶ所かに取り付けられるものだが、この場合は、後からはめられたせいか、ここだけである。図柄は、ブドウと小鳥で、食堂の花鳥画と一脈通じている。当時のステンドグラスには、伝統のヨーロッパ式と新興のアメリカ式の二つがあって、前者は、色ガラスの上に金属顔料を使って陰影をつけたり目鼻の線を描いたりしていかにもふつうの絵のように作るやり方で中世のカテドラル以来の伝統をもつ。これに対し、アメリカで発達したのは、色ガラス同士を継ぎ合せる役割のナマリ枠の線で図柄を表わしてゆくもので、伝統技法に較べ作りやすいし、美的にもアッサリしていて近代感覚にマッチしている。この技法は、アール・ヌーヴォーのグラフィック効果（平面分割効果）にうまく合うところから、アメリカから逆輸入される形で、フランスのナンシー派はじめヨーロッパのアール・ヌーヴォーのステンドグラスに広く採用されている。日本のステンドグラスも、ほとんどがアメリカ式といっていい。むろん、松本邸も例外ではない。

ステンドグラスの作り方には、下絵描きと実際の製作を一人でこなす場合と、原画は画家が描き製作はガラス専門家が受けもつ場合の二つがあるが、松本邸の場合は、原画を和田三造が描き、製作は、木内真太郎が担当している。ステンドグラス作家木内真太郎について、孫の木内保英氏が『工房通信』編集部をとおして答え

てくれたところによると、

「真太郎は明治十三年に生まれ。住友の建築に在職し、のち宇野沢組でステンドグラスを修得した人です。当時の宇野沢には辰野金吾のもとで修業した建築家の三崎弥三郎がおり、辰野の仕事をよくおこなったようです。東京駅（辰野金吾設計）のステンドグラス（原画・和田英作）の制作も木内のものです。なお、辰野金吾らとならんで映っている写真が残されています」

なお、宇野沢組というのは、日本のステンドグラスの開祖として知られる山本（宇野沢）辰雄の工房で、山本は、明治十九年、ドイツ人建築家ベックマンに連れられてベルリンに渡り、そこでステンドグラス技術を覚えて、帰国後の明治二十三年に工房を開いている。

松本邸のステンドグラスは、当時、インテリアデザインにもっともふさわしい画家により原画を描かれ、もっとも優れた製作者の手で仕上げられたわけである。和田三造の空間とも呼ぶべき階段室を上り切ると、二階は寝室に当てられている。大小合せて四つの洋寝室が作られ、両親寝室一、子供寝室男女各一、客用寝室一、と使い分けられていた。

こうした寝室の使い方について、松本馨氏に尋ねてみた。

――竣工してすぐ入居されたわけですね。

松本：ソウ。僕ァ、小学生だったァ。それまでは、戸畑の昔式の家に住んでいて、急にあの建物に入ったもんだから、ベッドには困ったヨ。一番大きい寝室に兄弟何人かで入ったんだが、とにかく、夜中に、ベッドの掛け布団がズリ落ちちゃうんだ。ベッドなんて初めてだからネ。ヒモで掛け布団をしばったりしたが、だめだった。結局、ベッドやめて、タタミの寝室に模様代えしちゃったナァ。

――子供の勉強は寝室でしたんですか。

松本：イヤ。両親寝室の隣りの小部屋に勉強机が三つ置いてあって、男の子の勉強部屋になってた。

2　高島北海の襖絵

洋寝室の西側は、この洋館の中でただ一つ、和室の作りになっている。これは、大切な客用の寝室に当てられていて、いわば座敷である。

九畳敷の前室があり、そこから襖を開けて入ると、十八畳敷の座敷が広がる。正面に配された、床、違い棚、付け書院という座敷飾りを見る限り、何の変哲もないオーソドックスで良質な書院造りだが、右側の壁面を見て驚く。和室なのに、ちゃんと、暖炉がはめ込まれている（図Ⅲ⑫）。それも、仕組が実に巧妙で、左右の柱と長押《なげし》の間をスッポリくりぬき、その一間《けん》四方の壁体中に、棚と戸袋に囲まれる形で白大理石の暖炉がうまく納まる。和室への暖炉のはめ込みは日本の洋館にいくつも例はあるが、このやり方は、そうとうしゃれている。

暖炉本体を囲むようにして、左右の貼付壁《はりつけかべ》と上部の〈みせかけ戸袋〉に日本画が描かれていて、〈みせかけ戸袋〉は、右手にナス、キュウリ、ビワ、左手にクリとキノコ。貼付壁は、右手が春と夏で、フジ、ボタン、ツツジ、タンポポ、シャガ、左手は秋と冬で、モミジ、キク、リンドウ、茶、ヒメジオン。加えて暖炉の右隣り、つまり前室からの出入りの襖は竹になっているから、和室の北面のモチーフは、植物であることが分かる。サインを見ると、竹の方に、「明治壬子夏日写　北海」、暖炉の方に、「大正壬子立秋写　北海」とあり、松本邸の竣工に合せて描かれたことが分かる。

北海とは、高島北海のことで、彼とヨーロッパのアール・ヌーヴォーの縁《えにし》は浅くない。

北海は、変った経歴の人物で、明治初期に、工部省、内務省、農商務省を技術官吏として渡り歩きながら、独学で地質学者、森林学者としての地位を築き、明治十八年、フランスのナンシーの高等森林学校に留学した。

北海は、幼時より独学で絵を学び、一般的な日本画とはちがう科学的正確さと緻密さをもつ博物画的な画法を体得していたが、ナンシーにあっても自然風景、植物、魚貝類、昆虫を好んで描き、同地の装飾工芸家のエミール・ガレなどと親交を結ぶ。まさか、北海は、自分の自己流の博物画描法が、フランスのアール・ヌーヴォーの源泉の一つになるなんて思いもよらなかったらしいが、本人の意にかかわらず、ガレは、北海の絵に学び、やがて、北海帰国の後、ナンシー派として名高いアール・ヌーヴォーの一派を育て上げるようになる。

北海は、ナンシー派の誕生も知らず、帰国後は、農商務省の林務官の官務にはげみ、やがて、明治三十年、退官して画業に生きるようになる。自由になった北海は、東京に居を据えアメリカ、中国、朝鮮と、山岳地帯を訪れては大好きな山の自然を絵に納めるかたわら、郷里の山口県でも、名勝の整備など大いに働いている。

こうした本場のアール・ヌーヴォーの〈無自覚的〉な源泉の一つである北海は、戸畑の松本邸の内装画を頼まれた時、どう思ったであろうか。おそらく、自分の〈身から出たサビ〉とも知らず〈変ったスタイルだナァ〉くらいに感じたであろう。

北海が松本邸で手がけた作品をリストアップしてみよう。

・洋館和室暖炉の左右貼付壁の春夏・秋冬の花の絵。
・同上の〈みせかけ戸袋〉の果物の絵。
・同上の〈みせかけ戸袋〉の上部の天袋の絵。ただし、これは、進駐軍駐留時に失なわれて今はない。図柄は、おそらく、植物画であったろう。
・洋館和室の出入口の襖の竹の絵。
・同和室の正面違い棚の天袋の山水画。この山水は北海の画風とまるで違うが、北海が、郷里山口の大先輩雪舟の山水を写したものである。
・日本館の玄関用衝立《ついたて》の松の絵。

この他にも、日本館には天袋や襖にいくつも描かれていたにちがいないが、今となっては分からない。

北海が松本邸の日本館と洋館和室の装飾画を手がけるようになった事情は、和田三造の場合と違って一切伝わっていないが、おそらく、郷里の山口が、北九州の対岸で、松本家と同じ地域圏に属していたという地縁によるものと思われる。

このように、日本を代表するアール・ヌーヴォーの館・松本邸の室内装飾は、洋画の和田三造と日本画の高島北海の二人により手がけられているが、和田は、アール・ヌーヴォー全盛のパリで装飾工芸領域へと転身をとげた経歴を持ち、北海はアール・ヌーヴォーの源泉の一つとなったわけで、不思議な一致といわなければならない。もし、松本健次郎が、二人の画家とアール・ヌーヴォーとの浅からぬ縁を知っていてそれで自邸の装飾を依頼したとか、あるいは設計者の辰野金吾がアール・ヌーヴォーにふさわしい画家として二人を指名したとかいうならたいへんに事は面白くなるが、どうもそうではなかったようで、たまたまの一致だったようだ。それにしても、辰野金吾、和田三造、高島北海の組合せは、偶然としては幸運な偶然であった。

三　戸畑の工業ユートピア

一　安川松本両家が明治専門学校を創設する

これまで、松本健次郎の住宅にのみ触れてきた。ふつうならこれで終えても良いのかもしれないが、松本邸の場合はこのままでは済まない。なぜなら、松本健次郎にとって、住宅の建設は、もっと大きな建設の一駒にすぎなかったからである。もっと大きな建設への夢があったればこそ、戸畑という荒くれた工業地帯に、あのような素晴らしい館が営まれたのだった。松本は、この地に一つの理想郷を夢見ていたふしがある。そのことについて、続けてみたい。

辰野金吾は、松本邸の北隣りに、健次郎の実父の安川敬一郎の住宅を実は同時に設計している。松本邸の設計は大阪の辰野片岡建築事務所だったが、安川邸の方は東京の辰野葛西建築事務所担当で、規模からいうと、安川邸の方が、父だけあってはるかに大きかった。外観のスタイルは、松本邸と同じハーフ・チンバー様式だが、松本邸ほど軽快ではなく重厚で、また、内装のスタイルは、アール・ヌーヴォー的な崩しが見られるにしても、相当に抑制している。父と子の長幼の序、好みの差を映した設計といっていいと思うが、なぜか安川邸の方は実施に移されなかった。

このことについて、松本馨氏に尋ねてみた。

――安川敬一郎邸の方はどうして中止に?

松本:どうも、敬一郎じいさんが、洋館は嫌だって言い出しちゃったらしいんだナ。

――健次郎はアメリカ留学してるわけですが、敬一郎は洋館暮しの体験はそれまでなかったわけですか。

松本:なかった。経営や技術についちゃ開明的な人だったけど、精神においちゃ、黒田藩の儒学者の家に育っただけあってたいへん古風だったナ。だけど、ちょうど松本邸を工事中にヨーロッパを親父(健次郎)と一緒に回っているから、ベッドの暮しは体験してたわけだ。

――それで、逆に、洋館が嫌になったりして……

松本:ハッハッハ。設計だけして止めちゃったわけだから、辰野さんに対してなんていうかとても困ったらしいヨ。第五郎叔父(敬一郎の三男)がよくこぼしてたっけ。誰が辰野さんの所へことわりに行くか。なにせ、相手は、建築界の大御所だ。

図Ⅲ⑯⑰⑱　明治専門学校本館（辰野葛西事務所　一九〇九　福岡）

Ⅲ⑯

Ⅲ⑰

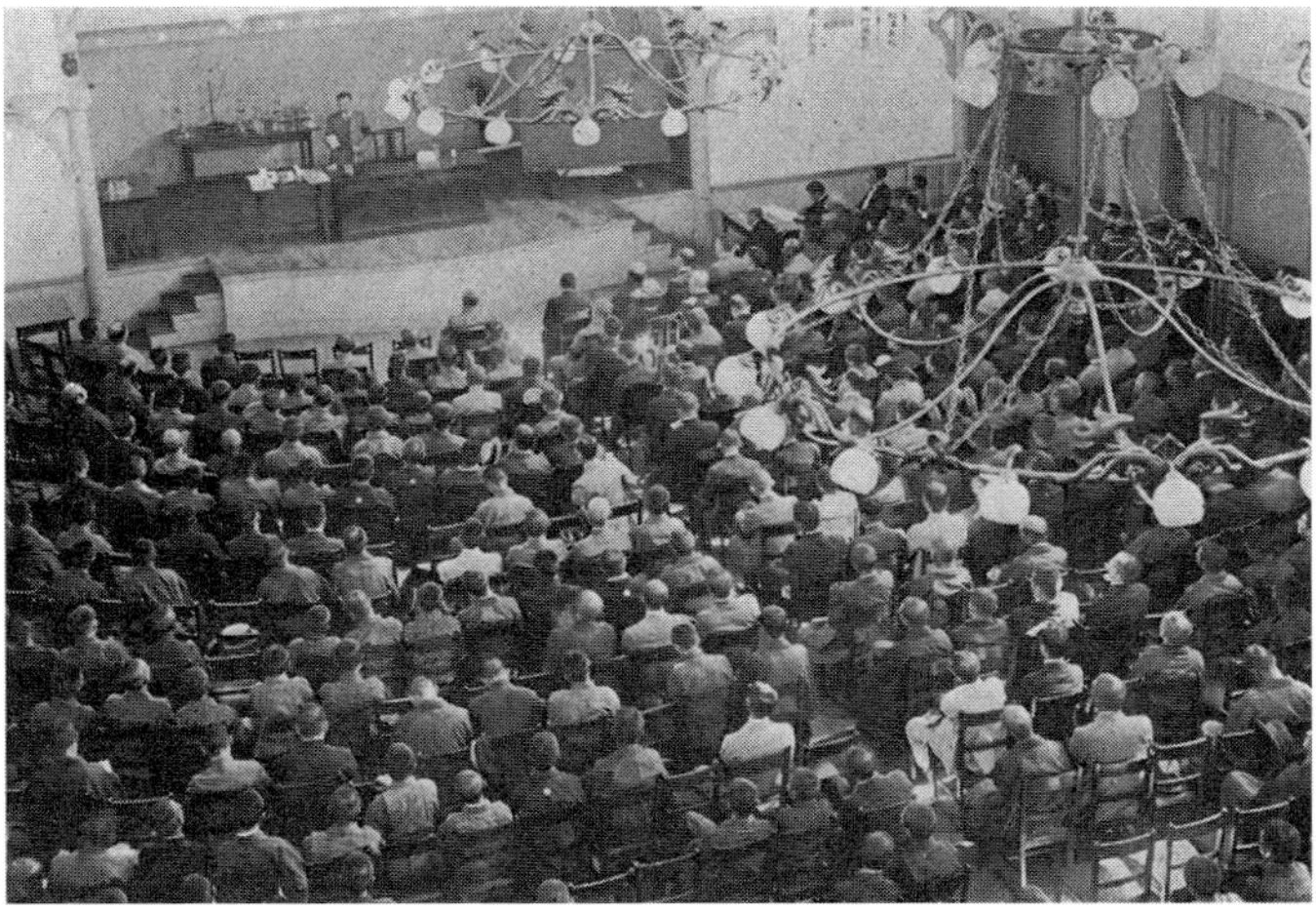

Ⅲ⑱

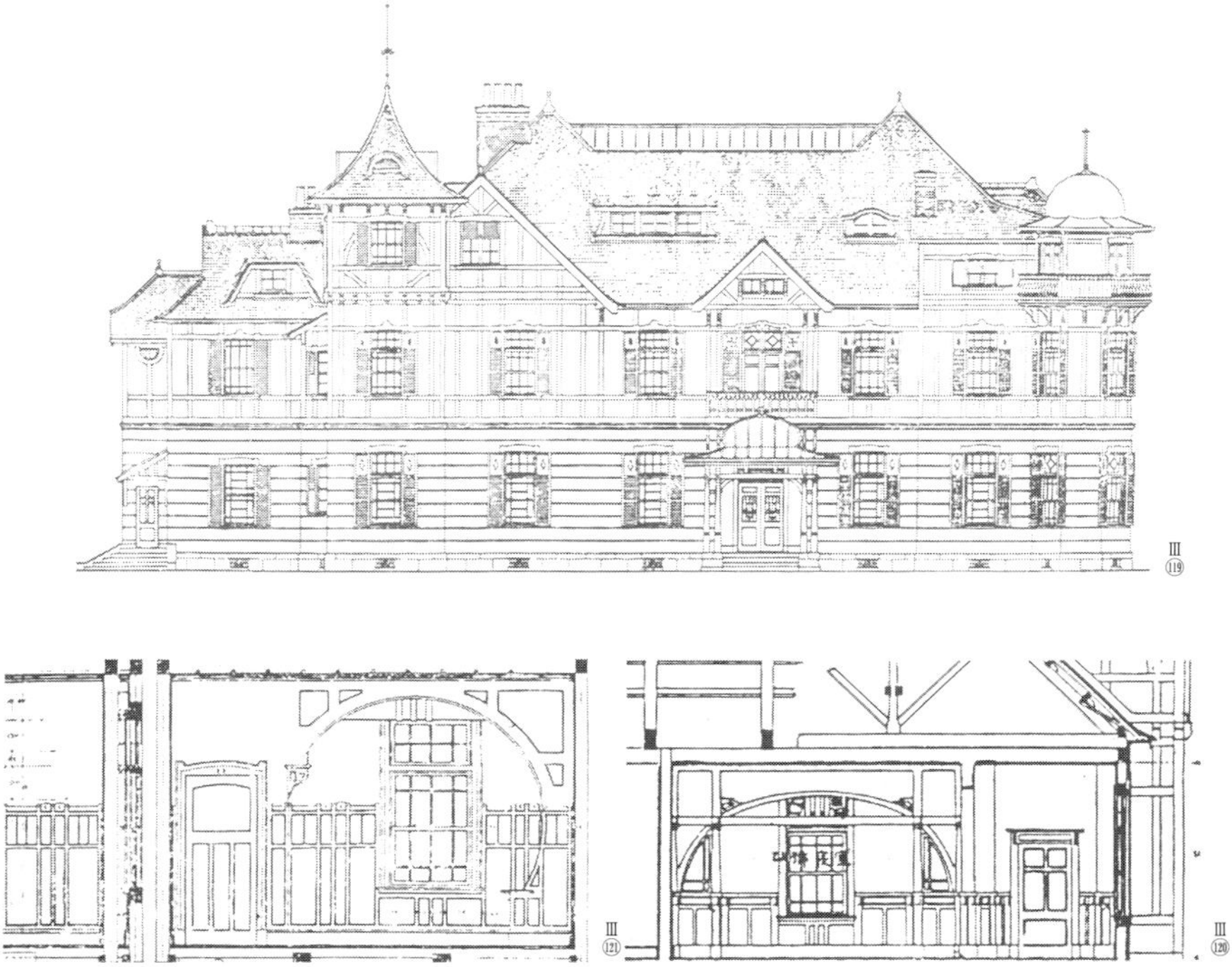

図Ⅲ⑲⑳㉑　安川敬一郎邸案（辰野葛西事務所 一九〇七頃立案）

——誰が、ネコに鈴を付けるか……

松本：結局、じいさん（敬一郎）は行かなくて、代りに、親父（健次郎）と第五郎叔父が上京して、ことわった。そしたら、辰野さんは、「ウムッ」って、ひとこと言った切りだったそうだ。

辰野が、松本健次郎邸を設計したのは、実は安川敬一郎邸と込《こ》みであったし、さらに、実は両邸ともそれだけで計画されたわけではなくて、広大な隣接地に創設された明治専門学校の大計画の一環として考えられたのだった。

今日、西日本唯一の国立の工業大学として知られる九州工業大学は、明治四十二年の創設当初には明治専門学校と呼ばれ、安川松本家の私学校として始まっている。

創設の事情について、安川敬一郎は、

> 殖産事業は余が本来の志望にあらず。今日、いささかその趣味を感じ、その技能を会得せしも、これはむしろ騎虎

の勢ひにかられ、偶然ここに至りしものといふを適当とすべし。然るに日露戦後、すなはち明治三十九年に於て余が資産は当時の専業たりし炭坑経営資金としては意外の過剰を生ずるに至れり。

ここに於て余は本業以外の動産の全部を投じて、我が国最急の需要に応ずべく、科学的専門教育機関の設立を決行せり。明治専門学校はこれなり。

余が子孫中、幸ひに教育に趣味を有する者あらば、一身を傾倒して明治専門学校の指導経営に任ずべし。然らざれば、よろしく我が一門に於て経営の大方針に参与し、創立当時の目的を貫徹するを期すべし。

（安川敬一郎『撫松餘韻』）

この実業家というよりはほとんど儒家といった方がいいような〈斉家治国平天下〉の志から知られるように、日露戦争後の〈経済の花盛りの季節〉に、安川松本家は、ゆとりの生れた富を、他の炭鉱主のように成金趣味に費やさずに工業学校の経営に集中したのだった。

それも、当時の帝国大学をのぞくと他のどこの高等教育機関にも負けない水準の工業大学を目ざし、創立準備は帝大総長の山川健次郎に託し、その推薦で、初代校長に東京帝国大学教授の的場《まとば》中《なか》はじめ、河喜多能達《みちただ》、山川義太郎、斯波忠三郎といったキラ星のごとき帝大教授の引き抜きに成功する。安川・松本父子の熱意がよほどのものだったのであろう。こうした明治三十九年に始まる創設準備の中で、前帝国大学工科大学長の辰野金吾も登場してくるのである。その辺りの事情は、安川敬一郎の日記に詳しい。

明治三十九年七月十日　山川健次郎を訪ひ、私立大学建設の大意を陳べ、育英上大に助力あらんことを乞ふ。……本日は大学卒業式臨席のこととて山際永吾に今後の事を托すべき旨述べ置たり。

同十二日　山際来り今朝山川と対談の概要を報ず。彼は真に一大美挙として感ぜり。必ず力を尽すべし云々。真野文二・辰野金吾等と倶《とも》に助力すべし云々。

十二月七日　山川氏を訪ふ。……電気に山川義太郎、採鉱に的場中、機械に斯波忠三郎、化学に河喜多能達を選び……各科の学則編成等に就ては集会協議の必要あるべし。……来る十四日大学集会所に於てすることを決す。

同十四日　午後三時大学集会所に到る。山川氏初め前記各教授の外辰野金吾氏も亦来会せり。此時山川氏余に告ぐるに、辰野の意旨を以て的場氏に説く所あらんとす（校長就任の件、藤森注）。若し彼にして来校を諾せば幸甚しと。

同十六日　辰野金吾氏を訪ひ、的場氏の意向如何を問ふ。其切に勧誘したる詳細を語れり。或は承諾を得べき歟《か》。

明治四十年一月十日　午前九時清三郎（敬一郎の三男）は戸畑駅に山川氏の一行を迎へ来る。朝餐後、精図を案して後戸畑の学校用地に到る。此日北風稍強く降雪飛花の現象あり。先づ阿部野の表口より進み何れも其大勢を審視す。建築家としての辰野氏は余りに其広漠たるため限りある用地にての設計に比し稍其位置の選択に迷ふと。

同二十八日　辰野金吾事務所に於て松本と共に学校建築の製図を見る。

二月十三日　午前九時辰野事務所に会す。山川氏先んじて来れり。是より設計図を案じて協議、第二号案を採用することに仮定し、十五日午後各教授を会して意見を徴することに決す。

同十五日　午後大学集会所に山川・的場、河喜多・辰野・山川義太郎氏等と会し、建築図を案じ、協議の結果、全然辰野氏設計第二案を容ることに決す。

同二十日　午前九時辰野事務所に山川氏等と会す。校舎建築に関し各教授請求の過大なるべきかを感じ……今一回設計を乞うとの意を辰野氏に伝ふ。

四月五日　在大阪鈴木守蔵来訪、辰野金吾氏に依頼せし明治専門学校建築設計に関しては同氏義侠的に無報酬にて其労を執るの意思と聞くも、斯くては余の衷情安んぜざるものあり。鈴木は幼年時代よりの友人として何とか余が苦心なき様、氏が報酬を受けられることに懇話を托す。

以上の安川敬一郎の日記から知られるように、明治専門学校の開設に当り、辰野金吾は、建物の設計者にとどまらず、校長適格者として的場中を推挙し、その説得役までつとめているし、設計に当っても、現地を視察し、数次の案を練り、そのうえ「義侠的に無報酬」まで言い出している。よほど、気を入れていたのであろう。

明治専門学校の建築は、辰野の東京事務所である辰野葛西建築事務所で図を引かれ、明治四十年六月頃、起工する。建設の体制は、久保田小三郎を主任に安川松本商店臨時建築部の直営により行い、戸畑港より建材運搬の専用トロッコを引き、製材所を設け、まるで一つの町でも作るようであったという。明治四十二年に入ると、一月十五日には学寮一棟が仕上り、さらに、三月末には待望の本館もおおよそ仕上り（完工は四月五日）、四月一日には、この本館を使って開校式が行われる。当時まだ小学生だった松本馨氏や安川寛氏が辰野金吾を間近に見たのはこの時のことだという。引きつづき、食堂、演武場、各学科教室と仕上り、キャンパスとしての大略は明治四十二年中にはほぼ整えられ、さらに大正二年にはすべての工事を終え、安川松本商店臨時建築部は七月二十日解散する。

校舎のデザインは、中心に立つ講堂が一番充実していて、木造下見板貼りの洋風スタイルをベースにしながら、屋根には大きな日本屋根がのるという一風変った格好である。それだけでなく、窓回りや室内のランプ金物などには、アール・ヌーヴォーの影響が現われており、全体として、和洋折衷にアール・ヌーヴォーの隠し味というユニークなスタイルになっている。ここに現われている穏やかなアール・ヌーヴォーは、同じ辰野葛西事務所が図を引いた安川敬一郎邸と通じていて、一方、辰野片岡事務所担当の松本邸と一味の違いをもっている。この辺に、同じ辰野金吾の設計といっても、その下につく葛西萬司と片岡安の個性の差が見えがくれする。

二　新興工業家が戸畑で夢を見る

さて、戸畑の郊外の野原の中に忽然と誕生した明治専門学校であったが、この学校は、ただ学校だけで立っていたわけではなくて、その周りにさまざまな施設を集め、一つの町のごときものとして成立していた。キャンパスにさかれた七万八千坪強の敷地の他に、そのおよそ三倍以上にのぼる広大きわまりない土地がこの地に画されており、この舞台の上に、安川・松本両家は、さまざまなものをのせてゆく。

まず、のせたのは、むろん明治専門学校だが、それにつづいて、安川・松本父子は、戸畑から本邸をここに移す。以後、この地は、明治専門学校と安川松本両家を二つの核として動いてゆく。動くために設けられたさまざまな施設を列記してみよう。

・役宅

明治専門学校の教職員のために、相当に充実した役宅と称される職員住宅が準備され、教職員のほとんどがここに移り住んでいる。当初四十九棟六十九戸が作られている。

・私立明治尋常小学校

安川松本両家は名にしおう子だくさんで、また、明治専門学校の教職員の子弟やここで働く者の子弟総計二十一名を学ばせるため、明治四十三年九月五日、私設の明治尋常小学校が設立される。この小学校について、安川寛氏は回想する。

「小学校っていったって、最初は教室一つ先生一人でね。そこに、下級から上級までみんな入るんだ。そのうえ、明専の教官の子から安川松本の子、さらには庭師の息子の安太郎から表具屋の子まで、とにかく安川松本の土地の上に住んで働いてる者の子はみんな入った。だから、色んなのがいて面白かったヨ。上級が算術している横じゃあ一年坊主がイロハをやってるわけで、マア、寺子屋だな。親父は、家でのディナーに、時々、明治小の先生を誘ってましたヨ」

・医局

明治四十四年一月七日、小さいながら、病院も設けられ、施設は、診察室、手術室、隔離病棟まで一通りそろい、医師一名、助手一名、産婆一名が勤めていた。

この病院について安川寛氏の回想。

「お医者さんは花田長さんていって、あの頃はトラコーマが流行ったものだから、毎日、目薬差してもらいに行った。ところが、ある日、明治小の悪童連で行くと、先生がいないんだ。そこで、しめたってんで、その辺に置いてある目薬らしいのもあれこれ差したんだ。そうしたら、一人の瞳孔が開いたまま閉じなくなって大あわてしたのを覚えている」

・日用品供給所

買物の便を計るため明治四十三年十月、店舗を作り、それを商人に貸して日用品の店を開かせた。〈分配所〉と呼ばれたそうである。

・中原郵便局

明治四十五年七月、この地に住む者のため敷地内に三等郵便局が開設され、中原郵便局と称した。建物は分配所の一画を使い、業務は、分配所の店主が受けもった。なお、安川寛氏によると、敬一郎は、そこまで郵便を出しに行くのも面倒がり、わざわざ家の前にポストを作ってもらったという。

以上は明治専門学校管轄の施設である。こうした地域の共用施設とは別に、安川松本両家だけのための次のような施設があった。

・農園

安川松本両家にお米と野菜を供給するため、屋敷の北に田と畑が開かれ、一軒の農家が耕作に当っている。

・牧場

安川松本両家に毎朝、牛乳を供給するため、両家の東方の山の麓に専用の牧場が開かれている。この牧場については、牧夫の息子の楠義一氏の回想がある。

「当時は搾ることから瓶に詰めるまですべて手仕事で、この牛乳の検査は警察の管理であったけれど私の方に限り明専（明治専門学校）が受け持ってくれていた。これも両家のお抱え牧場とでもいったところであったのだろうか。こうしたことから私は明治小学校に入学が許された。……一年生になって私は時に父（楠兵右エ門）の曳く配達車について行った。朝早く安川さんのお邸に行くと安川さんはもう門の所に出て来られようとしている。私が大声で朝の挨拶をすると、先生はニコニコと『お早う。坊主元気だね』と応えてくれた。家に帰っても、遊び友達のない私は、よく安川さんのお邸で遊ばせてもらった。……三年生か四年生のころだったと思う。いつものように裏庭に行くと蓄音機が鳴っていてそこには西洋人の男と女が二人ずつ手を取り合って踊っていた。はなれたりくっついたり回ったり、西洋人だけでも珍らしいのにこの踊っている様子は私を奇妙な気持ちに誘った」

・馬場

敬一郎と健次郎父子は乗馬を好み、とりわけ健次郎は、毎朝、朝食前に一走りして汗を流すのを日課としていたから、両家の東方に小さな馬場が作られ、馬丁の家と厩舎が設けられている。

・ゴルフ場

健次郎がスポーツ好きだったことから、屋敷の西に、小規模ながら、グリーン三つティーグランド六つの私設のゴルフ場が設けられ、北九州の工業家たちとゴルフを楽しんでいる。北九州のゴルフの草分けという。

・ゲートボール場

スポーツ好きで新しものがり屋の健次郎は、和館の庭先にコースを作ってゲートボールまで試みている。このことにつき、安川寛氏の回想。

「私が小学校三、四年の頃だから、大正の初めになるが、松本の親父がどこからか〈コロッケ〉という今のゲートボールそのままのゲームを教わってきて、庭先に芝を張って、皆で楽しんでた。松本の親父の道具は、チョット他のよりシャレてましてね、柄に赤い線なんか入ってたのを覚えてる」

・テニスコート

テニスについて、安川寛氏の回想。

「中学三年になった頃だから大正の半ばだが、安川家の前の所に一面のコートが作られて、皆でやりました」

以上の明治専門学校と安川松本両家を核とする諸施設に対し、次のような水道、エネルギーサービスがなされていた。

・水道

明治専門学校、役宅、安川松本両家とそれぞれ別の給水がなされ、学校用は校内の大型井戸を、役宅は戸別の井戸を使い、また、安川松本両家用には、東方の山の中腹の湧水を濾過池を通して供給した。

・ガス

明治専門学校内にガス工場を設け、校内の暖房用や実験用、役宅の台所用、安川松本両家のガスレンジ、ガスオーブン、洗面所ガス湯沸器などに石炭ガスを供給した。

・電気

明治専門学校内に石炭火力による発電所を設け、校内、役宅、安川松本両家の照明用に供し、また、敷地内の主な道には街灯を灯した。しかし、安川寛氏によると「しょっちゅう停電していて、代りにガス灯を灯した」とのことである。

以上のような施設が、明治の末から大正のはじめにかけ、北九州は戸畑の玄海灘を北にのぞむ丘陵地に次々と作られていったが、これを計画した安川敬一郎と松本健次郎父子の頭の中では、それは、次のようなより大きな光景の中に、きれいに納まっていたはずである。

九州は北端の筑豊地帯に点々と明治鉱業の炭鉱が広がり、その炭鉱産業の集結地である戸畑の工業地帯には、明治鉱業本社をはじめ、明治紡績、黒崎窯業、安川電機といった自分たちの工場とオフィスが集まる。そして、そうした戸畑の工業地帯の近郊に一画を画して、私設の工科大学をはじめ小学校、病院、郵便局、商店、住宅、農園、牧場、ゲートボール場、テニスコート、ゴルフ場、馬場が作られ、私設のガス、水道、電気が引かれ、その只中に、安川松本両家は一族郎党もろとも住み込む。

こうした光景の特徴の第一は、北九州地域主義とでもいったもので、自分たちの本邸を、実際は東京での活動が多かったにもかかわらず、他の企業経営者がよくしたように東京へは移さず、あくまで生産の現場にとどまり、そこで子供を育て、代を重ねてゆく。こうした地域自立性は、工業地帯で働く技術者の養成にまでおよび、当時他のどこの工業地帯も持たなかった高い水準の工科大学を自前で生み出すにいたる。松本邸のインテリアに、北九州と縁の深い和田三造と高島北海が招かれたのもこうした地域主義の一環だったかもしれない。

特徴の第二は、工業地帯の住環境や教育環境の弊害の克服で、工業地帯に固有の媒煙や騒音や緑地の少なさといった宿命をなんとか乗り越えようとしたことである。そのために、安川松本父子が試みたのが、工業地帯の郊外に、あくまで工業地帯とペアになる形で、新しい住環境、教育環境を生み出すことだった。それは、工業地帯の弊を避けるために、清浄な空気やさわやかな緑地といった田園的性格を帯びつつも、しかし、田舎のような前近代の自然のままではなく、近代の利便性をあわせ持つことが求められる。

こう考えると、なぜ戸畑の工業地帯からちょうど通える郊外に、およそ南北二キロメートル、東西六〇〇メートルという広大な敷地を、森の茂る山麓から田畑の広がる平地にかけて獲得し、そこに、住宅を営み、学校を創設し、ガス、水道、電気といった最新鋭の都市設備を設け、スポーツに励んだかが了解されよう。

おそらく、儒家に生れ、創草期の慶應義塾で福沢諭吉に学んだ安川敬一郎と、新興の気に燃えるアメリカはペンシルバニア大学に学んだ松本健次郎には、他の工業経営者にはないような理想主義がいつも心の奥にあり、そうした理想主義が地域主義と結合した時、工業を核とする一つのユートピア思想が生れたとしても不思議はない。

こう考えると、戸畑での父子の試みが、北九州一つを超え、日本さらには世界での出来事とつながっているのに驚かされる。当時、ちょうど時を前後して、東京では、大川三雄氏の研究によって知られるように、アメリカに学んだタイプライター産業のリーダー黒沢貞次郎が、蒲田の地に工場と倉庫群、食堂、購売部、変電所、ポンプ室など諸施設、さらに幼稚園、小学校、社宅、プール、給水塔、水道設備からなる小ユートピアを作りはじめていたし、また、世界に目を広げると、イギリスでは、近代工業と田園生活の調和を計る田園都市の建設が緒についたばかりだったし、ドイツやアメリカでも、クルップなどの工業家たちが、クルップ・コロニーはじめ新しい環境の工業都市の建設に邁進している最中だった。

はたして、こうした世界の工業ユートピア建設と戸畑の試みがどうした経路でつながっていたかを語る資料はないが、しかし、松本健次郎は、日本きっての欧米産業事情通であったから、世界の理想主義的な工業家たちの新しい試みに刺激されるところは少なくなかったにちがいない。

そして、そうした外からの刺激とともに、やはり、父子の生来の理想主義が基になり、さらに、日本の近代化の中で日露戦争後にはじめて力を世に現わすようになる第二陣の経済指導層の〈第一陣の政商性・国家性とはちがうんだ〉という市民的自意識が、北九州の地に〈戸畑のユートピア〉とも言うべき類のない光景を生み出したんだと思う。

おそらく、辰野金吾は、こうした父子の理想を知った時、自分の青春時代の情熱を思い起こしていたにちがいない。辰野は、ふつう明治の国家的アーキテクトとして理解されるが、しかし、それは「外見」にすぎず、彼は、学生時代に工部大学校でイギリス流の民間中心的な工業家像をたたき込まれて以来、いつも大きなものに頼らず自力で足許から新しい世界を開いてゆくことに近代という時代の理想を見ていた。だからこそ、明治三十九年に戸畑の夢をはじめて聞かされた時、ちょうど三年前に突如辞官して一民間建築家として再出発した自分の志と重ね合わせ、この夢に自分も加わりたいと願い、「義侠的に無報酬」を申し出たにちがいない。

施主の夢と設計者の夢が一つ向きに整《そろ》った時、かならず、すばらしい建物が生れる。〈戸畑のユートピア〉の中心に立つ松本邸の洋館は、こうして夢のような明るい姿で誕生したのである。

松本健次郎は、この洋館の特異な姿について尋ねられると、

「アール・ヌーヴォーというやかましいものだそうだ」

と、いたずらを見つけられた時の少年のように、気はずかしそうに答えていたという。

＊本文の執筆にあたり、滝沢真弓氏、松本馨氏、安川寛氏、平井聖博士、西日本工業倶楽部の山本至郎・米谷勲両氏、北九州市立美術館のご厚意により、貴重な資料の提供を得た。記して感謝いたします。

日本のアール・デコ

一　崩れゆく様式

友人たちと建築探偵団を結成し、埋もれた西洋館を求めて、東京の町をうろつきはじめたのが七年前（一九七七年）。皇居の周りで病みつきとなり、次に足をのばしたのが、山の手方面の御屋敷町であった。ある日のこと、清正公前から歩きはじめ、白金台の坂を登り、しばらく進むと右手に森が現われ、白金迎賓館と大書した看板が見える。入口には、古びた鉄の門扉はあるのだが、開かれており、誰もいない（図Ⅲ⑫）。いつものように、知り合いの屋敷のごとく入ってゆく。しかし、いつもとちがってなかなか建物が現われてくれない。たとえそびえるような洋館であれ、何か見えさえすれば不安はないのだが、百歩二百歩進もうと、まだまだ続くのは嫌な気分だ。別に悪いことをしているわけではないが、さりとて世の役に立ちそうもない洋館捜し。他人の敷地に、制止されなかったという理由だけで入ってゆくのだから、はやく結論を得て入口に戻りたい。

もう止めようかと思う矢先、やっと、左手奥に、灰色の建物が現われた。屋敷の構えにくらべると、ずいぶん小さく、形も地味である。一見、戦後の作かな、と疑う。しかし、人気《ひとけ》のないのをさいわい、車寄せに近より、閉じた扉から中をのぞくと、淡い光を含んで四人の女人像がこちらを見ている。豊かな胸、なめらかな腰、孔雀のような翼。これまでの洋館捜しでは出会うことのなかった妖麗な姿に息をのみ、一瞬、エジプト風かと疑った後、これは、アール・ヌーヴォーかセセッションだな、と思った。

その日は、そこで引きあげ、改めて、屋敷の由来を尋ねる往復葉書を投ずると、さいわいプリンスホテルから返事が届き、「旧朝香宮《あさかのみや》邸として昭和八年作られ、設計者は仏人ラパンと伝えられる」とある。これが、朝香宮邸との出会いであった。それからしばらくして、このプリンスホテル所有の迎賓館なる用途不詳の建物は、政府関係の迎賓用に使われるほか、一般のパーティーや結婚式にも開かれていることを知り、なんだそれならと申し込み、案内をうけ、女人像の扉を開けてもらって中に入ると、そこには、日本では図集でしか見たことのない造形があふれている。アール・デコ発見、の想いを禁じえなかった。

アール・ヌーヴォー

日本におけるアール・デコ様式の流れと、朝香宮邸について語ろうと思う。そう考えると、やや遠回りながら、明治の建物のことから話をはじめなければならない。なぜなら、明治期に日本に入ったヨーロッパ建築の行きついた先がアール・デコの世界だからである。

幕末の開国を待ちうけるようにして、南からは香港・上海づたいにイギリスやフランスが、東からは太平洋の波をけってアメリカが、そして北からはシベリア鉄道に乗ってロシアが、それぞれの洋風建築を日本にもたらした。イギリスは産業革命期の素朴なジョージアン・スタイルを、フランスは華やかなネオバロック様式の宮殿を、ロシアはネギ坊主を頭にのせた不思議なギリシャ正教会を、そしてアメリカは西部開拓者の工夫になる白ペンキ塗りのコロニアル建築を、それぞれに、まるでうぶな箱入娘に贈り物でもするかのように、届けてくれた。むろん、日本の側も、よりすぐった若者を、コーネル大学へロンドン大学へと送り出し、石と煉瓦の新しい建物の習得にはげんだ。かくして、わずか十数年にして、そこそこの洋風建築が町の中心や村の四つ辻に点在するようになり、さらに、明治も後半に入ると、日本人建築家の手で、一かどの建物が作られるまでに成長した。この間およそ半世紀、まるでヨーロッパの建物の歴史の抽斗《ひきだし》を、下から順にギリシャ、ローマ、ゴシック、ルネッサンス、バロックと引き出して、一気にぶちまけたように、ありとあらゆる西方の形がわが広からぬ国土に散らばった。それも、ギリシャ、ローマといった純血様式は少なくむしろそれらがリバイバルした「ネオ」の付く様式や、さらには混血種や変態様式が大手を振って上陸して来た。こうした西洋の歴史的な様式に根を持つ建物のことを「様式建築」という。石の柱が列を作ったり、煉瓦のアーチが口を開けたり、屋根に尖り帽子がのったり、下見板に白ペンキを塗ったり、こうした衣装をまとった様式建築は、明治から昭和のはじめにかけて、各地に根を下ろして咲き乱れた。

しかし、かげりも意外に早々ときざし、様式建築が全盛期を迎えた明治の末年には、建築界の片隅ながら、過去の様式を捨てた自由な造形が萌《も》えはじめる。これがモダンデザインのはじまりで、口火を切ったのを、アール・ヌーヴォー様式という。

十九世紀の末、英国で産声をあげたこの新デザインは、流れるような自由曲線を武器に、様式建築の形式性に倦《う》んだ人々を魅惑し、ただちに大陸に飛び火して、フランスやベルギーの新しもの好きを悦ばせた。そして、十数年の遅れで、二人の若手建築家により、日本にも伝えられる。一人は武田五一で、彼は、東京帝国大学建築学科助教授として恩師辰野金吾教授の跡目を取る準備の留学中、アール・ヌーヴォーの勃興《ぼつこう》にでくわし、師の再三の早期帰国命令も忘れて、イギリスへフランスへと新興デザインの花園巡りに日を過ごし、結局、跡目は棒にふったが、かわりに、帰国後デザインした福島邸（明治三十八年）により、日本最初のアール・ヌーヴォー作家の名を得ている。これを東の口火とするなら、西の嚆矢《こうし》は、住友合資会社の建築技師日高胖《ゆたか》で、彼は、業余にたのまれた神本《ごうもと》理髪店（明治三十六年）の設計に当り、雑誌で見知ったアール・ヌーヴォーを用いた。この二つの小品が、日本においても様式建築の天下が終ったことの、いや正しくは終りはじめたことの、宣告となった。

この宣告を待ちかねていたように、以後、さまざまな新しい造形が後を追って登場してくる。ヨーロッパにおいては、アール・ヌーヴォー衰退の後、オーストリアにオランダにドイツにと、様式建築からの分離をめざす運動が割拠し、ここに、モダンデザイン戦国時代の幕が開く。むろん、ヨーロッパに向って触覚を満開にする日本も事情は同じで、海外に触発されたさまざまな形と思想が現われては消える。たとえば、ウィーンのセセッション様式は三橋四郎により、ドイツのジャーマン・セセッションはミネルバ建築会の手で、またベルギーやドイツの表現派は後藤慶二の豊多摩監獄（大正四年）により口火を切られた後、分離派建築界の面々によりはなばなしく導かれる。こうして明治から大正いっぱいにかけて建築界を駆け抜ける造形革新運動の締めくくりとして昭和のはじめに登場するのが、かのル・コルビュジエやミースによる強力無類の国際近代建築《モダニズム》で、ここに戦国時代は終り、鉄とガラスとコンクリートの造形と合理主義の思想が、最後の覇者として残り、新しい秩序が打ち立てられた。そして、この秩序は、おおいがたいゆるみを生じつつも、昭和を貫いて、今日にいたる——というのが、これまでの近代建築史のあらましである。しかし、その中に、アール・デコという名は見当らない。

細部の解体

アール・ヌーヴォー誕生以降を造形革新運動の峰でつないでゆくというこれまでの歴史記述に誤りがあるわけではないが、しかし、それでことたりるわけでもない。なぜなら、新しきデザインを求める青年たちの運動の向う側には、古い様式建築に習熟した多くの大人のデザイナーが活動しており、彼らもまた彼らなりに、時代の流れの中で、自らを変えつつあり、アール・デコは、そうした大人たちの努力の行きついた先に実を結んだスタイルだからである。

では、アール・ヌーヴォー以後の時間を、様式建築の人々は、反様式の潮流にさらされながら、嫡流としての誇りをどう守っていったのであろうか。ある者は、変るまいと覚悟し、またある者は骨格を守ったままなんとか時代に合せようと心をくだいた。ここに問題となるのは、後者の動向である。

動揺といった方がよいような変化を最初に見せたのは、意外にも、明治の建築界に法王として君臨し、様式建築に殉ずると目されていた辰野金吾に他ならない。彼の好みのデザインは赤煉瓦と石をにぎやかに組合せたもので、辰野式と呼びならわされているが、その辰野式の窓廻りや金物の線に、早くも四十二年頃にはアール・ヌーヴォー風の曲線が好んで取り込まれている。そして、たおやかな線は、しだいに硬い直線へと変ってゆく。辰野式に典型的に見られるように、新時代の影響は、全体構成というより、まず細部意匠に現われ、それは、曲線化にはじまり、直線化で終る。

こうした描線の変化と呼び合うようにして、細部意匠の分節化原理が崩れはじめる。様式建築は、窓台は窓台、キーストンはキーストン、柱型は柱型と、それぞれ明白に分節され独自の形を保っているが、この原理がゆらぎ、一階のキーストンと二階の窓台がくっつくといった風に、細部意匠が一続きとなり、まるで網でもかけたように壁面をおおいはじめる。細部本来の自律性にてらすと、この現象は、崩れ、というほかない。大正はじめの様式建築にはっきり観察されるこうした細部意匠の直線化と崩れを、もっとも判りやすく教えてくれるのが、河合浩蔵の仕事で、たとえば、三井物産神戸支店（大正七年）（図Ⅲ⑫④）をみると、様式建築の内に起きつつある変化の激しさがしのばれよう。また、「直線化」と「崩れ」の二つを合せ、一言で、幾何学化と称してもよいことを了解されよう。

河合の作は例外ではなく典型で、大正期の建物を見歩けば、オフィス街でも官庁街でも、いたるところで幾何学に出会うことになる。たとえば、東京駅前の日本工業倶楽部（大正九年、横河民輔）（図Ⅲ⑫③）を見ると、一階はからくもドリックオーダーを守っているものの、その上方は、柱型も定かでなく、キャピタルは消え、細部は小きざみに凹凸し、重なりあい、まるで壁面が、角ばったさざ波に洗われたかと疑われるほどだ。官庁

図Ⅲ122 朝香宮邸 門（撮影・藤森照信）

図Ⅲ123 日本工業倶楽部（横河民輔 一九二〇 東京）（撮影・藤森照信）

図Ⅲ124 三井物産神戸支店（河合浩蔵 一九一八 神戸）

図Ⅲ125 石川県庁（矢橋賢吉＋笠原敏郎 一九二四 石川）

Ⅲ122

Ⅲ123

Ⅲ125

ならば、石川県庁（大正十三年、矢橋賢吉・笠原敏郎）（図Ⅲ125）が好例で、ここでも細部の小きざみな幾何学化が明らかとなる。

　こうした細部意匠の変化とともに、表面の仕上げ材も注目に値し、明治の赤煉瓦や御影石《みかげいし》に代って、タイルやテラコッタなどの窯業製品が登場して、壁は、硬質な光沢を帯びるようになる。

　さて、様式建築が大正期に立ちいたるこうした変質を、何と呼ぶべきであろうか。これまでは、「ルネッサンスの細部を幾何学的に崩したもの」とか、「ゴシックの垂直線にジグザグを加えたもの」といったふうに、母体となる様式の崩し現象として扱ってきた。これもむろん間違いではないが、しかし、様式といっても変種や亜種や折衷種をもっぱらとする近代においては、ゴシックだルネッサンスだという歴史的分類にこだわりすぎるのは危うく、むしろ、母体となる様式にかかわらず等しく現われる傾向があるのなら、その傾向に力点をおいて語る方が有効なのかもしれない。そこで、やや唐突ながら、細部における「小きざみな幾何学化」や表面の「硬質な光沢」などの大正期様式建築の傾向を称して、アール・デコ化、もしくは、アール・デコのはしり、と呼びたい。

　アール・デコ、と小気味よく言い切らず、「化」とか「はしり」と語尾をにごすのには理由がある。大正期の段階では、言い切れるほど、傾向が純化しておらず、語尾のにごりをとるにはどうしても、大正十四年以後を待たなければならないからである。

二　一九二五年パリにて

アール・デコ博覧会

大正も終りに近い十四年、つまり一九二五年、世界の様式建築にとって、この年、大きな節目が訪れる。パリを舞台とするアール・デコ博 Exposition Internationale des Arts Décoratifs et Industriels Modernes の開催である。アール・ヌーヴォー登場このかた、次々とわき起こる造形革新運動にほんろうされ、いいようにかきまわされてきた様式建築や古い装飾美術の陣営が、自分たちも、合理と工業を旨とする近代という時代に独自の花を咲かせ得るのだ、という宣言を放ったのがこの万国博覧会にほかならない。建物からインテリア、そしてティーカップ、紙壁にいたるまで、生活にまつわるあらゆる造形が、それも、これまでと同じではならない、という条件付きで、世界から集められたが、むろん中心となったのはフランスのデザイナーたちで、彼らの作品に共通してみられた形を、今日では、アール・デコ様式とか一九二五年様式と呼びならわしている。

ひとまず、博覧会の開かれているセーヌ川はアレクサンドル三世橋のたもとにとんでみよう（図Ⅲ⑫⑥）。

会場は、セーヌ川を間に、北と南に分かれているが、歩き回るなら、フランスのしゃれたパビリオンが軒を連ねる南会場（図Ⅲ⑫⑦）がいい。アレクサンドル三世橋を渡り、門柱のようにそびえる巨大な親柱のたもとに立つと、南に向けて大通りがまっすぐに伸び、軸線の上には、近くに国立セーヴル製陶所のモニュメント群が立ち、遠くにラリックの噴水塔がのぞき、視線は、その先の工芸宮につき当って止まる。この軸線の左右にさまざまなパビリオンが妍を競うが、まずは近くの百貨店ブロックから楽しもう。足は、新しいもの見たさに、右手に進み、ボンマルシェ百貨店館（図Ⅲ⑫⑧⑫⑨）に引き寄せられる。いったいどうしたのであろう、段々に積み上げられた壁面のいたるところ、みたこともない線でおおわれている。アール・ヌーヴォーの線なら、壺からこぼれる油のように、しなやかにうねるはずだが、この線は、円弧と直線の小刻みな組合せからなる。しかし、同じ形を繰り返すパターン紋様のような規則性はなく、走っては止まり、また走っては止まり、ジグザグ運動を繰り返す。それも、つぶさに観察すれば、ノコギリの歯のような同じジグザグではなく、歯の振幅は稲妻のように次第に大きくなり、なおかつ、まっすぐにはのびず、まるでステゴザウルスの背中のように、曲率を描く。完全な自由運動に従うアール・ヌーヴォーの線を、繁茂する蔓草《つるくさ》のような、と表現するなら、アール・デコの線は、蔓草ほど自由ではなく、しかしパターン紋様ほど硬直はせず、まるでワラビかゼンマイの若葉のように、自由性と規則性の混合の中にある。

ボンマルシェの南にはラファイエット百貨店館（図Ⅲ⑬⓪）が並び、まるで、カンシャク玉でもはじけたように飾られている。単純に放射する線の動きだけではアール・デコとはいいがたいが、しかし、色の使い方は見事で、アール・ヌーヴォーの色彩が、目の奥に入り込んで官能を妖しくくすぐるのに対し、明るく乾いたアール・デコの色は、目玉の表現に広がってゆく。

アール・デコの線と色の秘密を盗んでしまえば、百貨店ブロックに用はない。広場に進もう。中ほどを島のように画して、小公園をかねた国立セーヴル製陶所館（図Ⅲ⑬①）がある。ラパンの手になる噴水（図Ⅲ⑬③）を中心に、周りの池、地面、階段、アーチ、すべては硬い焼き物で作られている。とりわけ、目をひくのは、小公園のぐるりに立ちならぶ白磁の置き物（図Ⅲ⑬②）で、頂部のワラビ手の飾りも表面のテカリもいかにもアール・デコだが、それにもまして大事なのは、こうした工場産の品物が会場の中心に据えられたことで、アール・ヌーヴォーの装飾性が工人の手と指の先からつむぎ出されていたのに対し、アール・デコは、半ば工場の助けを借りることを教えてくれる。アール・デコは、線が自由と規則の中間にあるのと同じように、作り方も、手と機械の接点にある。広場を後にして、大通りをしばらく南に進むと、左手にラリック館（図Ⅲ⑬⑥）が現われる。外観はさえないが、ラリック自ら手がけたインテリアはすばらしく、窓はむろん、明り天井、シャンデリア、置き物、いたるところにガラスが使われている。アール・ヌーヴォーのガラスが、まるで生き物の内臓のように、黄味や青味をおびて濁っていたのにくらべ、アール・デコのガラスは、骨のように、時にパールの光沢を帯び、また時ににぶく光を吸い、妖しさの奥に冷ややかさを隠している。

ラリックは、この博覧会のスーパー・スターで、ラリック館の斜め向いの噴水塔（図Ⅲ135）も彼の手になる。得意の鋳物ガラスを十七層に積み上げ、水は、頂上からは流れ、裾《すそ》からは噴き出し、ガラスと水と光が一つになって落ちてゆく。

噴水を過ぎると、大通りも行き止まり、会場きっての晴舞台・工芸宮のブロックが待っている。工芸宮を中にはさんで、右手に図書館、左手に劇場と並ぶが、まずは、劇場（図Ⅲ137）をのぞくとしよう。世界のコンクリート建築の父オーギュスト・ペレーの設計になるが、中に入ると意外にも、アール・デコ色は柱のフルーティングや天井の角に見られる位で、形の半ばは、アール・デコを抜けて、モダニズムに向っている。たしかに、会場のすべてのパビリオンがアール・デコに飾られていたわけではなく、ロシア構成主義の旗手メチルニコフのソビエト館や、ピューリズムのル・コルビュジエによるエスプリ・ヌーヴォー館、あるいはベーレンスのガラスの家など、モダニズムの前衛達は、アール・デコの花園の隅の方で、孤高を守っていた。ペレーも、足の片方をアール・デコに置きつつ、残りはモダニズムに突っ込んでいる。

劇場を抜け、もう一度、噴水塔の前にもどり、改めて、工芸宮に入る。ここは、アール・デコ博開催の建議書を出すなどこの博覧会実現のために中心になって働いた装飾美術家協会のパビリオンで、副会長ラパンの尽力で建設にこぎつけ、会員の工芸家たちが存分に腕をふるっている。列柱の間を通って中庭に入ると、周りには回廊が巡り、壁には幾枚もの絵が架けられ、中には、『家具』と題するラパンの作（図Ⅲ142）もまじっている。なんといっても見世場は、回廊に面して作られた「フランス大使館」なる奇妙な呼び名の一画で、総漆《そううる》塗《しぬり》の喫煙室や書斎、ホールなどの部屋からなり、中心のレセプションルーム（図Ⅲ138）は、ラパンの内装設計に従い、彫金家、家具デザイナー、壁装家、織物家などが加わって、アール・デコ博の華と呼ばれる一室が作

図Ⅲ⑫6　アール・デコ博覧会会場　アレクサンドロ三世橋付近
図Ⅲ⑫7　アール・デコ博覧会南会場配置図　中央にセーブル製陶所館、上端に工芸宮
図Ⅲ⑫8　ボンマルシェ百貨店館（ボワロー）
図Ⅲ⑫9　ボンマルシェ百貨店館　夜景

Ⅲ⑫6

Ⅲ⑫8

Ⅲ⑫9

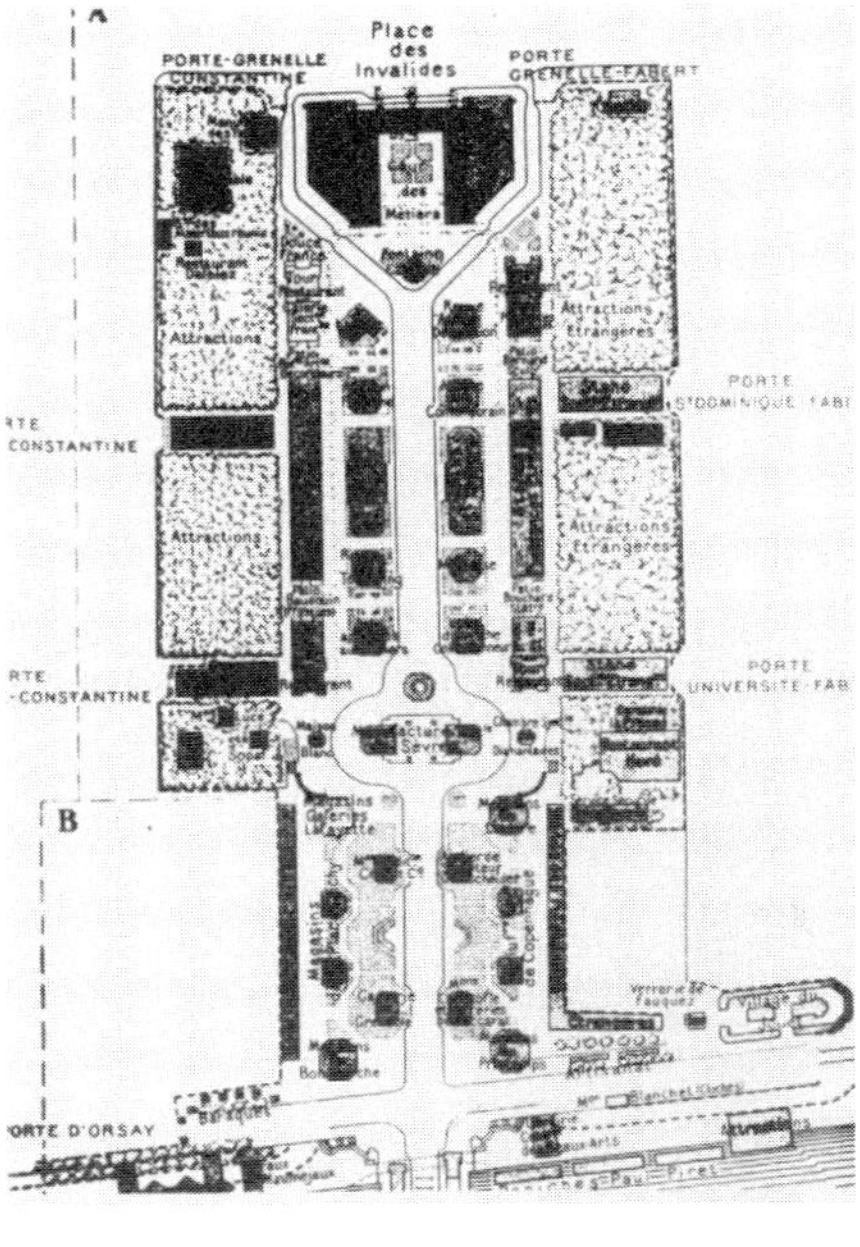

Ⅲ⑫7

図Ⅲ⑬⓪　ラファイエット百貨店館（イリアール、トリブー、ボー）
図Ⅲ⑬①　国立セーブル製陶所館（パトー）
図Ⅲ⑬②　国立セーブル製陶所館　庭の置き物
図Ⅲ⑬③　国立セーブル製陶所館　庭の噴水
図Ⅲ⑬④　国立セーブル製陶所館　食堂（内装設計・ラリック）

Ⅲ ⑬⓪

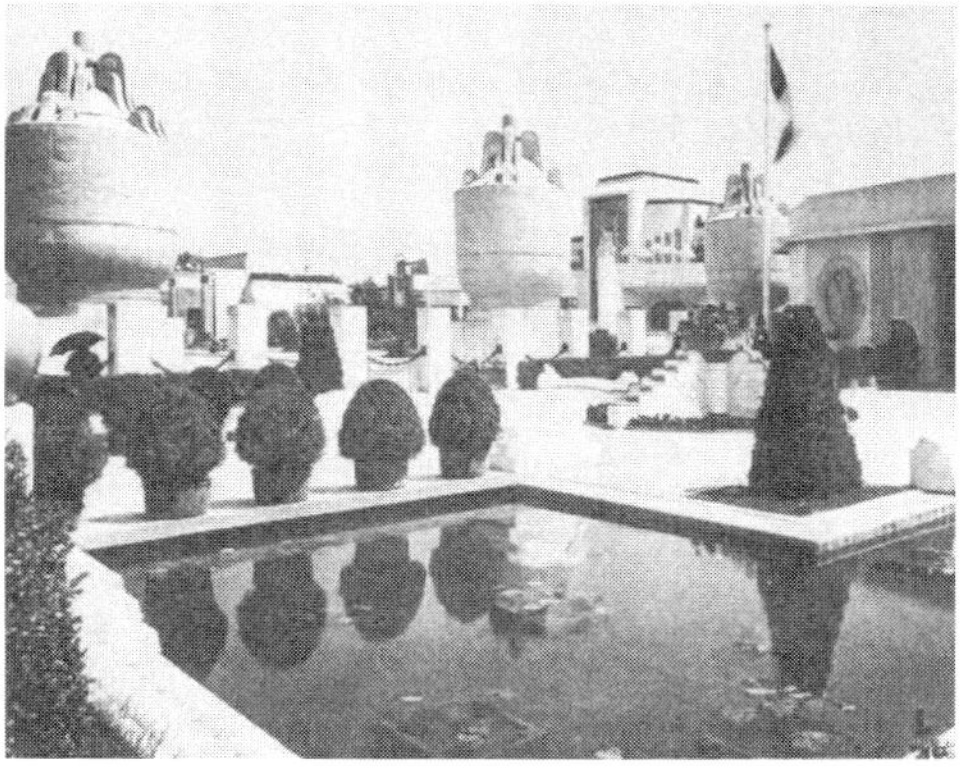
Ⅲ ⑬②

Ⅱ ⑬

Ⅲ ⑬④

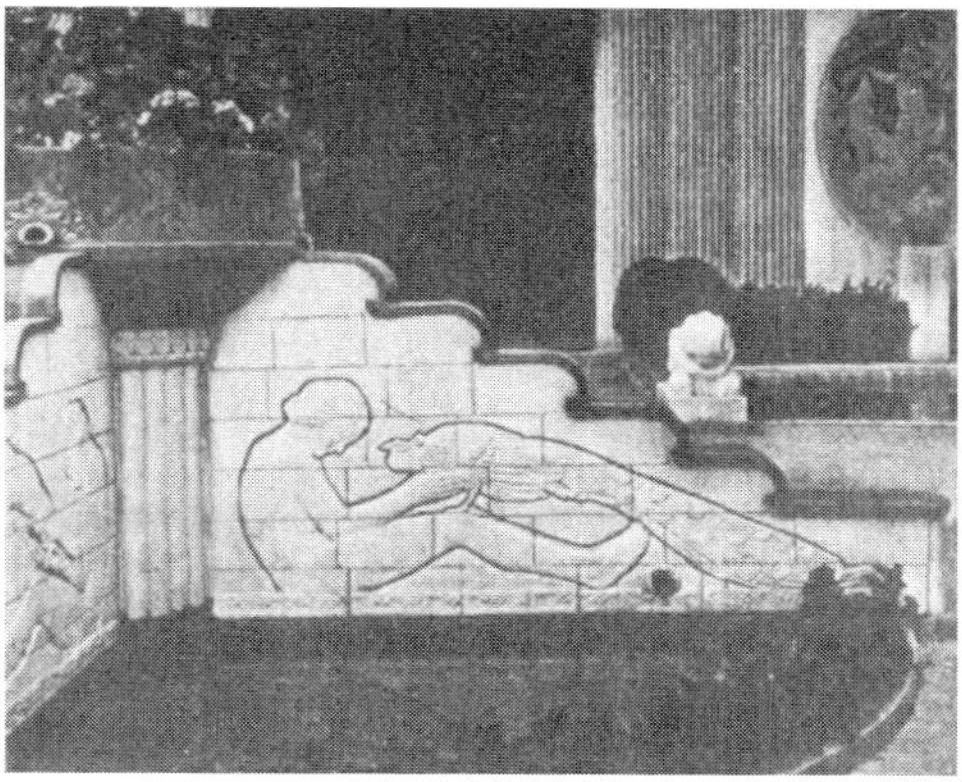
Ⅱ ⑬

り出されている。アール・デコの造形は、工芸品を見る限り、過去とは無縁にアール・ヌーヴォーから直接生れてきたようにも思えるが、建物の場合はこの部屋の柱頭飾りや天井のモールディングから明らかなように、古い様式建築が、アール・ヌーヴォーやその後の造形革新運動の波にもまれながら、自己脱皮を繰り返してようやくたどりついた地点にほかならない。

レセプションルームのソファーで、一息ついたなら、もう切りあげて、裏の門からアンヴァリッド広場に抜けてもいいが、もし、東洋趣味の持ち主なら、噴水塔の脇を通って西に少し入り、大通りから二本奥の裏通りを、もと来た方にもどってみよう。一転、緑が多くなり、ていねいに刈り込まれた生垣の向うに、くすんだ小さな建物が目に入る。近寄ってみると、ジャポン、とある。

日本館

今日ではほとんど忘れられているが、わが国も、アール・デコの花園に、一枚加わっていたのである。それも、相当に力を込めて。

大正十二年（一九二三年）八月、駐日フランス大使クローデルより、政府に宛て、アール・デコ博参加の要請書が届けられた。趣意書には、「純現代的傾向を呈する製品を産出する総ての工業に対して之を開催す。随《したがっ》て旧式の模写若《も》しくは其偽作に係るものは総て其の排斥する所なり」（『巴里万国装飾美術工芸博覧会日本産業協会事務報告書』）とあり、歴史的様式から離れ、工業化の時代に歩を進めるよう求めている。その頃、日本は、第一次世界大戦の戦時景気を終えて不況下にあり、不参加論も根強かったが、十三年五月、閣議は、正式に参加を約した。この決定には、横浜に根を張る工芸品輸出商の力が大きかったという。幕末の開国以来、絵画、漆器、陶磁器などの伝統工芸品は、外貨の稼ぎ頭の一翼を担ってきたが、しかしこの頃になると、一般市民ま

Ⅲ ⑬⑥

Ⅲ ⑬

図Ⅲ ⑬⑤ ラリックの噴水塔
図Ⅲ ⑬⑥ ラリック館　食堂
図Ⅲ ⑬⑦ 劇場（ペレー、グラネ）
図Ⅲ ⑬⑧ フランス大使館レセプションルーム（内装設計・ラパン、セルメルシェイム）
図Ⅲ ⑬⑨ フランス大使館　食堂（内装設計・ラパン）
図Ⅲ ⑭⓪ フランス大使館　食堂壁画
図Ⅲ ⑭① 博覧会場内サロン（構成・ラパン）

Ⅲ ⑬⑧

Ⅲ ⑬⑦

Ⅲ ⑭①

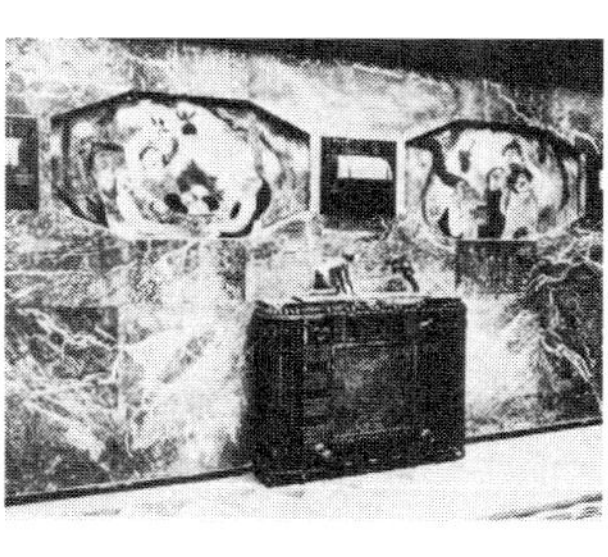

Ⅲ ⑭⓪

Ⅲ ⑬

でまき込んだ欧米の異国趣味の熱もおさまり、またコレクターも目が肥えて、江戸来の粉本主義を脱けきらぬ作品にそっぽを向いてしまい、横浜の工芸商たちは袋小路に追い詰められていた。そこにふってわいた工芸品中心の万国博覧会に、もう一度の夢を託したとしても不思議はない。政府は、彼らに押され、「我国特有の美術工芸品を当博覧会を通して広く欧米諸国に紹介して之が販路の拡張に資するは輸出不振に沈湎しつつある我貿易振興の一助たるべく」（『巴里万国装飾美術工芸博覧会政府参同事務報告』）、参加に踏み切る。出陳の内容は、日本館の建設と工芸品の展示、そして、喫茶店と即売店の経営の四つにしぼられたが、問題は、日本館と工芸品の様式をどうするかにある。時はもうすぐ昭和に手がとどくほどで、洋風建築も洋品も充実の最中にあり、一方、伝統建築と工芸品はピークと目される明治半ばをとっくに過ぎている。それなのに、今回も明治六年のウィーン万国博の時のように、伝統一本でいって良いものかどうか、政府にも迷いはあった。しかし、落ち込んだ伝統工芸品の販路拡大という名分を前に、「日本より欧風作品の出品を為すは躊躇せられたる処なり何となれば日本より西洋建築西洋家具西洋食器洋服類の出陳を為すとも当博覧会に於て優越の地歩を占むることは困難なるべき……以て日本よりの出品は国風を尊重して純日本趣味のものとし飽迄《あくまで》も日本と謂ふことを標榜して……」（前掲書）と決められた。

日本館については、指名設計競技にかけられ、中村順平（横浜高等工芸学校教授）、山田七五郎（横浜市営繕課長）、河津七郎（経歴未詳）の三名が参加し、審査委員長の塚本靖（東京帝国大学教授）は、山田の案を選んだ。この案は、「日本館は日本中流生活の郊外住宅を現代式に則り設計したるもの」（『巴里万国装飾美術工芸博覧会日本産業協会事務報告書』）で、簓子《ささらこ》下見張りの壁に軒の出の少ない瓦屋根が載るありふれた和風住宅である（図Ⅲ⑭③）。実施設計は宮本岩吉の手をかりて仕上げ、建設は、全ての材料を海路パリに運び、篠田某氏の現場監理の下、島田藤吉商店（現島藤建設）の手で建てあげられている。

一方、陳列品の方は、各地の名高い工芸品を集めることにしたが、難問は作風で、「純日本趣味のもの」と、大枠をはめながら、一方、純日本調がまるで売れないことも判っているし、また博覧会趣意書も「旧式の模写」を厳しく排斥している。そこで、各地に出された指示は、「若し夫れ余りに日本趣味東洋趣味に偏すれば一時彼等の好奇心を或は喚起するかも知れぬが其の生活との調和を欠き又は之わが応用の途なき結果遂に骨董扱にせられ普通商品となり得ざるの憾あるべきを以て此の点特に留意する所なければならぬ」(『巴里万国装飾美術工芸博覧会政府参同事務報告』)と、純日本趣味の枠内にありながら現代生活にふさわしいものを求めた。これは、言うは易く、行なうは難い要求である。これに対し、各地の職人連が作りあげて送ってきたのは、京の清水焼にはじまり、長崎の鼈甲《べっこう》細工、岐阜の提灯、有田の赤絵、輪島の漆、等々、昔かわらぬいかにも日本趣味にみちみちた品々であった。

こうした日本住宅と伝統工芸が、パリの稲妻形が走りパールグラスが輝く会場の只中に展示されたのである。むろん、博覧会の常として、遠路の参加は温かく迎えられたし、いくつもの賞も得ることができた。しかし、授賞は、地方銘菓の品評会に似て、大盤振るまいの結果に他ならず、高位の賞に輝く日本館も、「日本人間に多少非難する者も之れなきにあらざるも日本建築の最も美なる点即ち白木作りの優雅高名なる点……」(前掲書)という評言は、日本人審査員藤田嗣治が書いてくれたものである。アール・デコ博の開催趣旨に照らせば、日本は、「純現代的傾向」を競い合うライバルではなく、明らかに、はるばるやってきてくれたお客様にすぎない。明治のはじめならいざ知らず、昭和も間近く、すでにヨーロッパから学ぶべきは学んで自分の足で歩きはじめている日本のデザイン界にとって、これは屈辱以外の何物でもあるまい。この無念を、たまたま留学中に審査員を務めた金工家の津田信夫《しのぶ》(東京美術学校教授)は、「美の内容表現と資材用途の本質に於ては現代の審美的欲望にも添はず現代の科学的物質的要求にも遠ざかりて甚しく因襲固陋に堕し斬新の生気なきをむしろ怪しみたるが如く甚しきは一八七三年のウィーン博覧会の出品とも同様大差なし」(前掲書)と嘆いた。

こうしたパリでの出来事を、日本のデザイン界は、どうとらえていたのであろうか。

まず、思いの外多くの報道がなされていることに驚かされる。開会中に、大阪の建築ジャーナリスト本間乙彦は、『世界の新建築パンフレット、巴里現代装飾工芸博覧会号』を刊行して会場の全体と建物の外観を伝え、さらに閉会後、装飾研究会なる組織が、『巴里万国工芸美術博覧会室内装飾図録』によりインテリアをカラーで紹介し、また翌年は、気鋭の美術評論家森口多里が、『建築新潮』誌に特集を組んで見聞録を寄せた。こうした紹介合戦のとどめは、『近世建築』誌の特集で、全六冊をアール・デコ博に当て、パリの公式写真集の海賊版とおぼしきプレートにより全貌を伝えた。むろん、やや日は下るが、政府側からも公式報告『巴里万国装飾美術工芸博覧会政府参同事務報告』や『巴里万国装飾美術工芸博覧会日本産業協会事務報告書』が刊行されている。おそらく、費された紙の量からみると、類まれな詳しい報道がなされたといえよう。

このように、日本のデザイン界に広く伝えられたが、しかし、反応は、領域によりあまりに違っている。この博覧会を機に、身ぶるいするような変身をみせたのは手工芸の世界である。審査員として祖国の出品に深い屈辱を味わった津田信夫は、帰国するやただちに、美術学校の学生たちに、アール・デコ博で目にした造形をはじめ、ヨーロッパの動向を、熱心に語った。一方、学生たちも目を洗われ、伝統にとらわれない工芸の創出を目ざし、高村豊周《とよちか》他五名を同人に、大正十五年六月「无型《むけい》」を結成し、ここに工芸界において伝統革新の第一歩がはじまる。大正十五年から昭和八年にいたる无型の活動の中で生みだされた作品をみると、アール・デコの影響をはっきり読みとることができよう。

工芸界の影響にくらべると、建築界の反応は、あまりに冷ややかである。建築ジャーナリズムを通してあれほど喧伝《けんでん》されながら、アール・デコ博を論評する者もなければ、むろん、その造形に学ぶものもない。分離派などの青年建築家集団が、アール・デコ博の異端児ル・コルビュジエやロシア構成主義にしか関心を示さなかったのは当然としても、様式建築の陣営が、自分たちの活路になるかもしれない造型に対し無関心でおれたのは不思議というほかない。調査団を送って吸収につとめたアメリカ建築界といい対照である。これまで、この博覧会と日本の関係について、建築史家の間で全く語られてこなかったのは、そうした事情の正直な反映といえよう。

フォイエルシュタインの来日

しかし、アール・デコ博と日本の建築界は全く切れていたかというとそうではなく、一人のチェコ人建築家を針の穴として、わずかながらつながっている。その名を、ベドジフ・フォイエルシュタイン Bedrich Feuerstein という。彼は、一八九二年、チェコはプラハの東北約五十キロのドブロビツェの町に生れ、プラハの工業学校、パリのハーブル校にて建築を学んだ後、プラハで事務所を開いた。そして、友人とともに、チェコの新興芸術運動体として知られるデベェトシルを起こし、詩人、画家、文学者、劇作家と交わり、その中から、建築家としてより舞台装置家として芽を出し、かのチャペックの「R・U・R(人造人間)」(図III⑮)をはじめ演劇史上に残る名作の舞台を担当し、さらに一九二一年には、パリのシャン＝ゼリゼー劇場でロルフ・ド・マレの舞台を手がける。彼がアール・デコの流れとからんでくるのはこのあたりからで、マレの劇団はスウェーデン・バレエと呼ばれ、アール・デコ様式の源流の一つに数えられる造形グループであった。そして、一九二三年パリに移った彼は、アール・デコ博に二つの方面から加わってゆく。一つは、建築家オーギュスト・ペレーの下で同博覧会の劇場設計に手をかし(三二三頁参照)もう一つは、「エドワード二世」の舞台装置(図III⑯)を自ら出品した。彼は、建築家として、また舞台装置家として、両面より関ったわけである。しかし、「エドワード二世」の舞台は彼の仕事の中では一番アール・デコから遠い作風であったし、また、ペレーの劇場の方も、アール・デコとモダニズムの中間にある。そして、博覧会が終ると、フォイエルシュタインは、何故かヨーロッパを捨てて来日し、チェコ系米人レーモンドの事務所に入った。しかし、いわゆる所員とはちがい、パートナーに近かったようである。同所においてフォイエルシュタインとつき合った土浦亀城氏は、「彼の入所はレーモンド事務所にとって大きな転期となりました。それまでレーモンドは師のライトの濃い影響にもがいていたのですが、彼の手でペレー風が持ち込まれ、ライト脱出が可能となりました」と語っている。昭和初年代のレーモンドの作品歴を彩る東京女子大学や聖路加病院原設計などのペレー調作品は、フォイエルシュタインの手で引かれたものである。とりわけ、来日第一作に当るライジングサン石油（大正十五年）（図Ⅲ⑭）などは、アール・デコ博の劇場内部に想を得ている。このパリからまい込んだ有力な助っ人について、レーモンドは後年、

一九二六年、若いチェコ人でなかなかの才のある建築家が、私の事務所に加わった。私の弟、弁護士ビクターが推薦した彼の友人のベドリッヒ・フォイアシュタインであった。彼はオーギュスト・ペレーに学び、まことに才能のある献身的な芸術家であった。彼は劇場のデザインや、他のいくつかの建物のデザインで、一九二〇年代初期にはボヘミアで名をなしていた。彼が私のグループに加わるのは大変嬉しくもあり、そのデザインの影響は大いに有益であった。……フォイアシュタインは、知的にも精神的にも超越した人間であることを実証したが、不幸にもその繊細な精神的均衡は、のちに致命的となった。……彼はプラーグに戻ったが、やがて精神状態が悪化し、遂に自殺してしまった。（レーモンド著『自伝アントニン・レーモンド』三沢浩訳）

と述べ、また、チャペックも彼を回想した追悼文「かわいそうなフリツェク」の中で、

フリツェクは昔から友だちや仲間がベドジフ・フォイエルシュタインを呼んだ名だ。かわいい顔をしていたからそう呼んだのだ……誰だって彼の生涯がこれ程悲劇的に終ると予期したであろうか……彼の死はわが国ではどれほど才能がむだに、しかも、不幸な取扱いをうけているかのもう一つの例であり、しかも痛ましい例なのである。（千野栄一『フォイエルシュタイン考』）

図III(142) ラパンの絵『家具』

図III(143) アール・デコ博 日本館

図III(144) アール・デコ博 日本館 一階主人室

図III(145) チャペック「R・U・R（人造人間）」の舞台（構成・フォイエルシュタイン）

図III(146) マルロヴ「エドワード二世」の舞台（構成・フォイエルシュタイン）

図III(147) ライジングサン石油 一階事務室（レーモンド、フォイエルシュタイン 一九二六 横浜）

III (142)

III (143)

III (144)

III (147)

III (14

I (14

と、友人の狂死を嘆いている。

このように、フォイエルシュタインは、アール・デコ博と日本の建築界を直接つなぎうる人物であったが、しかし、来日後の彼の仕事は、レーモンドの作品をライト風からモダニズムに転ずる捨て石となるだけで終ってしまった。

結局、ジャーナリズムの報道合戦もフォイエルシュタインの来日もむなしく、日本の建築界にとって、一九二五年のパリの出来事は、なかったに等しいのである。

三　鉱物感覚の発見

ニューヨーク摩天楼

パリを六カ月に渡りにぎわしたアール・デコ博は十月三十一日に幕を閉じ、そこでの成果は参加した国々に持ち帰られて、ある国では波紋を広げ、また日本では音もなく消えてゆくことになるが、なんといっても強い影響をこうむったのは、意外にも、「純現代的傾向を呈する」という開催趣旨にふさわしいニューデザインが自国にはまだない、として参加を辞退したアメリカに他ならない。辞退したこの国の敷地に日本館が入り、しかし何ら学ばなかったことを想えば、何という皮肉であろうか。アメリカは、アール・デコ博の開幕を待ちかねて、新デザインの学習のため大視察団を派遣し、さらに閉会後は出陳品を持ち帰り、全国巡遊のアール・デコ展示会を開いてゆく。むろん、波紋は大きく、装飾品にポスターに工芸に、「アメリカン・デコ」と呼ぶ人もいるほどの広がりをみせる。とりわけ、この国ならではの大輪の花は、ニューヨークを場とする高層オフィスビルのアール・デコ化である。ただし、この現象をパリの影響だけとみるのは早計で、当時のアメリカのオフィスビルはすでにその方向に向いつつあった。

二十世紀初頭のアメリカのオフィスビルは、積木をたてたような四角い箱型で、装いとしては、古典系様式をまとっていた。一・二階をラスティカ仕上のベースメント層、上方の基準階は柱型の伸びるピアノノビレ層、その上に一層分のアティック層をのせて、空との境いはキリッと横一文字に軒蛇腹を引く、という三層構成である。この、ギリシャのオーダーを、土台から軒までそのまま巨大化したような重厚な構成は、しかし、高さが増すにつれ、種々なまずさが目に付いてくる。あまりに細長く伸びるにつれ、せっかくの重厚な古典的構成もほとんど視覚的効果がうすれ、もっと天に伸びるにふさわしい表現が求められるようになった。また、一九一六年には、斜線制限の条例が布かれ、ビルは、日照確保のため、一定の高さ以上に行くと壁面をある角度で後退させせなければならなくなった。上すぼまりの三層構成など、いかにも奇怪となろう。ここに古典系様式の時代は終り、代って、垂直性や上すぼまりに強いゴシックやロマネスクなどの中世系様式が現われ、むろんそこには細部意匠の幾何学的な崩しがはっきり芽ばえていた。スカイスクレーパー（摩天楼）がそこまで変ったちょうどその時を待っていたようにして、一九二五年、パリからアール・デコのマニフェストが届いたのである。たちまち、ニューヨークは、ニューファッションの街に変ってゆく。マンハッタンならどこでもいい、オフィスビルに足を向けると、入口回りは、大きさの違う三角形、さまざまな長さのうねる平行線、あるいはジグザグ、そんな不規則な形の重なりあうテラコッタ装飾に縁取られ、一歩近づいて見上げると、先すぼまりの段付壁面が、青や黄の色タイルに飾られて激しく尖り、時には折線付き金属板におおわれて、にぶく輝く。入口を通ってエレベーターホールに進むと、そこには渦巻形や稲妻形、あるいは、動きのない堅い線で刻まれた人物像が、真鍮《しんちゅう》や白銅板の上に浮き上っている。内も外も、壁という壁は、テラコッタと金属におおわれ、まるで爬虫類の乾いた鱗《うろこ》のように、妖しく冷たくテカっている。

パリ生れの形は、ニューヨークに渡り、富と技術をふんだんに吸って、ここに様式としての道を昇り詰めた。この昇華の中で「アメリカン・デコ」が抽出してみせたのは、アール・デコ様式の造形上のエッセンスだったと思われる。これまでアール・デコを言い表わす時、ジグザグとか稲妻とか幾何学的といった修辞を用いてきたが、これらは、先行するアール・ヌーヴォーの曲線性と比較した言い方にすぎず、アール・デコ造形の核心に届くものではなかった。しかし、ニューヨークのスカイスクレーパーを先まで昇り切ったアール・デコは、今、何か一つの言葉で言い切れるように思われる。

二十世紀フォックスにしろパークアヴェニュー・ビルにしろ、これらの造形、どこかで見た記憶はないだろうか。そこで、昔の中学校の理科室の薄暗い地質標本棚を思い起こしていただきたい。五角の稜線を赤銅色に染める黄鉄鉱があった。鈍く輝く平行四方体を重ねる方解石があった。紫色の針を段々に束ねたような輝安鉱の結晶があった。むろん見なれた紫水晶もザクロ石も、多角形の結晶面を複雑に凹凸させながら、硬く光っている。鉱物の標本は、大地の精とでもいったように、半透明な光沢で少年達の視線を妖しく吸い込みながら、同時に視線を冷たくはじきもする。こうした、冷ややかな官能性、とでも言うべき不可思議な感覚は、動物や植物にはない鉱物に固有な味わいといえよう。

さらに、鉱物は、目で見える結晶体にとどまらず、もう一歩分け入った電子顕微鏡下のミクロの世界でも同じ質を見せてくれる。鉱物感覚――という言葉が浮んでくる。アール・デコが我々に与えるかつてない新しさとは、この感覚のことではないだろうか。

こう言い切った時、すぐさま連想されるのは、アール・ヌーヴォーの植物感覚であろう。良く知られているように、アール・ヌーヴォーの造形は、繁茂する蔓草や妖しい百合の花など、植物の姿に底の方でつながって

図Ⅲ148 149 150 151 152　クライスラー・ビル（アレン　一九三〇）（撮影・諸隈紅花）

Ⅲ148

Ⅲ150

Ⅲ149

Ⅲ152

Ⅲ151

いた。このことを認めるなら、アール・ヌーヴォーからアール・デコへ、という近代の装飾デザインの流れとは、実は、植物的な造形から鉱物的な造形への変化に他ならない、といっても大過ないであろう。

昭和都市メタリック

一九二五年のアール・デコ博に刺激されて、二〇年代の後半、ニューヨークの摩天楼に開花した〈鉱物感覚〉。この一言を手に、もう一度、大正から昭和へと時代の変った東京へもどってみよう。大正期を通して、日本の様式建築がおしすすめてきた細部意匠の幾何学的崩しを、「アール・デコのはしり」とすでに形容しておいたが、さて、このはしりは、昭和に入ると、どこへ向うのであろうか。

この方向決定に、パリのアール・デコ博がほとんどあずからなかったことはすでに述べたが、一方、ニューヨークが昇華した新しい造形は、東京はじめ昭和の大都会に濃い影を落してゆく。すでに幾何学的崩しに到達していた日本のオフィスビル街は、鉱物感覚の世界に、はっきりと踏み込む。

たとえば、丸の内のオフィス街に南の方から近寄ってみよう。まず、内幸町の大阪ビル一号館・二号館（図Ⅲ⑮③⑮④）が出迎えてくれる。一号館（渡辺節　昭和二年）は、中世系様式のアメリカのオフィスビルを忠実に写し、二号館（渡辺節　昭和六年）は、ゴシック様式を自在に崩して、アンチモニーの結晶にも似た鉱物表現を見せる。この両ビルは、中世系様式を経てアール・デコにいたったニューヨークのスカイスクレーパーの歴史を、やや遅れつつ、規模も小さく、再現してくれる。この通りを抜けて大通りに出ると、斜め向いの日比谷公園の中に、緑を背にして、日比谷公会堂（昭和四年）（図Ⅲ⑮⑦）がすっくと立つ。大隈講堂などの名作で知られる佐藤功一の手になり、この頃の彼は、細長い柱型を壁の表に幾本も突き出しながら、頂部をセットバックさせる構成を好んで追求している。磁器質のスクラッチタイルとするどい稜線の組合せは、チカチカと音のするほど硬く冷たいが、そこに赤茶色の明るい色調をにじませる点など、やはりニューヨーク仕込みといってよいであろう。夕焼け時がひときわきれいな公会堂を左手にして進むと、細長い三信ビル（横河民輔　昭和四年）の前にくる。一階に通り抜けの歩廊を設け、ビル内商店街を開いたはしりのビルとして知られるが、中に入ってしばらく歩くと、ほぼ中央部に、ぽっかり、エレベーターホール（図Ⅲ155）が半円型に開いている。様式建築の細部意匠を断片的にまとい、それを金色と茶色のメタリック塗装で包んだいでたちは、ニューヨークというよりパリに近いかもしれない。設計者の横河民輔は、アメリカ建築の深い理解者として通り、アール・デコのオフィスビルとしては、この他、名古屋の大和生命ビル（昭和十四年）（図Ⅲ158）がいかにも横河らしい味わいを見せる。足をさらに北に運ぶと、大きな第一生命館（渡辺仁、松本与作　昭和十三年）が待ち構えている。この作品は、新古典主義の代表作として、ふつう様式登録されているが、しかし、細部に目を移すと、アール・デコの混入に驚かされる。とりわけ、正面入口の扉はそうだし、石の列柱をすりぬけて中に入り、高天井の営業室（図Ⅲ156）に大理石と白銅とガラスの光が充満する様を見ると、鉱物質の空間、と形容するほか言葉はない。設計者がパリやニューヨークの動向に気を配っていたとは思われないが、様式建築に何か新味を加えようと試みる時、手の先から自ずとメタリックな装飾感覚がにじみ出てしまうようだ。

以上のように、昭和初期の作品が数えるほどになってしまった丸の内周辺のオフィス街を半分歩いただけでも、アール・デコの影は濃いのに、さらに目を、ほかに転ずるなら、いたるところで出会うことになる。

たとえば、モダニズムの嫡流に位置する分離派建築会の中心人物・石本喜久治の作品歴をめくると、初期の表現派から後のモダニズムに変る端境期《はざかいき》に作られた白木屋（昭和三年）（図Ⅲ159160）が目につく。その表面という表面は、壁から天井まで、幾何学的な凹凸をもつ磁器質のタイルと白銅製の飾りでおおわれ、もし、入口から階段を回って二階に進むなら、まるで、色々な鉱物が取りつく洞穴に迷い込んだような錯覚を与えてくれよう。

意外なところでは、霞が関の丘にそびえる首相官邸（下元連　昭和三年）（図Ⅲ161）もそうだ。エントラン

Ⅲ154

Ⅲ153

Ⅲ156

Ⅲ155

Ⅲ158

Ⅲ157

図Ⅲ⑮③　大阪ビル一号館（渡辺節　一九二七）（撮影・藤森照信）
図Ⅲ⑮④　大阪ビル二号館（渡辺節　一九三一）（撮影・藤森照信）
図Ⅲ⑮⑤　三信ビル（横河民輔　一九二九）
図Ⅲ⑮⑥　第一生命館　営業室（渡辺仁、松本与作　一九三八）
図Ⅲ⑮⑦　日比谷公会堂（佐藤功一　一九二九）（撮影・藤森照信）
図Ⅲ⑮⑧　大和生命ビル（横河民輔　一九三九）

Ⅲ ⑯⓪

Ⅲ ⑮⑨

Ⅲ ⑯①

図Ⅲ⑮⑨ 白木屋 正面ポーチ（石本喜久治 一九二八）

図Ⅲ⑯⓪ 白木屋 一階ホール

図Ⅲ⑯① 首相官邸 大食堂（下元連 一九二八）

図Ⅲ⑯② 大阪ガスビル（安井武雄 一九三三）（撮影・藤森照信）

図Ⅲ⑯③ 大阪ガスビル エレベーターホール

Ⅲ ⑯③

Ⅲ

ス・ホールは、ライト式とも分類されるが、このきらびやかさは、むしろ、アール・デコの仲間といえよう。

以上の作品のように、いかにも鉱物感覚に満ちた細部意匠をまとうものだけが、アール・デコなのではない。たとえば、大阪は御堂筋一の美形としてうたわれる大阪ガスビル（安井武雄　昭和七年）（図Ⅲ(162)(163)）はどうであろう。アール・デコをアール・ヌーヴォー同様に具体的な装飾様式の一つとして考えるなら、このビルにはそれらしい装飾は何一つ取りついてはいない。しかし、下階の黒大理石貼の壁がゆっくり流れる様《さま》と、上方のうすクリーム色のタイル面が半円形の柱型の上を波のように小きざみに盛りあがりながら大きく彎曲《わんきょく》する様を、交叉点の角から見ていただきたい。モダニズムの無装飾の原理に従いながら、しかし、どうしてもそれだけには還元しきれないある感覚が残ってしまう。これまで、壁面の、冷ややかでありつつ官能性が薄くにじむ不思議な印象が、謎である故に、ガスビルは、名作とたたえられながらも、様式建築の流れにもモダニズムの陣営にも良い席を得られず、いわくいい難い作品として史家により遇されてきた。しかし、この不思議な印象は、鉱物感覚の高純度に洗練されたもの、と言って良いのではないだろうか。

日本の様式建築は、明治末年、アール・ヌーヴォーの衝撃を受けて、様式固守と様式革新の二つの流れに分かれ、後者の方は、大正期に入って幾何学的に自分を崩しはじめ、昭和にいたってニューヨーク経由のアール・デコを身につけ、そして、ガスビルにおいて、鉱物感覚の境地に到達する——このように述べてよいであろう。

四　朝香宮邸の誕生

宮家の西洋館

先に、一九二五年のパリでの出来事は日本の建築界にとっては無きに等しかった、と述べた。しかし、正しくは、ただひとつの例外を除いて、と付け加えなければならない。むろん、白金の丘に朝香宮邸が建てられたからである。

一九二五年、アール・デコ博も早や三カ月を過ぎちょうど折り返し点にさしかかった頃の七月九日、会場の南隅の日本館は、早朝からあわただしかった。また、日本館の吏員ほどではないにしても、本部に詰める政府美術局長レオン氏も、人を迎える準備になにやらせわしげである。それもすべては、日程表の上に、日本皇族朝香宮夫妻来訪、と書かれているからにほかならない。

帝国陸軍中佐朝香宮鳩彦《やすひこ》は、なぜ、妻ともども、アール・デコ博に出向くことになったのであろう。やや遠回りながら、宮家の創立にまでさかのぼって話をはじめたい。

戦前の日本の上層階級を形造っていたのは、良く知られているように、公侯伯子男の称号をもつ華族と呼ばれる階層で、およそ九百三十家が登録されている。しかし、宮家は華族の一員ではなく、さらに上の、皇族に属していた。つまり、天皇家の親族として皇位の継承権を有するのが宮家にほかならない。現在は、高松、三笠、秩父、常陸《ひたち》の四宮家が置かれているが、さかのぼって江戸期をみると、数はかわらず、伏見、桂、有栖川《ありすがわ》、閑院《かんいん》の各宮家がある。四つという数は、幕府の政策により少なく抑えられた結果といわれ、明治に入って抑制が解かれると、急に増えはじめ、久邇《くに》、山階《やましな》、小松、北白川、華頂、東伏見、竹田、賀陽《かや》、梨本、朝香、東久邇《ひがしくに》、そして現在の高松、三笠、秩父、常陸、と続いてゆく。しかし、こうした宮家の立家は、江戸の四宮から等しく分かれたわけではなく、筆頭の伏見宮からのみ立てられている。また、伏見宮から最初に分かれた久邇宮朝彦親王の男子全員が、賀陽、梨本、朝香、東久邇と、宮家に取り立てられているのも注目に値しよう。久邇宮は、岩倉具視の讒言《ざんげん》により、皇位をうかがう危険人物と見なされて、広島に数年間、流された経験があり、後に名誉を回復したおり「気の毒をした」という明治天皇の思し召しから、その子すべてが皇族に迎えられたのだという。こうした事情により、久邇宮第八王子鳩彦は、明治三十九年、十九の歳で、朝香宮家を起こした。

彼は、皇族男子の習いにしたがい、軍人の道に入り、陸軍大学校を卒《お》えた後、近衛、参謀本部などを歴任し、明治四十三年、明治天皇の第八皇女允子《のぶこ》を内親王（妻）として迎えている。そして、大正十一年十月、陸軍大学校付きの中佐の職にある時、留学のためフランスへ渡った。もし、この留学生活が順調に続けば、朝香宮は、帰国後、パリ仕込みのしゃれた宮様として、車にゴルフに登山にと活躍しただけで終り、アール・デコの館を遺すまでにいたらなかったかもしれない。しかし、幸か不幸か、大正十二年四月一日、おりからパリに立寄った北白川宮夫妻を案内して、郊外を得意のハンドルさばきでドライブ中、事故にあい、手ひどい傷を負ってしまった。そこで、急遽《きゅうきょ》、允子妃はフランスに向い、療養生活とそれにつづく自由な時間を、二人で過ごすことになる。この間、彼女は、フランス語の読み書きを自由にこなすまでになり、育児や家庭、さらに住居についてもフランスの原書をひもとくほどになっている。奇縁がもたらした水入らずのパリ暮しの中で、二人は、着る物、食べる物、語る言葉、すっかりフランスファンになってしまったのである。こうした楽しい日々をパリに送る夫妻が、日本からも参加した博覧会に、ゆうやく出向いたのは当然であろう。

当日、七月八日、車からおりた朝香宮夫妻は、一休みの後、さっそく美術局長レオン氏の先導で、会場を見歩いた（図Ⅲ164）。明治天皇の娘たる妃殿下が先に立ち後を殿下が追うという皇居参内の折の習慣も、ここでは、レディーファーストとして誰いぶかる者もない。説明に立つ専門家たちのフランス語も耳に心地よい。アレクサンドル三世橋から、百貨店ブロックを抜け、国立セーヴル製陶所館、ラリック館を見、突き当りの工芸宮でしばし憩《いこ》った後、ふたたび歩いて、脇道に立つ日本館に入り、久方ぶりに畳の上で、茶の香をかいだ。むろん、青畳の感触も、緑の日本庭園もなつかしいにはちがいないが、それ以上に、会場で目にしたニューファッションの装飾スタイルに心はうばわれていた。

おそらく、この日、宿舎に帰った二人は、遠からず造るつもりの館について、昼間見た建物のデザイナーの名をあげながら、あれこれ語り合ったにちがいない。むろん、アール・デコという様式名は、まだ誰も知る由もないが……。そして、大正十四年十二月、夫妻は、博覧会の想い出を最後のパリ土産として、帰国の途についた。

新邸の計画がはじまるまでもう四年を待たなければならないが、その間に、当時の宮家一般の住いについて述べておこう。

宮家の住いは、大きく括《くく》ると、明治以後の大邸宅の流れの中に置くことができる。戦前の大邸宅は、公侯伯子男の華族屋敷が中心で、そこに住う維新の元勲や、旧藩主、また三井・三菱といった有爵の実業家たちは、共通した一つの住い方を編み出していた。まず、屋敷内の建物の配置からみると、洋館と和館の二つを並置するのが特徴で、食べる寝る憩うの日常生活は、大名屋敷の流れを継ぐ広大な和館で送られ、一方、客との応接などの表向きの活動には、和館の玄関近くに付く華麗な西洋館が当てられた。こうした使い分けは、明治の貴顕紳士が、家の中では和服を着、外では洋服をまとっていたのと同じことである。

つぎに、本邸だけでなく、別邸も視野に入れて、使い方をながめると、ここにも一つの型、いや正しくは、理想像が見出される。田園に一つ、京に一つ、この一対の別邸を構えるのが、彼らのあこがれであった。まず田園の方から述べよう。山縣有朋、松方正義、三島通庸、青木周蔵などの元勲連は、那須高原を開拓して農園《プランテーション》を開き、真ん中に瀟洒な洋館を据えている。東京での政務に倦むと、馬車をとばして農園におもむき、館の周りに広がる牧場や畑をながめ、時には自ら鍬《くわ》をかつぎ、心をいやすのであった。彼らが、こうしたプランテーション別荘を営んだわけは、一つに、有爵者は自領を持つという英国貴族制の伝統に倣ったのと、もう一つに、下層武士の出である元勲連が、幼き頃からなじんだ土や農の世界へのなつかしさから、と思われる。京に別邸を構える理由は、これとまるで反対で、一つに、天皇家のふる里に自分も住いを置いておきたいという勤皇の気持から、もう一つに、茶の湯、華、庭、料理などの風雅な伝統世界へのあこがれから出ていた。実例としては、山縣有朋の無隣庵はじめ、品川弥次郎邸、三井邸、三菱邸などが名高い。

右手にはなつかしい農を、左手にはあこがれの雅《みやび》を、そして本邸は和洋並置を。たいそう贅沢な住いの世界といえよう。欧化主義、農本主義、伝統回帰、尊王といった日本近代史を色どるさまざまな時代思潮を、そのまま自分の家に詰め込んだのが、彼ら華族層の住いの姿であった。

こうした元勲連に象徴される新興指導層の、存分に時代の風をはらんだ住いとくらべ、宮家の方は、どんな住いを作ってゆくのであろう。

まず、和洋並置の問題からみよう。このテーマに詳しい小野木重勝著『明治洋風宮廷建築』によると、有栖川宮邸（明治十七年）、北白川宮邸（明治十七年）にはじまり、東伏見宮邸（大正十四年）、秩父宮邸（昭和二年）にいたる宮家の洋館造営は、和洋並置をとらず、和館は、下女部屋や事務棟などに採用されるにすぎない。これは宮家に特異な現象と思われ、比較のため、宮家の上位に立つ天皇家の場合を見ると、明治宮殿の造営に当り、和風派と洋風派に意見は分かれるが、結局、日常部分は和館に、儀礼など表向き部分は和洋折衷《せっちゅう》に、と決められている。宮家の純洋風志向は、上位の天皇家の和風重視とも、下位の華族層の和洋並置とも、明らかにちがっている。天皇家に次いで伝統文化を誇る、と外からは思われ易い家柄としては、意外な傾向といわなければならない。

また、別邸の構え方においても、宮家は、元勲等の有爵の理想像とはちがっている。むろん、各宮家はそれぞれに別邸をもつが、葉山、箱根、軽井沢などの保養地に限られ、プランテーションを営んで、一時でも農に帰るような好みはさらにない。農について、天皇家の場合をみると、皇后は、虫をいじって養蚕《ようさん》をはじめているが、こうした天皇家の振るまいにくらべても、宮家の非農ぶりはきわだっている。また、京に屋敷を置くか否かの問題も、どの宮家も元をたどるとみな京の出なのに、ふる里に家を残す例はほんの一、二家にすぎない。

以上のように、東京にすばらしい洋館を建てて、そこで時間のほとんどを送る宮家は、和洋折衷の館に住んで農に親しむ天皇家とくらべても、また、農と雅を両手にもちつつ和洋並置に身を置く華族層とくらべても、たいそう歴史や時潮の制約から自由な存在であったといわなければならない。いったい、なぜ、宮家にのみこのような自由が許されたのであろうか。おそらくそれは、天皇家が象徴として、また新興華族層が原動力として、それぞれ近代国家を支えるなかで、両者とも時代の動向を正面から受けとめなければならなかったのに対し、宮家ひとりは、象徴と原動力の間に位置し、不思議な身の軽さを楽しんでいたのであろう。宮家の住いというものを考える時、そこでは時代の空気がいたって希薄であったことを知らなければならない。おそらく、朝香宮邸も、そうした陽だまりに咲く一輪の菊の花として、作られることになろう。

ラパンと内匠寮

朝香宮夫妻は、パリから帰ると、二人の息子と一人の娘の待つ高輪の家に入った。この家は、北白川宮、竹田宮と同じ敷地に立つ日本家屋で、明治四十三年の結婚このかた住みなれてはいるが、自分で建てたわけでもなく、また、洋間一つない造りは、パリ帰りの宮家にはたまらなかった。木立ちの向うにのぞく北白川、竹田の二家はフランス風の洋館として知られているが、明治のもので形も古いし、いずれ自分がパリ仕込みの最新式を、と、朝香宮は庭に立つたびに思ったことであろう。そんな中で、御殿新営の計画が芽をふくのは当然のなりゆきだったかもしれない。場所は、白金台五丁目の御料地で、江戸期には松平讃岐守の下屋敷として使われ、明治に入って陸軍の火薬庫となり、のち皇室財産に組み込まれ、このころには、すでに朝香宮への下賜《かし》が決っていたともいわれる。

照葉樹の生いしげる一万坪の処女地の上に、朝香宮は、思うまま住いの夢を描けばよい。おそらく、夢は、一九二五年七月八日の夜から夫妻の間で決っていたのではあるまいか。フランスの装飾デザイナー、ラパンが選ばれる。しかし、アール・デコ博を飾った数多くのデザイナーの中から、なぜラパンに白羽の矢が立ったのであろう。事情はいまだ詳らかにしないが、せめてもの手掛りを求め、ラパンの経歴に当ってみよう。
・アンリ・ラパン Henry Rapin 一八七三年に生れ、ジェロムとブランについて絵や装飾美術を学んだ後、インテリア・デザイナーとして活動をはじめ、とりわけ家具にすぐれ、サロン・ドートンヌでは、曲木パネルなどの新素材を巧に用いて、高い評価を得ている。その名が高まったのは、すでに触れたように、アール・デコ博で、彼は、装飾美術家協会の副会長として開催に力を尽くし、また、デザイナーとしても、工芸宮のレセプションルームほかで活躍した。なお、朝香宮邸竣工の時、ちょうど齢《よわい》六十を数えているが、没年は判っていない。
以上の経歴は手掛かりとしてはおぼろにすぎるが、しかし、彼がアール・デコ博推進母体の要職にあったことは注目に値し、あるいは、朝香宮の来訪の時、美術局長レオンとともに専門家として案内に立った可能性もある。住宅を、見ず知らずのデザイナーにまかせることはふつう考えられないので、朝香宮とラパンの出会いを求めるなら、やはりアール・デコ博とするのが自然であろう。

朝香宮邸の設計者として、ラパンを取りあげているが、しかし、パリの彼がすべての図を引いたと考えるのはむずかしい。画家あがりとおぼしきインテリア・デザイナーに、間取りから外観まですべてを統轄《とうかつ》するのは無理な注文で、ここに当然、もう一人のデザイナーとして、宮内省内匠《たくみ》寮の建築家が登場してくる。

内匠寮とは、皇室専用の設計組織で、明治期には赤坂離宮の建設で鳴らし、その後、大正に入って、有能な若手を国会建設のため大蔵省臨時建築部にうばわれてやや意気消沈しているものの、昭和のはじめには、北村耕造課長の下、建築技術陣八十八名、土木、庭園、機械技術陣およそ六十～七十名という大量のスタッフを抱え、建築界に一つの勢力を張っていた。さいわい、朝香宮邸の設計に加った人の名は判っており、総轄責任者・北村耕造課長のもと、実際の設計は権藤要吉技師が担当し、さらにその下で、照明は技師補の水谷正雄、家具調度は技師補清水新三郎が分担し、下働きには、多田正信はじめ多数の匠生《しょうせい》が動いた。また造園は中島兎三郎の手になった。なお、北村と権藤二人の設計への関与は、「北村さんはお公家さんのようにおだやかな人で、設計にはほとんど口をはさまれませんでした。現場へも、ラパンから送ってきた壁パネルが割れた時に来たっきりで、あとはすべて権藤さんにまかせておられました」（多田正信）と伝えられているが、しかし、組織による設計を語る時の常として、やはり、まず北村を、ついで権藤をとりあげなければならない。

・北村耕造　明治十年、代々近衛家の家臣をつとめる家に生れ、三十六年、帝国大学建築学科を修えて、清水組に入り、技師長を務めた後、大正六年、理化学研究所に移り、さらに大正十年、宮内省内匠寮に入った。皇室の建築責任者としては、片山東熊、大沢三之助につぐ三代目となる。帝大同級生の佐野利器や佐藤功一の獅子奮迅の活躍に比べると地味な存在ではあったが、しかし、組織の長としては、その童顔といい、おだやかな人柄といい、若い者が自由に腕をふるうにはかえって都合がよかったという。内匠寮の震災後の重なる仕事は、東伏見宮邸（大正十四年）、秩父宮邸（昭和二年）、李王邸（昭和四年）、学習院（昭和五年）、高松宮邸（昭和六年）など、ほとんど彼が手がけている。昭和十二年に辞官しているが、その後の内匠寮の動きを思うと、彼こそ最後の宮廷建築家といえるかもしれない。昭和十四年、没。

・権藤要吉　明治二十八年、福岡に生れ、大正五年、名古屋高等工業学校建築科を修えて、住友総本店工作部に入り、長谷部鋭吉の下で本店社屋建設に加わり、後、大正十年、宮内省内匠寮に移る。入省時の約束であったというが、大正十四年から十五年三月まで、欧米の貴族住宅の視察に送り出される。この時の克明な滞欧日記（権藤一徳氏蔵）が遺されており、パリの分を開くと、

十月一日　日仏銀行で稲垣君に逢ふ、此の月末に彼南《カナン》に行くといふてゐた、岡田君と三人で博覧会の見残しの分を見る、川下の支那館を最初に見たが公平な目から見ても恥し乍《なが》ら日本より数等上の様だ、……此ちらの新様式に近い趣向がこらしてある。ふり返って日本館を見るといつぞや中村順平氏が云ふておられた、Alexandere III 橋の橋柱にも足りない約其半分の高さの二階家が日本の木割そのままに用ひてある、周囲に比較して何たる貧弱さだろう、……全会場を一廻りして、外に出て、Champs-Élysées の Concorde の広場に寄ったレストランで夕食をたべた、……

十月四日　博覧会グランパレーも見たが非常に人込みだし今朝から頭が痛んで閉口した……

十月十日　午后大橋君と、あと余日少くなってゐる美術博覧会を見に行った、……オーストリアの prof. BEHREN'S 氏 OSK: WCACH. HOFFMAN. 氏の作相変らず進んでゐる。セセッション時代から尚進んで、今各国でやってゐる程重々しいものではなくて極くおとなしくあっさりと出来てゐる処がうまいと思った、……ロシア、ボルシェビキの新しい赤い風が吹いてゐる丈《だ》けに大分強い方向を示してゐる。……世界にも建築家が多い、そしてうまい人もゐるし、そうでない人も多い。自分の立場がよく分る。自分といふものから離れて静かに自分を他の人と比較する事が出来る、面白い、早く日本に帰って自分の思ふ様に計画を進めて着々其研究に没頭したいと思ふ一方、尚《なお》永く、巴里にゐて、も少し考へてゐる事を習ったり見たりしてゐたい気がする……

この日記により、彼が、アール・デコ博の建物をつぶさに参観していることが知られる。あるいは、同じ頃パリにいた朝香宮の要望が何かあったのかもしれない。帰国後は、北村耕造の下で、東伏見宮邸、李王邸、学習院、高松宮邸などの設計を受けもち、宮邸建設の一段落の後は、帝室博物館（渡辺仁）の実施設計にたずさわった。そして、敗戦とともに、課長として、内匠寮縮小改組の処分を済ませた後、民間に下りて事務所を開いている。昭和四十五年、没。

朝香宮邸の設計者として、パリにラパンがあり、東京に北村と権藤がいる。いったい、どちらがどこを決めたのか、という難問が浮んでくる。少しずつ、ほぐしてみよう。

宮家の造営は宮家の資金によりなされるのがきまりで、設計を誰にたのむかは宮家の意向にまかされ、民間の建築家を指名する方法と、内匠寮にまかせる方法の二つがあった。前者の場合は、宮家の台所が相当豊かでないと難しく、ふつうは内匠寮に一切をまかせた。内匠寮はこれを依託設計と呼び、経費は宮家より支払われている。いずれの方法をとるにせよ、設計者の名ははっきりするが、しかし、朝香宮の場合は、はなから変則的で、民間のラパンに設計をもっていきながら、それだけでは済まず、内匠寮にも依託設計を出している。この辺から事の複雑さは始まっているが、解きほぐすため、まず、『朝香宮邸造営記録』（日本大学生産工学部山口研究室蔵）により明らかな鍬入《くわ》れまでの経過を列記してみたい。

・昭和四年六月一日　この日、建設にかんする最初の記述が現われる。
・同年十二月二十九日　パリより東京に向けて、「新御殿大食堂小原型」、伏見丸にて船出する。
・昭和五年五月五日　「仏国へ注文建築設計ニ関シ　在仏堀久吉へ宛送金　ラパン氏二〇〇〇〇円也」。
・同年同月二十六日　ラパンは、東京から送られた「邦貨金二万円　ラパン氏へ第一回払込金」を受けとる。
・同年十一月二十四日　内匠寮は、設計に使うケント紙の代金を朝香宮に請求する。
・昭和六年四月十日　請負の入札がなされ、戸田利兵衛が落札する。ただし、一階の大広間、次室《つぎのま》、大客室、小客室、および二階の書斎、都合六部屋は請負外とする。

以上の経過により、およその筋道は推測できよう。まず、昭和四年の六月頃には造営計画が動きはじめ、ラパンに対し設計が発注される。年内仕上りという約束だったのか、年の瀬もおしせまった頃、大食堂他の室内模型がパリより船出し、翌年四月頃、日本に届く。おそらく、この時、模型と対になる基本設計図も一緒と思われ、これに対し、翌月、第一回の「建築設計」料として二万円がラパンに支払われる。それから約半年して、十一月、いよいよ内匠寮が設計に取りかかり、翌年四月頃、主要六室を除く全ての部分の図面と仕様書が仕上った。

以上より考えると、主要六室の内装をラパンが、その他を内匠寮が設計した、という推測がなりたつ。

この辺の事情につき、当時、内匠寮匠生として建設に加わっていた多田正信氏に尋ねると、

「宮家の建設が終った後の残務処理は私がまかされたのですが、その時、ラパンから来たたくさんの書類や図面がありました。中には、ラパンが内装の一部を実物大でサロン・ドートンヌに出品した時の写真もあったように思います。私は、これらは内匠寮にあずかった方が良いと思い、上の人に言ってみたんですが、しかられちゃいまして、一切、まとめて宮家に渡しました。ラパンの図面は、細かい寸法までは入ってない基本設計図で、主な部屋の内装をやってありました。たしか、仕上材についても、難しいベニヤの名前などが記入してあったと思います。ラパンの手がけた部屋は、一階では大広間と次の間と大客間と小客間と、それからグラン・マンジェとかいった大食堂と、二階では書斎。これに加えて、内匠寮がやる予定だった殿下の居間を途中からラパンにやらせたように思います。ラパンの手紙で覚えているのは、今、大客室の真上に殿下の浴室があるでしょう。あれをあの位置に内匠寮が置こうとした時、水仕舞の心配から、止めるように、とラパンが文句を言ってきました。内匠寮の方では色んな事情があるからと、つっぱねましたが」

文献からの推測と多田氏の回想には矛盾がなく、大広間他六室に殿下居間を追加した都合七室の内装設計をラパンが担当し、残りは全て内匠寮が図を引いた、という結論が得られる。むろんラパンの手になる七室も、細かい実施設計は日本で引かれている。

パリと東京の設計分担は、このようにして果たされた、と考えて大過ないが、しかし、まだ一つ、大きな謎が残されている。ラパンは、誰の作った間取りや立面に基づいて内装を進めたのであろう。あるいは、二万円

という高額な「注文建築設計」料の内に全体の基本計画も含まれていたのかもしれないが、しかし、彼は建築家ではないし、また、現場も見ず施主とも面談せずに基本計画を固められたとは思えない。おそらく、朝香宮邸の平面は当時内匠寮がすでに確立していた宮家一般の平面計画と一致することから、内匠寮が正式に動き出す前から、北村か権藤が私的に宮家と諮《はか》って、基本計画をまとめ、パリに送った、と考えるのが自然であろう。すべての謎を知る当の朝香宮鳩彦氏は、たいへんな長命で、昭和五十六年まで元気であったが、晩年、旧宮邸の管理者が、「この建築はいったい誰が設計したのですか」と尋ねたところ、憤然として、「私が設計したんだよ」と言い切ったという。

さて、いずれにせよ、ラパンと内匠寮の分担により仕上った設計図に従い、昭和六年四月より、戸田組の手で工事は進められてゆく。まず、鉄筋コンクリートの軀体が打ち上がり、ついで昭和七年四月からは、いよいよ見せ場の内装にとりかかった。当初、主要な部屋は請負から除かれていたが、この頃には、ラパンの基本設計図に従って内匠寮の実施設計図もととのい、入札から施工へと、手順を踏んでゆく。

しかし、ラパン設計のインテリアのすべての部分が日本で作られたわけではない。ガラス細工や壁画などの主要な工芸品や美術品は、パリで作られ、日本に送られている。アール・デコ博の工芸宮の時と同じように、ラパンは、身の回りの造形家を動員したわけである。パリで、朝香宮邸の内装品の制作を受けもった造形家とその制作品を列記すると、

・ラパンの制作品——大客室と小客室のキャンバス製壁画、大食堂の油絵。
・ラリック René Lalique の制作品——大広間入口の女人像ガラススクリーン、大客室と大食堂の鏡パネルの扉六カ所、大客室と大食堂のガラス製シャンデリア四個。
・ブランショ I. L. Blanchot の制作品——大広間の階段左脇の大理石レリーフと正面右側アーチ前の大理石

彫刻、大食堂の銀灰色塗り壁彫刻。

・国立セーヴル製陶所 La Manufacture Nationale de Sèvres の制作品——次室《つぎのま》の香水塔。

以上の造形家の内、世界的なラリックの経歴は、むろん判っており、かいつまむと、ルネ・ラリック René Lalique 一八六〇年、フランスに生れ、パリとロンドンで学んだのち、宝飾デザイナーとなり、アール・ヌーヴォー全盛期には、身につけるのがはばかられるほど官能的な宝飾品で、世界に名が知れ渡った。彼がガラスに取り組むのはその後で、鋳物ガラスの技法を主に、機械と手仕事を巧みに組合せ、いちじるしい量のガラス製品を世に送っている。集大成となったアール・デコ博の後も、作風はそう変えずに制作をつづけたが、ナチス占領下に工房をたたみ、再開を夢みながら、一九四五年、没した。朝香宮邸竣工の時、彼はすでに七十三歳、晩年であった。なお、工房は、息子そして孫とつづき、今にいたっている。(『ルネ・ラリック』柳生不二雄)

ラリックやセーヴルの指名は、ラパンの意向と思われるが、あるいは、アール・デコ博の南会場で、セーブル製陶所館やラリック館に感嘆した朝香宮が、自ら望まれたのかもしれない。

以上のアール・デコ博の花形デザイナーの手になる品々は、船で送られ、白金台で組立てられているが、その間、内匠寮の手で若干の変更が加えられたことを、多田氏は回想する。

「フランスから届いた品で、一番困ったのは、大食堂の壁の銀色の彫刻でした。港から白金台の現場に着いて、荷をほどくと、ヒビが入ったり欠けたりで使いものにならんのです。うすいコンクリートの表面に草や花の紋様がつけてあるんですから、割れて当り前です。権藤さんは弱ってしまって、そこで、いい機会だからと、北村さんに現場に来てもらい、許しを得て、丁寧に石膏で雌型を取り、それから雄型を起こして、今の壁が出来たわけです。もう一つ、殿下の居間の細い木の付け柱にも弱りました。私が荷を解いたんですが、開くと中からきれいな柱が幾本も出てきてしばらくうっとりしました。ところが、現場で合わせてみると、寸が少し足りないんです。そこで、キャピタルの部分を取りはずして、そっくり電鋳（電気鋳造による精密なブロンズ）に代えました」

このように、どこの建設現場でも見かける設計の手もどりと現場直しを繰り返しながら、朝香宮邸の工事は進んでゆく。

しかし、竣工予定の昭和八年二月を過ぎても、槌音はいぜん納まらない。フランスからの品々が全て整わない限り、内匠寮にも戸田組にもなすすべのない遅れであった。なかでも、大客室の小壁用にラパンが描くはずのキャンバス製壁画はついに間に合わず、そこだけ白地を残したまま、昭和八年、夏のさなか、庭の蟬しぐれに祝福されながら、朝香宮邸は竣工を迎える。

そして、この日を待ちわびていたかのように、引越しを終えると、妃殿下は病の床に伏し、貼り上ったばかりのスイス製の花柄の壁紙を見ながら、急逝した。

お屋敷の世界

昭和八年、広大な敷地の中に立ち並んだ建物を、改めて数えてみよう。洋館造りの本邸と、そして西に廊下でつながる女官宿舎一棟。北裏に倉庫二棟。庭には、孔雀舎と鶴舎、温室、加えて日本庭園の池のほとりには近く茶室光華亭が開かれるであろう。庭をはさんで表通りの方には、門衛所と宮内省官舎九棟。これが、朝香宮の屋敷構えである。

では、こうした広大なお屋敷は、いったいどのように運営されていたのであろうか。

まず費用は、宮内省からの予算でまかなわれるが、これに、軍人である殿下の給与、また、妃殿下が明治天皇の娘であることから格別に下賜される化粧料、等を加えたものが、宮家の主な財源となっていた。

　運営の組織の方をみよう。家の全体を統轄するのは、「別当」と呼ばれる老人で、執事長に相当し、彼は、殿下と直々の相談にあずかって事を決めるが、しかし毎日屋敷に来るわけではなく、屋敷と宮内省の間を行ったり来たりしていた。その下に、毎日通う事務官一人がおり、さらにその指揮下に、事務、現業、女官の三つのグループが配される。事務グループは四名からなり、書類処理、経理等のデスクワークを受け持つ。現業グループは最大の人数からなり、子供の遊びや外出に付き添う子供係一名、殿下夫妻の運転手各々一名、コック一名、掃除夫三名、小使一名、ボイラーマン二名、そして庭園係が、庭師一名、盆栽師一名、掃除婦二名、都合十四名にのぼる。女官グループは、﨟女《ろうじょ》と呼ばれる女中頭の下に、妃殿下の身の回りをみる者一名、子供たちの世話一名、そして食事係の一名と、その下につく皿洗いと配膳係各々一名、合せて六名を数える。以上の別当以下二十六名の働きにより、屋敷の塀の内側は取りしきられていたが、塀を一歩外に出る時は、殿下の出勤であれ、妃殿下の買物であれ、殿下の場合は陸軍武官一名が、妃殿下の場合は宮内省御用取扱い一名が、それぞれ随行のため派遣されてきた。このように、朝香宮一家五名の私生活を支えるため、別当以下二十八名が働いていた勘定になる。

　彼らの勤め方には、住み込みと通いの二つがあり、﨟女以下六人の女官は、本邸に付設された女官部屋に住み、一方、事務官はじめ事務グループとコックを除く現業グループの計十八名は、表通りに面した宮内省官舎に家族と住み、朝になると、正門を通って本邸に入り、北半分を占める事務所部分に詰めた。別当とコックは、よその自宅から通っていた。

　では、以上の屋敷構えと組織によって支えられる本邸の南半分は、宮家一家により、どう使われていたのであろう。これは、二つの用途にはっきり分かれていた。一つは、知人友人と会ったりパーティーを開いたりするための接客部分で、これには、一階のほとんどを占める、大広間、喫煙室、次室《つぎのま》、大客室、小客室、大食堂の六室がさかれている。もう一つは、家族の食事や団欒のための日常生活部分で、一階西奥の小食堂、そして、二階の、殿下の居間・書斎・寝室、妃殿下の居間・寝室、若宮二人共用の居間・合之間・寝室、姫宮の居間・寝室、これに加えて、家族共用の広間・化粧室、北側ベランダ、の都合十四室が当てられた。こうした部屋割りで、まず気づかれるのは、接客部分の大きさであろう。しかし、家族の日常生活部分より接客部分を重くみる考えは、宮家に限らず、戦前の大邸宅に広く見られた現象で、普通は、洋館（洋室）を接客に、和館（和室）を日常にという平面上の二分法をとるのに対し、宮家は、洋館の一階と二階のレベル差で使い分けているのが特徴といえよう。

夫婦の寝室が二つに分かれているのも、奇妙に思われるかもしれないが、こうした分離は、洋の東西をとわず、近代以前の上層階級でふつうになされていた慣習である。しかし、日本の大型洋館を調べると、維新の元勲や三井、三菱などの企業家は、早い時期に、夫婦同寝室を取り込んでおり、昭和になっても別々という朝香宮邸は、皇族ならではの伝統遵守《じゅんしゅ》といわなければならない。

こうした古式は、居間のとり方にもよく現われている。今日、家族のくつろぎの場としての居間は、住宅の間取りの中で一番良い位置を占めているが、しかし、これは戦後に広がった姿で、明治以後の大型洋館の歩みをみると、明治前半にはそれらしい場はなく、後半になって、しだいに、玄関から入った所のホールが家族団欒に当てられるようになり、その結果、北向きの暗くて、動線処理の場にすぎなかったホールに南の光がとり込まれ、暖炉のそばには深いソファーが置かれて、家の中で一番豪華でゆったりした場に変ってゆく。さらに進めば、ホールを兼ねることなく、専用の居間が区画されるようになる。日本の大型洋館の間取りの歴史とは、家族用の居間確保の過程といってもよいくらいである。しかし、こうした歩みにもかかわらず、昭和に作られた朝香宮邸をみると、居間はすべての家族の個室にそれぞれ一人用として設けられており、家族みんなの憩の場はどこにもない。階段を上ったところに広間があるが、北向きで狭く、明治のはじめの有栖川宮や北白川宮邸のホールと少しも変っていない。いったい、家族の団欒はどうなっていたのであろう。竣工当初の様子を、長男の朝香孚彦《たかひこ》氏にたずねてみた。

——居間らしい部屋が見当らないのですが、家族の団欒ということはなされなかったのですか。

朝香　いや、そんなことはありません。みんなで、話をしたり、音楽を聞いたり、新聞を読んだり、はありました。

——一階に客用の立派な居間（大客室）がありますが、あれを使ったりは……

朝香　一階はだいたいが客用で、家族だけで使うことはなかったと思います。

——たとえば、食事の後など、皆さん、どうなされたのですか。

朝香　一階の家族用の小食堂で食事が終ると、たいてい、その場でしばらくコーヒーなんかを飲みながら、なんやかや話をしてから二階に引きあげます。

——その後は……

朝香　特別、皆が集まる部屋は決っていなくて、その時々、適当にやっていました。

——たとえば、具体的に……

朝香　レコードを父が好きで、アメリカからたくさん持ち帰っていましたから、それを聴く時は、蓄音機のある二階の広間のソファに座って聴きました。父の居間におしかけて憩っていたこともあります。寒い時などは父と母の部屋の前にあるベランダが温かいので、なんとなくそこに集ったり、また、夏の暑い盛りには、北側のベランダがすずしくて、過ごしました。こんな具合で、とりたてて家族の居間というものは決っていなかったと思います。

近代以前の上層階級の屋敷に居間に当る場所が見当らない理由は、家族全員が膝を崩して水入らずで憩うという習慣がなかったからと思われるが、昭和の朝香宮家では、むろん団欒は始っており、しかし、それに応える空間がまだ作られていなかった、ということになろう。

夫婦寝室の分離といい、家族用居間の未成立といい、宮家の住い方は、同じ大型洋館といっても、元勲や企業家とはだいぶ違い、古い姿を、相当に遅くまで、濃く残している。昭和の先端を切るアール・デコと、明治さながらの住い方。不思議な落差というほかはない。

アール・デコの館

出来上ったばかりのお屋敷を訪れてみよう。邸宅には珍しい、背の低い門を通り、椎や樫の枝の下をくぐってしばらく進むと、本邸が現われる。しかし、歩くのは左手の庭からにしよう。木のくぐり戸を開いて一歩踏み込むと、目のつんだ芝草がゆるくうねりながら広がり、向う正面に樹が一つ立っている。江戸の頃より白金台の「一本榎《えのき》」として知られる巨木で、工事に当り位置を少し南に移しはしたが、昔ながらの風格に変りはない。芝庭の東の隅にのぞくのは孔雀舎で、高輪の旧邸の頃は庭に放されていたが、ここでは小舎に飼われている。芝を横ぎり、榎の奥の木立ちに入ると、小さな泉が湧いている。流れにそって西に進むと、流れをまたいで径八メートルの丸い大きな檻が作られ、中には、つがいの丹頂鶴が、せせらぎに足を冷やしている。さらに下ると池に出る。ここからが、昔からの湧水を利用した日本庭園だ。置き灯籠に目をさそわれ、飛び石の導くまま、ぐるりと歩いて、池の北に回ると、近々作られる予定の茶室の敷地が現われ、そこを過ごしてしばらく進むとテニスコートが見えてくる。このあたりで庭はしまいにし、もう一度、本邸にもどろう。

車寄せの前に立って、上を見ると、単調な軒が一筋走り、右を見ると、ベイウィンドウが弓型にふくらみ、左を見ると、バルコニーが四角く張り出す。その他は灰色の壁があるばかり。広い屋敷の割には、ずいぶん地味で単調な外観（図Ⅲ⑰⑥）と、首をひねりながら、車寄せを通り、扉を押して、一歩、玄関に足を踏み込む。

図Ⅲ⑯④　アール・デコ博を見物する朝香宮夫妻

図Ⅲ⑯⑤　朝香宮邸　門扉（撮影・藤森照信）

図Ⅲ⑯⑥　朝香宮邸　大客室（ラパン、宮内省内匠寮　一九三三）（撮影・藤森照信）

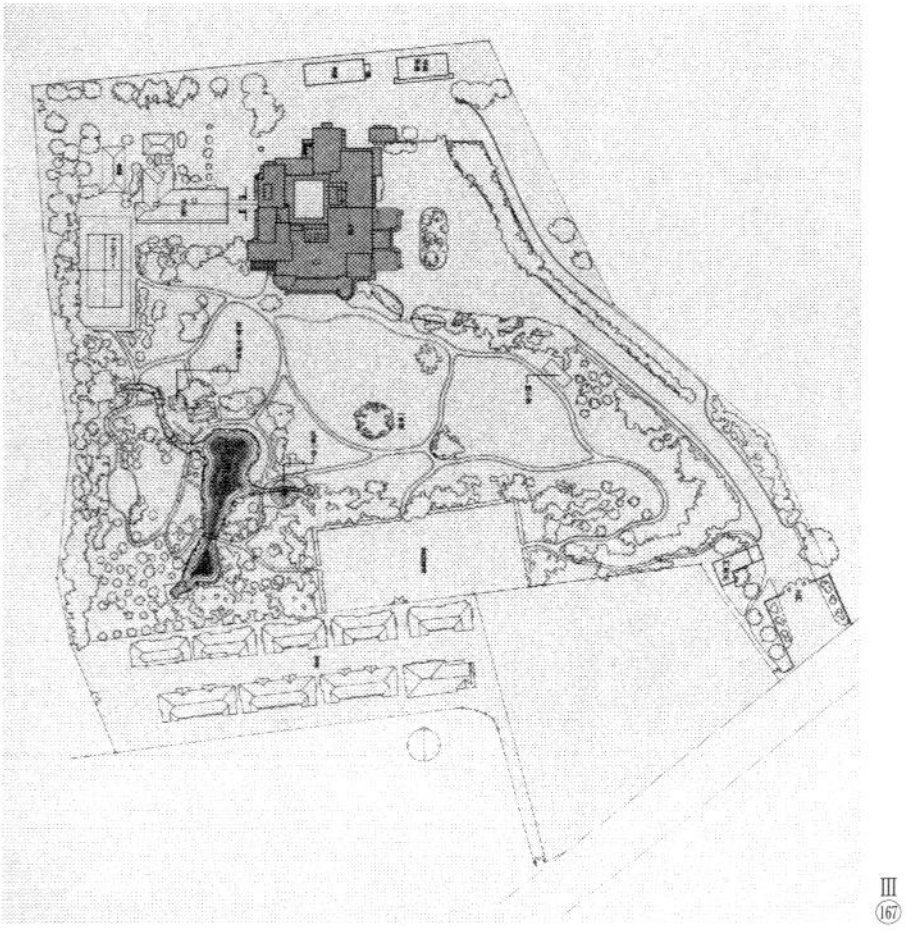

図Ⅲ⑯⑦　配置図（作成・内田祥士）

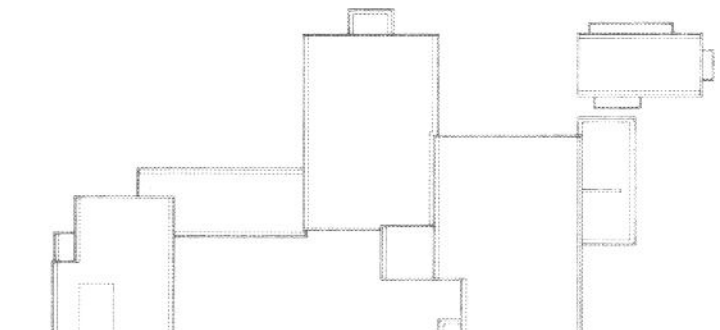

図Ⅲ⑯⑧　二階平面図（作成・内田祥士）

図Ⅲ⑯⑨　一階平面図（作成・内田祥士）

図Ⅲ(170)(171)(172)(173)(174)(175) 朝香宮邸―玄関扉、大客室扉、大客室シャンデリア、殿下居間グリル、大食堂、大広間のレリーフ（撮影・藤森照信）

Ⅲ(170)

Ⅲ(173)

Ⅲ(172)

Ⅲ(171)

Ⅲ(175)

Ⅲ(174)

視界はくるりと変り、女神のように翼を広げる女人像が、薄衣ごしに豊かなバストを突き上げて、出迎えてくれる。透けるような肌とはこれをいうのか、ラリックのガラススクリーンが、妖しく、冷たく、光を放つ（図Ⅲ⑰⓪）。

女人像に会釈して、大広間に進もう。薄明りに浮ぶ褐色の壁と黒大理石の暖炉、まるで長方形の暗箱だ。訪れるなら夜がいい。箱の天井に幾列も整然とうがたれた半円球の凹みから、二十個の白色光が放たれて、暗い壁を明るく照らし、ブランショ作のレリーフ（図Ⅲ⑰⑤）を浮きあがらせる。しかし、裸の少年少女が群れ遊ぶテーマも、妙に昔風の彫り方も、この館にはそぐわない。

大広間の暗がりに南から差し込む光に誘われ、きびすを回して、次室《つぎのま》に向う。門のような柱の間をすりぬけると、大ぶりな白磁の置き物が、レースごしの細かい光を背にして、立っている（図Ⅲ⑯⑥）。フランス海軍から贈られたセーヴル製の香水塔と伝えられ、足もとの黒大理石の水盤に花を活け、頂部のワラビ手型の発光器に香水をふりかけるのだという。金色の放物線を描いてたおやかに流れくだる白磁の肌は、触れられるのを待ちかねているようで、手をピタリと当てると、冷たさがゆっくり広がる。香水塔を囲む四周は、柱も長押《なげし》も黒い漆に塗られてにぶく光り、壁は、堆朱《ついしゅ》に固められ、中に練り込まれたプラチナ片が、盆にまかれた銀砂のように、朱の中に青く輝く。爪の跡などつけようもないほど硬く乾いた漆の壁が、スーと上にのびて止った所から、白漆喰の天井がはじまる。天井は、つばのように段を刻んで迫り出した後、半円球に盛り上がってドームとなり、香水塔を上からフワリと包む。このわずか十坪に足りない立方体の空間に充満する形と材感を、人は、アール・デコというのであろう。放物線とワラビ手、円弧と直線の交叉する中に、磁器の白とプラチナの青、漆の黒と堆朱の朱《あか》、そして幾筋も引かれた金色が、鉱物のように冷たく輝いている。

噴水塔を回り、庭の緑を目にしながら西へ折れると、大客室につづく。パーティーの客たちは、女人像のスクリーンを通って、暗い大広間を抜け、次室の花の香りをくぐった後、広く明るいこの部屋に着く（図Ⅲ⑯⑥）。

図Ⅲ⑰⑥⑰⑦⑰⑧ 朝香宮邸—正面外観、二階ベランダ、表階段
（撮影・藤森照信）

Ⅲ
⑰⑥

Ⅲ
⑰⑧

Ⅲ
⑰⑦

背の低い金茶色のソファーに身を沈め、頭を背もたれに倒すと、シャンデリア（図Ⅲ172）が見えてくる。明治の西洋館で見なれた金色と虹色にきらめくガラス玉の山積は、ここにはなく、代りに、ギザのつく半円状のガラス板が、放射状に八枚並ぶ。形の簡明さと装飾性がほど良く調和し、厚ガラスならではの表情だ。頭を起こし、周りを見ると、大小四カ所の出入口に、都合六枚の見なれぬ扉（図Ⅲ171）が付いている。尺角ほどの鏡がパネル状に幾つもはめられ、それが銀色に光っているのは判るのだが、しかし、叢《くさむら》に咲くタンポポを想わせる連続渦巻と波型の模様や、また雲の結晶のような模様は、いったい鏡の上にどう描かれているのであろう。立ち上って近寄り、斜めの光に透かしてみると、線の部分は裏から浅くカットされて、またある面はフロストグラスの仕上げのようだ。もしや、向うが透けているのではといぶかり、裏に回って扉を見ても、板が貼ってあるばかり。おそらく、ガラスの面に、カットグラスやフロストグラスの技法を組合せて模様を描き、さらに水銀を塗布して鏡の効果を加えたものにちがいない。さすがに、ラリック、七色の技をあやつるガラス師、と呼ばれるにふさわしい。ガラスに劣らず、壁の仕上げもすばらしい。凹凸のない平らな壁面は、柱型も腰板も、ラッカーを塗られて金茶にテカる。これほど光の切れの良いラッカーの技法も珍しい。ガラスの光とラッカーのつや、いかにもアール・デコ好みの組合せだ。

大客室でしばし憩った後は、ラリックの扉を開いて、突き当りの大食堂に入る。次室の主をセーヴルの磁器、大客室の主役をラリックのガラスとするなら、この部屋の主役は、ラパンの壁画（図Ⅲ174）だ。建築用には珍しい、赤味の強い模様大理石が貼られた正面壁の中央、ちょうど暖炉の上に、赤いパノゴラの幻想庭園を背にして、色とりどりの果物が描かれている。食堂にふさわしく、部屋のテーマはフルーツで、見上げれば、ラリックのシャンデリアも、ザクロやパインを鋳出している。ふり返り、絵を背にして見る食堂も悪くはない。銀灰色に輝く石膏壁が、アール・デコ調に線を崩した草木模様を刻まれて、手前から庭に向って伸び、伸びた先で、赤味大理石の五本の柱型に誘われて庭に張り出し、アールを描いて手元に帰ってくる。銀色と赤黄味色の壁から立ちあがる天井は、三本の水平線を鉢巻きのように回して、裾を段に折り、舟底となる。平坦な壁と裾折りの天井が一つになって生む蒲鉾《かまぼこ》のような室内空間は、アール・デコならではの味がある。

歩きはじめてから、どのくらいになろうか。玄関の女人像を後にして、大広間を抜け、次室の香りを楽しみ、大客室のソファーに憩い、そして、大食堂へと進んできた。この他二階にも、つややかなラッカー塗装を駆使した書斎や、ヴォールト天井の殿下居間など、見るべき部屋も残されている。しかし、案内はもう十分であろう。あとは、それぞれに歩いて、アール・デコならではの、冷ややかにして官能的な鉱物感覚を味わっていただこう。

以上のべてきたように、日本にも、アール・デコ博がそのまま引越してきたような、血筋正しい申し子が遺されていた。もし、施主の朝香宮と、基本設計のラパンと、実施設計の権藤要吉が、それぞれの軌跡を、一九二五年のパリで交えることがなかったなら、この建物は生れてこれたかどうか。また、宮家という存在が、陽だまりに咲く花にも似た不思議な自由を持ち合せていなかったなら、世間離れしたパリのアール・デコを、日本に移植できたかどうか。いずれにせよ、いくつもの力が引き合って、建物一つ、生れ落ちた。歴史の機微と、古人ならば申そうが、この幸運は、今、我々の手の中にある。もし、〈アール・デコ〉という、使われて日の浅い言葉について、想いを巡らしたいと願うなら、白金の森を訪れるがいい。アール・デコの館、が待っている。

*本文の執筆にあたり、山口廣博士、吉田鋼市博士をはじめ、権藤一徳、多田正信、朝香孚彦、各氏のご厚意により、貴重な資料の提供を得た。記して感謝いたします。

田園調布誕生記

明治の末から昭和にかけ、東京や大阪の近郊にたくさんの郊外住宅地が計画的に作り出されている。大阪なら、桜井、東京なら、桜新町をはじめ、田園調布、目白文化村、国立学園都市、成城、などなど。こうした多くの名の通った郊外住宅地の中で、どこが一番名高いかといえば、誰でも、

田園調布

を、指すことに異存はないであろう。

〝田園調布に家が建つ〟ことが、今や日本のサクセスストーリーの上りに位置しているのだ。

しかし、改めて考えてみるなら、どうして田園調布がかような扱いを受けるようになったかは、不思議といえば不思議である。

開発の先駆性という点からみると、小林一三の阪急沿線（明治四十三年）や東京信託の桜新町（大正二年）にははるかに及ばないし、各戸の敷地面積のゆとりからみても、このくらいの所はいくらもある。また、便利さから言うと山手線駅に歩いて五分で行ける目白文化村の方が都合はいい。

にもかかわらず、田園調布は、郊外住宅の代表に押し上げられ、理想の住宅地とすら思われるようになってしまった。

この理由は何か？

私はひとえに、この町の開発者渋沢栄一の理想主義のせいだ、と思っている。

ふつう、郊外住宅地の開発主体は、電鉄系、学校法人系、土地会社系、信託系などのように分類することが可能で、田園調布は電鉄系に数えられている。つまり、阪急を創業した小林一三の宅地開発と同じように、交

通資本の商売の一つに加えられている。

しかし、こと田園調布に限っては、この点は明らかに間違いで、商売の一環として開始されたのではなく、極端に言うと、商売を無視して着手されたのだった。だからこそ、同心円放射プランという、印象深くて美しいがしかし土地販売上は不利きわまりない町割りを平然と採用し、大きな面積を道路にさき、さらに、経済利益には結びつかない自治会活動に力が入れられたのだった。そして、こうした経済を越えるゆとりと夢があったからこそ、あこがれの町になることが可能だった。

また交通資本による開発というのも正しくなくて、当初なんと田園調布の開発は鉄道なしでスタートし、後で鉄道が敷かれている。つまり、まず住宅地があり、つぎに鉄道がやってきた。

つまり、田園調布は、経済性を無視した理想主義に支えられて誕生し、その開発資本は、交通でも土地会社でも信託でもなくて、渋沢栄一とその友人たちの篤志を集めた田園都市会社から供給されていた。

現在、田園調布は、東急電鉄の宅地開発第一号の地として扱われているが、それは誤解されやすい扱いで、歴史的な事実関係を述べると、理想主義的な田園都市会社がまず存在し、そこの鉄道部門が分離独立して大をなし、現在の東急になった、と言うべきである。

田園都市が他の住宅地より優れている点は、ことごとく東急以前の田園都市会社時代に形造られたことを忘れてはならない。

渋沢栄一の夢

さて、では、なぜ渋沢栄一ともあろう日本の資本主義育ての親が、田園調布開発のような非資本主義的計画を企てたのであろうか。

これには深い根がある。

この根については、すでに論じたことがあるから（拙著『建築探偵の冒険―東京編』第九章）詳細は省くが、簡単に述べると、渋沢は、明治のごく早い時期から、東京の改造に意を注ぎ、〈兜町ビジネス街開発〉、〈銀座煉瓦街計画〉、〈市区改正計画〉、〈丸の内オフィス街計画〉、〈東京築港計画〉、〈東京不燃化計画〉、といった名だたるプロジェクトの推進者の役を果たしてきていた。民間人としては、もっとも深く東京の街づくりに関わってきた人だった。しかし、その結果はどれも不満足で、たとえば、兜町ビジネス街は消滅し、丸の内オフィス街は三菱というトンビに油揚をさらわれ、築港は挫折し、町並の不燃化は少しも進まない。つまり、ことごとく思うようにはいかなかった。その理由は多く経済性にあって、いつのプロジェクトでも渋沢の思う通りに進めようとすると、経済性というハードルが現われて、迂回や挫折を余儀なくされてきたのだった。渋沢が現役の実業家であるかぎり、経済性を取っ払って事業を起こすことはやはりあり得なかった。

そして、結局、大正五年の現役引退の日まで、彼には、思う通りの街づくりは一度も許されなかった。

しかし、現役を終えてしまえば話は別である。現役中なら、どんな事業も、資金は自分が創立した第一国立銀行の金庫を使い、スタッフは子飼いを送り込むわけで、渋沢の判断一つ企画一つが周囲に大きな影響を及ぼさざるを得なかったが、今となると、たとえ失敗してもわが身一つの損で済む。

〝引退後は一切の営利事業からは身を引く〟と宣言していた渋沢が、引退直前からひそかに気の合った友人たちと非営利事業として準備していたのが、郊外住宅地の開発だった。

こうした経営的でない端緒の切り方を、「理想主義的」とすでに述べてみたわけだが、しかし、渋沢の気持ちに即していうなら、半分は理想主義だったが、残りの半分は、老後の楽しみといっては不都合ならゲームでもやるような心の張り、といったらいいかもしれない。

この辺の、田園調布開発を思い立った頃の事情について、渋沢は次のように述べている。

回顧すれば老生は維新前より数回欧米の諸邦を旅行し、其大都市を観察するに、各商店は概ね店舗と住宅とを異にし、而して其住宅は多く都塵を避けたる郊外に在りて、朝に店舗に来り、夕に住宅に還るを常とせり、然るに我が東京市の如きは、古来の慣習上店舗住宅同一なるが為に、緊要の商業地区を庭園庖厨等に浪費して各般の施設を妨ぐるのみならず、風紀衛生上に及ぼす弊害も亦鮮《またすくな》からず、之を改善するは実に都市に於ける地積の経済にして、同時に商工業発達の一助たるべきを痛感せり。仍りて老生は此理想を実現せんと欲し、大正四、五年の交《みぎり》、二、三の同志と謀りて、多摩川の流に沿へる荏原郡の一角を其候補地に擬したり。（『竜門雑誌』四六六号、昭和二年）

これを読むと、彼が「二、三の同志と謀りて」「此理想を実現せん」としたその理想というのは、どうも、サラリーマンのための郊外住宅供給ということではなかったらしい。ふつう、郊外住宅はサラリーマンを相手に開かれるが、老渋沢の頭にあったのは、「店舗住宅同一なる」「商店」のオーナーで、彼らに、かつて訪れた欧米都市のように「店舗と住宅とを異にし、而して其住宅は多く都塵を避けたる郊外に在り」という状態を作ってあげたい、ということだった。

この志というか客層の見通しは、サラリーマン層を支持母体とする日本の郊外住宅の潮流から見ると経営的には誤りというしかないが、このことは逆に、老渋沢が、世の潮流とは無縁に、自分が幕末にパリに行った頃からの夢をやってみたかった証拠にもなる。

田園都市会社発足

さて、こういう老渋沢の夢と志に始まる田園調布開発は、どのように立案され、いかに実行に移されてゆくのであろうか。その足取りを、渋沢栄一の日記などの資料により、跡づけてみよう。

この事業のことが最初に日記に現われるのは、

「大正四年二月十八日。午前七時起床入浴して朝食を食す、畢て畑弥右衛門氏の来訪あり」

つづいて、

「五月十二日。午前九時商業会議所に抵り、畑弥右衛門氏の為め開催する田園都市経営の協議会に出席す」

さらに重ねて、

「五月十四日。畑弥右衛門氏来る、市原求氏へ添書を交付す」

「六月二十日。畑弥右衛門氏来話す」

「七月十一日。畑弥右衛門氏来り土地会社設立の事を談す。

星野錫氏来り土地会社設立の事を談す」

つまり、大正四年二月の畑弥右衛門なる人物との面談を機にことがはじまり、五月には「田園都市経営の協議会」まで突き進んでいることが分かる。

ここでポイントとなる畑弥右衛門なる人物は、これまでの田園調布についての諸論考の中ではほとんど触れられたことのない人物だが、渋沢の日記によると、彼こそ渋沢に計画を吹き込んだ張本人にちがいない。さいわい、この人物は、昭和十二年刊の『渋沢栄一自叙伝』の中で、当時のことを、次のように回想している。

私は曾《か》つて朝鮮の龍山に於いて、田園都市に類する事業を起したことがあったが、之《こ》れが種々の原因で失敗したので、時の東京市長尾崎行雄氏に依頼して種々之《こ》れが挽回策に腐心した。尾崎市長は私に添書を以て、安田善次郎氏と渋沢子爵とに紹介の労を吝《おし》まれなかった。処《ところ》で安田氏には私は門前払ひを受けたけれども、渋沢子爵は快く迎へられて種々な御意見を承ったものであるが、是れが子爵を知る抑々《そもそも》の初であったのである。

かくして大正四年二月十八日、畑と渋沢の出会いにより端を発した田園都市経営の件は、八カ月後、

「九月八日。午前十時事務所に抵り、星野・緒明・服部・柿沼・市原・畑の諸氏来会して、田園都市会社の事を協議す」

というところまでこぎつけている。つまりこの頃までに、会社名も主要メンバーもほぼ固まってきた。

ここに登場するメンバーは、渋沢ともっとも気脈の通じた企業家で、世界的には「紳商《しんしょう》」と呼ばれ、文化的で開明的で、ゼニもうけ以上の価値を自分の企業活動の中に求めたいと願っている面々だった。これに、中野武営、伊藤幹一が加わって、以後の計画を進めてゆく。これらのメンバーについて簡単に紹介しておこう。

・星野錫——東京印刷KKの社長で、渋沢の娘婿。
・緒明圭造——東京横浜電鉄の経営者。
・服部金太郎——服部時計店（現・セイコーグループ）の創業者。
・柿沼谷雄——洋糸商。
・市原求——ポンプの製造販売業で名高く、豊国銀行の創業者でもある。
・中野武営——商業会議所会頭。
・伊藤幹一——株式取引所代表。

さて、以上のメンバーは、大正五年になると、「田園都市会社創立委員会」を作り、渋沢を委員長として、土地の選定、鉄道敷設の問題の討議を重ねる。

一番問題の土地の選定については、そもそものいい出しっぺの畑弥右衛門の住む一帯が当初からの予定地で、この一帯（洗足池と玉川村方面）の地主との買収交渉は、畑が献身的な努力を尽している。

もう一つの問題の鉄道敷設については、いろいろな計画を立てながらも、なかなか方針は決まらなかった。

こうした下準備に、大正五年、六年を費やし、大正七年に入ると田園都市会社の発起人会にこぎつけ、つい

に九月二日、創立総会が開かれる。

社名は、田園都市株式会社。株主は、渋沢はじめ、服部、緒明、伊藤、柿沼、星野、市原など。経営陣は、渋沢本人は入らず、社長・中野、取締役・服部、柿沼、緒明、星野、竹田政智、監査役・伊藤、市原。いずれも、この三年間、準備にたずさわってきたメンバーであった。

会社としては異色の会社といってよかった。

まず、社名がユニーク。

もちろん、田園都市とは、英国のハワードに始まる田園都市《ガーデン・シティ》運動にちなんだ命名で、おそらく世界でもこの名を冠した会社というのは英国以外ではこれだけであろう。株式会社というより、社会運動に近いような非営利的なイメージがある。

命名者は、いつ誰との記録もないが、渋沢の日記には大正四年五月の段階で「田園都市経営」の初出があり、おそらく渋沢自身が付けたのであろう。

それにしても、上手な命名といっていいだろう。元来の英国の田園都市運動というのは、都市の全機能を窒息気味の旧都市から救出し、田園の中で新たに再編成しようというものであったが、明治四十一年に内務省の井上友一らの著書『田園都市』によって紹介されて以来、いささか誤解に誤解を重ね、大正期に国民的知識となった時点では、

〝都心の雑踏を離れ、郊外の緑と陽当りのいい環境の中で文化的な住生活を営む運動〟くらいにトーンを落していた。このくらいにトーンを落しても、いや、トーンを落したからこそ、日本のサラリーマン層にとって手に届く夢となっていたわけで、その夢の大本のネーミングを堂々と社名に採用するというのは、やはりたいした判断といわなければならない。

III
⑰⑨

図III⑰⑨　田園調布の全体計画　大正一三年にパンフに載る図で、まだ田園調布の名はなく、多摩川台と名乗っている。上半分を住宅専用とし、下に専用商店街を設けるという当初から商店街をきっちり組み込んだ全体計画はここが最初である。

図III⑱⓪　田園調布売出しパンフレット　渋沢栄一が創立した田園都市会社は、まず手はじめに洗足地区を売り、つづいて本命の田園調布を売り出した。（大正一三年一〇月）

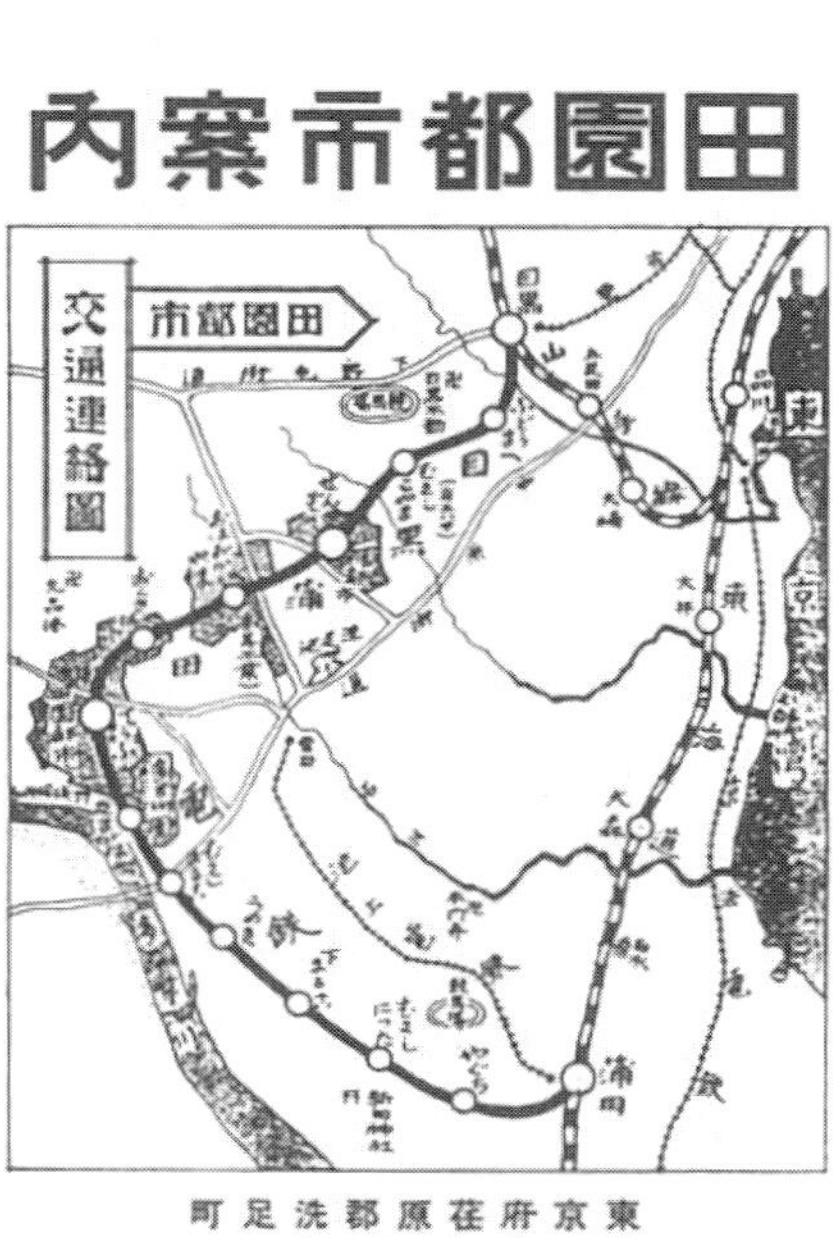

III
⑱⓪

同心円パターン

かくして、大正七年九月二日に会社は発足するが、土地売り出しまでには、会社の組織固めにはじまり、交渉済みの土地の買収、鉄道敷設、道路や上下水道の建設などさまざまな仕事が待ちかまえている。

まず、会社の組織固めについては、上述したメンバーは社長の中野武営以下いずれも自分の会社を持っていて実際の運営に手は貸せないので、この会社に専任する専務取締役竹田政智に加え、栄一の五男の渋沢秀雄が取締役として加わる（大正九年一月）。さらに、技術スタッフとしては、建築家の矢部金太郎他が入社する。

こうした会社創草期の諸問題の中で、一番の難問はもちろん鉄道の敷設であった。とにかく、住宅地開発が先行し、それをフォローするために鉄道を整えるという類のない出発をしたばっかりに、計画を立てたはいいがまるで進まない。そこで、渋沢に請われて、中野武営の急死の後、会社の後見人の役を果たしていた第一生命の矢野恒太は、関西の鉄道王の小林一三に相談し（大正十年十一月）、小林の紹介で、当時小さな鉄道会社にくすぶっていた五島慶太を引き抜いて鉄道部門をまかせる。

のちに「ゴートーケイタ」と呼ばれるようになる五島慶太の参加によって、鉄道敷設は急速に進むが、しかし遅れは取り戻せないまま、先に造成の終った土地から売り出すことになり、まず、大正十一年六月に洗足地区十八万一五〇〇平方メートルを売り出し、ついで翌十二年八月に多摩川台地区十万五六〇〇平方メートルを売り出す。

この多摩川台地区が、今日の田園調布ということになる。つまり、田園調布は、大正十二年八月という関東大震災を一カ月後に控えた運命的な時に誕生したのだった。

その姿は、世間の注目を集めるに十分な内容を持っていた。

まず、全体計画がとても美しく、ロマンチックですらあった。

理由の第一は、道路、公園、広場といった公共部分の面積を広く取ったこと。住宅地の良し悪しの基本はどれだけ公共部分が広いかにかかっているが、土地商売上からいうと、広くすればするほど売る敷地は少なくなって損をする勘定になる。この損得勘定のどの辺を取るかが問題になるが、この町は、さすがに理想を高く掲げるだけあって、一番損の側を取り、道路率(公園を含む)はなんと十八%に及んでいる。当時、東京の中心部でさえ十%そこそこだったことを思うと、大変な高率といっていい。矢野に請われて途中から計画に首を突っこんだ小林一三は、こうした青写真を見て、「あきれてものも言えなかった」という。そして「土地経営の失敗談ばかり話した」という。

こうした公共部分のゆとりとともにもう一つ忘れられないのは、というよりこれこそ人々の脳裏に田園調布の存在を忘れがたいものにしたのは、同心円と放射線からなる独特の町割りパターンだった。このパターンは、土地分譲からいうと変形敷地ばかり生み出す不経済なパターンだし、道路交通上も自分の現在地が分からなくなるという不便がある。また、空の上から眺めるのでもないかぎり、地上を歩く人間にはただ意味もなく不規則に曲折する道路の集積としか感じられない。

にもかかわらず、人々は、案内の地図を見せられたとたん、この町を二度と忘れることは出来なくなってしまった。現在においてすら、この町の航空写真は見る人に衝撃を与えずにおかないのだから、七十年前の印象深さはただごとではなかった。

もちろん、こうした印象深さは、このパターンの持つ求心性と自己完結性の強さから生れている。おそらく、大正期の人々は、大袈裟に言うなら、この求心性の中に大正的な「私」の充実を感じ取っていたし、また、この自己完結性のおかげで、都心の雑踏から田園の静かな小宇宙へと住いを移す実感を味わうことができた。〝田園都市〟の四文字を掲げる住宅地としては、これ以上のパターンはちょっと考えられないであろう。このパターンなしでは、その後のこの町の評判もだいぶ違ったものになったと思われる。

では、いったい、この印象深いパターンはどこから生れたんだろうか?

この答は渋沢秀雄が回想の中で述べている(『記憶飛行』)。秀雄は、田園都市会社の分譲計画の具体的な立案に資するため、大正八年八月から七カ月間を、英国レッチワースの本場田園都市をはじめ欧米の住宅地事情の視察に出かけているが、その途上のこととして、
一九一九年の冬、私もレッチウォスへいってみた。まだ完成していなかったから、家も少なく人影もまれで、道路をさしはさむ広い空地は枯草に覆われ、淋しくて住む気になれない所だった。……イギリスもドイツも冬のせいか、暗くて淋しかった。私はサンフランシスコ郊外のセント・フランシス・ウッドという住宅地が気に入った。土地に多少の起伏があって、樹木や草花も多かった。そこの中心には、パリの凱旋門にあるエトワール式道路(放射状道路)ができていた。むろんパリとは比較にならない小規模のエトワールだったが、それはその住宅地に美しさと奥深さを与えていた。

そして、帰国した秀雄は、このエトワール式道路パターンを、次のように実行に移す。

カーブのある道は、ゆく手が見通せないから人に好奇心と夢を抱かせる。私は田園調布の西側に、半円のエトワール型を取り入れたかった。この分譲地のサイト・プラン(配置計画)を依頼した矢部金太郎君に注文をつけたのである。

この回想で知られるように、サンフランシスコの郊外住宅地に倣い、「美しさと奥深さ」と「好奇心と夢」を与えるために、渋沢秀雄が発案し、建築家の矢部金太郎が線を引いたのだった。

赤い屋根の駅舎

以上のごとき町割りパターンをさらに強調し、一つの町並の美にまで高めたのは、パターンの中心点に立つ駅舎（大正十二年竣工）の姿だった。この瀟洒な駅舎こそ、同心円放射パターンに画龍点睛を加えたものだった。

設計者を矢部金太郎といい、東京美術学校（現・東京芸大）で建築を学び、大正七年卒業の後、内務省の技術者として明治神宮外苑の建設にたずさわり、その後、田園都市会社に入社し（矢部自筆の履歴書は、大正十四年まで、内務省に存在しており、前後矛盾するが）、この駅舎を担当している。デザインは、当時一般の駅舎のように肩ヒジ張った固さはなく、いかにも住宅地にふさわしいやさしさをもっているが、それも道理で、このデザインのネタは小住宅そのものだった。こういう急な腰折れ屋根を特徴の一つとする住宅デザインが、明治の末頃よりドイツにまき起こって日本にも影響を与え、大正建築の要素の一つになっていて、それが若い建築家の手からほとばしったのだった。

ロマンチックでありながら、そのくせ少女趣味に走らず、キュッと身を引き締めたような軽い緊張感がいかにもこの町の求心的パターンにふさわしい。それともう一つ、放射パターンの街路上から、並木の間を通し広場ごしに駅舎を眺めた時にハッキリ分かるんだが、道路幅や広場の大きさと駅舎のプロポーションが絶妙にいい。これだけのプロポーションは、その後の日本の住宅地を含めても、僕は出会ったことがない。

こうした、町並の視覚的な素晴らしさは、誰の目にもすぐ了解されるが、この素晴らしさを見えない所で支えているもう一つの町の構成原理があることも知っておいてほしい。

住宅地と商店街の分離

それは、住宅地と商店街の分離である。

ふつう田園調布というとすぐ線路の西側の同心円放射パターン部分を思い浮かべるが、実はもう一つ東側がある。この東側のメーンストリートは当初から商店街として計画され、その結果、西側、駅前は純度の高い専用住宅地として落ちついた環境を生み出すことが可能になった（当初は、西側の広場にそっても商店の計画があったが、中止された）。ふつう他の郊外住宅地では、このような明確な分離がなされず、その結果、駅前に乱雑な景観がはびこってしまうが、それがあらかじめ避けられたことも、この町のイメージを上げるうえで大きく働いている。

町並をつくるルール

以上のような素晴らしい町の骨格も、しかし、それにふさわしい肉付けが付いてゆかなければ、町のよき環境の完成はおぼつかないが、その肉付けにあたるのが個々の家の建て方である。

その建て方についても、この町は、当初から一つのルールを打ち出していた。

このルールは、分譲開始の時から、敷地購入希望者に対して示され、その後も長く田園調布の誇る一つの町並ルールとして働いたものだが、しかし、成文化されたものではなかったし、また、あくまで紳士協定であって、現在の住民協定のように強制力も持ってはいなかった。

その結果、守らない者も一部現われるようになるが、しかし、大方は遵守され、日本の郊外住宅地の景観に新しい方向を示すことになる。その紳士協定の内容については、成文化されなかっただけに、確たる文献資料が残っておらず、今となっては、昭和十八年刊の『東京横浜電鉄沿革史』の次の記憶に従うしかない。

一、他の迷惑となる如き建物を建造せざる事。

二、障壁は之を設くる場合にも瀟洒典雅のものたらしむる事。

図Ⅲ⑱1　当時の田園調布駅
図Ⅲ⑱2　当時の田園調布駅前
図Ⅲ⑱3　昭和一一年頃の田園都市経営地
図Ⅲ⑱4　田園調布全景　放射線プランになっている

Ⅲ⑱1

Ⅲ⑱3

Ⅲ⑱2

Ⅲ⑱4

三、建物は三階以下とする事。
四、建物敷地は宅地の五割以内とする事。
五、建築線と道路との間隔は道路幅員の二分の一以上とする事。
六、住宅の工費は坪当り約百二、三十円以上とする事。

町の誕生とその後

田園調布は、道路パターンをはじめ以上のようなしっかりした骨格を持ち、建築制限をはじめ素晴らしい肉付けを住む人に求める町として、大正十二年八月、東京市民の前にデビューしたのだった。そして、小林一三の不安は見事にはずれ、売れ行きは良かった。とりわけ、翌月の関東大震災の後は、都心からの郊外脱出が一つのブームとさえなり、それが売れ行きを大いに伸ばしてくれた。

今日、この町は〝わけあり〟の人物しか新たに住めないような超高級の町に化けているが、当時は、都心からほぼ一時間、敷地面積百坪から五百坪という条件の住宅地はけっして高級ではなく、中流サラリーマンも十分手に入れることが出来たから、それにふさわしい層が集まってきたのだった。

さらに正しくいうと、そういう中流から上流のサラリーマン層の中でも、田園都市会社が創立以来掲げる田園都市の理想に興味をいだく知的な人々が集まってきた。

こういう人々を集めえた理由の一つとして、首唱者の渋沢秀雄や矢野恒太一族が自らの自邸をここに移したことも大きな力となった。

こういう人々が集まると、自ずと、先に述べた建築についての紳士協定も守られるようになる。もちろん、統計があるわけでないから、数値的に明らかにすることはむずかしいが、しかし、一番規制の厳しそうな三

図Ⅲ⑱⑤　田園調布の町並

図Ⅲ⑱⑥　目蒲線開通当日の光景

図Ⅲ⑱⑦　田園調布の住宅

図Ⅲ⑱⑧　白須洋服店

図Ⅲ⑱⑨　田園愛犬病院

図Ⅲ⑲⓪　田園調布幼稚園

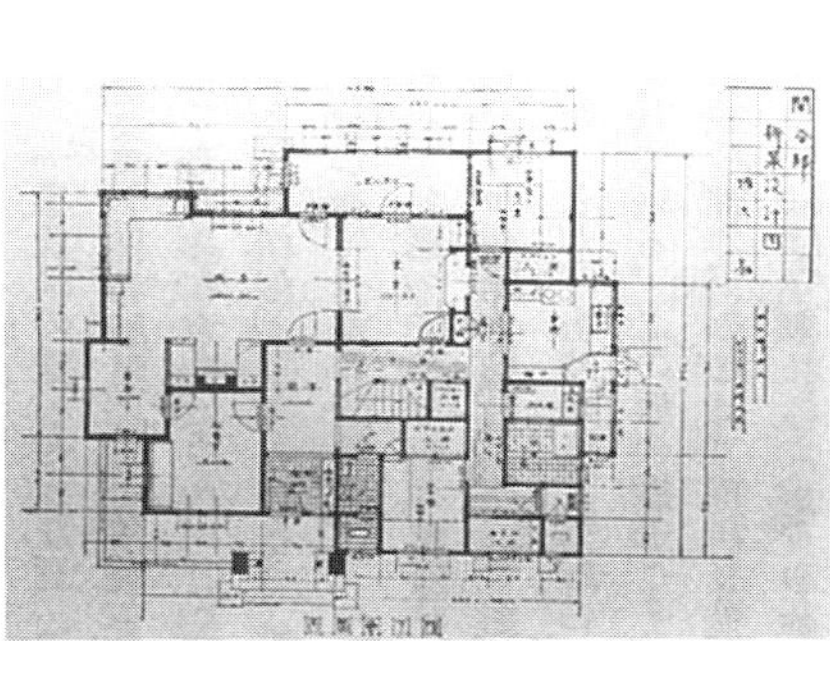

図Ⅲ⑲①　関谷邸　一階平面図

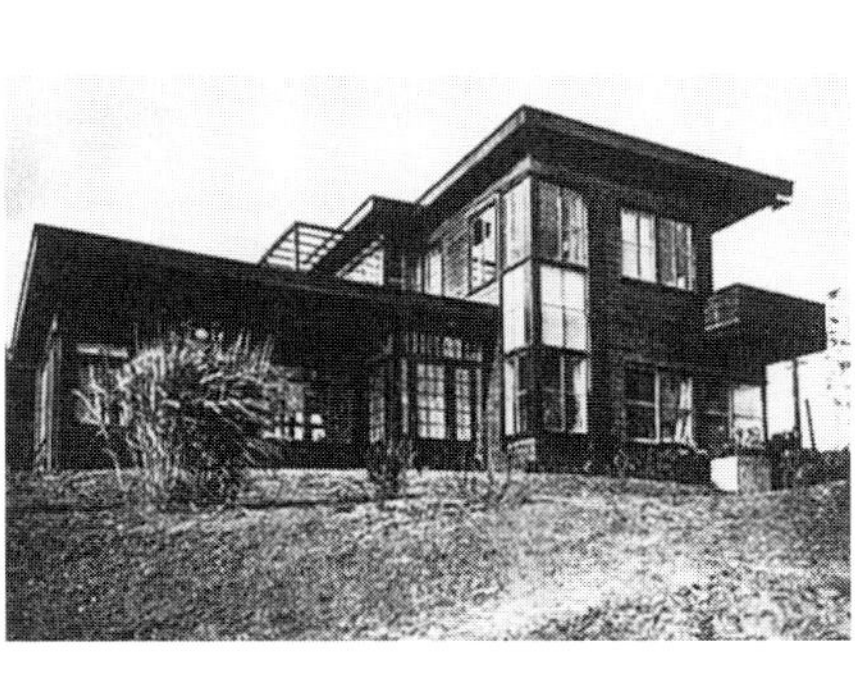

図Ⅲ⑲②　平野真三郎邸

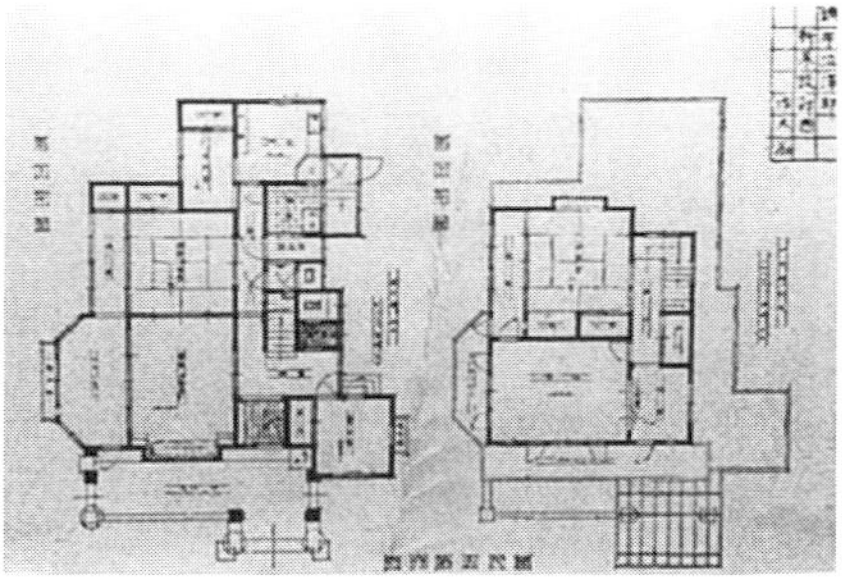

Ⅲ 193

図Ⅲ193　渋沢邸　一、二階平面図

Ⅲ 194

図Ⅲ194　渋沢邸　外観

Ⅲ 195

図Ⅲ195　渋沢邸　書斎

Ⅲ 196

図Ⅲ196　渋沢邸　居間

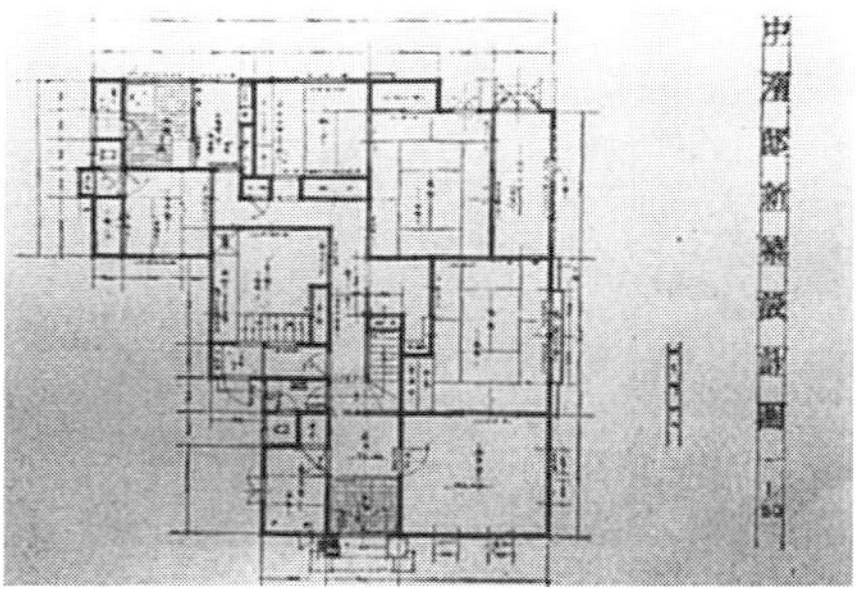

Ⅲ 197

図Ⅲ197　中浜邸　一階平面図

Ⅲ 198

図Ⅲ198　中浜邸　外観

Ⅲ 199

図Ⅲ199　中浜邸　居間

Ⅲ 200

図Ⅲ200　深谷健一郎邸

図Ⅲ(201) 伊藤奎次郎邸

図Ⅲ(202) 丹羽邸

図Ⅲ(203) 池田政鋹邸

図Ⅲ(204) 市川常蔵邸

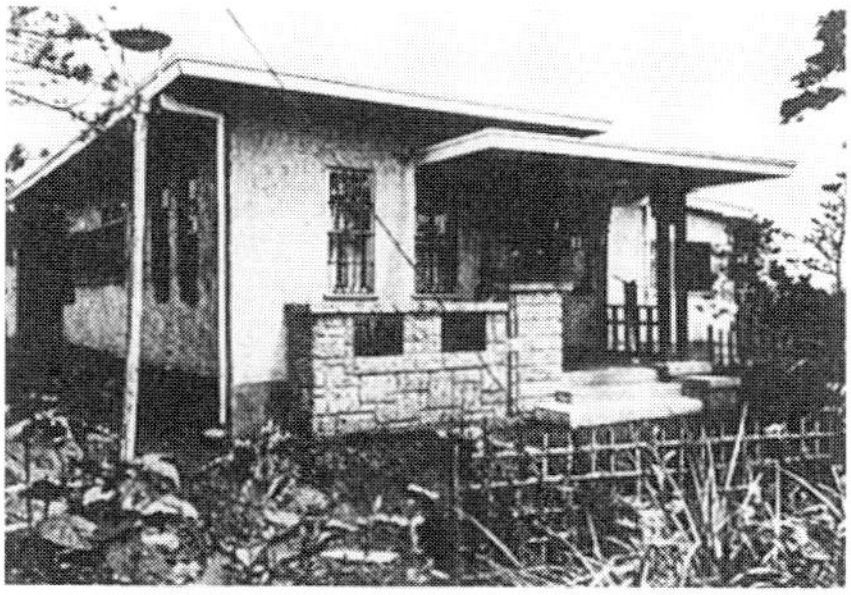

図Ⅲ(205) 福岡一邸

図Ⅲ(206) 吉田待郎邸

図Ⅲ(207) 横山進一郎邸

図Ⅲ(208) 宮坂邸

（階数制限）、四（建ぺイ率制限）、五（建築線制度）の制限も、田園調布の分譲敷地が百坪〜五百坪であることを考えると、ごく普通に建てれば良いことで、自ずと守られたと考えられる。

むしろ、一番の問題は、二の塀の件で、この文では〝塀を美しく〟と謳っているが、実際には、〝塀を作らず低い生け垣とし、外から庭を見ることができるようにする〟という協定であったことが、当時の渋沢秀雄の回想や田園調布会の会誌から知られている。この塀の撤去こそ、今だに伝えられる田園調布の町並精神で、これは、特別な場合（地形上、強風が吹くなど）をのぞき、ほぼ守られたようである。

それまでの都市型の庭付独立住宅は、江戸の武家住宅の伝統を受けて塀を作るのを常としたが、ここにはじめて、塀のないオープンな町並が生れたのだった。そうしたオープンな町並の中に建つ個々の建物のスタイルについて触れておくなら、決まった傾向はなかった、というのが正直なところである。

当初、〝洋風地区を決めた〟、とも『東京横浜電鉄沿革史』は述べているが、実行された形跡はない。もしスタイルの統一があったとすれば、田園都市会社が設計・施工を請負った場合に限られるが、それとて量は少なく、一つのトーンをかもすには及んでいない。現在まで残る例や、当時の写真から見ると、伝統的な和風をはじめ、いかにも大正風の洋館、さらに昭和初期のモダニズムまで、大正から昭和初期に日本に存在したたいていのスタイルはここに登場している。

しかし、同時代に形成された他の郊外住宅地とくらべると、やはり、一つの特徴はある。これは、いろいろの住宅地を見歩いた私的な視覚の体験から言うことで、けっして定量的に計った結果ではないが、田園調布はやはり洋館が目立つ。名作、大作はないが、中規模の粒のそろった洋館が多い。たとえば、中野邸、旧武道《たけみち》邸、矢野一郎邸などは、いかにも田園調布らしい洋館である。

以上、田園調布について、大正四年の発端から、大正十二年の誕生、そして大正末から昭和初期にかけての創草期のことを、物理的な町づくりの問題を中心に述べてきたが、以下、その後のことを簡単に述べて、終りとしたい。

この町の母体となった田園都市会社は、昭和三年五月五日、当初予定した洗足と田園調布の分をほぼ売り終えると、すでに分離独立していた鉄道部門の目黒蒲田電鉄に合併吸収される。吸収先の目黒蒲田電鉄は、五島慶太のワンマン会社として、その後、急速な発展をとげ、東急となるわけだが、しかし、もう二度と田園調布のようなゆとりの開発は手がけなかった。

一方、田園調布の町の方は、創草期を終えると、すぐれた環境と仲の良い住民の二つをセールスポイントにして、日本の代表的郊外住宅地として広く知れ渡ってゆく。しかし、その結果、戦後になると、皮肉な問題を引き起こすようになる。つまり、知れ渡れば知れ渡るほど地価は上昇し、サラリーマン住宅地から超高級住宅街へと質的な変化を余儀なくされ、あまりの地価に、親から子への遺産相続は不能になり、その結果、土地が細分されるか、もしくは、売って転出し、後に〝わけあり〟の人々が入るようになる。もちろん、そういう人々は、わけがあるから塀を高くするし、町を全体として良くしようという気はさらに無い。

こういう悲しい変化は、まだポツリポツリと目に入るていどだが、しかし、遺産相続の度ごとにこうした方向へ町は向っている。

Ⅳ

忠太という人

はじめてヨーロッパの建物の歴史を学んだ時、一番たまげたのは、

〝ギリシャ神殿は木造だった〟

という説明である。青空に突き出すように盛り上るアテネの丘に立つあの白亜のパルテノン神殿の形式も、源をたどると木造に行きつくというのである。地中海沿岸の国々が太古の頃にはうっそうとした森におおわれていたという話は、〝レバノン杉〟の盛衰の話などを通して知っていたが、まさかヨーロッパの石造建築の長くて重い伝統の原点に位置するギリシャ神殿が実は木の建物からスタートしたなんて話は大学に入って建築の歴史を学ぶまで思いもよらなんだ。高校までの間に、法隆寺の柱のふくらみはギリシャのエンタシスに由来する、とか、正倉院の校倉造は湿度調整能力を持つ、とか、今日、専門的に見るといささかアブナイ話は修学旅行のおりなどに聞かされていたが、専門的に見て異論のないギリシャ神殿木造起源論については残念ながら教えられてこなかった。

ギリシャ神殿の一番の見所は大理石から削り出した太い列柱だが、その柱に木造時代の記憶が刻まれている。柱は上に行くに従って細くなるいわゆるエンタシスの状態になっているが、これは木の丸太柱の名残り。また柱には波状のタテの溝《フルーティング》が浅く彫られているが、これは丸太の樹皮のタテジワを象徴化したもの。柱の上に水平に置かれたのは木の梁の形をしているし、軒先には垂木《たるき》の端部を模したサイコロ状の飾りがずらりと並んでいる。

明治の早い時期に大学で西洋建築を学んだ建築家たちにとって、ギリシャ神殿木造説は、今のわれわれ以上に新鮮に映ったにちがいない。

以上のような知識を学んで、明治二十五年に大学を卒えた伊東忠太は、日本建築史という未開の分野に最初の鍬を入れることを師の辰野金吾より期待され、大学院に残り、学生時代に見学旅行で目にして強い印象を受けた法隆寺建築の研究を開始し、法隆寺こそ日本の仏教建築の現存最古の実例であり、世界一古い木造建築である、ことを発見する。

そして、同時に面白いインスピレーションを得た。目の前に立つ法隆寺の中門と歴史の教科書で習ったギリシャ神殿の姿が、作りといい各部のプロポーションといいなんとなく似通っているではないか。とりわけ、中門の柱の胴張りはエンタシスをしのばせる。

法隆寺の形は、ユーラシア大陸を点々と伝って、ギリシャから到来したのかもしれない――こんなトンデモナイ仮説が頭に浮かんだとしたら、ふつうの学者はどうするか。おそらく、面白い説として仲間うちに語ってすませるか、欧米の学者がペルシャやインドや中国の建築について研究した本を読んで参考にするか、くらいだろう。ところが伊東忠太という人は、何に衝き動かされたのか、日本とギリシャの間を、つまり中国、インド、ペルシャ、都市でいうと北京からトルコのイスタンブールまでを、ロバにまたがってカポカポと歩きはじめた。それも、三年間を費やして。

テーマは二つ。一つは、ギリシャと法隆寺の間の失なわれた鎖の輪を探すこと。もう一つは、法隆寺の元になる中国とインドの仏教建築を探索すること。

三年間を費やして歩き回った成果はどうだったんだろう。ギリシャ・法隆寺問題についてはこれといった証拠は見つからなかった。エンタシスがユーラシア大陸を西から東へと伝わった跡は残されていなかった。大胆な理論のために三年間を思い切り棒に振った快男児学者、というわけである。

しかし、仏教建築の源流を訪ねる方面では多大な成果が上った。まず、北京をベースに探索を開始し、その中で雲崗の石窟寺院を発見する。その日の日記、

「十八日

今日ハ大同ノ西三十里ナル雲岡ノ石仏寺へ行ク予定ナリ、午前四時ヨリ起キテ準備ス、県庁ヨリ官吏一人、兵一人案内ニ来ル、今日ハ岩原非常ニ困頓セシ故休養ノ為メ留守番ヲナサシメ、一行三人二人ヲ案内者一人ノ従者、合セテ六騎、午前五時出発ス、西ニ進ム事十里余ニシテ武周川ニ出ツ、川ヲ溯ル事ナホ二十里ニシテ午前七時雲岡ニ達ス、今日一行ノ馬頗ルヨク走ル、今マテ尤モ弱シト見ヘシ赤馬尤モ健脚ニテ他ノ馬之ニ追付クニ難シ、蓋シ宿ノ従僕之ニ騎シタレバナリ、支那北部ノ人ハ生レナガラニシテ騎ニ長スル事、漁夫ガ生レナガラニ游ギニ巧ナルニ似タリ、馬モ乗リ手次第ナリ、彼等一行ノ馬ヲ評価シテ十両ト云ヒシニハ一同弱リタリ、石仏寺ハ魏ノ拓抜氏ノ時ニ創立セラレ、今日マデソノ儘ニ保存セラル、稀有ナルRock cut templeナリ、実ニ世界ノ奇ト云フベキモノナルガ、普ク世人ニ知ラレサルハ遺憾ナリ、コノ地河岸ノ石壁ヲ穿チテ仏像ヲ作リ出シタルモノナルガ其数無等、其大ナルモノハ大仏殿、如来殿、弥勒殿、仙籟洞等一群メノ洞ヨリ更ニ西ニ連ナレル五ツノ石室ナリ、始メノ三殿ハ四層ノ大厦ヲ岩面ニ作リアリ、大仏ハ高サ六丈余第四ノ石室内ノ仏ハ高サ約六丈実ニ天下ノ奇観ナリ、加之其仏相、装飾ノ手法、模様等ハ、……実ニ我カ法隆寺式ト全ク仝シキモノアリ、鳥作ノ仏ト符合スルモノアリ、壁画ト同型ノモノ、金堂建築ノ手法ト附合スルモノ、実ニ意外ノ又意外、余ハ法隆寺ノ郷里ヲ知リ得テ其嬉シキ事限ナク、昼飯ヲ食フノ時間モ惜マレテ午後五時ヲ過クルマデ一気ニ調査シテ事ノ要領ヲ得タリ、実ハコヽニ数日逗留シテ研究スルノ価値アルナリ。他ノ両氏ハコノ間ニ石炭坑ヲ（五里アリ）見物ニ行キシカ五時半帰リ来レリ、一行直チニ寺ヲ出テ、馬ヲ飛シテ大同ニ帰レバ七時ヲ過グ、直チニ善化寺ト云フ遼代ノ建築ヲ手元ノ見へルマデ視察シテ宿ニ帰レバ、龍氏ヨリ種々ナル料理ヲ贈リ来リアリ、一行餓虎ノ肉ヲ争フカ如ク、舌鼓打テ喜ヒ食ヒ、玫瑰ニ瓶ヲ傾ケテ微醺ヲ催フシ、快云フベカラズ、食後写真ノ入レ替ヘニ時ヲ費セシガ明日ハ早朝ヨリ要アレバ十一時半ニ及デ寝ニ就キタリ。今日行程六十里。今日雲岡ノ石窟寺ヲ見学シテ愉快言フ可カラズ、十時間ノ調査ニ大体要領ヲ得タルコトノ嬉シサハ譬フルニ物モナシ」

こうした成果を残して、北京から西安へ、西安から雲南そして山を越えてビルマ、さらにインドへと、仏教建築の源流をたずねる旅を重ね、中国の西域の砂漠地帯をのぞいて中国とインドの主要な仏教遺跡を探訪することができた。もちろん、日本の建築家としては最初だし、世界的にみても仏教建築をこれだけ通して見たのは伊東がはじめてだろう。

ギリシャ・法隆寺問題、仏教建築源流探訪という法隆寺に発する二つのテーマは、一勝一敗の結果に終ったが、このほか番外の勝ちがあった。

〝建築進化論〟である。中国からトルコまで、さらにエジプトを加えて、世界の歴史的大文明の跡をたどり、建物を観察する中で、ギリシャで起ったことがどこでも起っていることを知る。ユーラシア大陸各地の石や煉瓦の建物が、元をたどると木造に行きつき、石や煉瓦になってからも木造時代の形の遺伝子を保存している。

世界の建築に普遍的に観察される木造から石造への転換、この現象を伊東は進化の過程と理解した。石造にくらべ木造が劣っているとは考えない現在の目から見ると、木造→石造という変化をただちに進化と理解するのは短絡的すぎるが、明治の建築家にとってはそうとしか思えない事情があった。

ヨーロッパに対する文明的劣等感がまずあり、実際上も、火事によってたやすく消失する木造建築はとても文明的とは思えない。日本の未来を木造に托すことはできない、と誰もが考えていた。住宅はともかく、近代の官庁や会社や工場を木造に托せないのは当然である。その一方、法隆寺このかたの日本建築の伝統をなんとか生かしたい、という強い気持ちもある。木造はダメだが木造の伝統は生かしたい、という欧化と国粋の二方向に明治の建築家の意識は引き裂かれていた。法隆寺の発見者たる伊東はその代表であった。

ところが、ユーラシア大陸踏破の経験によると、ギリシャのみならず建築というものは、サルから人が進化したように、おしなべて木造から石造へと進化する宿命にある。とするると、日本の木造も石造や煉瓦造に進化できるにちがいない、と、考えたのである。

サルをいくら長く飼っても人にはならないらしいが、建物は人工物だから人為的に進化させられるにちがいない。この確信に基づき、彼は、進化実験を開始し、最初の成果として、明治四十五年、京都の西本願寺の門前に真宗信徒生命保険会社を生み出す。この建物ではさまざまな試みが行なわれているが、その一つに木造の形の石造化というのがあって、木の柱や長押、木組、破風の作りなどが木から石へと置きかえられている。

実は、建築家伊東忠太の本当の先駆性というのはこの辺までなのである。『建築哲学』というすぐれた卒論を書き、建築を論ずるということを日本ではじめて始めたのが明治二十五年で二十六歳。法隆寺を発見しそして論文にまとめ、建築史の道を開いたのが三十二歳。ユーラシア大陸踏破に出発したのが三十六歳。帰国して帝国大学教授に上ったのが三十九歳。建築進化論の発表が四十三歳。そして以上の行動と思索の成果を真宗信徒生命保険会社という形にまとめたのが明治の最後の年で、四十六歳。

ここまで、伊東は、バリバリと音でも立てるようにして、日本の建築界の先陣を駆けた。しかし、大正に入ると、時代の先端のテーマからはズレるようになり、代りに、建築界とりわけ伝統建築、アジア建築方面のオーソリティへと納まる。昭和九年に完成する伊東の代表作築地本願寺はインドの仏教建築の様式を踏まえた大作として世に評価は高いけれども、どこか歴史的知識だけで組み立てたような生硬なところがあり、真宗信徒生命保険会社のような生気が感じられないが、昭和九年という完成の時期を考えると、オーソリティとして上ってしまっており、彼の内側でインドに向ってフツフツと湧くものが沈静化していたのだからしかたない。

ここでオーソリティという内容を正確に記しておく必要がある。伊東は、日本とアジアの伝統建築の草分けとして、学士院と芸術院（この名は戦後）の両会員となり、もちろん文化勲章も授けられている。学者として伝統建築のデザイナーとして最高の栄誉に輝いたと言っていいのだが、しかし私見によれば、学者としてもデザイナーとしてももっとスゴイところまで続く道の門口に立っていたはずである。その道にちょっと足を踏み入れながら、そんなこととは気づかずに道からズレたところで道草を楽しんで終えてしまった、ように思えてならない。

たとえば学者としての伊東を見ると、法隆寺を発見しながら、それ以後に日本の歴史学界をにぎわす法隆寺再建非再建論争には傍観をきめ込む。この論争こそ日本の古代史研究のレヴェルを一気にあげた転換点なのに、張本人は、いつ出来たかよりは様式の方が大事と言い放ち、全く興味を示さないのである。雲崗の石窟寺院の発見だって、以後ももっとしつこくくらい付いていれば、世界を代表するアジア学者への道が開かれていた。

デザイナーとしては、もっと大きな魚を、やや危険な魚ではあるが、釣り逃したと言える。伊東のアジア建築研究は、後に述べるように、大谷光瑞とつながっており、大谷の大アジア主義に建築的な形を与えたのが伊東にほかならない。真宗信徒生命保険会社（図Ⅳ①）も築地本願寺（図Ⅳ②）も、大谷光瑞を発注者とする仕事である。アジア建築のオーソリティとしてこうしたインドふうスタイルを手がける一方、伊東は日本建築のオーソリティとして、靖国神社、明治神宮をはじめとする各地の国家神道建築とさらに朝鮮神宮と台湾神社を手がける。戦後に現地の人々によって引き倒されることになる神社である。

日本の国粋を示す時には神社を建て、アジアに向ってはインドの仏教スタイルを使って、連帯を語る。この構造はそのまま戦前の国家主義と大東亜共栄圏の考え方に重なる。大谷光瑞はこうした道を西本願寺の力をバックに突き進んだ日本人ばなれした、〝巨人〟として知られているが、わが伊東忠太先生は光瑞に支持されて同じ道に立っていながら、そして現実にそうとう路面を進んでいながら、その自覚は全くなかった。もし、自覚があれば、日本のシュペアーになったかもしれないが、そういう歴史全体の構図を見る視点を欠いていたおかげで、また、政治や国への関与は床屋政談の域を出なかったおかげで、昭和二十年の敗戦は個人的落胆ですますことができた。

このことは、伊東個人にとっては幸なことにちがいないが、別の見方をすると、ふつうの建築学者には望めない〝大悪〟になるチャンスを逸したとも言えるのである。日本の近代建築史研究を仕事とする私としては、一人くらいそういうヤツがいてくれないと……。

法隆寺の発見から真宗信徒生命保険会社までの間が、建築家伊東忠太本当の華の季節であったわけだから、ここまでを語り終えたら伊東のことはもう忘れてもかまわない、あとはなりそこなったシュペアー、と言えなくもないのだが、しかし、こうした建築史的な評価というか知性による学術的な押さえではとらえ切れない奇妙な後味が残る。指の間からなま温かい液体がこぼれ落ちたようなヌルリとした感覚。爬虫類の肌ざわり。

このあまりいいとは言えない後味の正体を探るため、迂回路に入るが、もう一度、ギリシャ神殿に触れよう。もし彼が、ギリシャ建築への歴史的理解が深まった現代に生れていたら、法隆寺の先祖として、また木造の記憶を宿すものとして、といった関心よりももっと彼自身の内実とよく共鳴する視点でギリシャの白亜の神殿を眺めたにちがいない。現代の建築史がとらえたギリシャ建築論は伊東の頃とは決定的に異なっている。

ギリシャのスタイルは、ルネッサンス期の古典ヨーロッパ再発見以後、知性や民主主義、ヒューマニズムを象徴するスタイルとして高く評価されてきた。アメリカが独立した後にギリシャのスタイルが大流行を見ているが、これも、建築家兼大統領のジェファーソンはじめ当時のアメリカのリーダーたちが、ギリシャのスタイルに民主主義とか市民の独立といった思いを込めたからにほかならない。

しかし、今の評価はそれだけでは納まらない。たとえば、J・ハーシーの『古典建築の失われた意味』（白井秀和訳）、によると、ギリシャ神殿のさまざまな形は理性や民主やヒューマニズムとは正反対のところから由来しているという。ギリシャの柱の作りには三つのスタイルが知られているが、一番オリジナルなドリス式の柱頭飾り《キャピタル》の偏平なマンジュウ形は、その昔にはとげ状の絵が描かれ、魔除けの意味が込められていた。木の柱の上端にとげ状の葉をしばりつけて祈った名残り。コリント式のキャピタルは地中海大アザミの葉を模したことで知られ、一つの可能性としてはアザミのトゲによる魔除け効果もあるが、元々は神への犠牲として柱上に供せられた獣の巻き毛ではないか。イオニア式のキャピタルは、左右の渦巻が特徴で、これは柱上に巻き貝を供したとの説もあるが、犠牲獣の代表格の羊の頭の角とみた方がいい。

柱の根本の礎盤《ベース》と呼ばれる鏡モチをいくつも重ねたような形の解釈は大胆で、犠牲の動物をしばりつけた縄から来ている。柱の上に展開するエンタブラチャーと呼ばれる水平の帯は、神に捧げた供物の台に由来し、牛の頭骨や花房の飾りは供物そのもの、タテに三つに割ったトリグリフの彫刻は犠牲獣の大腿骨、その下端に小さな三角形が点々と並ぶさまは犠牲からしたたりおちる血液や体液の形象。

ようするに、ギリシャ神殿の元々の形というのは、木の丸太柱を立て、植物や犠牲の動物をしばりつけ、台の上には解体された動物の頭やら肉やら骨やらを山盛りにしたものである、と。

ここから先は勝手な推測だが、こうした供物を神に献ずるだけでなく、献じた後は、降ろして人々もそれを食べ、ブドウ酒をあおり、神人共食の宴を開いたのではあるまいか。酒と肉とくれば、もう一つ女性も欠かせない。ハーシー先生は、最高の犠牲として娘や高貴な女性が殺されて供されたことをいい、神に仕える巫女たちは、祈りに来た人々と交わった、という。中世のキリスト教会でもそうした習がよく知られているし、古代の日本の神社でも似たようなことがあった可能性があるが、信心深い人々は神と深くつながるため、神の代りに巫女と交わった。

ギリシャ神殿は、呪術に包まれた肉と血と女の館だった、というのである。

神殿に祭られる神様もそれにふさわしかったらしい。たとえばギリシャを代表するアクロポリスの丘のアテネ神殿の場合、神殿の中では蛇が飼われており、神殿の正面の三角破風《ペディメント》の中には、下半身が蛇体の二人の人物が下半身をからみあわせたり、アテネの女神が手に蛇をかかげたりする像が彫り込まれていた。言うまでもなく、中国の女媧・伏羲図像や日本の縄文時代の蛇体彫像をはじめ世界的にも蛇は太古の人によって生命の源と見なされている。春になると大地の穴から出てくる習性、脱皮、からみ合ったまま何時間も持続する交尾、踏んでもたたいても皮をクルリとムイたってカマ首を持ち上げるエネルギー、もちろん男根との相似、こうしたことから太古の人々は蛇こそ生命現象のシンボルと考えた。ギリシャの人々も同じで、アテネの女神は蛇の神だった。

こんな話は、ギリシャ神話に登場する半身半獣や闇にうごめく奇妙な動物のことを思い浮かべればすぐ納得できることなのだが、ルネッサンス以後のヨーロッパの人々は、そっちにはフタをして、理性と民主主義の方だけに光を当てたのだった。

もし伊東忠太の頃に、今日の正しいギリシャ神殿理解が知られていたなら、伊東の生涯と伊東を祖としてはじまる日本の建築史や建築論、さらにはアジアや日本の伝統を踏まえた建築デザインも、よほどちがったものになっていたのではあるまいか。なぜなら、伊東こそギリシャ建築の怪異な面を〝おお、お前もだったのか〟と抱きしめるように理解することのできる珍しい感性の人だったからである。

証拠はどっさりある。

伊東が元気な内（昭和十六年）に作られた『伊東忠太建築作品集』は、建築作品とうたいながら、最初のページを開くと、自作の絵〈釈迦降魔相〉（図Ⅳ③）が登場し、菩提樹の下に座すシャカの周囲に獣頭人身の怪獣や足のある蛇、コウモリの羽を持つ小鬼、トカゲ、サソリ、毒々しい色の蛇身が群れる。もちろん主役はお釈迦様だが、筆の勢といい描写力といい明らかに物の怪《け》や爬虫類の方が勝っている。彼の関心がどっちに傾いているかは疑えないが、次のページを開くとこれはもうそのまま画題も〈魑魅魍魎〉。爬虫類の姿をベースにしたチミモウリョウがくんずほぐれつの大乱戦。

さすがに作品集からははずしたが、自分で想像した妖怪変化、物の怪、魑魅魍魎の類ばかりを集めた『怪異

図Ⅳ①　真宗信徒生命保険会社全景（撮影・藤森照信）

図Ⅳ②　築地本願寺全景（撮影・藤森照信）

図Ⅳ③　釈迦降魔相

図Ⅳ④　二楽荘

Ⅳ①

Ⅳ②

Ⅳ④

Ⅳ③

図案集』（図Ⅳ⑰）も遺品の中から発見された。中国はじめ各地に調査に出かけた時のフィールドノートの中には、建物に飾られていた幻獣や霊獣のスケッチが入っている。もちろん建築史研究の一環でもあるのだが、そうした空想獣についての研究までやっており、強い想い入れを持っていたことは間違いない。伊東以外にこうした面に研究のメスを入れた建築学者や古美術学者はいないのだから、伊東の特異性が納得されよう。

こうした感覚は建築デザイナーとしての伊東の仕事にどのように影を落としているのだろうか。怪異の姿を装飾として取り込むのは当然で、後に述べるようにいくつもの例があるが、そのように直接的でなくとも、建物の全体として奇異な印象を与えるものがいくつかある。

明治四十三年に完成した六甲山麓の二楽荘（図Ⅳ④）はどうか。この建物について、前出の昭和十六年の『伊東忠太建築作品集』は伊東の設計によるとしているが、完成の時の記録では伊東自身が自分は顧問で設計者は鵜飼長三郎だと記している。伊東は直接、線は引かず、西本願寺の営繕担当の鵜飼長三郎が手がけたわけだけれども、しかし一介の棟梁上りと覚しき建築技術者に二楽荘に見られるようなインドをベースにペルシャの歴史的様式を加味したデザインを発想することは不可能であり、当時の日本でインドの仏教建築や古代ペルシャの建築について知っていたのは伊東唯一人であったことを考えると、顧問の伊東の強い指揮下でデザインされたと考えてまちがいない。

伊東がどう関与したかも含めて、二楽荘は今となっては幻の建物だが、完成した時から不思議なベールに包まれていた。

西本願寺の法主である大谷光瑞の住いとして作られたわけだから、もっといろいろ建設の事情が伝えられていいはずなのに、ベールに包まれたのは、光瑞の個性が、その余りに世間の常識を超えた巨大な個性が全面的に表に出てしまったからにちがいない。少なくとも西本願寺の僧侶たちはついて行けなかった。

まず、入口からしてただごとではない。六甲山の中腹を開いて家が立っているのだが、そこに通ずる道はなく、専用のケーブルカーに乗らなければならない。世俗の常識から切れた別天地を構えようという光瑞の心意気のよく発露したアプローチといっていい。

来訪者はケーブルカーを降りるとこの世とは思えない光景に迎えられることになる。目の前にはお花畑が広がり、池には蓮が咲き、その向うには鮮やかに色どられたインド風の建物が六甲の山脈を背にスックと立つ。そして、一歩足を入れると、これはもうインドのマハラジャの宮殿やアラビアンナイトと見まごうようなインテリア。建て主の光瑞は、この館に、信徒の中からよりすぐった見めうるわしき少年たちを集め、一緒に暮し、教え、アジア雄飛にそなえた。

二楽荘への伊東の関わり方は〝顧問〟であり、施主の大谷光瑞と語らい、アジア建築の専門家として全体の方向を決める働きをした。この仕事を通して光瑞は、忠太がアカデミックな歴史家には納まり切らない妙なところのある人物であることを知ったにちがいないし、感性の中にアヤシイ質を沈澱させていることも見抜いたにちがいない。もちろん好意を持って。この西本願寺の生き仏は、六甲の二楽荘に引き続き、本願寺の門前に信徒のための真宗信徒生命保険会社の建設に取りかかり、今度は、伊東に設計を托し、鵜飼長三郎をその下に配して実務を担当させる。

光瑞・忠太コンビによる初の建築表現ということになるが、明治の最後の年に完成した建物はもちろん読者の好奇心を裏切らないだけの輝きを、西本願寺門前の線香の香のただよう仏具屋街の屋並みの上に、放った。

まず目を引くのは角のドーム付の塔で、インドのストゥーパ（仏舎利塔）に倣っている。開口部（窓・出入口）回りも、たとえば裏側入口のようにインドふうアーチを取り込む。

インドふうをベースにしながら、ドームや軒の上端部の飾りにはペルシャ（イスラム）ふうを取り込む。日本式も加味され、千鳥破風、法隆寺由来の人字形割束、斗《ます》などの造形が、すでに述べたように、木造から石造への進化の実験として試みられる。

このように、インドを中心として西側のペルシャやイスラム、東側の日本といったアジアの形を身にまといながら、赤煉瓦の壁面に白い石のバンドを回すところはイギリス式、具体的にはヴィクトリア朝風、さらに絞るとヴィクトリア朝の末期のクイーン・アン様式に近い。当時のインドでは、ヴィクトリア朝様式の中にインドの形を取り込む試みがいくつもなされているが、その辺が伊東の念頭にはあったのだろう。この小さな建物に、インドを中心にユーラシア大陸の形が、両ハジの小島の日本とイギリスまで含めて、刻み込まれている。

光瑞と忠太の気宇の壮大さがしのばれよう。忠太元来の性格は、日本人離れした光瑞とは反対にどちらかというと内向的、オタク的だが、何かきっかけがあると、気持ちも行動もフッと世界大に膨張するのである。

言い遅れたが、光瑞と忠太の関係がいつ生れたかについて述べておこう。

光瑞は、鎌倉時代を最後に大陸の仏教が衰えて以後、数百年におよび東アジアの孤島の内に閉ざされてきた日本の仏教を世界に向って開くことを考え、その基礎作業として、仏教の源たるインドと古い仏教の形をよく残すチベットを踏査し、よりオリジナルな仏典を得ようと探険隊を派遣する。かの大谷探険隊である。

探険隊は、明治三十五年の第一回、四十一年第二回、四十三年と三次にわたり派遣されるが、第一回の時、具体的には明治三十五年四月十二日雲南の入口の楊駅の地において、大谷探険隊の支隊と忠太は出会う。

この出会いが、帰国後の忠太を光瑞に結び付け、明治四十三年の二楽荘、明治四十五年の真宗信徒生命保険会社、そして昭和九年の築地本願寺が生れる。忠太は、西本願寺系以外の仏教寺院の本堂をいくつも引き受け、お寺の専門家といってよいほどの地位にあったが、インドふうを実行したのは西本願寺系の仕事だけであり（仏舎利塔は他の系統でもしている）、両者の強い関係はインドなしにはありえなかったことがよく分かる。

さて、光瑞と忠太のコンビが咲かせた真宗信徒生命保険会社の建物にもどって、この異相の建物は、摩訶不思議な動物の群れによって包囲され、いや正しくは守られていた。建物の玄関口の階段の親柱と、敷地の縁に立てられた角柱の上には、カエルのように押しつぶされた獅子（図Ⅳ⑩）にはじまり、長いクチバシと太い足と小さな羽の鳥。目玉と牙をむき毛を羽根のように巻きあげてうずくまる四足の獣。獅子のような顔をして胸を突き出して座る鳥。何であるかがすぐ分かるのは象の像だが、それでも羽根が生えている。

獅子と象が混っていることから、インドの仏教の聖獣を念頭においてこしらえたことは明らかだが、しかし、それだけに納まるものではない。インドの仏教は獅子や象や牛を好むが、聖獣であるから誰の目にも誤解ないようリアリズムで表現し、押しつぶしたり、象に羽根を付けたり、正体不明の鳥類をうずくまらせたりはしない。築地本願寺や各地に建てた仏舎利塔においては、動物の姿をリアリズムで刻んでいるのだから真宗信徒生命保険会社のやり方は確信犯的なデフォルメと見てまちがいない。

動物像の過度のデフォルメ、言ってしまえば怪獣化の現象が露わな忠太作品を他に探すなら、一橋大学の校舎群がある（図Ⅳ⑦⑧⑭⑮⑯）。

スタイルはヨーロッパの中世初頭のキリスト教会で成立したロマネスク様式を採り、その細部の装飾の中に数多くの怪獣、空想動物が顔を出す。たとえば、兼松講堂の入口の柱の柱頭飾りは、羽根の生えた羊と獅子あたりの相の子、鼻先が植物の葉先のように分かれる動物などなど。中に入ると付け柱の基部を下支えする龍の落し子ふう、舌を吐く悪相のウサギふうただしブタの尻尾付、グルグル目玉の怪鳥、下半身は鳥で上半身は手が四本の小鬼などなど。地下室の階段では鬼人が手すりを口から吐き出し、外の壁の隅にはクチバシのやたら長いカモノハシ風の怪鳥が人知れず羽根を休めている。図書館に目を移すと、柱頭飾りの植物紋様の茂みの中にまぎれ込むようにして鬼がひそみ、見上げると、玄関の軒の上から二匹のどうもうそうなケダモノがほえかかる。さらに視線を上に向けると、時計塔の左右の付け柱のてっぺんでは、ケダモノと怪鳥がからみ合うのが認められ、望遠レンズでのぞくと、ケダモノは下から鳥の尾をかみ、鳥はケダモノの背にツメを喰い込ませながら首筋にクチバシを打ち込む（図Ⅳ⑧）。植物と一体化した動物といい、からみ合う鳥とケダモノといい、いずれもロマネスクならではの図像にほかならない。

ロマネスク様式というのは、キリスト教会の歴史の上で最初に定形化して全ヨーロッパに広まったスタイルであり、ここからつづいてゴシック様式が生れ出るいわば教会のベースの様式といえるのに、どうしてこのようなチミモウリョウ、妖怪変化の類が住み付いてしまったんだろうか。キリスト教の教義の中にそのような物の怪は登場しないし、認めてもいない。キリスト教の図像というのは、キリスト教とその使徒の生涯にかかわるものに限られる。にもかかわらず、ロマネスクの教会に怪獣や空想動物がしのび込んだ理由は、キリスト教導入以前からの、キリスト教の立場から言うと神の光が差し込む以前からのヨーロッパの民衆の心の底にひそむ呪術性がキリスト教の教義を破って表出したからだった。すでに述べたように古代ギリシャ、ローマの文明はむろん、ケルトやゲルマンの文化はなおさら、キリスト教以前の人々の心は呪術とともにあり、呪術に欠かせない怪獣や空想動物が日々の暮しの中に息づいていたが、そうしたものどもが、神の光にさらされてもなお消毒死することなく、ロマネスクの中に生き残った。しかしここまでで、次のゴシックの時代に進むと怪獣たちは軒先のガーゴイル（水吐き）や見張りのグロテスクなど、人目に付かない裏の方に追いやられ、やがて死滅し、図像の領分はキリストとその使徒の像に独占されるようになる。キリスト教から出たイスラム教はもっと徹底し、すべての図像を禁じるにいたる。

かくしてキリスト教とイスラム教により、ユーラシア大陸の西側半分からは、怪獣や空想獣は死に絶えた。しかしさいわいインドから東のユーラシア大陸では組織的な図像殺しは行なわれず、たとえば日本には龍、鳳凰、象、キリン、狛犬、シャチ、風神、雷神、天狗、カッパ、一目小僧、ついでに一反木綿や砂かけババアまで大量の物の怪や怪異が生き永らえることができた。

そういう日本で育ち、子供の頃から妖怪変化の好きだった伊東忠太が、ヨーロッパの諸様式の中でロマネスクに心ひかれたのは当然であろう。

Ⅳ⑥

Ⅳ⑤

Ⅳ⑦

Ⅳ⑧

図Ⅳ⑤⑥　祇園閣（撮影・藤森照信）

図Ⅳ⑦　一橋大学兼松講堂（撮影・藤森照信）

図Ⅳ⑧　一橋大学図書館（撮影・野村渉）

幻視
私の體質は寧ろ弱かった、動ゃすれば病気に悩まされて両親に心配をかけた。私には一時幻視さへ有ったらしい。或る夜母につき添はれて便所へ行くとき、不可思議な鳥だの蛇などが見へた、夫れが臺所の味噌桶の後へ這入り込む。私は母に、あれを捕へて下さいとせがんで母を驚かし困らせた。
Ⅳ⑨

Ⅳ⑩

図Ⅳ⑨　『忠太自画伝より』

図Ⅳ⑩　真宗信徒生命保険会社（撮影・藤森照信）

Ⅳ⑪

Ⅳ⑫

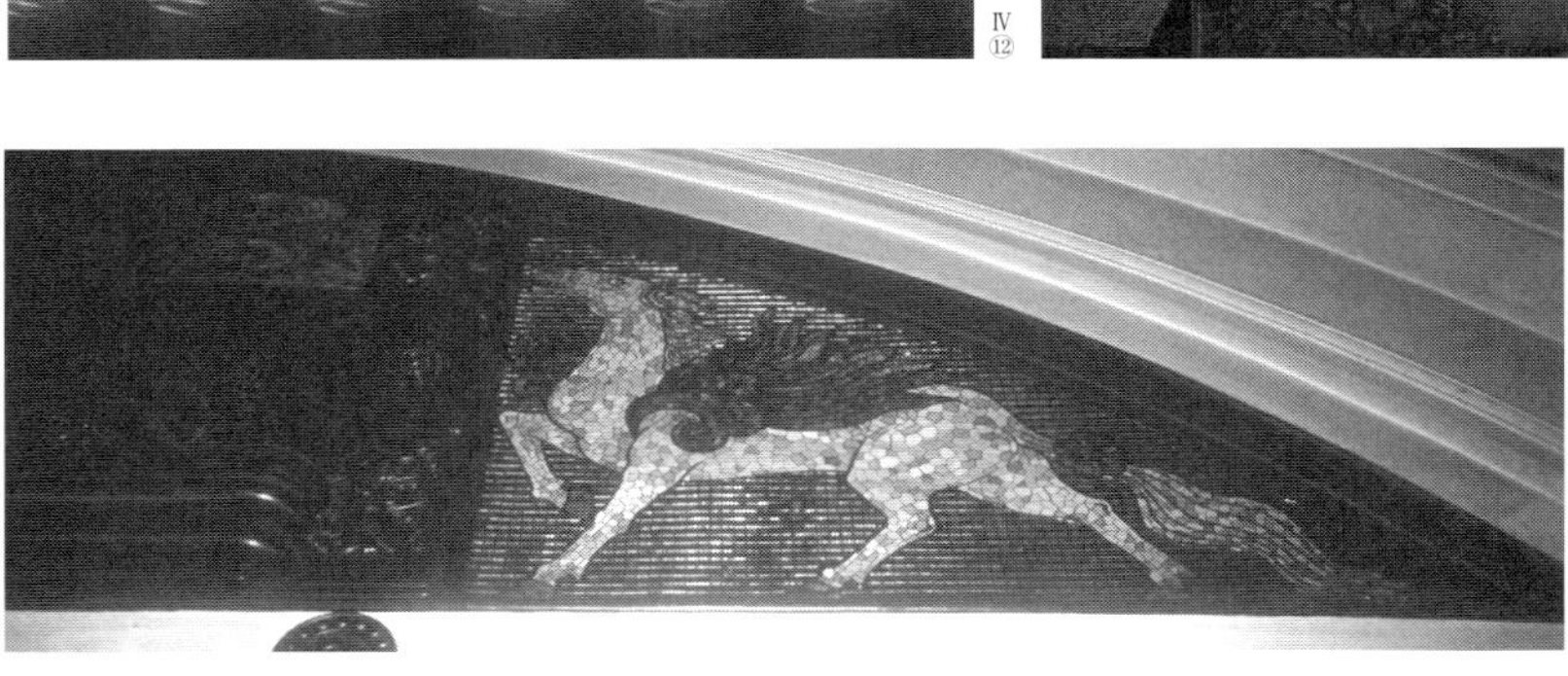
Ⅳ⑬

図Ⅳ⑪　築地本願寺

図Ⅳ⑫　湯島聖堂

図Ⅳ⑬　阪急梅田駅壁画

（以上すべて　撮影・藤森照信）

Ⅳ⑯

Ⅳ⑮

Ⅳ⑭

Ⅳ⑰

図Ⅳ⑭　一橋大学（中国起源の霊獣）（撮影・野村渉）

図Ⅳ⑮⑯　一橋大学（ヨーロッパ系）（撮影・野村渉）

図Ⅳ⑰　怪奇図案集

とすると、ここに一つ大きな問題が生ずる。伊東の業績は、日本そしてアジアの伝統の発見と再生、さらにはアジアの様式をもってヨーロッパに対抗したことにあるとすでに述べてきた。真宗信徒生命保険会社も築地本願寺も、明治神宮、朝鮮神宮や他の神社も、この評価を裏切るものではない。伊東が自覚していたかどうかは別として、神社を建てると同時にインド様式の仏寺を手がけるやり方は、内に向っては神社を核とし、アジアに向っては仏教を通して連帯を訴え、日本を中心にアジアが一丸となってキリスト教の欧米列強と対抗するという大谷光瑞などの大東亜共栄圏の思想ときれいに重なる。

そんな伊東がキリスト教建築の最初の華ともいうべきロマネスク様式をやったりしていいんだろうか、それもいたく楽しそうに。一橋大学を完成させた（昭和四、五年）前後にはアジアや日本への関心が薄れていたというなら別だが、同時期の作品集をめくると、中国様式の大倉集古館（昭和二年）、祇園祭の山鉾ふうの祇園閣（昭和二年）（図Ⅳ⑤⑥）、和風の震災記念堂（昭和五年）、そして築地本願寺（昭和九年）といった日本趣味、アジア主義の代表作を生み出している。

伊東の中ではロマネスク様式と日本・アジア系様式は共存していたと認めざるをえまい。

やっぱりナァ、と息をもらすべきか、日本とアジアのスタイルをもってヨーロッパと対抗しようなどという思想は、本当はこの人にはなかったのである。あったとしてもそれは時代の気分や床屋政談を超えるものではなかった。明治神宮も靖国神社も朝鮮神宮も台湾神社も、そうしたデザイナーによって作られたのは哀しい気もするが、しかたない。

もし一橋大学さえなければナァ……と伊東を第一号としてスタートする日本の建築史の末流につながる者としては口惜しいのだが、当時の建築界のイメージと世間の評価と後世の期待を裏切ってまで彼がロマネスクを採用した理由は、すでに見たように怪獣や物の怪をたくさん登場させられるからだった。

伊東忠太は、図像殺しの及ばないインド以東のアジアの、その中の図像の吹きだまりともいうべき日本の、そのまた中でも格別に物の怪や怪異にやさしかった東北地方の一隅で生れ育ち、少年時代より、そうした現象への強い感受性を持っていた。

妄想力とか妄想体質という言い方があるとするなら、そういう人であった。幼なじみの物の怪や怪異の方が、ヨーロッパ対アジア、キリスト教対仏教といった一時代を背負う大きな構図より大切と思うのはいたしかたない。

伊東忠太という人物の、人生上のテーマのひとつは、おそらく本人も気づいていなかったと思うが、日課のように湧いては消える日々の妄想をどう処理するかであった。ロマネスク様式も、アジア趣味の建築も、そうした妄想を大きくまとめて解放する場だったし、また、生涯を通して欠かさず描いた絵日記も、その日のうちに解消する方法だった、と考えられなくもない。

妄想力や妄想体質を通してたどる日本近代文化史、というものが将来書かれるとしたら、そのうちの一章を占めるにふさわしい人といえよう。

今和次郎とバラック装飾社

震災復興期の建築

『バラック浄土』（相模書房刊）という建築家の書いた本が、建築界以外で注目されている。「バラック」と「浄土」とは奇怪な組合せで、気の早い人は、浄化槽の底にたまった土のことかと早とちりするというが、正真正銘の浄土、かの西方にあるというオシャカ様のパラダイスに他ならない。著者の石山修武《おさむ》は、住宅の理想は「本建築」（今では死語に近いが、バラックの対語）にあるという常識に冷たくつばをかけ、住いのパラダイスはバラックにこそあり、と、逆説とも本気ともつかぬふりをして、その実、本心から、のたもうのである。過激きわまりないこのバラキスト宣言は、本建築の設計で生業をたてている本建築家からはおおよそ黙殺されているが、このことはバラキストにとっても本建築家にとっても大慶至極として、さて誰がよろこんで読んでいるかというと、意外にも、社会風俗研究者やファッション関係者が熱いまなざしを注いでいると聞く。例えば、『モア』や『ノンノ』などの大衆向け女性誌の編集会議で、鬼の編集長が、部員の差し出す思い入れたっぷりのファッション写真に、「うちは『流行通信』じゃあネエンダゾ」とすごんで、突き返すというその『流行通信』の最新号を開くと、なんと、二カ所にも登場するのである。「『バラック浄土』の著者の石山修武氏が夢野久作に共鳴するでしょ。人は全て異郷に住んでいるっていう……」（栗本慎一郎）というぐあいに。

こちらも、遅ればせながら、注目してみると、黒紫の表紙に白抜きの題字という、半世紀前のアナーキスト文芸雑誌を思わせる「一周遅れのトップ」的いでたちの下の方に、やや生硬な惹句《ひきく》があり、言う、「社会環境の総商品化に抗す……自前の建築を夢みながら……」。キーワードは「総商品化」と「自前」にあるらしい。「総商品化」とは、衣食住すべてが売り物になってしまったことをいい、「自前」とは、そうした商業、流通の大勢に逆って建物をつくることをさすが、しかし、すぐさま民芸風や田舎棟梁式或いは世捨て人風の手づくり建築をさすと考えるのはやや短絡で、工業製品を本来の流通ルートや用途から脱線させて使うこと、例えば、石山がすでに実用化したように、土木用のコルゲート鉄板を住宅軀体に使うとか、乗用車用の窓をビルの小窓に転用するとか、も含んで、「自前」という。そうした「自前」がなぜバラックかと、解せない向きもあるかもしれないが、おこもさんの原っぱの家が下水用のヒューム管を家にしたり、ガード式の亭《あづまや》が小型冷蔵庫のアルミのドアーを出入口に使っていることを思い起こしていただきたい。ともにやってることの本質は同じなのである。建築家であれば誰だって、一度は、製品カタログに頼って本建築を設計する自分に腹を立てたことがあるだろう。手づくりを、いやそこまでは望むまい、せめて、製品カタログに抵抗してみたい、製品カタログにうっちゃりを食わしたい。こういう欲望をもっている。それがバラックへの情熱なのだ。固苦しく、歴史的に申せば、産業革命このかた、物をつくる人間が帰宅後の寝床で夢みつづけてきた「自前」という夢、がここでは白昼堂々、紡がれている。

しかし、この抵抗の書が、ファッション関係者にうけたはよいが、これにはいささかの危惧を禁じえない。御承知のように、ファッションというもっとも先鋭な商品は、普通の意味の商品化をつきつめてきた結果、さらにこの先進むには、つまりもっと良く売れるには「自前」の要素が必要だというところまで突き抜けてきており、その手だてを必死で求めはじめているからである。工業化時代のドン・キホーテのような、或いは、遅れてきて工業ヤセしたウィリアム・モリスのような石山修武の「商品化」対「自前」の二項敵対の方程式を、ファッション関係者は、二項調和の方程式に変換しようとねらっている。あらゆる商品がファッションの後を追うという商品化の歴史を思うと、そのうち、総商品化推進陣営が、「自前」を語り、バラック浄土を標榜しないともかぎらない。

今日において、バラックは浄土か穢土か。浄土教の教えによれば、シャカの没後、世はやがて末法《まっぽう》の時代に入るが、五十六億七千万年の後、みめうるわしい弥《み》勒《ろく》菩《ぼ》薩《さつ》が現われて、人々を無明の闇から救って下さるという。石山修武は、弥勒様の化身として現代に降臨されたのか、私は、判断しかねている。ひとまず「バラック浄土へ」と唱え、手だけは合わせておこう。神仏、尊べば、たたりなし。合掌。

建築史家という昔語りの商売が、柄にもなく今出来の本に気をとられ、はたして来るや否やも知れぬ浄土のことを語るのはこのくらいにして、身分相応に過去の話をしてみたい。過去のことでよければ、実は、明治以後一度だけ、日本にも、バラックの花咲いた時があったのである。大正十二年から昭和三年までのわずか五年のことであったが。

バラックの原語はBarrack、辞書に当ると、元来は兵舎、転じて粗末な家、とある。欧米では兵営は粗末につくられるときまっていたからであろうが、わが国ではむしろ逆で、明治のごく初期より、学校建築と兵舎建築は最新の構造と設備が使われていたから、「兵舎」と「粗末」をつなぐ連想は誰にもない。よって、バラックの語は、元来の兵舎を頭ごしに、直接、派生的な粗末な家とつながっている。この言葉が広く人々の口にのぼるようになったのは、大正十二年の関東大震災の時のことで、震災の翌日から、焼土の上に、ポツリポツリと建ちならびはじめた仮の住宅や仮の商店を、人々は、はじめて、バラック、とよんだ。しかし、それまでも大火や地震はたびたびあり、仮の建物もその都度つくられていたのに、それらは仮小屋とか仮建築とよばれ、なぜ、震災の後だけが、バラック、と英語でよばれるようになったのであろうか。当時の語感に従えば「バラック」は「仮建築」にくらべ、ずっとハイカラで、「カフェー」とか「ビヤーホール」といったひびきに近い。人々は、震災のあまりの悲惨と仮小屋ぐらしのみじめさを、せめて言葉の上だけでも、シャレのめして自分を慰めたかったのだろうか。そうではない。実際、建てられた仮建築の方も、バラックという舶来語にふさわしいくらいシャレていたようなのだ。

震災の被害は、山の手の住宅街や、霞ケ関の官庁街、また丸の内のオフィス街では、さほど手ひどいことはなく、もっぱら街全体が燃え上ったのは日本橋、京橋、神田に代表される下町の商業地区で、そこに復興してきた仮作りの商店こそが、バラックの中心で、実際、焼土の上に花開いたバラック商店にはなかなか見所のあるものが多かった。おなじ焼土に咲いても、今次の空襲の跡とはえらいちがいだ。空襲の跡は、焼棒杭にトタンをのせ看板ばかりが目立つ不細工なものが多く、浄化槽の底にたまった泥をかきまわしているようなあわれさがただようが、震災の跡の方は、文字通りのパラダイスではなかったかと思わせるほどに華やかでにぎやかで楽天的で軽快で、蓮の花でも咲きオシャカ様が蜘蛛の糸でもたらしていなかったかと疑われるほどなのだ。

震災後のバラックに建築表現のパラダイスがあったかもしれないなんて、見てきたような嘘をいうな、としかられるかもしれないが、しかし、これは歴史家得意の誇張の類ではない。その証拠に、実際に街を歩き回った人たちの感想をきいてみよう。むろん、半世紀前の証言だが。

……都も人も受けた瘡痍《そうい》はまだ生々しい。仮建てという繃帯に血の滲みをも覚えられる。その完く癒ゆるのは何時の事であろうか。けれども、焦け土の下から、復興の芽が萌え出たように、斯《こ》うした裡《うち》にも、色々なものが産れて来た。その中に、我等の看《み》逃し得ない一つは、少くとも、建築様式に革新を来たした事である。若しも、後世に我建築史を編む者があったならば、日本の建築様式は、客秋の震災を境に変ったと記すであろう。しかもそんな大変革が街のバラック建築から生れ出たのだから、一段と驚異に値す事実であると同時に、自分は其処《そこ》に強い嬉し味を感じている。……建築の美的欲求を、斯の大衝撃によって打ち壊されたと思いきや、赤裸々なるバラック建築に美的のそれがほの見えて、人心の萎縮を、少くとも建築に於て見えない処に心強さを覚える。近頃来朝した印度の詩聖タゴール翁は、亜細亜人の大亜細亜主義文化を高調して、「光は東方より」と云った。事は聊《いささ》か奇矯かも知れないが、日本に於ける建築も「新しい様式は震災から」というようになるかも知れない。即ち、震災は建築様式の一時紀であると同時に、その所産者である。バラック建築の様式を徒らに奇嬌とする勿れ、斯うした背後には、将に日本の建築史に新時代を画すべきものの動いているを達観しなければならぬ。

語っているのは京都大学建築学科の創立者にして、大正、昭和の建築デザイン界のスーパースターともいうべき武田五一である。どうみたって、悲嘆にくれ、明日をうれえている風はない。光はバラック建築から、と、石山修武そっくりのことを、のたもうておられる。これが、パラダイス症候群でなくてなんであろう。

言葉など信じられるか、と疑う者には、実物の準備もしてあります。神田は神保町二―十、さくら通りの旧・東洋キネマをぜひ一度訪れていただきたい。今は、倉庫と貸スタジオに身をやつしているが、もとはといえば徳川夢声が美声をひびかせた活動写真館で、バラック建築の楽しさ明るさ茶目気を、あまさず伝えてくれよう。アーチ、半ドーム、丸窓、折線がファサードにばらまかれ、とりわけ弁士控室の矢印の窓など、ポストモダニズムなにするものだ。

言葉をきいても物をみても、わずか一人、わずか一棟じゃあどうも、という疑い深い人には、『バラック建築』という建築プレート集を用意してある。戦前の二川幸夫ともいうべき高梨由太郎がやっていた建築書専門出版・洪洋社の仕事だけに、細部までくっきり写されている。これを見ていただけば、武田の言が誇張ではなく、東洋キネマが例外ではなく、そして、私が嘘付きでないことを、判ってもらえると思う。プレートをめくってみよう。

のっけから、大正・昭和の代表的建築家が登場する。辰野金吾の初代の弟子の、葛西萬司、佐藤功一、鈴木禎次、田辺淳吉、といったキラ星のごとき名手たちだ。さすがに日銀本店や東京駅といった明治政府の記念碑建築を辰野の下で手がけてきた葛西の帝国生命保険株式会社（図Ⅳ⑱）は固さがとれないが、早稲田大学建築学科の創設教授にして大隈講堂の設計者、佐藤功一となると、野に在る自由は発揮され、藤本ビルブローカー銀行（図Ⅳ⑲）のファサードは功一好みのアール・デコ風模様で大胆に縁どられている。同じ創設教授でも名古屋工業大学の鈴木禎次となると、松坂屋のお抱え建築家としての自制があるのか、上野松坂屋（図Ⅳ⑳）は

Ⅳ⑲

Ⅳ⑱

Ⅳ⑳

図Ⅳ⑱　帝国生命保険会社（辰野葛西建築事務所　東京日本橋）
図Ⅳ⑲　藤本ビルブローカー銀行詳細（佐藤功一）
図Ⅳ⑳　上野松坂屋いとう呉服店（鈴木禎次　東京上野）
図Ⅳ㉑　丸善株式会社中央部詳細（中村田辺建築事務所　東京）
図Ⅳ㉒　松屋呉服店詳細（田辺淳吉・太田保造　東京）
図Ⅳ㉓　島津製作所東京支店（吉武東里　東京神田）

Ⅳ㉓

Ⅳ㉒

Ⅳ㉑

おとなしいが、しかし、細部をみると、奇妙な芋虫様の飾りなど、バラックならではの筆の走りを楽しんでいる。名人田辺淳吉は、どうだろう。丸善（図Ⅳ㉑）と松屋呉服店（図Ⅳ㉒）の二つがあるが、大正建築の名作・誠之堂でみせた内からふつふつと温かいものがわき上ってくるような私的で高貴なデザインは消え、一息に翔んで、着地したところはこのとおり表現派ともセセッションともつかぬにぎやかさ。松屋の大黒様（？）のレリーフなどどうだろう。大正の内向性は、昭和の外向性へと変身している。田辺も、焼け跡に建築表現のパラダイスを見た一人だった。

しかし、田辺の世代は、やはり、明治の帝国大学で辰野金吾の薫陶をえた古風な世代、翔ぶといっても、高度は自ずと低い。さらに一世代若くなると、デザインの楽しさを求めて、天までも翔んでゆく。吉武東里、前田健二郎、関本勇治、角田喜代司などなど、大勢登場。一番手は、国会議事堂のインテリアの設計者として名を知られた吉武東里。島津製作所（図Ⅳ㉓）は、装飾モチーフは山形のギザギザ模様で簡単だが、中央にたて一筋に走るガラス窓とそれを受ける一階の軒線がきいて、バラックならではの軽快さと派手さが楽しい。写真に写る子供を背負った御婦人も鋳鉄製の電信柱も時代相をよく語ってくれよう。前田健二郎となると、さすが芸大の出だけあり、腕のさえは群を抜く。バラックの軽さを逆手にとり、モルタル塗りと木造露出部分をたくみに使い分け、千疋屋という老舗のフルーツパーラー（図Ⅳ㉔）にふさわしい明るく快い表現を生んでいる。前田は、この後、何十年にもわたり千疋屋からフルーツの御歳暮を贈られることになるが、たしかにそれに値するフルーツパーラーの名作といえよう。とてもバラックとは思えまい。焼ける前より繁昌したという伝説はうそではなさそうだ。前田なみの腕をもった者は、街の建築家の中にもいたようだ。長町診療所（図Ⅳ㉕）の角田喜代司も、橘硝子販売店（図Ⅳ㉙）の関本勇治も、経歴はそう詳らかでないが、バラック浄土を思う存分楽しんでいる。こうした時には下手な精神性は捨て、明るく楽しく行くに限るというもの。

むろん、ゼネコンも負けてはいない。設計施工はお手のもの、足りない材料はどこかから調達し、数日の内

図Ⅳ㉔ 千疋屋フルーツパーラー（前田健二郎）

図Ⅳ㉕ 天賞堂本店（清水組 東京銀座）

図Ⅳ㉖ 長町診療所（角田喜代司 東京日本橋）

Ⅳ㉔

Ⅳ㉖

Ⅳ㉕

図Ⅳ㉗ 西川商店（清水組 東京日本橋）

図Ⅳ㉘ 大丸呉服店第二営業所（大林組 東京丸ノ内）

図Ⅳ㉙ 橘硝子販売店（関本勇治 東京銀座）

Ⅳ㉗

Ⅳ㉙

Ⅳ㉘

に建てておみせいたします。清水建設の天賞堂（図Ⅳ㉖）やふとんの西川（図Ⅳ㉗）、大林組の大丸呉服店第二営業所（図Ⅳ㉘）、竹中工務店の呉服町アーケード（図Ⅳ㉛）、などなど。西川の装飾は、ウィーン・セセッションをおもわせるほどのできばえだ。

多くのデザイナーが、一作二作とつくるなかで、一体どんな事情によるものか、ただ一人、群を抜いてたくさん手がけた建築家がいる。かのフランク・ロイド・ライトの愛弟子として知られる遠藤新だ。判っているだけでも、銀座ホテル（図Ⅳ㉚）、岩本商店、山邑酒造、慶雲楼、西村貿易店（図Ⅳ㉜）、東洋軒（図Ⅳ㉝㉞）、陶々亭、盛京亭、と八件を数える。どれも真正面からのライト式で、インテリアだって決して手はぬいてない本格派だ。彼は、大学卒業直前に、辰野金吾の大作東京駅を新聞紙上で批判して、日本の建築界とは縁を切り、ライトの門に入って、しばらく身をひそめていたが、おそらく、震災により何かが解き放たれたのであろう、遠藤新ここにあり、といわんばかりの活躍である。彼は、焼け跡に、心からの解放感を味わっていたにちがいない。のびのびしたデザインによくそのよろこびが現われている。彼にとってバラックは文字通りの浄土であった。ライトの一門では、兄弟子のレーモンドも一作残しており、アイデアルホーム（図Ⅳ㉟）とは用途不明の建物だが、レーモンドのライト風時代の数少ない作品として忘れられない。

かくもあの人この人と登場してくると、たいていのことでは驚かなくなるが、それでも、川島理一郎と吉田五十八の名がまぎれこんでいるのには、目をみはった。川島理一郎はむろん日本の洋画壇の若きエースで、のち芸術院会員として村野藤吾の日生劇場の室内壁画を手がけて、建築界にもおなじみだが、その彼が、絵筆をエンピツにおきかえて、資生堂（図Ⅳ㊱）を設計している。さすがに画家だけのことはあり、線の切り味と面の分割はみごと。若き日の吉田五十八も負けられない。大木合名会社（図Ⅳ㊲）の正面を、アール・デコ調のモルタル細工で飾っている。まさか、この頃は、自分が将来近代数寄屋の大成者になろうとは思ってもみなかったにちがいない。

図Ⅳ㉚ 銀座ホテル 全景（遠藤新 東京京橋）

図Ⅳ㉛ 呉服町アーケードの一部（竹中工務店 東京日本橋）

図Ⅳ㉜ 西村貿易店（遠藤新 東京京橋）

図Ⅳ㉝ 東洋軒（遠藤新 東京日比谷）

図Ⅳ㉞ 東洋軒内部（遠藤新 東京日比谷）

図Ⅳ㉟ アイデアルホーム（レーモンド社 東京神田）

図Ⅳ㊱ 資生堂（川島理一郎 東京新橋）

図Ⅳ㊲ 大木合名会社（吉田五十八 東京神田）

Ⅳ㉚

Ⅳ㉝

Ⅳ㉜

Ⅳ㉛

Ⅳ㉟

Ⅳ㉞

Ⅳ㊲

Ⅳ㊱

ここに拾いあげたプレートで、大家から若手まで、また、明治風の様式主義建築家から昭和のモダニストまで、老若をとわず、思想傾向をとわず、建築家たちが、ふってわいたような震災復興の仮建築のデザインを楽しみ、エンピツを気の向くまま動かしていたさまを、理解していただけたと思う。

以上が、大正十二年の震災の日から、昭和三年の区画整理後の本建築の起工までの間、わずか五年を生命として咲きほこった蓮の花の数々である。これをバラック浄土といわずして、なんであろうか。

しかし、佐藤功一、田辺淳吉といった名うてのデザイナーたちは、バラックの設計を楽しんだにはちがいないが、そこに自分の表現の本筋を見出していたわけではむろんない。一時の座興といって悪ければ、五年限りのデザイン放蕩といった方が彼らの内心にかなっていよう。ところが、いつの世にも石山修武はいるらしく、バラックの中にまことのパラダイスを見出し、身ごと投じて、ついには浄仏してしまう人々もいたのである。少なくとも、MAVO《マヴォ》とバラック装飾社の二つのグループはそうだ。

MAVOは、村上知義はじめ、のちのらくろの田河水泡こと高見沢路直、赤旗マンガの祖・柳瀬正夢、亡命ロシア人女性画家ブブノワ、前衛詩人尾形亀之助、プロレタリア画家岡本唐貴、といった一くせも二くせもある個性ゆたかな人々がよりあつまり、活動範囲も、バラック設計から舞台、ポスター、絵画、彫刻、詩、文学と幅広く、そのうえ、トラックにのってピストルをぶっぱなちつつ、警官隊に追われながら銀座の街をデモンストレーションするといった派手きわまりない行動により、当時からジャーナリズムの目をひき、今も前衛芸術運動史に確かな位置を占めており、むろん、彼らについて書かれたものも少なくはない。そこで、MAVOの話は他書にゆずるとして、ここでは、MAVOにかくれて影のうすれぎみのバラック装飾社の方に光を当ててみたい。

この奇妙な名のグループの成立事情を、リーダーの今和次郎が書き残している。長いが、活動の全容を尽しているので引用する。

バラックを美しくする仕事――九月の末、数人集まったとき、皆でペンキ屋をはじめようとて申し合せてバラック装飾社と銘うってはじめることにしたのです。そのときの気持は本当なさけなかったからです。仕事をはじめるとなると気持ちが緊張します。色々それから文句を考えて見ました。次のようなチラシを刷りました。

今度の災害に際して、在来から特別な主張をもつている私達は、因習からはなれた美しい建物の為に、街頭に働く事を申し合せました。バラック時代の東京、それが私達の芸術の試験を受けるいい機会だと信じます。

バラックを美しくする仕事一切、商店、工場、レストラン、カフェー、住宅、諸会社その他建物内外の装飾。

一九二三年九月
バラック装飾社同人

真先にやれるようになった仕事は、日比谷公園の中の一食十五銭の食堂の内外ペンキ塗りの仕事でした。それから一つ、新聞社に用事で帝国ホテルへ行ったとき、廊下で遠藤新さんに会い、一回叱られました。合同の仕事の無意味な事を叱られました。私はそのとき恐縮して善良な微笑をして、またお話しました。私の哲学と遠藤さんの哲学と柔かい火花を出したのが一寸記憶しておかねばなりません。日比谷の食堂を作品第一号としました。それで新聞に出、而して或る新聞では醜悪なものだと論じ立てられました。

それでこんな空想だか相談だかしております。それから以後いくつ作品が出来るか知らないが、帝都の復興が完成したときに、バラック時代の東京で皆んな働いた記念として、写真や、デザインや、感想などを集めて、ロシアンバレーの美しい厚い本があるあれのような本をこさえようじゃないかと、仕事の休みに話題となります。

それで、作品第二号として着手することの出来たのは神田の東条書店です。言伝《ことづ》てを受取って私が東条へ行き顔なじみの主人に会って、どうですクラシカルなものにしますかそれとも……ときいたら、何か面白いものの方がと快活に答えられたので、いや注文があったので、じゃ野蛮人の装飾をダダイズムでやりましょうかと云う主旨で、ノートへエスキースを作って、梯子とペンキの車を曳いて来た同人のY（舞台装置家として名をなす吉田謙吉ならん、藤森註）、O（染色家の大坪重周か、藤森註）二人と一緒に登って描き出したのです。その光景の写真は或某週刊新聞（『朝日グラフ』、藤森註）に、"Some of the barracks are thus artistically ornamented by the 'Action artists'"と説明を付せられて、〈女給となった芸者達〉の群の写真と隣り合わされて載せられております。

働いているとき子供達が〈ヤア面白いものを描いている〉と悦んで群りました。またそこで本物のペンキ職人が私達の門弟となりたいと申し出でたのでその一人をいいと云う事になり採用することにしました。

作品第三号は、芝のある建築金物店（堀金物、藤森註）になりました。この建物の設計は芝の建築屋（アメリカ屋ならん、藤森註）です。そこの重役には装飾社の後援をしてもらうはじめからの約束でした。

ここはまとまったパネルの唐草を数枚描いたのです。あの唐草はゆっくり立止まって見ていただくと、少なくもめったにない味わいをくみ取ってもらえると考えています。模様と絵とあれだけそぐわないで出来たのは予想の出来なかった事でした。O氏、A氏（デザイナーの飛鳥哲雄ならん、藤森註）、Y氏、それから中心の模様とも絵とも解らないのが、ルソーのような絵をかくY氏で、尚それに、新門弟のペンキ職が加勢したクワルテットなのです。その唐草の写真とそれに就いての論文は同人のO氏が執筆する約束になっています。

恐らく、この原稿が刷り上がってしまうまでには、或は事務所設計某工務店で工事の銀座の明治屋のカフェーが内外共同人総出のペンキ仕事で、いや照明、彫刻も加った大シンフォニーで完成してしまっているでしょう。ロココ風の表現派の手法にどれだけ創作味を付け加え得るか、出来て見ないとわかりません。計画を大きくして十分まちがわないようになる筈になっています。報告はその後にせねばなりません。だが空想はこうです。

内部に八個の絵画が描かれ、同人がそれを自由に描く事になり、それに就いては実に下の規約がきめられました。

仕事に従事する画家達は次の規約を遵守すべきものとする。
一、自画像或は自己の愛着を持つが如き肖像を描くことを禁ず。
一、後期印象派以前の画風を禁ず。
一、鶴亀雪月花の如き模様を描くことを禁ず。
右を守ることによりこの部屋の神聖（?）は保たるべければなり。

今それの為のペンキ其他の材料の用意にいそいでいます。気分をも満たすことに努めています。尚、同人の二三人の、個人としての根本の思想其他は美術雑誌に掲載してあります。これで擱筆します。

以上で、バラック装飾社の大概はつきているが、他の資料で補足を加えておこう。活動の時期は、大正十二年震災直後の九月末から、大正十三年末か十四年春までの、一年そこそこ。メンバーは、明治四十五年東京美術学校図案科卒業後、早稲田大学建築学科に教官とも小使いともなく奇妙な立場で在籍していた今和次郎を核に、当時群生しつつあった新興美術運動の一つ尖塔社とアクションから何人かが加って構成されている。尖塔社は、大正九年、帝大建築学科の卒業生により結成された新興建築運動グループ・分離派の向うを張って、同年、美術学校図案科の卒業生と在校生がつくったデザイン運動体で、先輩の今和次郎を兄貴分として遇していた。アクションは、新興美術運動の老舗・二科から大正十二年分かれ出た若手の先鋭グループで、尖塔社が図案、陶器、舞台、さし絵、商業美術、照明などの応用美術中心であったのに対し、こちらは、油絵中心の集りであった。両グループとも、MAVOについでモダンデザインの展開に欠かせぬ位置を占めているが、その尖塔社からバラック装飾社に出向いてきたのは、梨本正太郎、大坪重周、吉田謙吉、遠山静雄、和田靖、飛鳥哲雄、吉邨二郎、奥田政徳。アクションからは、横山潤之助、浅野孟府、難波慶爾、山本行雄。また、須藤雅路、新井泉、日名子実三なども居たという。加えて、何を思ったか「門弟となりたいと申し出た」ペンキ屋白馬堂の職人一人。しかし、これらのメンバー全員が活動していたとはとても信じられず、今、飛鳥、吉田、梨本、大坪といった尖塔社グループが中心で、他は幽霊同人だったと思われる。

手がけた作品は、日比谷公園の食堂を第一作として、神田の東条書店、芝の堀金物店、銀座のカフェー・キリン、上野の野村時計店、神田の今城旅館、浅草の某映画館など、そして、最終作が深川は猿江の帝大セツルメントの建物。これらのバラックが現在残っていないのは当然として、関係資料、たとえば図面や写真の類も、時が時だけにほとんど散逸してしまい、建築の実状を把むのにはなはだ苦しまざるをえないが、さいわい東条書店、堀金物店、カフェー・キリン、今城旅館については、わずかながら写真やスケッチがあり、彼らの表現ぶりをうかがうことができる。東条書店は、「野蛮人の装飾をダダイズム」でこなしたものだけに、魚とも人ともワニともつかぬ動物が渦巻や曲線の中にまじりあい、アフリカの先住民の刺青をみる思いがする。堀金物店（図Ⅳ㊵）は、この写真だけではわかりかねるが、今の解説によると、唐草を模様とも絵ともなくパネルの上に描きつらねており「模様と絵とあれだけそぐわないで」「めったにない味わい」を出した怪作である。今城旅館（図Ⅳ㊴）は、建築設計を今の早大での同僚の今井兼次が担当して、バラックとは思えぬほどの品格をみせたためであろう、さしものバラック装飾社同人も自制が働いたらしく、比較的おとなしいシャレた模様で

図IV㊳ 大木合名会社（吉田五十八 東京神田）

図IV㊴ 今城旅館（今井兼次 東京神田）

IV㊴

IV㊳

図IV㊵ 堀金物店（東京新橋）

図IV㊶ カフェー・キリン（曾禰中條事務所 東京銀座）

図IV㊷ カフェー・キリン内部

IV㊵

IV㊷

IV㊶

軒を飾っている。

そしていよいよカフェー・キリン（図Ⅳ㊶㊷）である。建物の設計は、英国紳士風の上品さで売る曾禰中條事務所の手によるだけにバラック商店としてはおとなしい方だが、しかし、装飾の方は、バラック装飾の代表作の名にはじず、過激をきわめ、正面横一筋に「CAFÉKIRIN」と書きとばした上方がキャンバス代りで、中央上方に「KIRINBEER」の文字をはさんで、右と左から、目玉をむき口をあけたカミナリともイノシシとも誤解されかねぬデフォルメされたキリンが、向きあっている。筆の運びは、ドイツ表現派の絵画あたりにならったのであろうか、爆烈するようないきおいだ。室内は、うってかわって、ロココ風に軽く明るく繊細で四方の壁面には同人がおのおの引きうけた八枚の壁画が、「後期印象派」以後の画風で、「鶴亀雪月花」を排して描かれ、柱のランプ飾りは曲線の透彫をほどこされる。全体としては「ロココ風の表現派」。

以上が、バラック装飾社の同人構成と作品のあれこれである。後にそれぞれの道で一家をなす顔ぶれといい、ロココとも表現派とも野蛮人のダダイズムともつかぬ過激な表現といい、焼跡にひときわ目立つ結社であった。それだけにリーダーの今和次郎の鼻息は荒く、当時の彼の風体を伝える小文を引くと、

七月の或日の午後K君がやって来て、おい散歩に行かないかと、玄関から怒鳴った。その服装を見ると、一見罹災者の如くである。大分疲弊した洋服を、シャツの上に、カラーなし、破れ半ズボンにゲートルをつけている。〈どうしたんだい、その風体は〉、〈これで俺達の世の中になった〉、というのだ。

実際、若い芸術家たちが、破れ半ズボンにゲートル巻いて、ハシゴをかかえ、ペンキカンをぶらさげて街を走り回り、バラックに派手な装飾を描いてゆくさまは、震災後の、妙に明るく解放感にみち、おかしな連帯感につながれていた社会相には、よく似合っていた。

「これで俺達の世の中になった」という今の気持に誇張はない。

しかし、こうした過剰表現主義的といおうかダダイズム的といおうか、およそ教養主義を排したあまり真っ

当ではないバラック建築運動に対し、既存の建築運動グループが黙っているわけがない。すぐさま、新興建築運動の大先達・分離派建築会の面々から、批判の矢がとんでくる。最初の射手は、ケンカ早さで鳴らした滝沢真弓で、「誤れる建築の芸術化」、「建築美のために——今和次郎氏に問う」、「再び建築美のために——今氏の説を疑う」と三つ続けざまに今を射とめようとねらうが、しかし、長文のわりには、論理癖と美学者流の引用好きにわざわいされ、バラック装飾社の何が気に入らないのか、読者には判りかねるきらいがある。そうした文中から、具体的で判りやすい部分を拾うと、

……噂によると、復興途上にある東京は、新様式のバラック建築によって、世界に類のない芸術的の新市街を現出しつつあるとの事だ。……そこで、私は其功績を見学すべく出かけて見た。そこは或カフェであった。先ず建物の前に立って、成る程立派な絵が画いてあると思った。早速室内に闖入して見廻した。そして、実は少々辟易せざるを得なかったのである。何しろ四周の壁面は悉く美術家のカンバス代用にされてしまっていたのだから。しかも、その絵を一つ一つ見るに及んでは、尚更辟易せざるを得なかった。一緒に行った友達が、マチスやピカソが苦笑いしそうなものばかりだと言った……美術家は勿論、其道にかけては錚々たる人々である。しかし、果して本当に建築というものを理解していてくれるのだろうか。建築美というものを本当に見つめているだろうか。実は疑念をいだかざるを得なかった次第である。……壁なるが故に、壁としての建築美——面そのものの美は（装飾壁画によって、藤森註）或は失はれる虞れがある。壁面の豊な感じという事と、表面装飾そのものの麗しいという事とは、意義に於て全然別なことである。……もっとナイーブな心持で、（民家などの、藤森註）あの荒い土壁を凝視し得る事こそ望ましい事である。

……如何に天才的装飾家といえども、建築の真実性を度外視せるものは畢竟《ひっきょう》、建築の敵《かたき》である。〈真〉

によれる何等基礎的制約なき装飾は、遂に基根を失える花瓶の花である。芸術なる美名の下にボヘミアン的天才が、建築の醇境を知らずして、狂乱と放恣とを跋扈《ばっこ》せしめる時、其所には徒らにキメラ的世界が現出するばかりである。虚偽の儀容が出来上るばかりである。……飾り屋の飾り術に堕し居らずば更に幸である。

滝沢につづき、日をおかずして、分離派仲間の矢田茂は、「表現の悪傾向について」との一文を草し、二の矢を放つ。

この頃街を歩いていると何か落付かない、いらいらした気分になる。眼に映るものは仮建築の安化粧を施したもの許りである。……私は若い建築家たちに、〈深く見詰めよ。静に考えよ〉と言いたい。熟睡した朝の様な透明な頭でもって自然に出て来るリズムや構想をそのままあらわして貰いたいのである。徹夜した次の日の様な頭でウイスキーで無理にも神経を興奮させて建築をしてもらいたくない。……心の中に創作欲が燃え上ってそして出て来る表現やリズムが欲しい。疲れ切った神経の持主や酔っぱらいの投《なぐ》り画きの様な建築が影を消せばよいと思う。

さらに、分離派の一年後輩の黒崎幹男は、表題も「〈サンドウィッチマン〉と建築装飾」と露骨にいう。

……抑々《そもそも》建築にはそれ自身に固有の美しさが存在する。それが立派な広告になり得るのである。屋根から受ける感じ、窓から来る気持、その材料自身の持ち味、此等の細部をひっくるんで建物の保持する品位、是等はそのまま自らの看板であり得よう。建物の壁面は建築装飾家のパレットでもカンヴァスでもない筈だ。又あってはたまらない。……（バラック建築は、藤森註）その余りに自家存在の誇示に急なるが為に、建物自身は商店建築の本体を距《はな》れて一の広告看板に堕して了《しま》ったのである。恰もかの〈サンドウィッチマン〉が人間よりも一個の広告看板になり下った様に。

このように、分離派の面々は、バラック装飾社の活躍（？）により、建築自身の美しさが痛めつけられ、建築の品位か人格がいやしめられたと憤慨する。カフェー・キリンの出現といい、「バラック装飾社宣言」ともいうべきチラシの街頭配布といい目ざわりでしょうがないのである。思えば、彼らは三年前の大正九年、白樺派式の芸術観の下に結集し、明治以来の家長的な建築家像と歴史的様式建築を批判し、「我々は起《た》つ。過去建築圏内に眠って居る総のものを目覚させんために、溺れつつある総のものを救わんがために。……此理想の実現のために我々の総のものを愉悦の中に献げ、倒るるまで、死にまでを期して。」といった名高い分離派宣言を世に問うている。私の内からわきくるものに形を与え、自己中心の卵形小宇宙を創ることを夢見る大正時代の申し子として、分離派の面々は、ペンキカン片手に焼跡をネズミのように走り回る今和次郎一派に対し、嫌悪感と、そして、ある種の恐れ、それは、今一派が「過去建築圏」に属さず、しかも、自分たち大正派にも属さず、どこに属する何者なのか判らないという未知なるものの恐れ、を抱いている。

こうした分離派に対し、今は、自分たちが何者であるかを、反批判のかたちで、説明する。ついでに、分離派とは何者であるかも。

……銀座のカフェー・キリンの室内装飾に就いて色々の批評を受ける……ある主義主張の上から批評を試みられる人達に対しては、能うだけはっきりと研究し、答えて置かなければならない気が起こる。……分離派の人達の建築に於ける仕事はこう徹底して行くようである。それは物質構成神秘を人々の心へ霊魂へ持って行こうとするにあり、また結成されたる材質の表面に起るリズムの中に人々の心を魂を酔わせようとする。即ち立体表現物として建築を考え、それを建築の仕事の精神的な方面の最大な目標としているようなのである。……建築は詩だ音楽だと氏等の唱えている心持は、氏等の作品のあるものから有難いほどはっきりと受けとれる。

でも私は、氏等の作品の上の詩や音楽はどんな限界で形成され生育されて行っているかと云うことを注意して見ぬわけに行かぬ。氏等の所謂建築美は地上に築く物体の抽象美普遍美である。構成せられたる線や団塊の分量、布置、而してそれらの上に遊ぶ光線の色々の歩舞、また、空間に基底より構成せられたるものなるが為にそれらのもつ力学的姿態が問題になり、単純が問題になり、リズミカルな音楽的な詩的な美が、氏等が作品で唄う目標となると考えねばならぬようである。実にその境地は絶対の一つの仙境であり、才能あり努力を積んだ芸術家のみの至り得べき聖地なのである。

それで以上を分解して考えかえて見れば、物質乃至自然賛美と、またそれを伝えて流るる人間の美の魂の讃美である。

（以上のような）透明な裸体の美を築くにかかっている人達は当然装飾と云うものをば、その作品の上から拒否するであろう。……（裸体にとりつく装飾もないではないが、ほんとうの）装飾とはかかる透明な働きの美の仕事にのみ居るものに非ず、人生や、世相などを含んだ複雑なるもののリズムカルな表現を空間に於てやる仕事でもある。……（ほんとうの装飾とは）感情飛躍の亢奮からの偶然の結果が空間に跡付けられることによって生ずるのである。（その結果）建築を超越しているところからそれとは衝突するかも知れない。

この矛盾をば私は建築美の認識範囲の拡張で補成している。即ち分離派の人達よりも広汎な範囲に建築美の基底を置いている。私の溺れ易い弱い性格がそうさせるのであろう。……

私達の今、装飾に於て努めたいところは、出来るだけ表現手法を開放し、而して表現したい内容をも自由に複雑にしたいのである。例えば室内装飾に於ては、人生の世相を、生活を、そこで醸さるる人々の気分を、それらの流るるままのものを、絃楽器の精緻な演奏を交えて、壁へ天井へ、生活の伴奏として創作したいのである。……かかる表現は建築本来の追求する美と矛盾するとて、人生の上から取り捨てることが出来るであろうか。

前半の分離派に対する性格規定といい、後半の装飾にかける自分たちの志の表明といい、見事な一文といってよい。実によく、分離派とバラック装飾社の差が言い当てられていよう。とりわけその差の最も大きなところ、お互いこれだけはゆずれない点は、建築は何を表現するか、という一点であろう。分離派は、内からわきあがる私、あるいはその私という「人間の美の魂」を表現する場が建築である、といい、これに対し、バラック装飾社は、建築が自己の表現であるなどとは一言もいわず、かわりに、「人生や、世相などを含んだ複雑なるもの」、「人生の世相を、生活を、そこで醸さるる人々の気分を、それらの流るるままのものを」こそ表わす、という。一方が、「私」、「魂」から出発しようと努める時、片方は「世相」「生活」、「気分」に立脚しようというのである。芸術へ向う出発点の差は、むろん何をもって美しさとするかを分けてゆく。分離派という大正文化の申し子たちは、透明な裸体の美をいい、「荒い土壁を凝視」することを求める。むろん「徹夜した次の日の様な頭でウイスキーで無理にも神経を興奮させ」るような制作過程は嫌悪する。一方、震災焼跡派ともいうべきバラック装飾社の面々は「感情飛躍の亢奮からの偶然の結果が空間に跡付けられ」たものが美であると主張する。

はたして美神は、建築家の内実に宿るのか、世相の表皮に宿るのか。おそらく、明治このかた、日本の建築界で一度も問われたことのない先鋭な問いかけである。バラック装飾社の放った矢は、分離派をそして大正という時代を射おとすことができるだろうか、それとも闇の中に消え去るのか。昭和という時間の中に、この矢の行方を追う仕事が残されているのだが、もう紙幅も尽きた。ここでは、バラック装飾社という忘れられた建築運動の実態を発掘し紹介するにとどめたい。なお、今和次郎一身の行方について一言しておくなら、彼は、バラック装飾社の活動を機に、師の柳田國男の門を破門され、かの考現学の創始へ向けて、焼跡をゲートル巻きで走ってゆく。

後記

幕末の開国以後、ヨーロッパとの出会いの中で生まれた建築のことを近代建築という。その中身は、幕末から昭和戦前いっぱい作られた西洋館と、西洋館を否定して出現した大正以後のモダンな建築の二つからなる。

開国から敗戦までの九十年の間、縄文時代このかた木造建築しか知らなかった日本人は、石と煉瓦に由来するヨーロッパ建築と格闘し続けてきた。長い日本の建築の歴史の中で見れば、飛鳥時代に大陸の仏教建築を受け容れた時以来の、正確にはそれ以上の、激しい変化の時代であった。

五十年前、日本の近代建築研究に着手した時、先人による研究は、幕末から明治初期にかけての二十年間に集中し、コンドル先生来日から始まる七十年間については、白紙状態にあった。

白紙に初めての歴史を書くにあたり、三つの方法をとることにした。

一、　刊行されたすべての雑誌と本を読む。
二、　残っているすべての建築を見る。
三、　主要な建築家の遺族を訪れる。

研究方法は徹底した実証主義にちがいないが、歴史をどう書くかについてはこの方法に納まらない気持ちを持っていた。はるか昔、歴史と物語は一体化し、神話として語り続けられていたが、自分の書く歴史はそうした遠い記憶につながってほしい、と。

歴史と物語の二つのうち、歴史中心で書いたのは、学位論文をまとめた『明治の東京計画』（岩波書店、一九八二年）と『日本の近代建築』（上、幕末・明治篇／下、大正・昭和篇、岩波書店、一九九三年）である。

一方、物語は、一冊の本の形をとらず、何冊もの本や雑誌への寄稿の形で書いて来た。物語らしく、人物を中心とする傾向も強い。

それらはバラバラに書かれたこともあり、現在は刊行されていないので、齢七十に至ったのを機にまとめることにした。

＊

「丸の内をつくった建築家たち」

日本を代表するオフィス街として知られる丸の内の開発が正しく伝えられていないと知ったのは『明治の東京計画』を書いた時だった。同書で開発の事情を明らかにしたが、しかし大量の日本初のオフィスビル群を設計した建築家とビルの建築的実態については手着かずだった。

コンドル、曾禰達蔵、藤本寿吉、保岡勝也、桜井小太郎といった明治から大正にかけての綺羅星が、まずロンドンを範とし、次にニューヨークに学んで日本のオフィスビル建設に邁進した事情を明らかにするには、コンドル以来の原図を保管する三菱地所の図面庫の重い扉を開けてもらわなければならない。

「新建築」誌が「三菱地所の建築」の特集を出すことになり、ついに重い扉が開いた。予想もしなかったビル街計画やコンドルの図面など、建築史家にとっては誰も知らない茸山に初めて入り、目移りしてしょうがない状態となった。歴史家の喜びの第一はやはり〝ハツモノ〟にある。

「岩崎家の遺したもの」

戦後に近代建築史研究が始まってから、長い間、大邸宅の研究は避けられていた。おそらく、戦後の民主化の動向の中で〝金持ちの暮らしの研究ナンテ〟と思われていたのだろう。

戦前の日本一の富豪と申せばもちろん三菱の岩崎家だが、私が初めて岩崎家の暮らしぶりに目覚めたのは、熱海の岩崎家別邸を参議院議員の曾彌益（曾彌達蔵の次男）夫妻と村松貞次郎のお供をして訪ねた時だった。最後の岩崎合資社長岩崎小彌太の孝子夫人がまだ暮らしており、それまで入門謝絶であったのを曾彌さんが開けてくれた。そこで初めて、岩崎家の執事に会った。日本最後の執事は、戦前の岩崎家の住生活に関わるさまざまなことを語ってくれた。たとえば、小彌太が東京の本郷から熱海に来るときは、リンカーンを三台連ねたとか、市販の野菜は口にしないから専用の小農園があったとか。

以来この方面に関心を持ち、やがて湯島の岩崎久彌邸の昔について娘の福沢綾子さんから聞き取り、広大な屋敷と邸宅の使い方を明らかにすることができた。その成果の一部は『日本の近代建築（上）』に図面によって明らかにしている。

「丸ビルが建てられた秘密」

数年前に建て替えられた丸ビルは、戦前はむろん戦後も長いこと日本で一番名高いビルだった。理由は、ものののデカさを示す時、「丸ビル何杯分」とたとえられたからだ。今の東京ドームと同じ。

でも、その丸ビルが三菱により計画された事情も、なぜフラー社というニューヨークを代表するビル建設会社がわざわざ来日して手掛けたかも知られていなかった。後に書くことになる「丸の内をつくった建築家たち」（前出）より前で、三菱地所の全面的協力もない状態で書いているから、公開資料と関係者へのインタビューがネタとなっている。さいわい、丸ビル、郵船ビルなどフラー社の仕事に関わった建築家への聞き取りを郵船ビル解体の時にやっており、その成果を生かすことが出来た。

アメリカ式鉄骨構造で作らなければ丸ビルは十八年も工期がかかること、そのアメリカ式工事の実際について機械化のすごさとフラー社の傲慢さなどがインタビューで明らかになった。もしあの時、インタビューしておかなければ、丸ビルの勘所は謎のまま。

「東京駅誕生記」

東京駅は取り壊されると覚悟し、歴史的事情だけでも明らかにしたいと思っている頃に書いた。この以前、辰野金吾の代表作であることは知られていたし、私も辰野の評伝「国家のデザイン」（『近代日本の洋風建築開化篇』に収録）の中で触れてはいたが、東京駅に焦点を合わせたことはなかった。この文の目玉は、辰野以前に設計をしたドイツ人鉄道技師バルツァーの案で、ひどい略図にちがいないが、これで計画の起点が明らかになった。

バルツァー案については続きがあり、だいぶしてから突然、新幹線実現で知られる鉄道技師の島秀雄から電話があり、手元にあるドイツの鉄道雑誌に載るドイツ人技師の東京駅案を見てほしいという。出かけると、そこにはバルツァー本人が発表した東京駅案が細かく載っている。この一件は「週刊朝日」連載中の建築探偵シリーズに載せ、その後、島先生も専門書としてまとめておられる。誰もやらないうちに手をつける〝先行者利益〟は歴史研究の場合も変わらないようだ。

「日本のアール・ヌーヴォー」

日本で一番いいアール・ヌーヴォー建築が戸畑にあり、その設計者が辰野金吾と知った時は自分の不明を恥じた。辰野金吾の作品を見るべく戸畑の明治専門学校（九州工業大学）に行った時、学校の人に〝近くに創業者の松本さんの家がありますが、寄りますか〟と誘われたのに、断って帰ったからだ。戸畑の松本健次郎邸について『アール・ヌーヴォーの館』と題して一冊の本を三省堂より出すこととなり、気合を入れて日本のアール・ヌーヴォーについて始点から調べ直し、また松本健次郎の関係者にインタビューして、一冊にまとめた。改めて読み返すと冒頭に「アール・ヌーヴォーの登場は、考えてみるとわずかここ十数年のことじゃないだろうか」と書いている。この一冊が刊行された三十年前は確かにそうで、美術ではあれこれ論じられ、啓蒙的書籍も出ていたが建築界では「十数年」のことだった。

辰野金吾がアール・ヌーヴォーと自覚していたかどうかが辰野金吾伝記作家たる私には謎であったが、息子の松本肇によると父は辰野から教えられて「アール・ヌーヴォーというやかましい」スタイルであることを知っていたという。〝やかましい〟とは、説明されてもシロートにはよく分からない、といった意味だろう。

「日本のアール・デコ」

「日本のアール・ヌーヴォー」に続いて「日本のアール・デコ」を書いたのも、三省堂の松本裕喜のおかげだった。建築探偵団と称して白金を調べている時、人気《ひとけ》が絶えているのに門が開きちゃんと管理されている旧朝香宮邸の存在を初めて知る。出版の準備が始まってから後に、この邸宅はプリンスホテルから東京都に買い上げられ、さらに都立庭園美術館として公開されるまでの間に、この本は刊行されている。当時、アール・デコという様式概念が美術工芸の領分で日本に初めて紹介されていたが、日本の建築については全く語られていなかった。ゼロからの研究は私には性に合っているから、朝香宮邸のアール・デコ化の契機となり日本も参加した一九二五年のパリの「アール・デコ博」のことから調べ始めるのは楽しかったし、共同設計者の権藤要吉や朝香宮のご子息から昔話を聞くのも面白かった。大邸宅という失なわれ忘れられた世界について記録を残すことの重要性を深く認識していたからだ。

ヘマもあった。朝香宮邸から流れ出た膨大な建設記録が、当時毎週のように堀勇良と通っていた神田の古書店に店晒し状態で出ているにもかかわらず、入手せず、日大の山口廣研究室に納まってしまい、この本を書き始めてから改めて拝読させてもらっている。

「田園調布誕生記」

建築探偵を堀勇良と始めた頃、東京中心部の調査は目途がついたところで郊外も調べようということになり、まず田園調布に向かった。駅舎はじめたくさん洋館が建っておりさすがは田園調布。開発者の渋沢栄一については『明治の東京計画』の時に調査済みだったが、論文としてまとめるつもりもなかった。そんな頃、鹿島出版会の森田伸子が山口廣を編者として『郊外住宅の系譜』を出すことになり、田園調布について頼まれ本格的に調査を始め、この文をまとめた。

その後を述べておこう。まとめた段階では、比較のため見るべき海外の住宅地三つのうち、イギリスのレッチワースの田園都市と韓国のソウルで畑弥右衛門の開発した住宅地には出かけていたが、肝心の同心円パターンの手本となったサンフランシスコのセント・フランシス・ウッドは訪れていなかった。その後、東京の都市開発に詳しい猪瀬直樹と会ったら「行ったヨ」と言われ、研究者として少し恥ずかしかった。サンフランシスコの同心円は田園調布ほど明瞭ではなく、田園調布の同心円はなかなかのもの。渋沢栄一の発想のもともとの源は、彼が幕末に訪れたパリの郊外住宅地にあることは渋沢の回想から分かっていたが、その場所は不明のままだった。それがどこかを知り、実際に出かけて見聞できたのはずっと後になってからで、安田結子の研究のおかげ。

「忠太という人」
日本の建築史の研究の開祖である伊東忠太は、建築史家であると同時に建築家でもあり、また妄想性の強い人物だった。彼が自作の随所に取り付けた怪物や幻獣の図像を集める企画を筑摩書房の松田哲夫が立てた。伊東の妄想性についてはいささか共感もあったのでこの文を書いた。

「今和次郎とバラック装飾社」
今和次郎は民家研究の開拓者としてまた生活研究の草分けとして有名だったが、建築家としての仕事はなぜか忘れられていた。考現学の創始者であることは知られていたが、その重要性への認識は専門家の間でもなかった。

しかし、震災復興期の弱小建築雑誌を丹念に読む中で、建築家としては日本はむろん世界でも刮目すべき仕事をしたことを知った。大正期に、かの分離派とは全く別の視点から近代という時代をとらえ、その視点からの表現をしていたのである。強い共感を覚え、新日本製鉄の企業雑誌にこの一文を載せた。その時はまだ、今和次郎の震災復興期の活動の遠い延長上で自分が路上観察を始めるようになるとは思ってもなかった。

因果は巡る糸車、というけれど、あれこれ動き回っているうちに、編集者やジャーナリストの誘いに乗っているうちに次第に辻褄があってくる。そういう生き方をしてきた。

図版出典および提供・所蔵一覧

【出典】
＊新聞・雑誌（定期刊行物）
「建築畫報」建築畫報社　Ⅲ-8, Ⅲ-23, Ⅲ-98, Ⅲ-100
「建築工芸叢誌」建築工芸協会　Ⅰ-8, Ⅰ-39, Ⅲ-119, Ⅲ-120, Ⅲ-121
「建築雑誌」日本建築学会　Ⅰ-115, Ⅰ-117, Ⅰ-121, Ⅰ-122, Ⅱ-21, Ⅲ-1, Ⅲ-2, Ⅲ-12, Ⅲ-21, Ⅲ-22, Ⅲ-73, Ⅲ-74, Ⅲ-97, Ⅲ-155, Ⅲ-156, Ⅲ-161, Ⅲ-163
「建築写真類聚」洪洋社　Ⅲ-5, Ⅲ-6, Ⅲ-7, Ⅲ-9, Ⅲ-11, Ⅲ-38, Ⅲ-39, Ⅲ-40, Ⅲ-41, Ⅲ-42, Ⅲ-43, Ⅲ-44, Ⅲ-45, Ⅲ-46, Ⅲ-47, Ⅲ-48, Ⅲ-49, Ⅲ-50, Ⅲ-51, Ⅲ-52, Ⅲ-53, Ⅲ-54, Ⅲ-55, Ⅲ-56, Ⅲ-57, Ⅲ-58, Ⅲ-59, Ⅲ-60, Ⅲ-61, Ⅲ-62, Ⅲ-63, Ⅲ-64, Ⅲ-65, Ⅲ-66, Ⅲ-67, Ⅲ-68, Ⅲ-69, Ⅲ-70, Ⅲ-71, Ⅲ-72, Ⅲ-159, Ⅲ-160
「商店雑誌」商店雑誌社　Ⅲ-17, Ⅲ-18
「太陽」平凡社（1991）　Ⅳ-4

＊それ以外
『アントニン・レイモンド作品集』城南書院（1935）　Ⅲ-147
『各種商店建築図案集』鵜飼長三郎、建築書院（1907）　Ⅲ-13, Ⅲ-14, Ⅲ-15, Ⅲ-16
『コンドル博士遺作集』コンドル博士記念表彰会（1932）　Ⅰ-114
『承業二十五年記念帖』竹中工務店編、竹中工務店（1924）　Ⅲ-124
『名古屋日本徴兵館新築落成記念』清水組、日刊土木建築資料新聞社（1939）　Ⅲ-158
『日本地理大系別巻第2満洲及南洋篇』改造社（1930）　Ⅲ-77
『巴里萬國裝飾美術工藝博覽會日本產業協會事務報告書』田代衛編輯、日本產業協會（1926）　Ⅲ-126, Ⅲ-127, Ⅲ-143, Ⅲ-144, Ⅲ-164
『舞臺建築』ファイアースタイン、岡田忠一編集、岡田忠一（1927）　Ⅲ-145, Ⅲ-146
『明治大正建築寫眞聚覽』建築學會編、建築學會（1936）　Ⅲ-37
ART ET DECORATION JUIN, 1925　Ⅲ-135
ENCYCLOPEDIE DES ARTS DECORATIFS ET INDUSTRIELS MODERNES AU XXEME SIECLE　Ⅲ-133, Ⅲ-134, Ⅲ-136, Ⅲ-138, Ⅲ-140, Ⅲ-141, Ⅲ-142
LA CONSTRUCTION MODERNE MARS, 1926　Ⅲ-139
L'ARCHITECTE NOUVELLE SERIE DEUXIEN ANEE　Ⅲ-128, Ⅲ-129, Ⅲ-130, Ⅲ-131, Ⅲ-132, Ⅲ-137

【所蔵】
遠藤於菟　Ⅲ-3, Ⅲ-4, Ⅲ-10
神戸大学建築教室　Ⅲ-81, Ⅲ-82, Ⅲ-83, Ⅲ-84, Ⅲ-85, Ⅲ-86, Ⅲ-87, Ⅲ-88, Ⅲ-89, Ⅲ-90, Ⅲ-91, Ⅲ-92
織宝苑　Ⅰ-123
成蹊大学　Ⅰ-72
曾禰中條建築事務所　Ⅲ-19, Ⅲ-20
塚本靖　Ⅲ-93, Ⅲ-94, Ⅲ-95
東京大学生産技術研究所　Ⅰ-124
日本建築学会　Ⅳ-17
原徳三　Ⅰ-120

【提供】
石川県　Ⅲ-125

初出一覧

丸の内をつくった建築家たち　むかし・いま
『別冊新建築　日本現代建築家シリーズ15　三菱地所』（新建築社）　一九九二年四月

岩崎家が遺したもの
『岩崎家四代ゆかりの邸宅・庭園』（三菱広報委員会）　一九九四年二月

丸ビルが建てられた秘密
初出誌不詳　『丸ビルの世界』（かのう書房）　一九八五年十二月

東京駅誕生記
初出誌不詳　『東京駅の世界』（かのう書房）　一九八七年七月

日本のアール・ヌーヴォー
『アール・ヌーヴォーの館――旧松本健次郎邸』（三省堂）＊増田彰久との共著　一九八六年五月

日本のアール・デコ
『アール・デコの館――旧朝香宮邸』（三省堂）＊増田彰久との共著　一九八四年五月

田園調布誕生記
『郊外住宅地の系譜――東京の田園ユートピア』（山口廣編、鹿島出版会）　一九八七年十一月

忠太という人
『伊東忠太動物園』（筑摩書房）＊増田彰久との共著　一九九五年三月

今和次郎とバラック装飾社　震災復興期の建築
『季刊カラム』（新日本製鉄）　一九八三年四月

＊本書（『近代日本の洋風建築　栄華篇』）は、丸の内、田園調布など洋風建築による町作りが進み、西洋館を否定するモダニズムが台頭するさまを描く。既刊『近代日本の洋風建築　開化篇』の続編にあたる著作である。

藤森照信（ふじもり・てるのぶ）

一九四六年長野県茅野市生まれ。建築家、建築史家（専門分野は日本近現代建築史）。東北大学工学部建築学科卒業後、東京大学大学院博士課程修了。東京大学生産技術研究所教授、工学院大学教授を経て、現在は、東京大学名誉教授、工学院大学特任教授、江戸東京博物館館長。七四年、堀勇良らと建築探偵団を結成、やがて全国の研究者と共に各地に残る近代洋風建築の調査を行う。その過程で関東大震災後に多く建てられた一見洋風の店舗兼住宅に着目し「看板建築」と命名。八六年、赤瀬川原平らと路上観察学会を結成。同年、『建築探偵の冒険・東京篇』でサントリー学芸賞を受賞。九八年、日本近代の都市・建築史の研究（『明治の東京計画』及び『日本の近代建築』）により日本建築学会賞（論文賞）を受賞。建築史、建築探偵、建築設計関係著書多数。近著に『磯崎新と藤森照信のモダニズム建築談義』、『探検！　東京国立博物館』（山口晃との共著）、『日本木造遺産』（藤塚光政との共著）など。一方、九一年、四五歳より設計を始める。二〇〇一年、熊本県立農業大学校学生寮で日本建築学会賞（作品賞）を受賞。史料館・美術館・住宅・茶室など建築作品多数。近作に、《モザイクタイルミュージアム》（多治見市）、《草屋根》《銅屋根》（近江八幡市）。

近代日本《きんだいにほん》の洋風建築《ようふうけんちく》　栄華篇《えいがへん》

二〇一七年三月二〇日　初版第一刷発行

著　者　藤森照信

発行者　山野浩一

発行所　株式会社筑摩書房
東京都台東区蔵前二―五―三
郵便番号一一一―八七五五
振替　〇〇一六〇―八―四一二三

印　刷　株式会社精興社

製　本　牧製本印刷株式会社

乱丁・落丁本の場合は左記宛にご送付ください。送料小社負担でお取り替えいたします。
ご注文、お問い合わせも左記へお願いいたします。

筑摩書房サービスセンター
さいたま市北区櫛引町二―六〇四　〒三三一―八五〇七
電話　〇四八―六五一―〇〇五三

ISBN978-4-480-87390-3 C0052

藤森照信

近代日本の洋風建築　全二冊

筑摩書房

開化篇

お雇い外国人や擬洋風の大工の仕事から、辰野式の西洋館が日本各地に建造されるまで

栄華篇

丸の内、田園調布など洋風建築による町作りが進み、西洋館を否定するモダニズムが台頭